KB154125

한국인 자존심을 지켜준

이 나라에 이런 사람들이

* 이 책은 방일영문화재단의 지원으로 저술/출판되었습니다.

한국인 자존심을 지켜준

이 나라에 이런 사람들이

대표필자 김동길

● 세종대왕 백성은 나라의 근본이니 근본이 튼튼해야만 나라가 평안하게 된다 ● 이순신 죽고자하면 살 것이고 살고자하면 죽을 것이다 ● 사명당 병가의 승패는 예측하기 어려운 것 멸망의 화는 누구도 면치 못할 것 너희 군사가 바다를 건너와 물밀 듯 들어와도 우리의 병마가 어찌 바다 건너온 군사보다 뒤지랴 ● 정약용 부지런하고 부지런하고 부지런하라 ● 이상재 배워라 믿어라 희망을 가져라 ● 안중근 장부는 비록 죽을지라도 그 마음은 쇠와 같고 의사는 위태로울지라도 그 기운은 구름과 같다 ● 안창호 우리가 세운 목적이 그른 것이라면 언제든지 실패할 것이요 우리가 세운 목적이 옳은 것이라면 언제든지 성공할 것이다 ● 이승만 뭉치고 엉키라 뭉치면 살고 흩어지면 못 사나니 다 같이 하나로 뭉치자 ● 백선엽 내가 물러서면 나를 쏴라 ● 현봉학 나를 두고 흥남 철수의 영웅이라고 하는데 그런 수식어를 들을 때면 인간사의 다른 쪽을 보게 됩니다 역설적으로 나는 흥남 철수로 인해 수백 만 명의 이산가족을 만들어낸 장본인이니까요 ● 박태준 신뢰를 얻으면 무엇이든지 얻을 수 있다 ● 함석헌 말씨란 말이 있지만 말이야말로 씨(實) 같은 것이다 그것은 지나간 것의 결과인 동시에 장차 올 것의 원인이다 ● 김수환 말을 많이 하면 필요 없는 말이 나온다 양 귀로 많이 들으며 입은 세 번 생각하고 열라 ● 전형필 서화 전적과 골동은 조선의 자존심이기 때문입니다 ● 박경리 포기함으로써 좌절할 것인가 저항함으로써 방어할 것인가 도전함으로써 비약할 것인가 ● 세종대왕 백성은 나라의 근본이니 근본이 튼튼해야만 나라가 평안하게 된다 ● 이순신 죽고자하면 살 것이고 살고자하면 죽을 것이다 ● 사명당 병가의 승패는 예측하기 어려운 것 멸망의 화는 누구도 면치 못할 것 너희 군사가 바다를 건너와 물밀 듯 들어와도 우리의 병마가 어찌 바다 건너온 군사보다 뒤지랴 ● 정약용 부지런하고 부지런하고 부지런하라 ● 이상재 배워라 믿어라 희망을 가져라 ● 안중근 장부는 비록 죽을지라도 그 마음은 쇠와 같고 의사는 위태로울지라도 그 기운은 구름과 같다 ● 안창호 우리가 세운 목적이 그른 것이라면 언제든지 실패할 것이요 우리가 세운 목적이 옳은 것이라면 언제든지 성공할 것이다 ● 이승만 뭉치고 엉키라 뭉치면 살고 흩어지면 못 사나니 다 같이 하나로 뭉치자 ● 백선엽 내가 물러서면 나를 쏴라 ● 현봉학 나를 두고 흥남 철수의 영웅이라고 하는데 그런 수식어를 들을 때면 인간사의 다른 쪽을 보게 됩니다 역설적으로 나는 흥남 철수로 인해 수백 만 명의 이산가족을 만들어낸 장본인이니까요 ● 박태준 신뢰를 얻으면 무엇이든지 얻을 수 있다 ● 함석헌 말씨란 말이 있지만 말이야말로

기파랑

꿈을 좇았던 한민족의 자존심

사람이란 꿈이 있으면 살고 꿈을 잃으면 죽습니다. 개인도 그렇고 민족과 국가도 그렇습니다. 사업에 실패한 가장이 꿈을 잃고 절망에 빠지면 '집단 자살' 밖에는 대안이 없습니다. 그래서 덴마크의 고독했던 철학자 키에르케고르는 그의 유명한 저서 『죽음에 이르는 병』에서 "죽음에 이르는 병은 절망이다"라고 결론지었습니다.

일제 36년은 굴욕과 모멸의 세월이었습니다. 하지만 안중근이 브라우닝 자동 권총 한 자루를 품고 하얼빈 역두에 나타나 한국의 독립을 위협하고 세계 평화를 교란하는 이토 히로부미의 가슴을 향해 방아쇠를 당긴 사실 때문에 조선의 독립을 불가피하게 만들었습니다.

이승만 등은 독립을 위해 망명 생활을 마다하지 않았고 월남 이상재, 도산 안창호 등은 국내에서 '조선 독립'의 꿈을 버리지 않았습니다. 3·1독립만세운동이 전국적으로 벌어진 사실도 이 겨레에게 그 꿈이 있었음을 확증하는 것입니다.

오늘의 대한민국 국민의 꿈은 무엇입니까? 각자가 돈이나 왕창 벌어서 잘 먹고 잘 살면 "이 아니 족할까"입니까? 단군이 그 가슴에 품고 고조선을 세운 큰 꿈이 '홍익인간(弘益人間)'이라면 그 꿈은 오늘도 살아서 숨을 쉬어야 마땅하지 않을까요?

세계 평화가 단군 이래로 한국인의 꿈입니다. 그보다 더 고상한 꿈은 없습니다. 우리는 그 꿈을 위해 이 땅에 태어났고 우리는 그 꿈을 위해 목숨을 바칠 각오를 해야 합니다.

2017년 시월

김동길

한민족의 자부심을 한바탕 외치려는 책을 엮기까지

김형국(서울대학교 명예교수)

1.

이 선집(選集) 제작은 김동길 교수의 발의로 시작되었다. 한민족의 자존심을 지켜주었던, 이 민족 공동체가 어려움을 당할 때마다 생각나는 그런 위인들을 이 시대의 그 후학들이 다시 한 번 현창하여 공감 확산의 방도가 될까하여 착수한 작업이었다.

무릇 모든 책이 그러하듯, 여러 필자가 참여하는 선집의 경우, 특히 필자 확보가 가장 큰 고비가 되는데 그런 실무를 감당하면서 겪었던 그간의 경과를 여기에 정리해보려 한다.

2.

"한국인의 자존심이 지켜드리겠다!."

현직 대통령 파면에 이어 치러진 2017년 대통령 선거에 나섰던 한 정치가가 내건 대선 구호였다. 이전에는 대선 때마다 단골로 등장하는 후보자들의 공약이 경제 성장, 일자리, 안보 같은 외형적인 것들 일색이었다. 그에 견주어 국민 개개인의 가슴속에서나 헤아릴 법한 자존심이란 무형의 심리 가치를 내세웠음은 우리 사회에 이전에 없었던 사태 전개라 하겠다.

이 구호는 탄핵 사태 전후로 한국인의 자존심이 무참하게 허물어졌다는 안타까움에 대한 반작용에서 만들어졌을 것이다. 외국 나들이가 많아진 이 시대에 다른 나라 사람들에게 "어디서 왔느냐"라고 물음을 받을 때마다 우리 백성들은 한동안 대한국인(大韓國人)이라 선뜻 답하기가 내남없이 어쩐지 켕기는 그런 기분을 숨기지 못했다. 모처럼 뽑은 여성 대통령의 대권이 '정처(定處) 없는' 여성에 휘둘렸음이 마음에 걸려서였다.

탄핵 사태 관련 국정 파행의 한 축에는 이 나라 여성 교육의 원조이며 본산인 대학도 있었다. 체육 특기생의 편의를 위해 반칙을 거듭했던 대학 행정에 교수들이 연루되었다고 알려지자 "부끄러워서 얼굴을 들고 다닐 수 없다"라고 재학생들이 비통해했음은 당연했다.

정작 당사자 교수들은 엉뚱했다. 재학생들이 분노하고 많은 국민이 "있을 수 없는 일이 생겼다"라고 개탄하는데도 범죄 혐의로 피의자 신세가 된 대학 교원들은 오히려 그걸 지키며 일해 왔다고 우겼다. "자존심 하나로 살아온 사람"이라고 강변한 것이다. 이렇게 상반되는 자존심의 정체는 도대체 무엇이란 말인가.

3.

해방 이후 정국에서 최대 위기라는 대통령 탄핵 사태 전후에 최소한의 금도(襟度)있는 자존심을 보여줬어야 했을 위치의 사람들도 하나같이 그것과 거리가 먼 언행을 행했다. 대통령의 불법 모금에 관계됐다고 이 나라 유력 재벌 총수들이 몽땅 불려나온 국회 청문회 자리였다. 생방송이 되고 있음을 의식한 탓이었던지 재계 총수들에 대한 국회의원들의 질문은 막말, 호통, 조롱 등 '망신 주기 발언'이 그 기조를 이뤘다. 기대하는 답변이 나오지 않는다고 '인신공격성 발언'도 서슴지 않았다.

젊은이들이 하나같이 일하고 싶어 하는 직장 주인들 중 어느 한 사람의 입에서 "국회의원 당신들은 언제 남에게 먹고 살아갈만한 일자리를 주어본 적 있는가?"라고 일말의 자존심 있는 반론성 답변을 할만도 했다. 하지만 후환이 두려워서였는지 이날 비인격적 질책에도 총수 모두가 그저 꿀 먹은 벙어리로 일관했다.

한참 지나서야 딴 자리에서 그것도 기업 총수가 아닌 기업 경영 관련 단체장이 "배 떠난 뒤 사공 부르듯" 한마디 했다.

"뭘 안 주면 안 줬다고 패고, 주면 줬다고 패고, 기업이 중간에서 어떻게 할 수 없는 이런 상황이 참담하기 그지없다."

청문회장에서 한번이라도 이 말을 내뱉는 총수가 왜 한 사람도 없었단 말인가.

4.

자존심은 자신에게 주어진 일 또는 자신이 맡고 있는 역할, 그렇게 해서 생겨난 정체성에 대한 자부(自負)의 마음에서 출발한다. 자긍심도 같은 뜻이다.

"누구네 집 강아지 이름인줄 아나?"

자존심이 상했을 때 한국 사람들이 즉각 반응하며 흘리는 입말이다. 그만큼 자존심에 민감하다는 뜻이다.

"나는 없는 사람인줄 그렇게 치소!"

이 자부심 빵점의 경우는 어쩌다 가족 소집단에서나 나타날 법하니 이건 대한국인의 자존심 강도와 무관하다고 보아도 좋겠다. 남존여비의 전통 탓인지 방벽(房壁)에 못 하나 박는 일까지 아내가 오래 감당해 왔던 집안이 있었다. 드디어 반생을 밥벌이로 밖으로 나돌았던 가장이 뒷방 주인으로 돌아오자 그 사이 살림 기기(機器)의 유지 관리가 벅찼던 아내가 모처럼 남편에게 도움을 청했다. 그런데 벽창호 같은 반응이 돌아왔다. "없는 사람!"으로 여겨달라던 것.

아니, 겉으론 자존심 완전 포기같이 들리는 이 경지도 나름으론 자신의 자존심을 지키는 방도인지 모를 일이다. 아무튼 대한국인 각자의 자존심 받듦은 알아줘야 한다.

5.

문제는 '자존심 포기' 또는 자존심 내려놓기가 공공 영역에서 발생하면 그 사회적 비용은 어마어마하다는 점이다. 2014년 말, 뉴욕 케네

디 공항에서 대한항공 부사장 연루 비행기 회항 사건이 바로 그랬다. 단지 일등석 탑승객의 접대 방식이 매뉴얼대로가 아니라며 분노하고는 이륙을 위해 이미 비행기가 이동을 시작했음에도 사무장을 내리려고 부사장이 비행기의 회항을 명령했다. 그때 사무장 또는 기장 가운데 누군가가 자신의 직분으로 한 사람의 승객일 뿐인 부사장에게 회항은 무리수의 탈법임을 말해야 했다.

'화폭 위에선 화가가 제왕'이라 했던 희대의 미술가 말에 비유함은 한참 무리이겠다. 말이 그렇다는 것이고 아무튼 운항을 시작한 비행기는 당연히 조종사 그리고 그 휘하 승무원의 절대 통제에 들어가 있고, 그렇게 들어가야 한다.

그때 운항 서비스를 맡았던 사무장 그리고 운항 총책임인 기장이 주어진 소임(所任)에 대한 최소한 자긍심이 있었다면 결과적으로 대한항공이 국제적 망신을 당하지 않았을 것이다. 그 경영주 가족에도 사람다운 사람이 있다는 반사적 덕담을, 더운 여름날의 한 점 솔바람처럼 들을 수 있었을 것이다. 거기서 그칠 일이 아니었다. 이른바 국적기를 가졌다고 자부해온 우리 대한 사람도 창피를 당하지 않았겠다.

6.

사람 삶은 개인의 영어 풀이처럼 '나눌 수(dividual) 없는(in)' 존재라는 절대 명제에서 출발한다. 한 사람 한 사람 자존의 마음을 가진 인격체의 주인공이란 말이다. 사람은 자신을 세상의 주인이자 중심이라 믿고 살아가고 살아가야 한다. 그 믿음, 곧 자존심 또는 자긍심은 처지의 빈부(貧富), 사회적 지위의 고하 등에 불구하고서다.

그런 인격의 주인공은, 당연히 그리고 동시에, 남과 더불어 살아가는 마음의 자세를 갖고 있고, 갖고 있어야 한다. 삶에는 개체성과 집단성이 공존하기 때문이다.

공존의 두 특성은 전통적으로 한국인의 마음가짐과 씀씀이에 지대한 교훈을 남겼던 특히 동양 사상의 '충서(忠恕)' 가르침과 상통한다. 한자의 글 구성이 바로 말해주듯, 한 사람이 "자존의 마음(心)을 중심(中)잡음이 충(忠)이고, 그런 마음을 '남과 같이 하는(如) 마음(心)'이 서(恕)인 것.

사람의 삶은 우선 '나'가 있고부터 시작된다. 사회라는 틀 속에서 생존을 영위하는 개인주의가 일단 근간이란 말이다. 못지않게 '사람은 사회적 동물'이란 말대로 개인주의는 남과 함께라야 정당하다. 이는 만고의 진리다. 동양에선 사람의 덕목으로 어짊을 지고지선으로 여겼다. 그래서 '사람(亻) 둘(二)이 있음'이란 자형(字形)으로 '어질 인(仁)'이 생겨났다. 이것도 남과 함께 함의 미덕을 높게 받듦이었다. 남이란 가족, 고향, 학교, 회사 등 각종 집단 또는 공동체를 말함이다. 그 속에서 사람들은 정체감을 느끼고 자연스럽게 주변과 더불어 친애감도 쌓아간다.

7.

집단의 외연이 가장 실감나게 확장된 끝 경계는 국가라는 존재다. 일단, 국가란 생존이 보장되는 여건 속에서 사람들이 삶의 가치를 공유한 채로 번영을 영위할 수 있게 한 제도적 틀이다. 역사적으로 이 틀은 일정 공간 범역, 곧 국토 위에서 같은 핏줄끼리 펼쳐져 왔음이 다반사였다. 바로 대한민국이 그런 '민족 · 국가(nation-state)'의 하나로 존속해왔다.

대한민국은 유구한 역사를 가진 나라다. 적어도 통일신라 이후 민족 · 국가 또는 국민 · 국가의 맥을 이어왔다. 대륙과 해양이 만나는 지정학적 특성으로 말미암아 유사 이래 천 회 가까이 외부로부터 침략을 받았고, 그 재앙이 국파(國破) 직전에 이른 경우가 한두 번이 아니었다.

그럼에도 지금껏 민족국가라는 확고한 정체성을 가진 채로 20세기 후반에 이르러선 기록적인 압축 성장에다 민주 정치까지 진척되어 세계적인 자랑이 되었다. 이 연장으로 세계를 의식하는 인류애(人類愛)도 대한국인의 마음에 깃들기 시작했음은 고마운 일이 아닐 수 없다.

8.

사람이 역사를 만든다. 대한민국도 특히 어질면서 의로운 선각자들이 가치 있다고 믿는 바 신념을 선제적으로 행동해준 덕분에 오늘의 정체성 있는 역사가 가능했다. 덕분에 정직의 바탕 위에서 어느 정도의 지성(至誠)을 다한다면 모두가 자존의 삶을 누릴 수 있는 사회, 나라가 되었다.

이게 가능하게 된 데는 선공후사(先公後私)의 인물들이 있었다. 그들의 빼어난 우국충정 뒤에는 남다른 깨우침이 있었다. 인격형성기에 단정히 앉아 무엇보다 '눈앞의 이익을 보면 의리를 먼저 생각함(見利思

義)' 등의 가르침도 포함해서 공맹(孔孟)도 열심히 읽었고 암송도 했다. 그들은, 밤을 도와 흠뻑 빠져 읽었던 『삼국지』의 절정 대목으로 출진을 앞둔 제갈량(諸葛亮)이 "군주에게서 입은 은혜를 감당하지 못해 감격했다(不勝受恩感激)"라고 적었던 글줄에 이르러서는 국체(國體)와 국격(國格)과 민족혼을 생각하며 분명 눈물을 흘렸을 것이다. 한마디로 그들은 대한국인의 자존심을 지켜준 이들이었다.

9.

역사를 공부하면서 김동길 대표 필자가 평생 생각하고 말해온 주제 하나가 대한국인 자존심의 정체와 그 지키기였다고 하겠는데, 다시 한 번 그걸 통감한 시간이 있었다. 2015년 여름, 지인들과 함께 일본 규슈 북단 가라쓰[唐津]에 가보았다. 거기 바닷가 한 모퉁이에 자리한 나고야[名護屋]는 역사가 있는 한 한민족이 잊어서는 안 될 치욕의 왜란 출정 기지였다.

한때 20만 명 침략군이 모여들었다는 마을이었다. 세월이 흘러 이제 겨우 남은 흔적이라곤 "임진 · 정유왜란의 반성 위에 양국의 교류와 우호를 위해 노력"하겠다며 세워진 고성 박물관이 고작이었다. 그걸 바라보는 순간, 국파 지경에서도 왜란 승리의 견인차 역할을 한 이순신이 결국 목숨까지 내놓았던 애국충정이 새삼 뼈저리게 고맙게 느껴졌다. 그때 그가 아니었으면 한반도 남북이 각각 일본과 중국 땅이 되고 말았을 것인데 그이 덕분에 한민족의 자존심을 지켜냈음을 어찌 말로 다할 것인가. 다시 한 번 감동으로 이순신을 기억했다.

10.

그런 주인공들을 가려 뽑아 국민으로 그리고 개인으로 무너져 내리는 자존심 회복의 근거로, 자존심 확대 가능성의 큰 상징을 가려 뽑아 새로 조명해보려 했다. 모두 역사적 인물이겠는데, 그렇다면 기록의 역사가 분명한 시대 이래를 염두에 두어 조선 왕조 이래의 인격을 가려 뽑았다.

역사적 인물이기 때문에 인물마다 기왕에 길고 짧은 전기물 또는 평전 등 사람 이야기가 적잖이 출판된 바 있었다. 그걸 참고하되 올해 구순인 김동길 교수와 뜻을 같이 하는 이 시대 문사들에게 그간 그런 인물을 어떻게 알고 무엇을 배우려 했는지를 좀 적어 달라 했다. 역시 대상 인물들을 역사책으로 만난 필자가 대부분이지만, 현대에서 명멸했던 인물들은 직접 마주쳤던 생생한 체험도 바탕 삼아 하나같이 생생한 글들을 고맙게 적어주었다.

| 차례 |

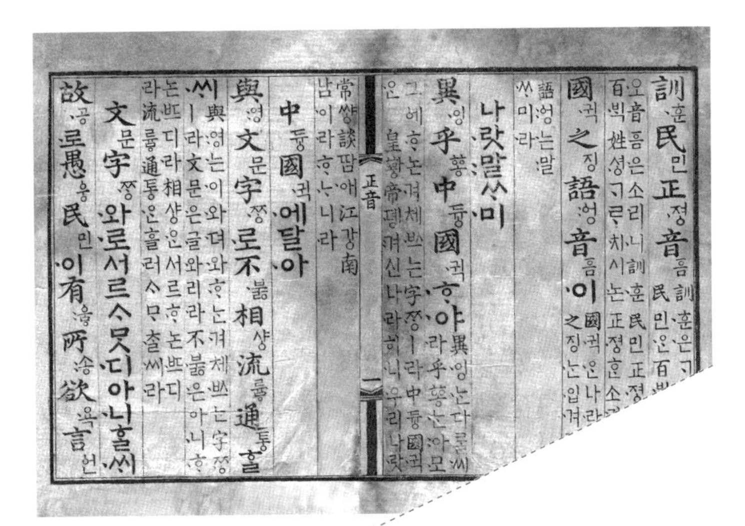

세종대왕, 한글을 창제하다

최정호 (울산대학교 석좌교수)

훈민정음 해례본, 세종 28년(1446년), 국보 70호, 간송미술관 소장

훈민정음 해례본은 세종대왕을 보필하며 한글을 만들었던 집현전 학사들이 한글의 자음과 모음을 만든 원리와 용법을 상세 설명한 글이다.

◎

세계의 대왕, 대왕의 세계

동양에서나 서양에서나 왕조 시대의 군왕 가운데에서 특출한 인물을 '대왕'이라 일컫는다. 예컨대 고대 세계에선 마케도니아의 알렉산더(3세) 대왕(Alexander the Great = AlexandrosIII), 신성로마제국의 터를 닦은 서양 중세의 칼 대제 또는 샤를마뉴(Karl der Grosse = Charlemagne = Charles le Grand), '태양 왕'이라 일컬어진 루이(14세) 대왕(Louis le Grand), 독일의 프로이센 왕국을 중흥시킨 프리드리히(2세) 대왕(Friedrich der Grosse), 또는 러시아의 서구화, 근대화의 터전을 닦은 표토르(1세) 대제 (Peter the Great = Pjotr I Weliki) 등등이다. 우리나라에서는 고구려의 광개토대왕을 들 수 있다. 이들 대왕이라 일컬어진 인물들의 업적에는 공통점이 있는 듯하다. 그들은 하나같이 자신들이 다스린 영토 대부분을 무력을 통해 크게 확대했다는 점이다.

그런 점에서 대 유럽, 또는 유럽 통합을 꿈꾸는 서양 사람들에게는 나폴레옹이 높이 평가되고 있다. 제국이 오래 지속되지는 못했어도 알렉산더 대왕 이후 가장 넓은 유럽 대륙을 지배했기 때문이다. 그뿐만 아니다. 심지어는 유럽을 거의 지배할 번했던 히틀러의 초기 업적조차도 그런 면에선 긍정적으로 평가되고 있다. 이는 네오 나치주의자들의 잠꼬대가 아니다. 프랑스 레지스탕스(반 나치스 저항 운동)의 영웅 드골 대통령이 그런 언급을 했고 영국으로 망명 귀화해서 전후 히틀러의 비판적인 평전을 쓴 현대사가 세바스찬 하프너 또한 그런 글을 적었다.

세종대왕은 이 같은 맥락에서 본다면 조금 비켜서 있는 듯하다. 물론 세종대왕도 밖으로 북방 변두리의 국경 지대를 크게 개척하였다. 압록강 상류에 4군(郡)을, 두만강 쪽으로는 6진(鎭)을 설치해서 남방의 주민을 이주시켜 국경을 튼튼히 하였다. 또 일본에 대해서는 삼포(三浦)를 개항하고 쓰시마[對馬] 섬 도주(島主)가 간청한 세견선(歲遣船 : 조선과 교역할 수 있는 허가를 받은 일정 수의 무역선)을 허락하며 회유하여 수교를 계속하였다. 이렇게 국방 안보를 소홀히 하지는 않았다.

그러나 세종은 이웃 나라들을 침공하여 국토를 크게 넓힌다는 따위의 업적을 자랑하는 전쟁 영웅은 아니었다. 세종은 군사적 무훈이 혁혁한 대왕이 아니라 문치 내정에 찬란한 업적을 쌓아 올린 성군이었다. 이 점에선 위의 대왕들 반열에서 세종대왕에 비길만한 군왕은 거의 없다. 굳이 찾는다면 오직 프로이센의 프리드리히 대왕(1712~1786)을 들 수 있을 뿐이다.

철학자 칸트(Immanuel Kant, 1724~1804)가 '계몽 군주'라 일컬은 프리드리히 대왕은 단순한 전쟁의 영웅이었을 뿐만 아니라 문 · 사 · 철(文史哲)을 아우르는 보편적 교양을 갖춘 18세기의 '르네상스인(uomo universal, 萬能人)'이었다. 그는 플루트의 명주자이며 작곡가이기도 했다. 지금도 베를린 근교 포츠담에 있는 프리드리히의 여름 별궁 상수시(Sanssouci)에 가면 대왕이 작곡한 플루트 곡을 18세기 복장을 한 악사가 성벽 앞에서 연주하는 이벤트를 볼 수 있다. 프랑스 계몽주의 사상을 대표하는 볼테르(Francois M.A, de Voltaire, 1694~1778)가 대왕의 식객으로 오랫동안 상수시 궁에 머물렀다는 것은 잘 알려진 사실이다. 아마도 세계사적 전망에서 세종대왕의 위업을 부각시키는 데엔 프리드리히 대왕과의 비교가 좋을 듯해서 아래에서 간간히 살펴보도록 하겠다. 그러나 먼저 세종대왕은 어떤 인물이었는지 알아보자.

◎

세종대왕은 누구인가

세종대왕은 14세기말(1392년)에서 20세기 초(1910년)까지 지속된 조선 왕조의 제4대 군왕이었다. 세종(1397~1450)은 1418년 21세의 젊은 나이로 즉위하여 53세로 세상을 뜰 때까지 32년 동안 재위하였다. 대왕의 생애는 오늘날 한국인의 평균 수명에 비한다면 장수한 것은 아니다. 그러나 그럴수록 그가 재위한 32년은 매우 긴 기간으로 여겨진다. 조선 왕조 519년 동안에 왕위에 오른 27명 군왕의 평균 재위 기간은 11년 5개월이었다. 그 중에서 세종은 영조(52년), 숙종(46년), 고종(44년), 선조(41년), 중종(38년), 순조(34년)에 이어 일곱 번째로 오래 재위한 군왕이다.

15세기 전반기는 한국 문화의 대(大) 시대였고 거기에 핵심적인 역할을 한 주역이 바로 세종대왕이었다. 대왕 자신이 한반도 문화 중흥의 주인공이었던 것이다. 〈훈민정음〉이라 알려진 표음문자 '한글'의 창제, 각종 천체 관측 기구의 제작과 천문 기상학의 발전, 여러 종류의 활자의 주조와 수많은 서책의 편찬 및 발간, 율관(律管)[1]의 제정과 악기의 개량, 음(音)의 고저장단(高低長短)을 기보(記譜)한 동아시아 최초의 유량(有量) 악보 '정간보(井間譜)'의 창안과 여러 관현곡(管絃曲)의 작곡 등 두루 열거하기 어려우리만큼 많은 업적의 대부분이 세종대왕 스스로 이룩한 것이거나 그의 발의에 의해서 이룩된 것이다.

어문학이면 어문학, 천문학이면 천문학, 음악이면 음악, 각 분야 하나만 떼어놓고 보더라도 그 모두가 당시 세계 문화의 수준을 끌어올린 업적들이었다. 그 어느 한 분야의 업적만도 한 사람이, 또는 여러 사람이 전 생애를 걸쳐 헌신해야 비로소 이룩할 수 있는 정도의 대단한 경지였다.

그 모든 것을 한 시대의 한 군왕이 성취한 것이다. 그 점에서 세종대왕은 참으로 한반도의 '르네상스인'이었다. 그 덕분에 세종 시대를 15세기 한국 문화의 '르네상스 시대'라 이를 수 있는 것이다.

한 나라의 문화적 중흥을 가져오기 위해선 그에 선행하는 몇 가지 전제가 충족되지 않으면 안 된다. 가장 중요한 요건은 정치적 안정과 경제적 안정이다. 우선 세종의 재위 32년이란 긴 세월은 대 역사(大役事)를 성취하기 위한 정치적 기반으로서는 더 바랄 수 없으리만큼 권

1) 음악에서 기본음을 불어서 낼 수 있는 원통형의 대나무 관. 예전에 음의 높낮이를 정하기 위해서 열두 개의 가는 대통을 한 벌로 사용하였다.

력의 장기적 안정에 기여했다고 볼 수 있다.

◎

왜 '권력'일까?

대 역사를 성취하려면 권력이 필요하고 권력의 집중도 필요하다. 어릴 적부터 학문이 뛰어나서 형들을 젖히고 왕위에 오른, 학문을 사랑했던 군왕 세종대왕은 단순한 문인/학자(l'homme de lettre)가 아니라 국정을 책임진 정치가(l'homme d'etat)였다. 혼자서 하는 문학이나 예술은 권력이 없어도 상관없지만 수많은 사람을 이끌어 나라 살림을 꾸려가려면 권력이 없어서는 안 된다. 권력이란 바로 사람을 이끌고 다스리는 힘이다. 더구나 큰일을 하려면 큰 권력이 필요하고 나라의 기틀을 세워 국운을 크게 떨치려면 그러한 권력의 장기적인 안정이 필요하다.

예컨대 세종대왕은, 농민들이 농사짓는 데 꼭 필요한 달력조차 중국에 의존해야 되는 불편을 극복해야 했다. 그 일을 위해 세종은 재위 14년부터 대간의(大簡儀), 소간의(小簡儀) 등 천체 관측 기구를 만들고 16년에는 물시계의 일종인 자격루(自擊漏)를 비롯한 시간 측정 기구도 제작했다. 마침내 1년의 길이를 365.2425일로까지 정확하게 계산한 우리 고유의 달력 〈칠정산(七政算)〉을 완성시켰다. 거기에 10년의 세월이 소요되었다.

중농정책을 위한 세종대왕의 또 하나의 큰 업적으로 공정한 공법(貢法)을 제정한 전세(田稅)제도의 확립을 들 수 있다. 세종 12년 전국 각도의 수령 및 백성들을 상대로 공법의 편의 여부를 묻는 광범위한 설문 조사를 실시했다.(이는 세계 최초의 여론 조사일 것으로 평가.) 그 같은 설문 조사를 통해서 세종대왕은 전제상정소(田制詳定所)로 하여금 이른바 연분구등법(年分九等法)[2], 전분육등법(田分六等法)[3]을 시행하게 했다. 이런 과정을 진행하는 데 14년의 세월이 필요했다

권력이란, 그러나 언제나 어디서나 '데몬(dämon, 악마)'의 본성을 지니고 있다. 권력은, 그리고 '권력에의 의지'는 스스로를 절대화하려는 경향이 있어 인륜도 천륜도 초월하는 '데모닛슈'(dämonisch, 악마적)한 힘을 떨치기도 한다. 조선조 건국 초기에도 부자 간 형제 간의 혈육으로 맺어진 정도 의리도 부정하는 권력 투쟁의 피바다가 펼쳐졌다. 이른바 '왕자의 난'이었다. 권력이란 스스로를 절대화 · 영구화하려는 유혹에서 자유롭기가 어렵다. 그것이 역사의 영원한 드라마에 불변의 주제가 되고 있다.

그렇기에 권력의 장기적 안정에는 권력의 정통성, 정당성이 뒷받침되지 않으면 안 된다. 권력이란 본질적으로 사람에 의한, 사람의 지배를 지향하는 것이라면, 그러한 권력의 객체인 다수의 사람이 명시적이건 묵시적이건 권력의 지배 행위를 정당한 것으로 받아들일 때 권력의

---

2) 세종 26년(1444년)에 실시한 조세 부과의 기준. 한 해의 수확을 농사의 풍흉(豊凶)에 따라 상상년(上上年)에서 하하년(下下年)까지 아홉 등급으로 나누어 토지 1결 당 세액을 최고 스무 말에서 최하 네 말까지 부과하였다.

3) 조선 시대에 전국의 토지를 비옥도에 따라 여섯 등급으로 구분하여 세금을 달리 내게 하던 제도.

안정은 담보된다.

왕조 시대에 군왕의 권력은 세습되는 것이기 때문에 세자가 다음 왕으로 즉위하면 거기엔 아무런 정통성의 문제가 없다. 다만 그렇게 즉위한 군왕도 장기간 재위하면서 안정된 치세를 유지하기 위해선 치적을 올려야 한다. 백성들의 충성을 요구할 수 있는 정당성이 뒷받침되어야 하기 때문이다. 왕위에 오른 뒤에도 지나친 패륜, 실정, 무능이 드러나면 반정(反正)에 의해서 재위 중에 축출될 수 있다. 실제 그런 사례들이 조선 역사에 기록되어 있다.

왕권의 장기적 안정이 유지되려면 정당성이 있어야 하는데 이는 도덕성과 능률성을 함께 갖춰야 온전한 것이 된다. 그러나 이 셋을 조화시킨다는 것은 쉬운 일도 아니고 쉽게 볼 수 있는 일도 아니다. 그러고 보면 세종대왕이 권력과 도덕성과 능률성 사이의 대립 또는 긴장 관계를 지양하고 이 세 가지를 행복하게 정립(鼎立)시킨 것은 참으로 희한한 역사적 사례이다.

조선 시대에 권력에 대한 도덕적 입장을 가장 설득력 있게 나타낸 것은 백성을 위하고 백성을 사랑한다는 민본사상(民本思想)이다. 조선 왕조를 창건한 이념적 지도자라 할 정도전(鄭道傳)은 "무릇 임금(군주)은 나라(국가)에 의존하고 나라는 백성(국민)에 의존한다. 그럼으로 백성은 나라의 근본이고 임금의 하늘이다"라고 건국 초기에 국가의 통치 철학을 밝혔다.[4)]

4) 물론 조선 왕조의 '민본주의'와 서양의 민주주의는 다르다. 서양의 민주주의가 '국민을 위

백성을 사랑하고 백성을 위한다는 것은 조선 시대 정치의 높은 이상이었다. 그러나 현실에서는 언제나, 어느 군왕 밑에서나 이 이상이 지켜진 것은 아니다. 세종대왕의 치세는 바로 이러한 통치의 이상을 끊임없이 현실로 실현하려 했던 과정이요, 그의 성과였다.

◎

세종 시대의 치적

『조선왕조실록』[5]에는 백성을 사랑하고 백성을 어여삐 여기는 세종대왕의 자상하고 지극한 마음을 드러낸 말들이 모래알처럼 널려 있다. 그러기에 손쉽게 아무데서나 몇 대목을 인용해도 다음과 같은 어록들이 금방 눈에 띈다. 앞에 든, 공법의 편의 여부를 묻는 이른바 '여론 조사'를 실시하던 세종 12년(1430년) 7월 5일 〈실록〉을 보면, 호조판서의 보고를 받고 세종대왕은 다음과 같이 말했다.

한(for the people) 국민에 의한(by the people) 국민의 정치(of the people)'라고 한다면 조선 왕조의 '민본주의'는 '국민에 의한' 부분이 탈락하고 다만 '국민을 위한' 정치였다고 할 수 있다. 유교의 정치 사상에서 국민은 어디까지나 정치의 객체일 따름 정치의 주체가 될 수는 없었다.

5) 『조선왕조실록』은 태조(太祖)에서부터 철종(哲宗)에 이르는 조선 왕조 25대 472년간의 역사적 사실을 연(年) 월(月) 일(日) 순서에 따라 객관적으로 기록한 방대한 편년사(編年史)이다. 총(總) 1,893권, 888책에 이르는 인쇄 및 필사본으로 그 전체가 국보로 지정되어 있다. 1997년에 『조선왕조실록』은 〈훈민정음〉과 함께 유네스코의 세계문화유산으로 등재되었다.

백성들이 좋지 않다면 이를 행할 수 없다. 그러나 농작물이 잘 되고 못된 것을 답사 고험(考驗)할 때에 각기 제 주장을 고집하여 공정성을 잃은 것이 자못 많았고, 또 간사한 아전(衙前-하급 관리)들이 잔꾀를 써서 부유한 자를 편리하게 하고 빈한한 자를 괴롭히고 있어서 내 심히 우려하고 있노라……

또한 세종대왕은 음악 분야에서도 뛰어난 업적을 남겼다. 그가 직접 작곡한 창작 음악에는 '보태평(保太平)', '정대업(定大業)' 등과 함께 '여민락(與民樂)'이란 작품이 있다. 이 작품은 5백 년이 지난 오늘날까지도 훌륭한 예술 음악으로 면면히 내려와 한국의 전통 음악 연주회에서 주요한 레퍼토리로 공연되고 있다. '여민락'이란 문자 그대로 '백성과 더불어 즐긴다'라는 뜻이다.

이러한 음악을 작곡할 때 세종대왕은 "음률에 밝아 신악 절주(新樂節奏-새 악곡의 리듬)는 모두 스스로 막대로 박자를 짚어 장단을 삼고 하루 저녁 사이에 정했다"라고 『세종실록』 31년 12월 기사에 적혀 있다.

세종대왕은 악기를 개발하고 율관을 재직하고 기보법(記譜法)을 창안하고 관현곡을 작곡했다. 세종대왕의 음악 분야에서의 이 같은 업적은 글머리에 언급한 프리드리히 대왕을 연상하게 한다. 74세의 수를 누리고 46년(1740~1786) 동안이나 재위한 프로이센의 프리드리히 2세도 플루트의 연주자였고 플루트 소나타 등 많은 작품을 작곡한 것으로 알려져 있다.

그러나 15세기 한국의 세종대왕과 18세기 프로이센의 프리드리히는 근본적으로 다른 점이 많다. 프리드리히 대왕은 저서 『반(反)마키아

벨리론(Antimachiavell)』이나 『칠년전쟁사(Histoire de la guerre de sept ans)』 등 모든 글을 프랑스어로 썼고 일상 대화도 프랑스 말로 하였다. 말하자면 프리드리히 대왕은 독일 말을 하지 않은 독일 군주였다. 그는 자기 나라의 언어나 문학에는 별로 이해도 관심도 없었고 대신 당시 유럽 상류 사회의 관행이나 유행이 그랬던 것처럼 프랑스 문화에 심취해 있었다. 그래서 일상 생활에서도 프랑스어로 말하고 글을 썼던 것이다.

그러나 세종대왕은 그렇지 않았다. 물론 15세기의 동아시아 여러 나라에서도, 특히 그가 통치했던 조선 왕조에서도, 상류 사회에서는 중국 문학이나 중국 문화에 심취해 있었고 중국의 문자인 한자(漢字)를 일상적으로 사용하고 있었다. 바로 그러한 시대 상황 속에서도 세종대왕은 '백성을 가르치는 바른 글'이라는 〈훈민정음(訓民正音, 한글)〉을 창제하였던 것이다. 언제 어디서 누가 만들었는지가 분명한 한글은 또한 어떤 뜻으로 만들었는지도 분명히 밝혀져 있다.

— 우리나라 말이 중국과는 다르기 때문에 중국의 글자로는 통할 수가 없다.

— 무식한 백성들은 하고 싶은 말이 있어도 글자를 몰라 뜻을 펼 수가 없다.

— 그것을 불쌍히 여겨 백성들이 쉽게 배워 쓸 수 있도록 새로 글자를 만들었다.

세종대왕은 훈민정음을 반포하면서 그 뜻을 이처럼 오해의 여지가 없는 똑똑한 말로 서문에 밝혀 놓았다. 세종대왕이 손수 쓴 이 서문은 나라의 근본인 백성을 사랑하고 백성을 위하는 성심(聖心)이 배어 있는 대 문자(大文字)이다. 이 서문에는 세종대왕의 생애와 치적에 처음부터 끝까지 일관했던 '민본(民本) 정신'과 함께 또 다른 일념이 배어 있다. 바로 민족적 자아, 겨레의 자존을 지키려는 자주 정신이다.

어떤 의미에선 문학에서 음악에 이르기까지, 지리학에서 천문학에 이르기까지, 그리고 또 의학에서 약학에 이르기까지 세종대왕의 관심과 연구와 치적이 미치지 않은 곳이 없다. 그 모든 영역에서 그것들을 꿰뚫고 있는 하나의 공통 분모는 '민족적 자아의 자각'이요, '민족적 자아의 발현'이라 할 수 있다. 이 겨레의 '우리'를 깨닫고 '우리'를 밝히고 '우리'를 떨치자는, 바로 민족적 자주 정신이 그것이다.

우리의 말을 그대로 글로 쓰기 위해서 세종대왕은 〈훈민정음〉을 창제했다. 그 뿐만 아니라 우리의 노래를 살리기 위해서 향악(鄕樂)[6]을 적극 진작시켰다. 『세종실록』에는 이런 대왕의 말이 기록되어 있다.

> 아악(雅樂)[7]은 본시 우리나라의 성음(聲音)이 아니고 실은 중국의 성음으로, 중국 사람들은 평소에 익숙하게 들었을 것이므로 제사에 연주하여도 무방할

---

6) 중국의 당악(唐樂)에 대하여 우리나라 고유의 음악을 이르는 말이다.

7) 예전에 우리나라에서 의식(儀式) 따위에 정식으로 쓰던 음악으로 고려 예종(睿宗) 때 중국 송(宋)나라에서 들여왔던 것을 조선 세종이 박연(朴堧)에게 명하여 새로이 완성시켰다.

것이다. 우리나라 사람들은 살아서 향악을 듣고 죽은 뒤에는 아악을 연주한다는 것이 과연 어떨까 한다.(세종 12년 9월)

우리나라의 음악이 다 잘 되었다고 할 수는 없으나 반드시 중국에 부끄러워할 것은 없다. 중국의 음악인들 어찌 바르게 되었다 할 수 있겠는가?(세종 12년 12월)

세종대왕은 그래서 민속 가요를 채집해서 책으로 엮기도 하였다(세종 15년 9월). 또 앞에서 이미 적은 것처럼 세종대왕은 우리의 달력을 중국 것과 달리 따로 만들기 위해서 각종 천체 관측기기를 제작하여 마침내 〈칠정산(七政算)〉을 완성하였다. 세종대왕은 우리의 국토를 소상히 밝히고 기록하기 위하여 『팔도지리지(八道地理誌)』라는 인문 지리지를 편찬하고 전국 팔도의 지도도 제작하였다. 세종대왕은 우리 겨레의 체질에 맞는 의술을 개발하고 우리나라에서 나오는 토산(土産) 약제를 활용한 향약(鄕藥)을 발전시키기 위해서 『향약구급법(鄕藥救急法)』을 널리 보급하고 『향약집성방(鄕藥集成方)』과 『의방유취(醫方類聚)』 등 방대한 의학과 약학 서적을 편찬하였다.

이와 관련하여 한 가지 덧붙이고 싶은 얘기가 있다. 이러한 전적 간행과 백성들에 대한 '계몽' 사업이 세종대왕의 경제 정책과 그의 치적에 미친 성과에 대해서이다. 조선 시대는 농경 시대요 농업 정책이 국정의 중심에 자리 잡고 있던 시대였다. 천문 기상학의 발전에서부터 전세 제도의 개혁에 이르기까지, 향약 의술의 개발에서부터 지리지 ·

지도의 간행에 이르기까지, 세종대왕의 모든 업적은 결국 농민의 노동력과 토지의 생산성 향상을 위한 중농 정책과 관련되어 있다.

연구에 의하면 고려 시대까지도 높은 소아 사망률 때문에 한 쌍의 부부는 자녀를 셋 이상을 기르지 못하였다. 그러나 세종대왕이 아이를 낳는 임산부들을 위한 보급판 의학서인 『태산요록(胎産要錄)』을 간행해서 널리 보급하자 농가의 아이 수가 늘어서 농촌 인구가 비로소 증가 추세를 보였다고 한다.

한편 세종대왕은 우리 겨레의 국조(國祖)를 제대로 모시기 위해서 평양에 단군(檀君)[8]사당을 별도로 세우기도 했다(세종 7년 9월).

앞에서 언급한 것처럼 세종 시대에는 수많은 전적을 간행했는데 이를 위해 세종대왕은 13세기 고려시대에 개발한 금속활자를 개량하기 위하여 1420년과 1422년에 각각 경자자(庚子字)와 갑인자(甲寅字)라고 부르는 새로운 동(銅)활자를 만들었다. 인쇄법도 개선해서 서적 인쇄 능률을 향상시켜 그 결과 하루에 20배의 인쇄 능률을 올렸다고 기록은 밝히고 있다.[9]

---

8) 단군은 한민족의 시조로 받드는 임금으로 단군 신화에 의하면 기원전 2333년 아사달에 도읍을 정하여 고조선을 세워 2천 년 동안 나라를 다스렸다고 한다.

9) 오랫동안 세계인은 1450년 경에 독일 마인츠(Mainz)에서 구텐베르크(Johannes Gutenberg)가 인쇄한 『42행 성서(Die 42 zeilige lateinische Bibel)』를 세계 최초의 금속활자본으로 알고 있었다. 다만 그것을 한국인들만 동의 · 수긍하지 않았다. 왜냐하면 한국에서는 이미 1234년 고려 인종(仁宗) 때 『상정고금예문(詳定古今禮文)』이란 책자를 금속활자로 인쇄하였다는 기록이 있었기 때문이다. 그러나 그것은 어디까지나 기록일 뿐 실물의 물증이 없었다. 그러다 지난 1972년 파리의 유네스코 본부에서 개최한 '책의 역사(L'histoire du livre)' 주제의 국제 전시회에 소르본느(Sorbonne) 대학이 소장하고 있던 한 권의 고서적이 출품

◎

한글 창제는 '한반도의 기적'

세종대왕이 다스리던 15세기에 한반도에서는 군왕이 스스로 미천한 백성들을 위해 쉽게 익혀 쓸 수 있는 표음문자 '한글'을 창제하고 조정에서 활자를 개량 주조하여 수많은 전적을 간행해서 보급한 일이 실제로 일어났다. 이는 얼핏 보기엔 자명한 사실로 받아들여질 수 있다. 그러나 비교사학적인 시각에서 고찰하면 그것은 자못 놀라운 사실에 속한다.

독일의 구텐베르크는 세종대왕과 비슷한 시기에 태어났다. 서양에서는 구텐베르크가 지식을 보다 빨리, 보다 널리, 보다 값싸게 보급할 수 있는 보다 기능적인 금속활자의 활판 인쇄술을 개발했을 때 매스커뮤니케이션 역사의 새 기원이 열렸다고 얘기한다. 그러나 유럽의 지배 계급은 구텐베르크의 인쇄 기술이 그들의 특전을 위협하는 '검은 기술(schwarze Kunst)'이라고 두려워하여 도처에서 갖가지 통제와 탄압을 가하였다. 출판물에 대한 사전 검열과 사후 검열, 인쇄소 시설의 제한, 불온 문서나 비밀 출판을 방지하기 위한 간기(刊記, Impressum)의 강요, 지식 정보의 값싼 대중적 보급을 제한하기 위한 비싼 인지세(印紙稅)의 부과, 그리고 교회나 정부가 금서 목록(Index librorum

---

됐다. 그때 세계의 서지(書誌)학자들을 놀라게 한 것은 『직지심체요절(直指心體要節)』이라고 하는 이 책이 1377년 고려 시대의 청주(淸州) 흥덕사(興德寺)에서 금속활자로 인쇄했다고 간기에 쓰여 있었다는 사실이다. 구텐베르크의 『42행 성서』보다 70여 년 앞선 시점이다. 한편 세종대왕이 개량한 동활자도 구텐베르크보다 30여 년 앞섰다.

prohibitorum)을 작성하는 등에 이르기까지 그 사례는 쉽게 찾을 수 있다.

미디어의 역사를 성찰해보면 기존의 전통적 커뮤니케이션 수단에 통달하거나 그를 장악하고 있는 지배 엘리트들은 커뮤니케이션의 새로운 수단이 개발되고 보급되기에 이르면 그에 대해서 언제나 거부 반응을 보이는 것이 일반적이다. 구변의 문답법(dialectic, dialogue)에 능한 입심 좋은 소크라테스가 문자의 사용은 배격했던 옛날부터 활자 문화의 엘리트들이 한동안 TV 미디어를 '바보 상자'라고 얕잡아 보았던 현대에 이르기까지 그 점에선 마찬가지이다.

물론 세종 시대 조선의 귀족적인 조정 중신들도 예외는 아니었다. 당시의 사람들은 간단한 수필류의 글을 쓰기 위해서도 많은 시간과 돈을 들여 최소 4천 자 정도의 한자를 배우지 않으면 안 되었다. 그러한 15세기 조선에서 누구나 하룻밤이면 배울 수 있는 '한글' 알파벳 〈훈민정음〉이 창제되었던 것이다. 그러자 바로 집현전(集賢殿)이라 일컬어지던 왕실의 학술 연구 기관의 많은 학자조차 이 새로운 커뮤니케이션 수단에 정면으로 반대하고 나섰다. 집현전의 부제학(왕립 한림원의 부원장 격) 최만리(崔萬里)의 경우가 대표적인 사례이다. 그는 오직 중국의 한자만이 진서(眞書: 참된 글)요, 한글은 야비하고 천한 상말을 적는 언문(諺文)이라 얕잡아 보고 이런 글을 공장(工匠)들끼리 여럿이 모여 인각(印刻)하여 세상에 펼치고 있으니 후세가 두렵지 않느냐고 세종대왕에게 항의하기도 했다.

그런 일이 15세기에만 있었던 것은 아니다. 세종대왕이 한문(漢文)

을 배울만한 여유가 없는 일반 백성들을 위하여 창제한 한글은 그 뒤 5백 년 동안이나 조선 왕조의 상류 지식 계급과 지배 계급의 천대를 받았다. 국가의 공(公)기록이나 상류 사회의 서찰(書札), 간찰(簡札)은 모두 다 한문으로 적는 것이 관례였다. 그 사이 한글은 다만 부녀자들의 사사로운 편지 글월이나 천민들의 값싼 얘기 책 속에서 그 명맥을 유지해왔다.

한글을 신문이라는 대중 매체를 통해서 나라의 문자로 내세우고 보급시킨 선각자는 19세기말의 계몽주의자 서재필(徐載弼, 1864~1951) 박사였다. 조선 왕조의 근대화를 추진하려는 개혁 쿠데타에 실패하여 미국으로 망명했던 서재필은 1880년대에 다시 고국에 돌아와 한국 최초의 민간 신문인 『독립신문』을 창간하면서 한자는 단 한자도 쓰지 않았다. 순 한글로만 지면을 꾸며내 인쇄 보급했던 것이다. 한반도에서 한글이 공(公)기록에 널리 사용되는 효시이다. 그리고 얼마 지나지 않아 서재필 밑에서 신문 편집을 도왔던 주시경(周時經)은 우리나라 최초의 한글 학자로서 한국어의 문법 체계를 처음으로 완성하게 되었다.

돌이켜 보면 15세기의 유럽에서는 일반 백성은 알게 하는 것이 아니라 모르게 하는 것이, 곧 비밀의 유지가 무릇 권위의 원천이요 권력을 보호하는 장치라 했던 이탈리아의 구이차르디니(J. Guiccardini)나 마키아벨리(N. Machiavelli)의 군주론 철학이 풍미하고 있었다. 유교의 정치 원리에서도 백성은 부리기만 할 따름 알게 해서는 안 된다[10]고

10) 공자(孔子)의 어록(語錄)인 〈논어(論語)〉에 나오는 말이다.

하는 점에서는 마찬가지라고 할 수도 있겠다. 그러고 본다면 세종대왕의 백성을 위한 어문 정책이나 출판 정책은 매우 예외적인 사례라 할 수 있다.

지구상의 모든 다른 지역에서는 한 사람의 군왕이 지배하고 무력(武力)이 지배했던 고대 세계에서 국정(國政)이 시민에 의해서(by the people) 좌우되고 또 모든 결정이 '힘'이 아니라 '말'에 의해서 좌우되었다는 아테네의 민주 정치는 '헬라스(그리스)의 기적'이라 일컬어지고 있다. 그와 마찬가지로 세계의 모든 다른 지역에서 군주의 권력과 권위를 위해서 비밀의 보호와 유지가 추구되고, 지식을 독점했던 특권 계층이 지식 정보의 확산을 막기 위해 출판에 대한 갖가지 통제와 단속을 관행화하던 15세기에, 세종대왕이 오히려 모든 사람을 위하여(for the people) 배우기 쉽고 쓰기 쉬운 글을 새로 만들고 백성들을 위하여 수많은 책을 펴내는 '민본 정치'를 구현했다는 사실은 '한반도의 기적'이라 해도 좋을 것이다. 다시 한 번 강조하는 것은, 세종대왕은 한글이라고 하는 문자, 동아시아뿐만 아니라 세계 역사에서 최초로 제 겨레를 위해, 제 겨레의 말소리에 맞는 표음문자를 창제한 민본주의, 민족주의의 대(大) 군왕이라는 사실이다.

◎

한글은 한국의 문자이다

표의문자(表意文字)인 중국의 한자가 수천 년 동안 국경을 넘어 널리 사용되던 동북아 문화권에서 한글은 유일하고 완벽한 표음문자이다. 고작 한자를 변형해서 만든 일본의 문자 '가다가나'나 '히라가나' 또는 거란(契丹)이나 여진(女眞) 문자 등과도 다르다. 한글은 서양의 알파벳처럼 자음(子音)과 모음(母音)의 음소(音素)의 결합으로 이뤄진 표음문자이다. 그것은 문자의 발달사에서 볼 때 최후의 알파벳 문자요, 최고의 과학적 음소문자이다.

예컨대 한글에는 독일어의 괴테(Goethe)나 튀빙겐(Tuebingen)과 같은 '오'의 변음(變音 O-Umlaut) 또는 '우'의 변음(U-Umlaut)을 원음 그대로 표기할 수 있는 '외'와 '위'의 모음 표기가 있다. 또 알파벳으로 'Papa'라 표기해놓고 독일에서는 '파파'라 발음하고 프랑스나 이탈리아에서는 '빠빠'라고 달리 발음하는 미묘한 자음의 차이를 한글에서는 구별해서 표기할 수 있다. 요컨대 한글은 세계의 문자 가운데서 가장 많은 자음과 가장 많은 모음을 표기할 수 있는 표음문자이다. 문자가 없는 인도네시아의 찌아찌아 족은 수년 전부터 한글을 도입해서 그들의 언어를 표기하는 문자 생활을 하게 되었다. 이 사실은 일종의 '만국 발음 표기 문자'라 할 수 있는 한글의 가능성을 보여주는 한 보기라 할 것이다.

미국 시카고 대학의 언어학자 매콜리(James McCauly) 교수가 지난 수십 년 동안 해마다 한글날을 기념해왔다고 한다. 이는 한글 창제의 학문적, 그리고 역사적 의미를 이해하는 사람에게는 그리 놀라운 일이 아닐 수도 있다. 그 뿐만 아니라 한글은 언제, 어디서, 누가, 왜, 무슨 뜻으로 만들었는지가 분명히 밝혀진 아마도 지구상의 유일한 문자일 것이다.

파리의 유네스코 본부에서는 지난 1990년부터 해마다 '세종대왕 문해상(世宗大王 文解賞 : UNESCO King Sejong Literacy Prize)'을 시상하고 있다. 이 상은 제3세계에서 모국어의 개발을 통해 문맹(文盲) 퇴치에 큰 기여를 한 개인이나 단체를 국제 심사위원단이 선정하여 주는 상이다.

세종의 이름은 도(祹), 자(字)는 원정(元正)이다. 조선 왕조 제3대 태종(太宗)의 아들로 어머니는 원경왕후 민씨(元敬王后 閔氏)이고 비(妃)는 심온(沈溫)의 딸 소헌왕후(昭憲王后)이다. 원래 태종에게는 왕후 민씨 소생으로 양녕(讓寧), 효령(孝寧), 충녕(忠寧), 성녕(誠寧) 등 네 대군이 있었다. 그런데 1418년 태종은 "충녕대군은 천성이 총민하고 학문에 독실하며 정치하는 방법 등도 잘 안다"하여 세자로 책봉하도록 결정했다. 셋째 아들을 세자로 책봉한 것은 태종의 뜻에 따라 극적으로 이루어졌으나 이를 모든 신하도 환영하였다. 그로부터 두 달 뒤(1418년 8월 10일) 세자 충녕대군이 왕위에 올랐으니 그가 장차 세종대왕이 된 것이다.

천 년의 인물, 이순신

김형국 (서울대학교 명예교수)

必死則生 必生則死(필사즉생 필생즉사)

“죽고자 하면 살 것이고, 살려고 하면 죽을 것이다.” 1597년 9월 16일(음) 명량해전을 앞두고 휘하 부하들에게 중국 2대 병서 하나인 춘추전국시대의 〈오자병법(吳子兵法)〉에 나오는 이 구절을 인용하며 독전했다. 글씨는 현대에 들어 이순신의 필적을 모아 집자(集字)한 영인본이다.

◎

충신동이 효자동이

핏줄을 얻게 된 부모는 간절히 바라고 바란다. 이윽고 마음으로 기도한 바를 먼저 이름에 담아 장래를 축원한다. 전통 시대였던지라 사내아이만을 마음에 담아 축원을 〈육아가사〉로 노래했다. "은자동아 금자동아 천지건곤 일월동아"로 운을 떼고는 우선 당신 피붙이에겐 오복이 들고, 발복(發福)이 "나라에는 충신동이 부모에는 효자동이!"가 되어 그 은택이 사방팔방으로도 뻗어가길 소망했다.

시절은 바야흐로 조선조 중엽. 덕수(德水) 이씨 한 가문은 형제 넷의 이름에 부디 나라에 보탬이 되는 신하가 되라는 염원을 담았다. 이들의 이름에는 세상 만물을 지었다는 복희(伏羲)씨, 뒤이어 태평성대의 대명사 요 · 순 · 우(堯舜禹) 임금을 기리는 뜻이 담겼다. 그렇게 한성 마른내(지금의 서울 중구 인현동)에서 1545년에 태어난 셋째 아들의 이름은 순신(舜臣)이라 지어졌다.

부모의 간절했던 꿈이 마침내 이뤄져 한쪽 어버이나마 살아생전 그런 자식을 보았다면, 더구나 그 자식이 유례없던 국난을 당해 괴멸 직전이던 사직을 구하려고 분전하던 장수였다면 그 벅찬 생광의 감회는 어떠했을까. 어머니 초계 변씨(草契 卞氏, 1515~1597)는 1591년 정읍 현감에서 전라좌수사에 오른 아들을 따라 여수 좌수영 본영에서 8킬로 떨어진 고음천[1]의 송현마을에 정착했다.

그런데 1593년 6월 말, 그 앞바다에서 대승을 거두었던 한산도로 삼도(三道) 수군 진영을 옮긴 뒤로 아들 순신은 어머니께 문안드리기 어려워졌다. 어머니 문안은 마음뿐인 근심이기 일쑤였다. 1594년 정초, 이순신은 〈난중일기〉에 적었다.

어머니를 모시고 함께 한 살을 더 먹게 되었다.[2]

"하늘과 같은 존재"라며 '모(母)'자 대신 '천지(天只)'라고 적었을 정도로 어머니 생각이 한시도 그의 흉중에서 떠나질 않았다. 바쁜 군무 중에 어쩌다 배를 타고 한산도에서 바람 따라 어머니를 문안하려고 여수에 왔던 날이 1594년 1월 11일. 일기는 그 다음날 경황도 적었다.

아침식사 후에 어머니에게 하직을 고하니 잘 가거라, 부디 나라의 치욕을 크게 씻어야 한다고 두세 번 타이르시고 조금도 헤어지는 심정으로 탄식하

---

1) 옛 지명 고음천의 '고음'은 '곰 웅(熊)'을 말함이라 훈독(訓讀)해서 여수시 웅천동(熊川洞)이 되었다.

2) 한산도로 진영을 옮기기 전인 1593년 6월 12일, 이순신은 이런 소감도 적었다. "아침에 흰 머리카락 여남은 올을 뽑았다. 흰 머리카락이 난 것을 어찌 싫어하려만 다만 위로 늙으신 어머님이 계시기 때문이다."

지 않으셨다.

"효자 집안에 충신 난다" 했다. '그 어머니에 그 아들'이 1598년 11월 19일 오전, 왜란 마지막 해전에서 장렬하게 죽었다. 전날 자정, 배 위에서 무릎을 꿇고 하늘에 빌었던 대로였다.

만일 이 원수들만 없앨 수 있다면 죽어도 여한이 없겠습니다.

그리고 한참 독전하고 있었을 때 지나가는 탄환에 맞았다.

싸움이 한창 급하다. 내가 죽었다는 말을 내지 마라!

이길 때까지 싸웠고, 죽을 때까지 싸웠다. 동서고금을 통틀어 무릇 사람의 좋은 죽음이란 한평생 몸담았던 일자리에서 맞음이라 했고 이를 지복(至福)이라 했다. 일신은 그럴지라도 사직을 지탱해준 동량의 죽음은 온 백성에게 애통절통이었고, 그래야만이 사람 사는 세상의 정리(情理)라 할 것이었다.

◎

충신을 믿지 못했던 임금

노량해전에서 이순신이 전사했음을 엿새 만에 보고받은 임금은 이렇게 말했다.

"알았다. 오늘은 밤이 깊었으니 어쩔 수 없다."

죽음을 안타까워하는 말은 한마디도 없었다. 그 전 해 2월, 한성으로 잡아들여 죽일 작정으로 매 타작을 했다가 강직한 신하의 직소를 받고서야 마지못해 풀어주었던 비정(秕政)이 머쓱했기 때문이었을까.

이순신은 출동 명령을 따르지 않았다고 한성으로 붙잡혀왔다. 임금의 분노가 예사롭지 않자 그를 천거했던 책임이 있다며 이미 사직서를 올렸던 영의정 류성룡(柳成龍, 1542~1607)도[3] 어찌 할 바를 몰랐다. 자칫 함께 변을 당할 처지였다. 그때 또 다른 퇴계 문인이자 경상도 예천 사람인,[4] 지금의 무임소장관 자리에 있던 정탁(鄭琢, 1516~1605)이 죽음을 무릅쓰고 상소를 올렸다.[5]

---

3) 왜국의 동정이 심상치 않자 대비책으로 왜란이 일어나기 14개월 전에 좌의정 류성룡은 정5품 형조정랑 권율(權慄, 1537~1599) 문관을 5단계 뛰어 넘어 정3품 의주부사 무관으로, 이순신을 육군에서 수군 장수로 보직 변경하고 그것도 종6품 정읍 현감에서 일약 7단계를 뛰어넘는 정3품 당상관 전라좌수사로 올리도록 천거했다. "내가 장수가 될 만한 인재로 이순신을 천거했더니 …… 사람들은 그가 갑작스레 승진된 것을 의심하기도 했다"라고 류성룡은 『징비록(懲毖錄)』에 적었다.

4) "예천 사람들은 물속 30리를 간다"라는 말이 경북 문화권에서 전해오고 있다. "지방 민심이 끈질기다"라는 뜻이라고 1970년대 초 경북 지사를 지낸 이의 풀이였다.

5) 정탁이 상소를 올렸다는 사실은 실록과 『징비록』의 기록이다. 이순신의 심층 연구를『조선일보』에 연재했던 소설가 송우혜의 "이순신의 리더십"의 2017년 6월 14일자에는 정탁의 문집에 상소문이 올라있긴 하지만 거기에 "임금에게 올리지는 않았다"라는 대목이 적혀 있음을 인용하고는 선조가 이순신을 살려주게 된 다른 이유를 나열했다. 이에 대해 류성룡과 이순신의 관계를 다룬 단독 저서(『위대한 만남』, 2007)가 있는 송복 교수의 반응인즉 "주장의 근거를 밝히지 않아 소설가의 소설쓰기 하나가 아닌가, 그런 생각이 든다"라고 했다.

이제 이순신은 이미 한 번 형벌을 겪었사온데. 만일 다시 또 형벌을 가하면 무서운 문초로 목숨을 보전하지 못하여 …… 왜적들이 또 다시 쳐들어옴에도 이순신이 미처 손을 쓰지 못한 것도 거기 무슨 그럴만한 사정이 있을 것입니다. 대개 변방 장수들이 한번 움직이려고 하면 반드시 조정의 명령을 기다려야 하고 장군 스스로 제 마음대로 못하는 바, 왜적이 바다를 건너오기 전에 조정에서 비밀히 내린 분부가 그때 전해졌는지 아닌지도 모를 일이오며 ……(밑줄은 필자가 친 것)

상소 글에 전후 사정이 잘 담겼다. 먼저 문초의 강도로 말하자면 이순신을 죽음 일보 직전으로 내몰고 있었다.[6] 당사자도 낌새를 알아차렸다.

죽고 사는 것은 천명이니, 죽게 되면 죽는 것이다(死生有命 死當死矣).

운명에 달관한 반응이었다.

문초의 단초는 임금이 내린 분부를 시행하지 않았음이었다. 일본 첩자의 첩보를 그대로 믿고는 정유재란을 일으키려고 다시 출병하는 왜

6) 또 다른 종사관 김수철은 이순신을 압송하는 함거를 따라 한성까지 걸어왔다. 임금 앞에 나아가 이마로 대전 마루를 찧으며 울었다. "전하, 통제공의 죄를 물으시더라도 그 몸을 부수지 마소서. 통제공을 죽이시면 사직을 잃으실까 ……" 임금은 반응했다. "너희가 남쪽 바다에서 언제 사직을 염려했느냐?" 그런 김수철은 수영을 이탈한 죄로 곤장 50대를 맞고서야 풀려났다.

장 가토 기요마사[加藤淸正]의 해로를 차단 · 공격하라는 분부였다. 첩자 요시라[要時羅]가 받드는 왜장 고니시 유키나가[小西行長]는 천주학으로 가토 불자(佛子)와는 견원지간이었음이 개전 초기부터 소문났던 터였다. 해서 첩자의 제보일지라도 "적 간첩을 역이용하면 아군용 첩보가 될 수 있다"라는 이른바 반간계(反間計)로 삼을만하다고 믿었던 것이다.[7]

이순신은 아무리 사이가 나쁠지라도 함께 출병했던 동료 왜장을 잡으라는 다른 왜장(倭將)쪽 제보는 믿을 수 없었다. 비록 그렇다 해도, 파도가 심한 부산 외해(外海)로 대규모 선단을 동원하자면 적에게 노출되기 쉽고 소규모 선단으론 오히려 기습을 받지 않을까 염려했다. 피바람이 몰아치는 전장에서 천 리나 떨어진 궁궐에서, 선조는 물색없이 "한산도 장수는 편안히 누워서 어떻게 할 줄을 모른다!"라고 개탄했다.

◎

문관 우위 세상의 찬밥 신세 무관

이순신이 압송되자 종사관[8] 정경달

7) 이순신을 잡아들이게 했던 요시라의 활동은 그때 왜적이 거둔 최대의 첩보전 승리였다. 이후 '이간 공작'을 '요시라질'이라 부르는 우리 속담도 생겨났다. 일본 이름이 가케하시 시치다이후[梯七大夫]인 첩자가 1598년에 다시 사신으로 왔다. 정체를 뒤늦게 알아챘던 조선 조정은 붙잡아 랴오둥[遼東]으로 압송했고 거기 명나라 땅에서 처형됐다.

8) 통제영에서 도원수와의 연락, 보급·통신 체계 등을 감당했던 요즘 말로 비서실장이었다. 정경달도 함경도 관찰사 등을 지낸 문관이었다.

(丁景達, 1542~1602)도 득달같이 달려왔다. 요로에 석방 탄원서를 올렸고, 임금에게 직접 읍소도 했다.

"장수가 기회를 엿보고 정세를 살피는 것을 가지고 전투를 기피한다고 하여 죄를 물을 수 없습니다. 전하께서 통제사를 죽이시면 사직을 잃게 될 것입니다."

그랬다. 조선 조정의 실상은 본보기로 삼았던 명나라 폐습까지 그대로 따르고 있었다. 유교 교조주의에 따른 문치(文治)주의의 폐습이었으니, 무장들의 목숨을 건 공헌도 사회 영향 면에서 문관이 적는 한 편의 훌륭한 문장에 비길 바가 되지 못했다. 전적으로 장수의 생사와 영욕은 상관인 문신 나리의 세 치 몽당붓에 달려 있었다.

어떤 장군이 스스로의 과감한 판단으로 기회를 놓치지 않고 병사를 진격시켰다면 공을 탐하여 경솔하고 잔인한 만용을 일삼는다고 말하고, 반대로 유리한 기회를 기다리며 잠시 동안 병력을 움직이지 않았다면 이번에는 두려워하여 진격하지 않음으로써 이적 행위를 했다는 식으로 탄핵받기 일쑤였다.(Ray Huang, 『1587 만력15년 아무 일도 없었던 해』, 2004)

1552년부터 20년 가까이 명나라 동남 연안은 왜구로 인한 피해가 막심했다. 그때 척계광(戚繼光, 1528~1587)과 유대유(兪大猷, 1503~1580) 두 명장이 쌍벽을 이루며 왜구의 지원을 받아 밀무역하던 해적 두목을 격퇴했다. 특히 척계광은 직접 모병한 척가군(戚家軍)을 동원해서 왜구를 평정했던 대공에도 불구하고 만년에 탄핵을 받아 죽었다.

마찬가지로 유대유도 옥사(獄死)했다.[9]

"높은 곳에서는 추위를 견디지 못한다."

이 말대로 전쟁터의 장수들은 전전긍긍이었다. 조선 왕조도 판박이 그대로였다.

◎

백의종군 길에서 다시 통제사로

"죄가 없음을 사실대로 밝혀 사람을 구원"하려 했던 정탁의 '신구(伸救 : 남의 누명을 벗겨 구원함)' 덕분에 이순신은 가까스로 죽음을 면했다. 무거운 몸을 이끌고 백의종군[10] 길에 올라 고향이 가까웠을 무렵 "하늘이 무너지는" 천붕(天崩)의 소식을 들었다. 어머니가 타계하신 것이다. 충신이라 믿었던 아들이 하루아침에 역신(逆臣)으로 몰려 잡혀갔다가 천만다행으로 방면됐다는 소식을 듣고 부랴부랴 여수에서 천릿길도 마다않고 뱃길로 아산으로 돌아오는 도중이었다.

몸종이 배에서 와서 어머님의 부고를 전했다. 뛰쳐나가 둥그러지더니 하

---

9) 두 명장은 유명 병서(兵書)도 편찬했다. 유대유는『검경(劍經)』을, 척계광은 왜구 방어법을 중심으로『기효신서(紀效新書)』를 적었다. 척계광의 책은 그 조카이자 그때 명군의 지휘관이던 척금(戚金)을 통해 류성룡에게 전해져 1593년에 창설한 훈련도감 교재로 사용됐다.

10) 급제자 이상에게만 해당하는 형벌로 볼기를 때리는 장형(杖刑) 후 관직이나 보직 없이 군대에 편입시키는 처벌.

늘의 해조차 캄캄하다. 곧 게바위(蟹岩, 아산 외항)로 달려가니 배가 이미 와 있었다. 길에서 바라보는 가슴이 미어지는 슬픔이야 이루 다 어찌 적으랴(〈난중일기〉, 1597년 4월 13일).

장례를 치르고 부랴부랴 권율 진중에 합류했다. 거기서 후임 원균(元均, 1540~1597)의 조선 수군이 1597년 7월 16일에 거제도와 그 새끼섬 칠천도 사이인 칠천량(漆川梁, 지금의 경남 거제시 하청면 실전리 앞바다)에서 거의 절멸됐다는 비보를 들었다.[11] 방면된 지 넉 달 만인 1597년 7월 23일, 병조판서 이항복(李恒福, 1556~1618)의 주청으로 다시 삼도수군통제사에 올랐다. 새로 임명한다는 교지에서 선조는 민망했다.

생각컨대 그대의 명성은 일찍이 수사로 임명되던 그날부터 크게 드러났고, 그대의 공로와 업적은 임진년의 큰 승첩이 있은 후부터 크게 떨쳐서 변방의 군사들은 마음속으로 그대를 만리장성처럼 든든하게 믿어왔었는데, 지난번에 그대의 직책을 교체시키고 그대로 하여금 죄를 이고 백의종군하도록 하였던 것은 역시 나의 모책(謀策)이 좋지 못하였기 때문에 그렇게 된 것이며, 그 결과 오늘의 이런 패전의 욕됨을 만나게 된 것이니, 더 이상 무슨 말을 하겠는가, 더 이상 무슨 말을 하겠는가.

11) 공격할 상황이 아닌데도 도원수 권율은 원균에게 공격하라고 독촉했고, 더욱 강요하기 위해 그를 소환해서 곤장 50대를 치면서 다시 진격하라고 했던 무리수가 결정적 패인이었다.

완전히 무너진 함대를 재건하려고 부심하는 중에 기세등등해진 왜 수군이 남원 등지에서 조명(朝明) 연합군과 맞붙던 그들 지상군과 호응하기 위해 서해 쪽으로 들어가려고 진도 울돌목 쪽으로 몰려온다는 급보가 전해졌다. 통제사로 돌아온 지 두 달도 채 되지 않았던 시점이었다. 손에 쥔 병선은 지난 패전에서 겨우 도망쳤던 열두 척이 고작이었다. 죽기를 각오하지 않을 수 없었으니, 이 지경에서 내뱉는 이순신의 말은 진선진미(盡善盡美)의 절창(絶唱)이었다. "(전선이) 아직 열두 척씩이나 있다(尙有十二)"라고[12] 일단 낙관을 앞세운 뒤, 그럼에도 "죽으려 하면 살 것이요 살려하면 죽을 것(必死則生 必生則死)"이란 말로 배수진을 쳤다.

◎

하늘이 돕지 않고서야 어찌

몰려온 왜군 선단은 무려 3백여 척. 그 가운데 소형선 133척이 앞장 선 형세였다. 밀물과 썰물이 최대치에 달해 유속이 최고조에 달하는 보름 다음날, 1597년 9월 16일 오시(午時) 전후였다. 물살 급하기는 여전히 맹렬했다.[13] 물길이 좁은지라 왜

---

12) 반(半)컵 물을 두고 소극적인 사람은 "반밖에 안 된다"라고 하지만, 적극적인 사람은 "반씩이나 된다"라고 말한다. '상유(尙有)'는 "씩이나 있다"라는 말이다.

13) 현대 진도 사람들은 진도대교 아래 울돌목 바위에서 봄철이면 긴 뜰채로 숭어(崇魚)를 많이도 잡아 올린다. 기운 좋기로 이름난 숭어도 울돌목의 빠른 물살 때문에 바다 물길 가운데로는 지나지 못하고 바닷가 바위 쪽으로 바싹 붙어서 이동하는 습성에 착안한 지방 풍속이다. 현대에 들어 빠른 바다 물살을 이용한 조류(潮流) 발전의 가능성을 검증하는 시험시

선단은 종대(縱隊)로 물살을 따라 빠르게 들어왔고 전선 수가 절대 부족인 이순신 함대는[14] 횡대(橫隊)의 일자진(一字陣)으로 물살을 거슬러 힘겹게 나아가는 시늉이었다.

어느새 왜군 선단과 마주치자 가운데를 파고든 이순신 기함이 돌격선이 되어 뒤따르던 전선과 함께 맹렬히 총포를 쏘아댔다. 두 시간 가까이 흘러 이윽고 물살은 이순신 쪽으로 순류로 바뀌고 있었다. 울돌목 지리(地利)에다 천시(天時)도 감안했던 결과였다. 피격된 적함들이 방향감을 잃었고 그렇게 비틀거렸다. 그들 선단끼리 뒤엉켜 서로 부딪쳐 연쇄 충돌을 했다. 당초에 세웠던 왜군의 수륙병진(水陸竝進) 전략은 한산 해전에서 꺾였고 울돌목 참패로 완전히 물거품이 되었다.

명군의 민간 지휘관 양호(楊鎬)가 선조를 만나 명량대첩이 도무지 믿기지 않는다며 그 주역 이순신의 공로를 높이 치하했다. "약간의 적을 잡았으니 자랑할 게 못 된다"라는 게 임금의 겸손한 말이었지만, 명나라에서는 은과 비단과 함께 '면사첩(免死帖)'도 내렸다. 면사첩은 장차 죽을 죄를 지어도 전공(前功)을 감안해서 감일등(減一等)으로 죽이지 않겠다는 약속이다. 명나라 황제가 내린 것이니 당연히 조선 왕도 따라야 했다. 조선조 제도가 아닌 면사첩을 명이 굳이 내린 것은 한산대첩 등의 이전의 공로에도 불구하고 정유년 연초에 공연히 의심해서 죽이

설이 바로 진도대교 아래에 설치되어 있다.

14) 처음 열두 척이었는데, 회전(會戰) 직전에 녹도에 있던 전선 한 척이 보태져 싸움에는 열세 척이 나섰다.

려했던 임금의 전비(前非)를 경계했음이었을까.

왜군의 서진(西進)이 차단되자 왕도(王都)를 재침하려고 한성 가까이 접근했던 왜 육군도 다시 남하해야 했다. 가는 길에 명량 참패에 대한 보복으로 이순신의 고향집이 있던 아산으로 들이닥쳤다. 어머니를 모시고 살던 셋째 아들 면(葂, 1577~1597)이 맞서 싸우다가 그만 전사했다.

이순신이 비보를 들은 것은 1597년 10월 14일. "내가 죽고 네가 사는 것이 옳은 이치인데 네가 죽고 내가 살다니 …… 슬프다. 내 아들아 나를 버리고 어디로 갔느냐?" 그렇게 무너지는 마음을 일기에 적었다.

참척(慘慽)의 지극한 슬픔이었다. 부모 죽음은 산천에 묻고 자식 죽음은 가슴에 묻는다 했다. 부하들이 보는 앞에서 울 수가 없었다. 수영(水營) 일을 돕던 종 강막지(姜莫只) 집으로 갔다. 거기서 통곡했다.

◎

개전 초기의 조선 수군

고려 말에 왜구의 침탈을 뼈아프게 경험했기 때문에 개국 초부터 조선 왕조는 해안 방어를 위해 수군을 별도로 운영해왔다. 각도에 병마절도영과 함께 수군절도영을 두었다. 특히 경상도와 전라도에는 각각 좌우 두 수영을 두었다.[15] 수군은 둔

15) 수사는 본영과 예하 여러 진에 소속부대를 두었다. 큰 진에는 첨절제사를, 작은 진에는 수군 만호를 두었다.

전[16] · 염전 · 어로를 경영하고 화약 원료인 염초(焰硝)를 스스로 생산하는 등 중앙의 지원은 거의 없이 보급은 자체 해결이었다.

이순신은 전라좌수사로 부임하자마자 군비 마련과 군사 훈련에 분주했다. 지금도 여수 해안가에 흔적이 남아 있는 '선소(船所)'에서 거북선을 건조했고, 한산도에다 진영을 마련하고 배에서 활을 쏘아야 하는 사부(射夫) 훈련의 강도를 높여나갔다. 강도만 높인 것이 아니라 지략도 담았던 훈련이었다.

활의 무기 구실로 말하자면 육전(陸戰)에서는 왜군이 무장한 조총(鳥銃)의 상대가 되지 못했다. 당시 조총은 "나는 새도 맞혀 떨어뜨린다"라고 여겨졌던 무기였다. 활은 조총에 비해 치명적으로 불리한 무기였다. 무엇보다 활은 적어도 반 년 정도의 훈련을 쌓아 몸이 감각적으로 익힌 뒤에야 사용할 수 있고 전신을 노출해야만 쏠 수 있다. 그런데 조총은 간단한 훈련을 거쳐 수목 사이로 몸을 은폐한 채로도 쏠 수 있었기 때문이었다.[17] 이런 상황에서 조선군은 육전에서 거의 백전백패였다.[18]

---

16) 변경이나 군사 요지에 주둔한 군대의 군량을 마련하기 위하여 확보한 토지. 군인이 직접 경작하거나 농민에게 경작시켜 수확량의 일부를 거두는 식이었다.

17) 오늘날 레저용인 전통 활 각궁(角弓)을 오래 사용해온 궁사라도 활을 바꾸면 새 것을 익히는 데 석 달이 걸린다 한다. 미루어 양병(養兵)을 제대로 하지 않았다가 왜란을 당해 급히 모은 군졸들이 활을 제대로 다룰 리 없었음은 뻔히 알만했다. 실제로 임란 발발 당시 상황이 "장수는 녹봉이 없고 병사는 병기가 없었다"라고 했으니(송복,『위대한 만남』, 2007), 몸에 익힐 활이 있었을 리 없다.

18) 왜군은 활, 창 그리고 조총으로 무장했다. 그들 중 10~30퍼센트가 조총수였다. 이순신의 반응과 대응은 이랬다. "조총은 총신이 길고 총구멍이 깊숙하여 탄환이 나가는 힘이 맹렬

반면, 수전(水戰)에서는 활이 이전처럼 유효한 무기임을 이순신이 입증해주었다. 돌격선 거북선을 뒤따르던 판옥선(板屋船) 전함에서 사부들이 쏘아대는 우리 활의 조준 사거리는 왜군 조총의 그것 50미터보다 훨씬 길었던 145미터였다. 그래서 미리 불화살 등으로 선제 공격을 할 수 있었다.[19)]

사부 훈련을 위한 이순신의 빼어난 지략은 활을 연습하는 활터 짜임새에서도 잘 드러났다. 수군통제영이 있던 한산도 제승당(制勝堂) 옆이 바로 그곳. 지금도 남아 있는 한산정은 사대와 과녁 사이의 사선(射線)이 한산도 요철(凹凸) 지형을 활용해서, 좁은 바다만을 가로지르도록 구성되어 있다.[20)] "바다는 자루처럼 오목하게 섬의 안쪽을 파고 들어갔다"라는 서사시적 표현 그대로이다.[21)] 배에서 배로 화살을 쏘아야 하는 수군 사부들로 하여금 바다의 변화무쌍한 거리 감각을 익히게 함

하고 맞으면 반드시 부서진다." 반면, 우리의 대응 무기 승자나 쌍혈 총통은 "총신이 짧고 구멍이 깊지 않아서 맹렬함이 적의 총통만 같지 못하고, 소리도 우렁차지 못하다." 휘하의 무관이 조총을 연구한 결과를 갖고 대장장이들로 하여금 우리도 만들게 했는데, 성능이 우수하다며 임금에게 상을 내려줄 것을 청했다.

19) 〈난중일기〉에 적었다. 사천해전(1592년 5월 29일)에서 "화살을 비 오듯 쏘아대고, 여러 가지 총통을 바람이나 천둥같이 어지럽게 쏘아대자 적들이 두려워 물러났다. 화살에 맞은 자가 몇 백인지 알 수 없고, 왜적의 머리도 많이 베었다. 왜선 열세 척을 불태워 없앴다" ; 왜선 스무 척을 격파한 당포해전(1592년 6월 2일)에서 "왜장이 화살에 맞아 떨어지자 여러 왜놈이 한꺼번에 놀라 흩어졌다 ; 그리고 당항포 해전(1592년 6월 5일)에서 "왜선 스물여섯 척을 한꺼번에 무찔러 깨뜨렸는데, 화살에 맞아 죽은 자가 얼마인지 알 수 없었다."

20) 군정과 민정을 총괄하던 자리의 도체찰사(都體察使) 이원익(李元翼, 1547~1634)은 한산도 진을 둘러보고는 "이 통제사는 큰 경륜을 가졌다"라고 감탄했다.

21) 김훈,『칼의 노래』, 2001

이었다. 사선 아래의 바닷물이 밀물이면 과녁이 가까이 보이고 썰물이면 멀리 보이는 거리감 변화에 대한 훈련이었다.

◎

활쏘기도 리더십이었다

이순신에게 활쏘기는 무기의 위력을 넘어선 마음 수양이기도[22] 했다. 바쁜 공무 중에도, 전쟁 중에도 매일같이 활을 쏘았다. 그래저래 궁력(弓力)이 절정에 달했다.[23] 활 꿈도[24] 자주 꾸는 요즘 말론 활 마니아이고, 그 시절 '진서(眞書)'로 말하자면 "활에 미친" 궁치(弓癡)에 가까운 사람이었다.

이순신의 활쏘기는 예하 장수들을 거느리는 방식이기도 했다. 당시는 계급 의식이 엄격한 전통 사회였지만 활의 놀이 특성을 살려 같이 즐기는 사이에 상하(上下)가 서로 마음을 터놓을 수 있었다. 부드러움

---

22) 과녁을 겨냥해서 활을 당기는 순간은 긴장감의 고조로 과거에 대한 후회도, 그리고 미래에 대한 불안도 일순에 사라진다. 말하자면 선불교에 말하는 입선(入禪)의 순간 바로 그것이다.(Eugen Herrigel,『활쏘기의 선』, 2004) 참조

23) 〈난중일기〉에 활쏘기에 관한 기록이 270여 차례나 나온다. 특히 왜란이 일어났던 1592년 3월 28일자 일기에 열 순(巡)을 쏜 시수(矢數)가 몰기(沒技) 다섯 차례, 이어 나머지 두 순은 4중 그리고 세 순은 3중을 기록해 모두 42중을 했다고 적었다. 한 순은 다섯 대 화살로 한 번 사대(射臺)에 설 때 쏘는 분량이고, 몰기는 다섯 대 화살을 모두 맞히는 경지이다. 오늘의 기준으로 환산하면 이순신은 최고단수인 궁도 9단 바로 아래쯤의 궁력이었다. 해서 탄신 470주년이던 2015년 해군사관학교 교정에 활을 든 이순신 동상이 세워졌다. 이 동상은, 진중에 있었다는 2미터 길이 장검(보물 326호)이 의식용이었던 것과는 달리, 가장 그의 실제 활약상을 보여주는 모습이 분명했다.

24) "새벽 꿈에 화살을 멀리 쏘는 사람이 있었다. 화살을 멀리 쏘는 것은 적의 무리가 도망가는 것(1596년 7월 10일)"이라 해몽할 정도였다.

이 강함을 이기는 묘리를 배울 수 있고, 동락(同樂)이 어려운 상황에 처하면 동고(同苦)의 용의를 불러올 개연성을 가진 놀이였음을 이순신은 알았다.

> 늦게 삼도의 여러 장수를 불러 모아 위로하는 음식을 대접하고 겸하여 활도 쏘고 풍악도 울리며 모두 취해서 헤어졌다" ; "사도(四道)의 여러 장수를 불러 모아 활을 쏘고, 술과 음식을 먹였다. 또 다시 활을 쏘아 승부를 겨루고 헤어졌다(〈난중일기〉, 1596년 2월 5일과 6월 6일).

이른바 '동고동락(同苦同樂)' 리더십은 오늘에도 유효하다. 이를테면 미국의 한 인류학자는 패전 후 일본의 고도 성장을 말해줄 한 단서가 동고동락이라 했다. 사무라이 전통은 세계에서 유례없던 강한 계급 의식을 일컫는데, 패전 이후에도 그 잔재는 기업체 등에 많이 남아 있었다. 사무실 분위기는 그랬을망정, 일과가 끝난 뒤 그들이 갖는 회식 자리는 전혀 딴판이었다. 직책의 상하가 중요한 게 아니라 웃겨주거나 가라오케 반주에 맞추어 노래를 멋들어지게 불러 뒤풀이 자리를 즐겁게 해준 이가 그날의 히어로였다. 그처럼 아래 · 위를 잠시 잊고 격의 없이 즐기는 동락은 회사가 어려울 때는 기꺼이 함께 고생하겠다는 동고의 용의가 될 수 있었다. 동락은 조직의 생기를 불어넣는 활력소 그 자체였고, 넓게 사회적으로 퍼져 나가선 고도 성장의 한 동력이 되었다.

동락의 연장으로 이순신은 지휘소 근처에 첩실(妾室)을 두지 않았다. 첩실을 둘 수 있었던 장관급 장군이었고 후임 통제사도 첩실을 두었지만 이순신은 그러지 않았다. 만일 그랬다면 남녀유별의 시절이었던 만큼 부장들이 아무 때나 통제사를 찾아와 만날 수 없었을 것이었다. "혹시 적의 소식을 듣거든 한밤중일지라도 즉시 비밀히 보고하되……"란 말도 헛말이 되고 말았을 것이었다. "하급 병졸이라도 군사에 대하여 말하고 싶어 하는 자가 있다면 와서 보고하도록 하여 부대 내의 사정을 훤히 파악하였다"라고 『징비록』도 감동했다.

이런 통솔 또는 리더십이라면 그 명장에 그만한 부장들이 없을 수 없었다. 진중에서 〈송사(宋史)〉를 읽고는 "신하된 자가 임금을 섬김에 죽음이 있을 뿐이요 다른 길은 없다(人臣事君 有死無貳)"라고 다짐하던 통제사 아래에서 "위기를 만나면 목숨을 바친다(見危授命)"라고 결의하던 부하들이 있었기에 연전연승이 가능했다.

임진년에 왜군을 태운 전선이 구름같이 바다를 건너오자 경상 좌우도 수사들은 배를 버렸거나 버리려 했다. 관할 구역 바깥 사태의 급박함을 바라보던 녹도만호 정운(鄭運, 1543~1592)은 "신하로서 평소에 국은을 입고 국록을 먹다가 이런 때 죽지 않고 어떻게 앉아서 보고만 있을 것인가! 나라가 위급한데 관할 구역이 무슨 대수냐!"라며 전라좌수사를 적극 권면(勸勉)하고 나왔고,[25] 경상 우수사(원균)가 전선을 버

25) 정운이 큰 무공을 세우고 장열하게 전사한 부산포 해전(1592년 9월 1일)에서 거둔 적선 150척 격침의 전과는 2백여 척 격침의 노량대첩 다음이고 한산대첩보다도 더 많은 전과였다. 정조 임금은 이순신 휘하의 정운 행적에 크게 감동한 나머지 "이 사람이 운대(雲臺: 낙동강 하구 몰운대의 전투)를 하지 않았다면 명량의 대첩과 당포의 승리가 어찌 있을 수 있었겠는가. 이처럼 충성스럽고 용감한 사람은 역사책에서 찾아보더라도 어깨를 나란히 할 만 한 자가 매우 드물다"라고 격찬했다.

리고 도망가려 하자 휘하의 옥포만호 이운룡(李雲龍, 1562~1610)[26] 등은 이순신에게 구원을 청하자고 주장했다. 이 결과가 한산대첩으로 이어졌다.

◎

청사(靑史)가 된 한산대첩

한산해전은 여러모로 비상한 전투였다. 땅에서 거침없이 진격했던 왜군도 바다에서는 연전연패였다. 개전 초 경기도 용인에서 조선군을 대파했던 왜장 와키사카 야스하루[脇坂安治]가, 직접 바다에 나가서 열세를 반전 · 만회하겠다고 히데요시에게 장담하곤, 해전에 뛰어들었다. 무려 일흔세 척이나 휘하 전선에 투입했다.

1592년 7월 8일이었다. 견내량(지금 통영과 거제를 잇는 거제대교 아래) 근처에 몰려 있다가 조선 전함 5~6척이 다가가자 왜선들이 추격하러 나왔다. 지금 통영항 앞 한산 해역으로 유인하려는 이순신의 계책에 걸려들었다. 유인선이 계속 종대로 도망가다가 넓은 바다에 나와서는 일시에 180도 회전하자 왜선은 U자 그물로 달려드는 물고기 떼가 되고 말았다. 바로 그때 화도 · 대죽도 · 해갑도 등 그 주변의 섬들 뒤에서 숨어 대기하던 조선 전함들이 한꺼번에 달려 나왔다. 그렇게

---

26) 옥포해전 이래로 큰 공을 세우자 이순신은 '자기를 대신할 사람'이라 했다. 그의 신임과 예감대로 제7대 통제사에 올랐다.

마치 학이 날개를 폈다 오므리는 모습의 학익진(鶴翼陣)으로 둘러싸자 왜 선단은 자중지란에 빠지고 말았다. 적선 쉰아홉 척 격침이었다.

압승이었다. 왜군의 진격을 피해 북쪽 국경 의주에서 몽진 중이던 선조에게 전해진 이 승전보는 대 가뭄에 한 줄기 단비이고도 남았다. 임금의 독전문(督戰文)이 날아왔다.

> 아아. 백 리를 가는 자 구십 리로 반으로 삼는 법(行百里者 半於九十), 그대는 끝까지 힘쓰라!

조선 수군은 한산대첩을 계기로 제해권(制海權)을 결정적으로 장악했다. 그렇지 못해 만약 왜 수군이 서해로 무난히 진출해서 영산강, 한강 또는 대동강 등으로도 진입했다면 전투 지원 병참(兵站)이 한결 신속하게 이뤄져 아주 빠르게 조선 왕조를 복속시킬 수 있었을지도 모른다.[27] 명나라가 원병을 보내려 해도 그럴 짬이 없었을 것이었다.

그리고 왜군이 서해에서도 활개를 쳤다면, 조선의 운명도 운명이지만, 발해만을 통해 베이징이나 톈진 등 명나라의 심장부를 공략했을 개연성도 있었다. 정유년에 탄탄하기 그지없던 우리 선단이 괴멸되자 명나라는 바로 이 점을 염려하여 비로소 진린(陳璘) 도독 등이 이끄는

---

27) 임진년에 개전하자마자 부산에 상륙한 육군이 세 길로 북상하고 수군이 서해로 진입한다면 몇 개월 안에 조선을 정복할 수 있다고 왜가 공언했다. 그렇게 평양에 다다른 고니시 유키나가[小西行長]가 십만 왜군이 곧 합류할 것이라던 호언과는 달리 이순신에게 당해 바닷길이 막혀 더 이상 나아가지 못했다.

그들 수군을 우리 서남해로 급파했던 것이다.

한편으로 전국이 전란으로 피폐된 와중에서도 곡창 전라도를 지켜냄으로써 절대 부족이었지만 군량도 마련할 수 있었다. “경상도가 없었다면 호남이 없었고, 만약 호남이 없었다면 나라가 없었다(無慶尙 則無湖南 若無湖南 是無國家)”라는 이순신의 저 유명 어록은[28] 그걸 일컬음이었다.

◎

역사의 수레바퀴

침략 전쟁은 마침내 막이 내렸다. 이순신에 대한 조야(朝野)의 대접은 달랐다.

민심은 천심이라 했다. 휘하의 수졸(水卒) 곧 수군 말단들은 부모를 잃은 듯 눈물을 흘렸다. 장차도 생각할수록 아니 흘릴 수 없다며 여수 진남관 건너편에 어느 누구보다 먼저 타루비(墮淚碑)를[29] 세웠다.

국난이 걷히자 조정의 조치도 뒤따랐다. 이때 이순신에 대한 선조의 이중 감정이 서훈에 차질을 빚었다. “패장은 충성을 말할 수 없음”에

28) 현대 한국의 고도 성장 시절에 ‘전라도 푸대접’이 사람 입에 오를 때마다 현지 사람들은 이순신이 말했던 호남의 옛 지덕(地德)을 상기시키면서 푸대접은 절대 당치 않다고 말하곤 했다. 전남 등지의 유력 기관 사무실에는 어김없이 이 구절(若無湖南 是無國家)의 한자 현액(懸額)을 걸어놓고 있었다.

29) 중국 진(晉)나라의 양호(羊祜, 221~278)는 근검절약을 몸소 실천하고, 청렴결백하게 살았다. “문무를 겸비하고 가깝고 먼 일을 두루 도모했다”라는 그를 기려 백성들이 비석을 세웠다. 그걸 보고는 눈물을 흘리는 사람이 많아 ‘눈물을 흘리게 하는 비석’이라 했음이 선례였다.

도 이순신이 애써 키웠던 조선 전함을 모조리 잃어버린 후임 통제사를 전자와 같은 반열에 올려놓았던 것이다. 임금의 감정대로라면 팔도(八道)가 와해되는 국파(國破) 지경에서 해전이나마 계속 이겨주는 장수가 고맙기 그지없었을 것이다. 하지만 이겨주는 만큼 사직을 벼랑 끝으로 내몬 임금의 부덕(不德)이 오히려 드러나는 형국에서는 그를 좋아할 수만은 없었다.

해서 유례없던 국난과 마주했던 이순신의 충용(忠勇)에 대한 공정한 기록은 조선실록 수정본을 기다려야 했다. 1657년(효종 8년)에야 완결을 본 『선조실록 수정본』(권 106의 선조 31년 11월 27일자)에 비로소 상황을 바로 적었다.[30)]

> 이순신은 사람됨이 충용하고 재략도 있었으며 기율을 밝히고 군졸을 사랑하니 사람들이 모두 즐겨 따랐다. …… 조정에서 사람을 제대로 쓰지 못하여 순신으로 하여금 그 재능을 다 펴지 못하게 했으니 참으로 애석하다. 만약 순신을 정유연간에 통제사에서 교체하지만 않았다면 어찌 (칠천량) 한산의 패전이 있었겠으며 양호(兩湖: 호남과 호서)가 왜적의 소굴이 되었겠는가. 아 애석하다.

30) 실록은 이어 적었다. "원균이 죽은 뒤에는 이순신이 그 후임이 되었다. 이순신은 한산도에 이르자마자 남은 군사를 수습하여 모으고 무기를 갖추는 동시에 둔전을 많이 일구는 한편, 물고기와 소금을 팔아서 군량을 넉넉히 마련하였다. 몇 달 되지 않아서 군사의 기세가 산중의 호랑이마냥 크게 떨쳤다."

영웅의 명예는 항상 그 나라의 세력에 따라서 결정"된다 했다. 왜란 · 호란의 양란(兩亂)을 겪은 뒤 나라 안이 점차 치세로 돌아서자 이순신에 대한 조정의 대접은 한결 이성적이 되었다. 숙종 45년(1707)에 아산의 이순신 사당을 '현충(顯忠)'이라 이름하고 제문도 올렸다.

"절개를 지키려 죽음을 무릅썼다는 말 예부터 있었지만, 제 몸을 죽여 나라를 살린 것은 이분에게서 처음 보네(殺身殉節 古有此言 身亡國活 始見斯人)."

왕실의 이순신 경모는 정조 임금이 절정이었다. 임란 직후 우의정, 곧 이어 좌의정으로 올렸던 추증(追贈) 벼슬을 드디어 영의정으로 올렸고, 규장각 문신에게 편찬을 맡겼던 〈이충무공전서〉 간행(1795)을 위해 내탕금까지 내렸다. 전서의 노른자위가 바로 〈난중일기〉[31]. 그렇게 문신들의 전유물이던 문집(文集)이 임금의 배려로 무신에게 역사상 최초로 바쳐졌다.

정조는 이순신을 오히려 능가했던 천하 명궁(名弓)이자 명필이었다. 현충사에다 신도비도 내리면서 "충의를 드높이고 무용을 드러내는 비(尙忠旌武之碑)"라고 그 머리글을 전서로 직접 썼다. 찬양의 말은 따로 적었다.

이순신은 참으로 전고(前古) 이래의 충신이요 명장이다. 그가 만약 중국에

31) 일기는 당초 〈임진일기〉, 〈정유일기〉 등으로 1592년 5월 1일부터 전사한 1598년의 10월 7일까지 적었던 것을 전서(全書) 편찬 때 한 데 모았다.

태어났더라면 한나라의 제갈공명과 자웅을 겨룬다 하더라도 과연 누가 우세할지 장담할 수 없을 것이다(『홍재전서(弘齋全書)』, 제17권).

◎

산과 바다에 맹세했던 충정의 흔적들

역사의 지난 시간은 무엇보다 땅에 그 흔적을 남겨 우리에게 기억을 되살려준다. 충성심에 복받쳐 "산에 맹세하니 초목이 알아주고, 바다에 서약하니 어룡이 뛰더라(盟山草木知誓海魚龍動)"던 그 산과 바다가 아니었던가.

한반도 남해안치고 이순신의 승첩지 아닌 곳이 없다. 모두가 그를 기리는 기념비로 모자람이 없다.[32] 한산해전의 시작점이던 견내량에 선 거제대교, 명량해전의 울돌목을 건너는 진도대교, 노량해전의 그 물길을 가로지르는 남해대교 등이 그날의 불세출의 장수를 기억하고 있다.

그 으뜸은 한산도 그리고 통제영의 준말이 되어 큰 도읍 이름으로 남은 통영이다. 이순신은 1593년부터 1597년까지 1340일을 삼도수군 본영 한산도에 머물렀다. 그 본영을 받드는 배후지가 통영 도방(都房)의 출발이었다.

돌이켜보면 나의 이순신과의 첫 만남도 한산도와 인연이 있다. 미군

---

32) 기념일로도 남았다. 부산포해전의 한 곳이던 낙동강 하구 몰운대 싸움에서 녹도만호 정운이 용감하게 싸우다 죽은 날이 1592년 9월 1일이었다. 이 날을 양력으로 환산해서 부산시는 10월 5일을 시민의 날로 삼아 기려왔다.

정 학제로 1948년 가을에 초등학교에 들었을 때 그를 기리는 비석 성금을 냈던 것이 나의 가장 어린 기억이었다. 청년 시절에 마침내 그 비를 직접 반갑게 만났다. 거기에 "1948년 광복을 기념해 경남도내 초중고 학생들이 성금을 모아 세운" 한글비라고 엄연히 적혀 있었다. 특히 감회가 깊었던 바는 비석이 내 고향 마산의 어느 석공장에서 제작되었다는 사실이었다.

이 연장으로 선배들의 앞선 이순신 배움도 자극이 되었다. 대학을 다녔던 시절의 총장은 일제강점기 도쿄제국대학교를 나온 한산 권중휘(閑山 權重輝, 1905~2003)였다. 아호는 음력 3월 8일 생일이[33] 이순신과 같음에 착안해서 지기들이 지어주었다 했다. 알고 보니 작호(作號)에는 동래, 순천 등지에서 교편을 잡다가 창씨개명을 피해 만주로 '정치 망명'을 했던 당신의 민족 의식에 대한 존경이 담겨 있었다. 영문학자가 어찌 무장을 경모했던가 싶었는데, 일제 치하를 살았던 뜻있는 식자들에게 이순신은 항일 운동의 정신적 근거였다고 한다.

뒤따라서 여느 독서인처럼 나도 〈난중일기〉를 즐겨 읽었다.[34] 일각

---

33) 이순신을 높이 받들면서 현대 한국은 양력으로 환산해서 그의 공식 탄생일은 4월 28일로 정했다.

34) 고교 졸업 때까지 내가 받았던 반일(反日) 교육의 주역 이승만 대통령은 1957년 전국백일장을 직접 주관했다. 시제(詩題)는 〈난중일기〉를 읽은 소감이란 뜻의 '독임란사유감(讀壬亂史有感)'이었다. 장원은 정소파(鄭韶坡, 1912~2013) 시조 시인. "청사(靑史)에 길이! 두고 빛내일 자랑일레 / 도둑떼 몰고 쫓고 앞바단 핏빛인데, / 북 울려 무찔러 가는 것! 눈에 선연하구나. // 책장 갈피마다, 숨 쉬는 임의 얼을 / 흐린 맘들 가다듬고 정성껏 읽어보라. / 겨레의 흩깔린 넋을 바로 잡아 주리니. // 임은 가고 나라 일은 뒤숭숭 어지러운데 / 갈리인 형제자매 서로 그려 애 태는 속 / (안)타카워… 그리는 정에, 길이 임만 부르니라."

에서 진중(陣中)일기를 적었던 기록 정신이 이를테면 현대 경영학적으로 반드시 본받아야 할 바라고 강조해왔다. 물론 그런 실용성도 대단한 미덕이었겠지만 공사(公私) 간에 두루 이루려고 애쓰는 진실은 정직 위에서 꽃핀다는 점에서, 지엽말단인지 몰라도, 첩실과[35] 잠자리를 함께 했던 시간도 적었던 그 치열한 정직의 인간성에 찬탄을 금치 못했다.

통영은 이순신을 따라왔던 수부들과 통제영에 물자를 대던 공방 장인들,[36] 그리고 그 권솔들이 전쟁이 끝난 뒤에도 주저앉으면서 도읍으로 자라기 시작했다. 바다를 밭으로 삼아야 했던 그들은, 농사의 반복·항상성과는 달리 해양의 변화무쌍함을 이기며 살아야 했다. 그런 생활 방식 속에서 예인(藝人) 기질이 싹텄다는 것이 '통영산' 박경리(朴景利, 1926~2008) 소설가의 '통영예향론'이었다. 그 예인들의 이순신 존경으로 특히 시조시인 김상옥(金相沃, 1920~2004)이 유별났다. "한산섬 달 밝은 밤에……"로 시작하는 〈한산도가〉 시비(詩碑)를 1954년에 통

35) 이순신도 보통 남자였다. 진중에 첩실을 두진 않았지만 결벽증의 금욕주의자는 아니었다. 육지로 출장 나왔을 때는 필시 관노(官奴)라 싶은 여진(女眞), 개(介) 등과 잠자리를 "같이 했다(共)"라고 일기에 적었다.

36) 동서고금으로 군대 주둔지에는 군용품 생산 업종이 성행했다. 통영도, 이탈리아의 베니스 등지가 그렇듯 수공예로 명성이 드높았다. 왕실과 양반의 소용이던 통영갓, 여염집 필수 구색이던 통영반, 전복 껍데기로 한껏 멋을 낸 나전(螺鈿) 목물 등의 명산지였다. 통영 공예품의 수급은 세월의 무상으로 예전 같지 않다. 겨우 흔적만 남은 지경에서 유독 누비가 계속 애호를 늘리고 있음이 특기할만하다. 두 겹 베 사이에 솜을 넣고 촘촘하게 바느질로 꿰맨 누빔의 산물이 누비인데, 임란 때 방탄복으로 소용되었던 것이 오늘에 와선 멋쟁이 옷감으로 되살아났다.

영 남망산 공원에다 세우면서 "산수가 아름다운 풍광이 그 어느 하나가 충무공의 노래 아닌 것이 없으며, 섬 기슭 나룻목마다 남아 있는 이야기가 충무공 말씀이 아닌 것이 있으랴마는……"이라 감격적으로 적었다.

◎

동북아 '치욕과 발흥'의 고리

임진왜란은 동북아 지정(地政)에 엄청난 지각 변동을 낳았다. 우선 명장들의 국방 헌책을 무시했음에 더해 목숨마저 앗아버렸던 명조(明朝)는 두 차례의 조선 출병에 따른 막대한 국고 출혈에다 만주 주둔군을 동원한 탓에 만주족이 흥기할 수 있는 길을 열어주고 말았다. 결국 출병 반 세기 만에 명조의 망국과 청조(淸朝)의 개국으로 이어졌다.

전국시대를 마감했던 오다 노부나가[織田信長]를 이어받아 운 좋게 '천하'를 얻었던 '천지인(天地人)' 도요토미 히데요시[豊臣秀吉]는 후일을 기한다며 군웅할거 지방 봉건 세력의 방혈(放血)도 염두에 두어 '조선 정벌'에 나섰다. 하지만 이순신에게 제해권을 빼앗겨 결국 그의 시대도 짧게 마감했다. 불연, 패권은 도쿠가와 이에야스[德川家康]에게 넘어갔다.

역사에 가정법은 없다지만, 왜란 이후 한반도도 강토는 보전한 채로 조선조 대신 혁신을 앞세운 새 왕조, 새 정체(政體)가 들어서야 마땅했다. 그렇지 못했던 탓인지 왜란이 있은 지 불과 40여 년 만에 호란도

혹독하게 당했다.

조선 왕조는 영 · 정조 때 잠시 기력을 잠시 회복했다가 일로 망국의 길로 접어들었다. 반면, 일본은 19세기 중반에 바쿠후 260년 권력을 뒤엎는 '유신'으로 일대 제국으로 커가기 시작했다. 바로 이순신이 그들의 분발에 도움 되었음은 역사의 아이러니가 아닐 수 없었다.

왜국의 '문자속'들은 임란이 끝난 지 백년이 되던 17세기 말부터 이미 이순신에 대해 읽고 배우기 시작했다. 이순신의 활약상을 자세히 기록한 『징비록』이 무단히 흘러갔고, 거기서 일어판도 출간되었기 때문이었다. 『징비록』이 다루었던 임란 7년은 "류성룡의 이순신 천거, 이순신군(軍)의 승전, 이순신의 장렬한 전사" 세 부분이라 했을 정도였는데,[37] 그들의 배움은 유명 역사소설가가 압축적으로 잘 정리해 놓았다.[38]

이순신은 당시의 조선 문무(文武) 관리에서 거의 유일하다고 할 만큼 청렴한 인물이었으며, 그 통어(統御)의 재주와 전술의 능력, 혹은 그 충성심과 용기에 있어서도 실제로 존재했다는 것 자체가 기적이라 할 수 있을 만큼 이상적인 군인이었다. 영국의 넬슨 이전에 바다의 명장은 세계사상 이순신을 제외하고는 없었으며, 이 인물의 존재는 조선에서는 그 후 오랫동안 잊혀졌으

37) 1683년 이전에 일본으로 유출된 『징비록』은 거기서 1695년에 일어판으로 출간되었다(김시덕 역해,『교감 · 해설 징비록』, 2013).

38) 태평양전쟁에서 완패·몰락한 일본인에 기를 불어넣는 역사소설들을 펴냈던 이른바 국민소설가 시바 료타로[司馬遼太郎, 1923~1996]가 『명치라는 나라』(1994)에 적었던 소회.

나 오히려 일본인에게 그에 대한 존경심이 계승되어 메이지 시대에 해군이 창설되자 그 업적과 전술이 연구되었다(밑줄은 필자가 친 것).

이 지적대로 유신 일본은 1892년에 이미 『조선이순신전』을 펴냈다. 일본 육군 산하 기관이 간행한 임진왜란 평론서였다. 전통적인 군담야사가 아닌 정론서로선 처음으로 이순신과 조선 수군의 활약상을 『징비록』 등 관련 전거(典據)를 참고로 나름대로 분석했다. 임란의 패배를 일본 수군의 패배라고 직시했고,[39] 특히 최초로 이순신을 영국의 넬슨과 비교했다.

놀라운 바는 이 소책자가 그때 일본 백성들의 높은 기상을 말해줌이었다. 1870년경 조선 해안을 측량했던 토목기사가 적었다는 사실이 그것이다. 우리의 의병 봉기도 그랬지만, 충효 중시의 문화에선 "나라 흥망엔 일개 필부도 책임이 있다(國家興亡 匹夫有責)"라는 발상법이 널리 퍼져 있었다. 그렇긴 해도 일개 기술자 세키 고세이[惜香生]가 임란 격전지를 둘러본 뒤 편찬해서 후일을 기했음은 그때 일본인의 저력을 말해줄 상징이라 할만 했다.

서술은 간명직절했다. 저술 배경과 그 유통의 발상법도 돋보였다.

39) 바다 싸움에서 일본이 진 이유를 이렇게 밝혔다. 첫째, 통합 지휘 체계가 없이 재략(才略)이 엇비슷한 장수들끼리 저마다 공을 다투었다. 둘째, 왜선은 작고 약골이어서 쉽게 부서졌다. 셋째, 왜 수군의 해전술은, 조선 수군의 포함(砲艦) 전술에 견주어, 단병접전(單兵接戰)만을 일삼고 거포를 준비하지 못했다. 교전을 당하면 하나의 약점만 있어도 불리한 결과를 낳을 것인데, 여럿이 복합되었다.

임란 때 패퇴했음을 일러 "한번 패했다고 좌절한다면 그것으로 끝나 버리지만 좌절하지 않고 치욕이 오히려 국력 발흥의 계기가 될 수 있다. 치욕이 적으면 그 발흥도 적고, 치욕이 크면 오히려 그 발흥 또한 크다"라고 했다. 게다가 책은 육군 보병 대위 시바야마 나오노리[柴山尙則] 이름을 앞세워 발간했다는데 군부로 하여금 손쉽게 그리고 두루 읽히게 하려했음이 아니었을까. 과연, 러일전쟁이 한창이던 1905년 5월말 발트함대와 교전하려고 일본 연합 함대가 진해만에서 발진할 때 어뢰정 정장(艇長)이 '동양의 군신(軍神)' 이순신에게 빌었다는 일화는 작은 해프닝에 불과했다. 실제 교전에서 '정(丁)자 전법'으로 거둔 도고 헤이하치로[東鄕平八郞] 일본 연합 함대 사령관의 압승은 이순신의 학익진 진법을 배운 덕분이라 했다. 여세를 몰아 일제가 1905년에 을사늑약을 강요해서 이순신이 구했던 조선 땅을 3백년 뒤 복속 · 합방시키는 길로 나아갔음은 운명의 장난이 그 아니었던가.

합방의 어두운 그림자가 짙어질 무렵 신채호(申采浩, 1880~1936)가 『대한매일신보』에 '순국의 제일 거룩한 인물—리순신전(1908)'을 연재했다. "족히 우리나라 민족의 명예를 대표할만한 거룩한 인물" 가운데 이순신이 제일가는 사람임을 강조하고는 "독서하는 제군이여 정신을 들여 리순신전을 볼지어다!"라고 외쳤다.

일제에 강점되자 말도 빼앗기고 나라를 지켜준 인물도 잃어버릴 지경에서 뜻있는 인사들이 항일의 빌미를 잡으려고 부심했다. 빌미 하나가 바로 이순신 현창이었다. 독립운동가 박은식(朴殷植, 1859~1925)과 사학자 장도빈(張道斌, 1888~1963)이 『이순신전』을 1915년과 1924

년에 각각 썼다. 나중에 조선어학회 사건으로 옥중 순국한 이윤재(李允宰, 1888~1943)가 『성웅 이순신』(1931)을 펴냈는데, 남아 있는 책들 가운데 가장 체계를 갖춘 책이었다. 서문을 적었던 이가 바로 한참 뒤 1948년에 제승당의 한글 비문도 지었던 지사 정인보(鄭寅普, 1893~?)였다. 이어 기미독립선언문을 적었던 최남선(崔南善, 1890~1957)도 『매일신보』에 '이순신과 넬슨'(1934)이란 글을 연재했다.

그럴 수밖에 없었겠다. 일제 강점 직전에 적었던 신채호는 이순신을 기억해야할 이유로 "우리 민족의 피맺힌 적국이 일본이고 이 원수는 반드시 갚아야 한다"라고 역설했다. 하지만 강점기 때 나온 전기물들은 캄캄한 밤 같은 시대에 이순신은 더욱 빛난다며 그런 인물을 본받아야 하다고 은연 중에 강조하긴 했어도 어떤 점을 본받아야 하는지, 이순신이 이룩한 업적이 구체적으로 무엇인지는 모호하게 남겨두고 있었다.[40]

◎

천 년의 인물

임진왜란은 참혹했다. 『징비록』이 적었다. "부자가 서로 잡아먹고 부부가 서로 잡아먹었다. 뼈다귀를 길에 내버렸다."

---

40) 정두희('이순신에 대한 기억의 역사와 역사화', 정두희 · 이경순 엮음, 『임진왜란 : 동아시아 삼국전쟁』, 2007) 참조

일본에는 귀 무덤, 코 무덤이 전해온다. 전공을 증거하려고 살상 시신에서 왜군이 잘라 간 것이었다. 그렇게 죽은 사람은 말이 없었겠지만, 전란이 끝난 뒤에도 코 없이 살아야 했던 사람도 적지 않았다. 코는 베였지만 죽은 채 숨죽였다가 되살아났던 백성 가운데는 힘없는 여자나 아이들도 적지 않았다. 살아도 산 목숨이 아니었다.

말로만 들었던 히데요시의 '조선 출병'의 역사 현장인 일본 규슈의 가라쓰[唐津]를 찾기 전에는 단지 착잡한 마음뿐이었다. 아직 일부이겠지만, 거기서 직접 만난 '나고야 고성[名護屋 古城] 박물관'은 일본의 새로운 인식을 보여주었다. 그나마 다행이었다. 박물관은, 히데요시가 지었다던, 날씨가 좋으면 대마도가 바라보인다던, 전진 기지 나고야성 옛 자리에 들어서 있었다. 박물관 건립 취지로 스스로 '불행한 역사의 증인'이라 자처했고, 그 입구 안내문에 "임진 · 정유왜란의 반성 위에 양국의 교류와 우호를 위해 노력하겠다"라고 적었다.[41)]

이 말대로 한일 양국의 우호는 물론, 동북아의 한중일 세 나라가 '같지 않은 채로 화목(和而不同)'하자면 거기에 이순신의 이름이 중요 고리가 될 게 분명했다. 임란의 전모를, 특히 이순신의 활약상을 소상하게

---

41) 이어서 이렇게도 적었다. "메이지유신 이후, 일본은 조선에 불평등조약을 강요해 1910년에는 조선 반도를 식민지로 삼았다. 조선 반도의 사람들은 삼일운동 등 대규모의 독립 운동을 전개하고 격렬하게 저항했다. 일본은 이를 철저히 탄압하고 황민화 정책과 강제 연행 등을 실시했다. 36년에 걸친 일본의 식민지 지배는 조선 반도의 사람들에게 깊은 상처를 남겼다. 그 후에 일어난 조선 전쟁은 조선 반도에 파괴와 분단의 고정화를 초래했으나 사람들은 눈부신 부흥을 다하고 통일로 향해 움직이기 시작했다. 일본도 세계의 여러 나라와 함께 아시아의 평화를 위해 새로운 노력을 시작했다."

밝힌 류성룡의 『징비록』은 17세기 말 이래 일본 사람이, 19세기엔 중국 사람도 소중하게 읽었기 때문이었다. 그렇게 이순신은 한반도 사람이 "가까이 할 수도, 멀리 할 수도 없는" 이웃나라 사람들조차도 극존(極尊)의 존재로 여겨 왔다. 함께 종군했던 명나라 도독 진린(陳璘)은 조선 왕에게 "천지를 주무르는 재주로 하늘과 해를 다시 손본 공로(經天緯地之才 補天浴日之功)"라 격찬했다. "도둑도 나라에서 제일 가면 존경" 함이 일본인의 정서라 했는데, 그 연장선에서 적장이라도 명장이면 기꺼이 존경한다는 사실은 이미 사실(史實)이 되었다. 분단 한반도 땅에서 사사건건 대척 · 대결하는 안타까운 남북 관계인데도 이순신에 대한 존경에는 북쪽도[42] 한결같음은 그나마 다행이었다.

류성룡이 적었다. "전쟁터에 있을 때에 통제사 이순신은 밤낮으로 엄중히 경계하여, 갑주를 푼 적이 없었다." 그런 이순신을 생각하면 '맹자'의 말이 더없이 적합했다. "성자가 되는 것은 때맞추어 나오기 때문(所以聖者而時出之)."

충무공이 그랬다. 누란의 국난을 만나 결연히 이 나라와 이 민족을 지켜냈다. 이 불멸의 대공을 돌이켜 볼 때면 역사를 자랑하는 나라마다 나라와 민족을 지켜준 이를 '천 년의 인물'로 받들어왔던 세계사적 선례를 기억하지 않을 수 없다. 영국은 제2차 세계대전을 연합군 승리로 이끌었던 전시 수상 처칠(Winston Churchill, 1874~1965)을, 일본은

---

42) 6·25전쟁 초기에 거의 남해안까지 다다른 북한군 종군 기자가 "바로 그 바다가 그 옛날 우리의 리순신 장군이 왜적들의 함대를 전멸시킨 영웅의 바다다"라고 적었다.

무혈로 바쿠후 시대의 막을 내리게 했던 '하급 무사' 출신 사카모토 료마[坂本龍馬, 1835~1867]를 제 나라 '천 년의 인물'로 골라서 사랑을 넓혀왔다.

서기 2000년을 맞았을 때 새 천 년을 바라본다면서 여러 나라에서 지난 역사 천 년의 인물에 대한 논의도 있었다. 우리도 그런 공론을 폈다면 충무공 이순신이야 말로 그 자리에 제일 먼저 꼽아야 마땅했다.

나라 구하러 나선 '유승(儒僧)', 사명당

안경환 (서울대학교 명예교수)

〈사명대사상〉

17세기. 비단에 먹과 당채, 105 x 63cm, 보스턴 미술관 소장.
대사의 진영은 우리나라 절 여러 곳에 봉안되어 있는데 화풍으로 보아 팔공산 동화사 것과 같은 필력이다.

◎

나라의 안위가 한 승려에 달렸노라

선조 37년 1604년, 여러 해 동안 왜적이 휘젓고 간 황폐한 조선 땅 야인 서생들의 입에는 형식을 제대로 갖추지 않은 무명 서생의 시구가 널리 회자되었다. 적군이 파죽지세로 밀어닥치자 임금은 도성과 백성을 버리고 황망하게 떠났다. 분노한 백성이 궁성에 불을 질렀다. 무능한 국왕과 조정에 대한 불신은 그 정도로 극치에 달했다. 요행히 전란의 원흉, 왜적의 괴수가 죽어 전쟁이 끝났다지만 언제 다시 침입해 올는지 알 수 없는 일이었다.

조선과 일본 두 나라 사이에 묘한 줄타기로 섬의 명운을 지켜온 대마도 도주는 언제나처럼 중재자로 나섰다. 조선 조정은 논란 끝에 사대부 관리 대신 승려를 비공식 강화 대표로 선정했다. 사명당 유정에게 주어진 '탐적사(探敵使)'라는 직책이 말하듯 적의 상황을 탐지하는 것이 그의 임무였다. 이렇듯 명분과 허세가 국정과 외교의 비책이었던 한심한 나라이기에 무명 시인의 시구는[1] 고도의 풍자이자 조정을 향

---

1) "묘당에 삼정승 있다 떠벌이지 말라, 나라의 안위는 한 승려에 달렸노라(莫道廟堂三老在 安危都付一僧歸"(신학상, 『사명당의 생애와 사상』, 너른 마당, 1994)

해 겨눈 비수이기도 했다.

태양에 바래지면 역사가 되고 월광에 물들면 신화가 된다.

소설가 이병주(李炳注, 1921~1991)의 수사다. 역사는 승자의 기록이다. 역사는 기록과 기억을 두고 벌이는 후세인의 전쟁이기도 하다. 정사(正史)에 기록되지 못한 패자의 사연은 신화와 전설 속으로 탈출하고, 세월의 부침을 견뎌내어 풍성한 곁가지를 쳐서 백성의 간고한 삶 속에 뿌리 내렸다.

7년에 걸친 왜란 동안 조선 땅에 일어난 처절한 비극의 실례는 풍성하다. 조정은 한심할 정도로 무능했지만 신분을 막론하고 개인적 차원에서 일어난 충효와 무용담도 넘쳐났다. 강토가 외적에 침범 · 유린당한 사실 자체가 패전일진대 종주국 명나라가 보낸 구원병 덕분에 무도한 침입군을 격퇴한 사실을 굳이 승전으로 부르는 허세가 외려 처연하다.

명분에 살고 죽은 성리학의 나라, 조선에서 불교 승려의 지위는 하잘 것 없었다. 나라를 구한 승려라는 세평이 무색할 정도로 사명당 유정의 행적에 관한 조선 정부의 공적 기록은 극히 소략하다.[2] 반면 민간 설화 속의 사명당은 도술을 자유자재로 구사하여 왜적의 혼을 제압

2) 권상로,『실록으로 본 사명당』, 이화출판사, 1995

한 불세출의 영웅이었다.[3] 사명당에 얽힌 갖가지 도술과 일화들은 한 시대를 사심 없이 앞장서 간 위인에게 민중들이 바치는 애정의 헌사라는 점에서 도리어 '민중적 진실'의 일부를 이룬다는 해석도 있다.[4]

> 학문이란 그 시간을 떠나서 이해될 수 없다. '사람이란 그들의 부모보다 그들의 시대를 닮는다'라고 한 명제와 같이, 사람이란 모두 당대의 시대적 영향을 벗어날 수가 없다. 사명대사도 예외가 아니었다.[5]

사명당 유정에 관한 최초의 체계적 연구서를 낸 신학상(申鶴祥, 1907~1995)의 선언이다. 그는 설화 속의 사명당을 역사의 자리로 이전시킨 공로가 크다.[6]

---

3) 작자 미상의 『임진록(壬辰錄)』이 대표적인 예다. 사명당이 사신으로 일본에 가서 도술로 왜왕의 신하들의 항복을 받아내었다는 등 비상식적인 내용들이 적혀 있다.

4) 신영복,『감옥으로부터의 사색』, 돌베개, 1998, 234쪽

5) 신학상,『사명당의 생애와 사상: 緖論』, 1994, 17쪽

6) 아버지 신학상의 업적에 대한 아들 신영복(申榮福, 1941~2016)의 자부심도 남다르다. "시대순에 따른 종적 접근을 '경(經)'으로 삼고 사상 · 인간 · 시문 · 교우 등 광범한 횡적 분석을 '위(緯)'로 삼아 엮어나가는 전개 구조는 한 개인의 연구를 통하여 그 시대와 사회를 투영하는 매우 효과적인 구상이라 생각됩니다. 임진란의 상고(詳考)에 특별한 역점을 두심으로써 일제 식민사관의 잔재를 청산하지 못하고 있는 오늘의 현실을 강하게 조명하고자 하신 아버님의 의도적 노력은, 대개의 역사 연구가 빠지기 쉬운 현실 도피- 과거 속으로 도피-를 막아주고 있습니다 ……"("아버님의 저서 '사명당 실기'를 읽고— 아버님께", 신영복, 『감옥으로 부터의 사색』, 돌베개, 1998, 221~222쪽).

◎

유학 고장에서 태어난 불승

중중 6년(1544) 10월 17일, 오늘의 지명으로 경남 밀양시 무안면 고라리(괴나리)에서 풍천 임(任)씨 아버지와 달성 서씨 어머니 사이에 사내아이 응규(應奎)가 태어났다. 증조부는 당상관인 장악원정(掌樂院正)과 대구 수령을 지냈고 조부 때 밀양으로 이주한 것으로 추정된다. 사명당의 증조부가 무오사화에 간접적으로 연관되어 밀양으로 피신했다는 설도 있다. 할아버지와 아버지는 벼슬길에 나서지 못했다. 어린 시절에 부모를 여읜 응규는 열다섯 살 즈음에 출가하여 불문에 입문했다.[7]

연산군 4년(1498)과 10년(1504)에 무오사화와 갑자사화가 발생했다. 중종 14년(1519)과 명종 즉위년(1545)의 기묘사화와 을사사화가 잇따른다.[8] 사명당 유정의 출생지 밀양은 유학의 고장이었다. 밀양은 여말선초의 필명 높은 춘정 변계량(春亭 卞季良, 1369~1430)을 배출했고 조선 사화의 발단이 된 성리학의 종장 김종직(金宗直, 1431~1492)의 향리다. "글자만 읽을 뿐 깊은 속뜻은 알지 못하는 사람"이란 뜻 점필재(佔畢齋)가 아호인 김종직이 20세에 저술한 〈조의제문〉을 제자 김일손(金

---

7) 허균의 〈석장비문〉에는 유촌 황여헌(柳村 黃汝獻, 1486~1566)의 지도 아래 13세 때 〈맹자〉를 읽다가 세속의 학문이 비루하게 느껴져 번뇌 없는 학문을 배우기 위해 출가한 것으로 기록되어 있다. 그러나 사명당 유정 자신의 상소문에 따르면 집안의 영락과 부모의 죽음으로 의지할 곳이 없었던 현실적 조건이 출가의 직접 원인이었다고 한다.

8) 선조 22년 (1589) 사명당이 승려로 오대산에 머물고 있을 때 영문도 모른 채 강릉부에 일시 구금되었던 기축옥사도 사화와 맥락을 같이하는 정치적 사건이었다.

馹孫, 1464~1498)이 사초에 포함시킨 것이 사대부 사이의 치열한 권력 투쟁의 불씨가 되었다.

밀양 고을의 강한 유교적 전통에 대해 김종직 스스로 썼다. "우리 고을이 외지고 서울에서 멀어도 산천이 빼어나고 토양이 기름지며, 여기에 세가 사족으로 오랜 전통을 지니고 전원에 사는 이들은 그 번성함이 다른 고을에 비할 바 아니다"라고.[9)]

유정[10)]이 스스로 호로 택한 것으로 알려진 사명(四溟)은 사해, 즉 큰 바다라는 뜻이다. 영주 부석사 안양루의 중창기를 쓰며 유정은 '사명 광한(四溟 狂漢)'으로 자신의 이름을 썼다. 18세기 이후로 유정의 호 사명(四溟)은 '사명(泗溟)'으로 오기되기도 했다. 아마도 공자의 고향에 흐르는 '사수(泗水)'와 연관 지어 유학에 능통한 승려라는 뜻으로 붙였을 것이다.

어쨌든 불승 사명당 유정의 일생은 그가 조선 유학의 본향 밀양 출신 유학자의 후손이라는 사실을 빼고 논할 수 없을 정도로 유학과 밀착되어 있다. 사명당이 탄생한 마을은 '삼강동(三綱洞)'이란 별명을 얻었다. 같은 시기에 사명대사와 병조판서 손인갑(孫仁甲, ?~1592)과 그 아들 충효사 손약해(忠孝士 孫若海)와 부인 열녀 이씨를 배출하여 충·효·열 3대 미덕을 실증한 마을이라는 자부심에 차 있었다.[11)]

9) 〈密陽鄕吏義財記〉, 『佔畢齋집』 권2

10) 법명 '유정'은 그의 출가를 받은 신묵(信默)이 내린 것이다. 9세기 중국 황제에게 불심을 심어준 고승의 법명이기도 했다.(조영록, 『사명당평전』, 한길사, 2009, 75쪽)

11) 신학상, 『사명당의 생애와 사상』, 1994, 23쪽

흔히 불교를 심학(心學), 성리학을 이학(理學)으로 부른다. 사명당에게 심학과 이학은 분리된 것이 아니었고 스스로도 불자인 동시에 유학자임을 내세웠다.

산중 불도 수도는 설익었고 유교 수양 공부 또한 채찍질 못하네.

머리 깎고 중이 되었어도 언제나 길 위에 있었고 세속을 본 따 수염 길렀으나 머무를 집은 없었네.

◎

승과 급제 그리고 사대부와 교류

조선의 승과 제도는 성종 대까지 존속되다가 연산 조에 폐지되었으나 명종 대에 와서 허응당 보우(虛應堂 普雨, 1515~1565)가 문정왕후의 후원을 얻어 부활시켰다. 승과는 당초 불교를 국교로 삼은 고려시대에 과거에 준하여 불교 지도자를 왕조에 통합하기 위해 만든 제도였다. 조선 초에 이르러 불교는 선종과 교종으로 통폐합되고 승과는 선과와 교과로 나뉘어 실시되었다.

선과는 조정에서 파견된 감독관의 관장 아래 선종의 수찰인 봉은사에서 실시되었다. 사명당 유정은 18세가 되던 명종 16년(1561) 선과에 합격했다. 승과가 부활된 지 10년 가까운 시점이라 젊은 청년들 사이에 경쟁이 치열했다. 사명당은 시험에 합격한 후에 30세에 직지사 주지로 부임할 때까지 봉은사에 본거를 두고 한양의 사대부 관료들과 교우했다. 또 불교 경전의 독송, 선 수련 그리고 명산대찰의 순례 등 비교적 순탄한 '운수(雲水) 행각'을 벌이며 은사 신묵(信默)과 서산대사 휴정(休靜, 1520~1604)의 보살핌을 받는 행운을 누린다.

사명당 유정이 20세 무렵에 쓴 봉은사 갑회문(甲會文)이 전해온다. 갑회(또는 갑계)는 사찰의 동년배 승려들이 친목을 도모하며 사찰의 보존을 위해 조직한 자치 단체다. 불교 입문 단계에 이미 사명당은 동년배의 리더였던 셈이다. 명종 20년(1575), 문정왕후가 죽고 보우가 제주도에 귀양 가서 피살당하는 수난을 당하자 불교계에는 암운이 드리워졌다. 22세의 사명당은 보우 대사의 문집에 발문을 쓴다. 보우의 일관성 있는 추진력과 개혁적 방법을 찬양하는 내용이다.

승과에 급제한 직후부터 필명(筆名)을 인정받은 그는 많은 동년배 유생과 교류했다. 경륜과 벼슬이 높은 서애 류성룡(西厓 柳成龍, 1542~1607)과 한음 이덕형(漢陰 李德馨, 1561~1613)도 사명당의 후원자가 되었다. 많은 문우 중에 여덟 살 아래 하곡 허봉(荷谷 許篈, 1551~1588)과 나눈 교류는 각별했다. 그 교우 관계는 하곡이 죽고 난 뒤 그의 아우에 대한 따뜻한 보살핌으로 이어진다. 교산 허균(蛟山 許筠, 1569~1618)은 사명당이 입적한 후에 쓴 〈석장비문(石藏碑文)〉에 형과 고인의 돈독한 교우 관계를 상세하게 기록했다.

◎

서산대사 문하생이 되어

사명당 유정은 1573년, 30세에 김

천 직지사의 주지로 부임하면서 고향 밀양을 방문하고 부모와 조부모의 산소에 성묘했다.[12] 직지사 주지를 역임한 32세 청년 불자 사명당은 선종의 본사 봉은사의 주지로 천거되었으나 사양하고 묘향산 서산대사 휴정의 문하로 들어갔다. 선승으로 휴정은 21세에 출가하여 번잡한 생활을 하다가 30세가 넘어서 비로소 자신의 잘못을 깨달았다는 '스스로 비웃다(自嘲)'라는 시를 남겼다. 개인적 수련과 후진 양성을 위해 맡고 있던 선종판사(禪宗判事)의 직을 사임하면서 쓴 시다.[13] 그 후로 휴정은 지리산 · 태백산 · 오대산 · 금강산을 거쳐 마지막으로 묘향산을 종신 도량으로 삼아 선종의 종장으로 전등(前燈)의 기치를 높이 든 것이다.

허균은 사명당이 서산대사를 만난 일이 그의 구도 행각에 차지하는 의미에 대해 이렇게 기록했다.

서산은 사명에게 마음자리를 깨우치게 해주고 곧바로 성종(性宗)을 전수했다. 사명은 말이 떨어지자 즉시 깨달아 많은 말을 쓸어버리고 유희의 한가한 습성을 끊었으며, 여태까지의 문자 놀음에 스스로가 속았음을 참회했다. 한

---

12) "열다섯에 집 떠나 삼십에 돌아오니 긴 내는 여전히 서쪽으로 흐르누나. 감나무 다리 동쪽 언덕의 가지 많은 버드나무는 대부분 이 몸 떠난 후에 심은 것(十五離家 三十回 長天依舊水西來 橋東岸千條柳 强半山僧去後栽)".『사명집』권 4, '歸鄕'

13) "대저 인생은 나이가 귀하니 이제 비로소 지난 날 행동을 뉘우친다. 어찌하면 하늘에 닿은 바닷물을 손으로 당겨 산승의 판사라는 이름을 지울 수 있을까(大抵人生年齒貴 如今方悔昔時行 何當手注通天海 一洗山僧判事名)"(휴정, 『청허집(淸虛集)』권3, 한국불교전서 제7책, 동국대 출판부, 2016).

마음으로 안심(安心)과 정성(定性)에 뜻을 두어 3년을 고행한 끝에 바른 법을 모두 얻었다. 서산은 많은 제자 중에 유정을 특별히 총애했다. 그를 천리마에 비유하면서 조급함을 경계하는 게송(偈頌)을 전한다. "천리를 달리는 기마가 어찌 채찍의 그림자를 기다리며, 넓은 들의 봄바람은 생각하면 반드시 흐르는 물과 같으리라 …… 항상 비니법(毘尼法)을 힘써 지키고 해(解)와 행(行)을 어긋나게 하지 말며 …… 조정(朝廷)의 일을 말하지 말라."[14]

조선 중기 이후에 불교도는 불만 세력의 반체제 운동에 직접 뛰어들거나 국가 변란 사건에 연루되는 경우가 많았다. 사대부들 사이의 당쟁에도 연관되었다. 선조 대의 정여립(鄭汝立, 1546~1589) 모반 사건에도 적잖은 승려가 연루되었다. 서산과 사명도 당쟁의 소용돌이에 휘말린다. 구월산의 한 승려가 자신과 불화 관계에 있던 의암(義巖)을 지목하여 고발했는데 의암과 같은 계열에 속한 두 사람도 함께 엮은 것이다. 서산의 죄목은 금강산의 경관을 빌어 자신의 호연한 선적 세계를 드러낸 시 한편 때문이었다.

만국의 도성은 개미집이요. 천가의 호걸은 하루살이로다. 창에 비치는 명월을 베개 삼아 누웠으니 끝없이 부는 솔바람 온갖 곡조 읊조리네.[15]

14) 〈又示別紙〉, 『청허집(淸虛集)』권4

15) 〈登香爐峰〉, 『청허집(淸虛集)』권3

향로봉의 달밤을 읊은 선시가 왕조 체제를 비판한 불온시로 둔갑하여 동서 당쟁의 구실로 이용된 것이다. 서산은 서울로 압송되었고 선조가 친히 국문에 나섰다. 선조는 서산의 무고함을 확인하고 손수 그린 묵죽 한 폭을 하사했다. 서산은 즉석에서 묵죽시를 지어 성은의 망극함을 표했다. 한편, 사명당은 서산대사와는 별도로 강릉부에 하옥되었다가 이 지역 유생들의 탄원으로 풀려났다. 오대산으로 돌아가면서 가뿐한 마음을 시에 담았다.

> 아미산 꼭대기 뛰놀던 사슴, 사로잡혀 우리 속에 가두어졌더라. 그물이 풀려 산으로 돌아가니 일천 산과 일만 나무, 구름이 되도다.[16]

◎

왜군을 맞아 살생마저 무릅쓴 자비 정신

오대산 월정사의 중창 불사를 마친 경인년, 47세의 사명당은 본격적인 수도를 위해 금강산으로 향했다. 그러나 불과 두 해 후인 임진년(1592) 6월, 왜군이 사명당이 체류하던 유점사에 밀어 닥쳤다. 왜군과 맞닥뜨린 선승의 모습에 대해서는 여러 기록이 있다. 동시대인 유몽인(柳夢寅, 1559~1623)의 『어우야담(於于野談)』 기록이 상세하고도 생동감 넘친다. 내용인즉 그들이 불교 신자임을 간파한 사명당은 몇 차례의 필담을 통해 불살생의 자비 사상을 계

16) 蛾眉山頂鹿 撿下就轅門 解網放還去 千山萬樹雲 己丑橫罹逆獄(조영록, 『사명당평전』, 160쪽)

도하여 결박되어 있던 승려를 모두 석방시키고 재차 사찰을 유린하지 않겠다는 약조를 받아냈다는 것이다. 교산 허균의 〈석장비문〉과 류성룡의 『징비록』도 비슷한 내용을 전한다.

> 사명당 유정은 금강산 표훈사에 있었는데 적군이 금강산에 들어오자 절에 있던 중이 모두 달아났으나 유정은 꼼짝도 않고 있었는데, 적병이 감히 가까이 오지 못했으며 혹은 두 손바닥을 마주 합치며 경의를 표하고 돌아갔다.

불교에는 '평등'과 '차별'이라는, 두 가지 정반대되는 입장이 있다. 평등의 관점에서는 '일체중생실유불생(一切衆生悉有佛性)'이므로 국가나 국민 사이에 우열이 없고 인간 상호 간에 유혈 살육은 용납할 수 없다. 그러나 국가의 수호와 발전을 위해서는 비록 칼을 쥐더라도 불법을 어긴 것이 아니라는 '대반열반경(大般涅槃經)'의 가르침이 있다.[17)]

신라의 법사 원광(圓光)은 '세속오계'를 지어 '임전무퇴(臨戰無退)'에 더하여 '살생유택(殺生有擇)'을 애국청년의 미덕으로 가르쳤다. 고려 시대에는 호국 불교의 이념 아래 승병의 존재가 지극히 자연스러운 것이었다. 몽고와 왜구의 침입에 승려는 적극 방어에 나섰고 심지어는 무신(武臣)의 난 기간 동안 무인들의 사병 역할도 했다. 억불숭유 정책을 표방한 조선 시대에 승려는 토목, 수리 공사 등 군역에 동원되었는데, 공인된 승려에게는 도첩을 주어 병역 면제의 특례를 제공하기도 했다.

---

17) 안계현, 〈한국승군보〉, 『사명대사집』(하), 한국불교연구원, 2012, 677~737쪽

임진왜란, 정유재란에 이어 정묘 · 병자호란 때도 승군이 동원되었다.

1592년 6월 13일, 평양성이 함락되었다. 6월 23일 선조는 중국에 가까운 의주에 행재소를 설치했다. 국왕은 묘향산 보현사의 서산대사를 황급하게 불렀다. 73세의 노승은 국왕 앞에 엎드려 노약자를 제외하고는 모두 종군시키겠다며 충성을 맹세했다. 선조는 서산을 전국의 승려를 통솔하는 팔도십육종선교총섭(八道十六宗禪教總攝)에 임명하며 승군의 총궐기를 당부했다. 서산의 측근이던 사명당 유정에게도 제찰사 도원수 류성룡의 명에 의해 의승도대장(義僧都大將)의 직책이 주어진다. 사명당이 승병을 모집한 경위는 자신이 국왕에게 보낸 갑오상소에 적혀 있다.

전란 초기에 신은 강원도 개골산에 있었습니다. 거기에서 이 대란을 맞아 적중에 두 차례 들어가 왜적과 문답하고, 의승을 타일러 겨우 100명의 군사를 모집했습니다. 이들을 이끌고 춘천과 원주의 적을 쳐서 맹세코 그들과 삶을 같이하지 않으려 했습니다. 그때 마침 도총섭(都總攝, 서산대사)의 격문을 보니 그 글 속에 군민을 타이르시는 성지(聖旨)가 있었습니다. 두 눈이 눈물로 가리어 글자마다 피로 물들어 차마 끝까지 읽을 수가 없었습니다. 신이 원래 거느린 의병승이 150명이었는데 60명을 더하여 서쪽으로 급히 달려갔습니다.

서애 류성룡은 자신의 명령에 따라 사명당이 의승병을 일으킨 것으로 기록했다.

내가 안주에 있을 때 사방에 공문을 보내어 각기 군사를 일으켜 국난을 구원하러 나오라 했는데, 이 공문이 금강산에 이르자 유정이 이것을 불탁 위에 펴놓고 여러 중이 읽고 눈물을 흘렸다. 마침내 승군을 일으켜 서쪽으로 달려와서 국사에 충성을 바치고자 평양에 이르니 군사가 천여 명에 이르렀다.

허균의 〈석장비문〉의 구절이다.

우리가 이 나라에 태어나 먹고 쉬고 놀면서 무탈한 것은 모두 나라님의 덕이다. 그러니 이런 위난의 시기에 어찌 좌시할 수 있겠는가? 하고 수 백 명의 승병을 모집하여 순안으로 달려갔다.

사명당은 중생을 제도하는 일이 임금을 섬기는 일과 다르지 않다는 명분을 내세워 의승병을 일으킨 것이다. 이러한 사명당의 결행을 불자보다 유가의 입장에서 평가한 사대부도 많았다.

의승군은 일반 의병에 비해 지위가 열악했다. 의병장들은 전직 관료 내지는 지방의 양반 가문의 유생들로 구성되었다. 덕분에 관군과 동등한 입장에서 근왕(勤王)을 명분으로 내세울 수 있었고, 때로는 관군의 부정과 무능을 규탄하면서 독자적인 활동을 벌이기도 했다. 그러나 의승병은 관의 명령에 복종해야할 뿐만 아니라 보급품의 제약도 컸다.

그럼에도 불구하고 의승병이 혁혁한 전공을 세운 이유는 몇 가지를 들 수 있다. 첫째, 승려들은 일상적으로 산길을 오르내리면서 신체가 단련되었고 지리에 밝아 작전에 유리했다. 둘째, 이들은 처자가 없어

혈연에 대한 미련이 적었고 동료들과 자급자족하면서 공동체 의식이 강했다. 그리고 사회적으로 억압받고 차별받은 천민 신분이지만 사명당을 비롯한 3대사와 같은 지도자가 자신들을 인격적으로 대우한다고 여겨지면 적극적인 헌신으로 보은했다.

◎

무공을 드날린 의승병

평양성의 탈환에 의승병의 공헌은 혁혁했다. 명의 도독 이여송(李如松)은 서산의 공을 찬양하는 시첩을 보냈다. 평양성 탈환에 이어 도제찰사 류성룡의 지휘 아래 관군과 의승병은 수도 한양의 탈환에 나섰다. 사명당 유정은 1593년 3월 26일 노원평 전투와 3월 27일 '수락산 대첩'에서 세운 공으로 일약 당상관에 제수되었다.[18)]

> "승장 유정의 군사들이 매우 정예로워서 적을 참획(斬獲)하는 공을 세웠기에 …… 당상관의 직을 제수하여 원근에 있는 승려들의 분발심을 선도하도록 하라"(『선조실록』 4월 21조).

이 사실을 기록한 사관은 "여생이 얼마 남지 않은 늙은 승려가 참획

---

18) 『선조실록』 1593년 4월 12일. 1594년 11월 두 번째로 정3품(折衝將軍僉知府事) 실직이 수여되고, 사후에 정 2품에 추증되었다.

의 공을 세웠거늘, 이는 어찌 무사들만의 수치이겠는가?"라며 나라의 녹봉을 받는 문무관의 자성을 촉구했다.

조선 군대가 자력으로 한양을 수복하는 기미가 보이자 명·일 양국은 강화 교섭을 서둘렀다. 1594년 4월 사명당은 조선인으로는 처음으로 강화사가 되어 울산 서생포의 가토 기요마사[加藤清正]의 군막을 찾아 교섭을 벌였다. 류성룡은 강화의 과정을 기술하면서 "승인 송운(松雲)이 서생포에 들어가서 가토를 만나고 돌아온 경위를 말했다. '적군이 명나라를 침범하려고 말함이 매우 이치에 어긋나니 즉시 사유를 기록하여 명의 조정에 아뢰야 할 것입니다.' "라고 썼다.

송운 자신이 기록한 〈분충서난록(奮忠紓難錄)〉은 고니시 유키나가[小西行長]와 심유경 사이에 오고간 비현실적 강화 조건(① 명나라 공주와 도요토미 히데요시[豊臣秀吉]의 혼인 ② 조선의 분할 통치 ③ 조선 왕자를 일본에 인질로 보냄 등등)의 허구성을 적시했다. 고시니와 가토, 일본군의 두 장군 사이의 견제와 반목을 적절히 이용한 지모가 돋보였다. 명의 도독 유정(劉綎)은 가토를 부추겨 일본의 관백(關伯)으로 책봉하겠다며 본국의 도요토미 히데요시 사이에 불화를 조성할 공작을 꾸미고 이 일을 추진할 적격자로 사명당을 선정했던 것으로 보인다.

가토는 독실한 불교 신자였다. 그는 특히 법화경에서 설명하는 국가관과 인생관 그리고 일본의 일련종을 창시한 일련(日蓮)의 '입정안국론(立正安國論)'을 신봉하고 그걸 현실에서 구현하려는 독실한 신자였다. 그는 자신의 원찰 묘사(妙寺)의 주지인 일진(日進)을 초빙하여 정신적 지주로 삼고 전쟁에 종군시켰다. 종군 승려들로 하여금 '남무묘법연화

경(南無妙法蓮花經)'이라고 쓴 깃발을 들게 했다. 사명당 유정과 가토가 회담할 때는 언제나 일진이 배석하여 필담을 통역하고 자문하였다. 사명과 일진은 종파는 달랐지만 같은 불자로서 서로 진한 농담조차 주고받는 사이가 되었다.

명 · 일 강화 회담은 심유경과 고니시의 주도 아래 진행되었다. 한창 회담이 진행 중이던 1595년 2월, 사명은 두 번째 상소문(을미상소)을 올렸다. 갑오상소에서 주장한 바와 같이 강화는 일시적 방편일 뿐, 궁극적으로는 적을 무력으로 퇴치해야 하며 강화의 성사 여부를 불문하고 지속적인 부국강병책을 강구해야 한다는 요지였다.

◎

전선 교착에서 다시 침략으로

일본군이 서울에서 삼남으로 퇴각하여 방어 진지를 구축하자 의병과 의승병에게도 산성의 구축과 방어의 임무가 부과되었다. 을미상소를 올린 사명은 경상도로 내려가 삼가의 악견(嶽堅)산성과 성주의 용기(龍起)산성 축성 공사를 돌보는 한편, 서울 나들이를 하면서 조정대신들과 국방의 논의를 계속했다. 노장의 몸에 남한산성을 지키는 임무가 주어졌다.

사명이 남한산성에 체류할 때 도요토미는 명 · 일 강화 회담을 깨고 재침을 결정했다. 1596년 정유년 겨울, 다시 14만 명의 군대가 바다를 건너왔다. 강화를 주도한 명나라의 심유경(沈惟敬)과 고니시의 입지가 약화되었다. 심유경은 명으로 압송되어 처형되고, 왜군에는 고니시

대신 가토가 전면에 떠올랐다. 득세한 가토는 조선 측 협상 대표로 사명당 유정을 거론했다. 두 사람은 2년 8개월 만에 울산 서생포에서 다시 마주 앉았다. 명의 도독 유정(劉綎)도 그랬지만 일본의 가토도 30대 초반의 청년 장수였던 데다 불교 우대의 나라였기에 노승 사명에게 상당한 예를 갖추었던 것으로 추측된다.[19)]

이 자리에서 사명은 일본은 '조선의 원수'라는 말을 두 차례 반복하면서 "병가의 승패는 예측하기 어려운 것, 멸망의 화는 누구도 면치 못할 것, 너희 군사가 바다를 건너와 물밀 듯 들어와도 우리의 병마가 어찌 바다 건너온 군사보다 뒤지랴"라며 강하게 맞섰다.

사명은 7년 전쟁 동안 전투와 평화 협상이라는 두 축을 오가며 때로는 장수로서 때로는 외교가로 활동했다. 하지만 그의 기본 입장은 주전론에 서 있었다. 일본의 한 학자는 정유재란이 발발한 책임의 절반은 사명당의 강경론 때문이었다고 적었다.[20)]

◎

잡혀간 동포를 살려오다

전란으로 많은 사찰은 불타고, 승려는 수도할 도량을 잃었다. 싸움터에 나간 승군 중에 환속하는 자가 법

---

19) 조영록, 『사명당평전』, 398~399쪽

20) 德富蘇峰, 『近世日本國史-豊臣秀吉時代 : 朝鮮役』(東京, 1921) : 조영록, 『사명당평전』, 419쪽에서 재인용.

계의 높낮이를 불문하고 광범하게 일어났다. 국왕은 사명이나 의암과 같은 승려가 환속한다면 “백 리를 다스릴 책임을 맡길 것이요, 삼군을 통솔할 장수를 제수할 것”이라는 언질을 건네기도 했다. 그런가 하면 산사로 복귀하라는 요청 또한 높았다. 그러나 사명당 유정은 이미 결코 절을 떠날 수 없는 불교계의 상징이 되어 있었다.

전쟁을 일으킨 도요토미가 죽고 1598년 11월, 이순신이 지휘하는 조선 수군의 추격 속에 일본군이 철수함으로써 동아시아 7년 전쟁은 일단 막을 내렸다. 일본에서는 세키가하라 전투에서 승리한 도쿠가와 이에야스[德川家康]가 통합 실력자로 부상했다. 조선 조정은 대마도주의 간곡한 요청에 따라 ‘비공식’ 강화 사절단을 보내며 대표자로 정식 관료가 아닌 승려, 사명당을 선정했다. 또 그의 직책을 적의 사정을 염탐하는 ‘탐적사’로 명하여 국서도 지참시키지 않았다. 그러나 일본 측에서는 그를 정식 강화교섭사로 대접했다.[21)]

『선조실록』 37년 2월 24일에는 “일개 승려를 국사로 파견하는 일”에 대한 사관의 탄식이 담겨 있다.

> “묘당의 계책이 비루하다. 종묘사직은 원수를 갚지 못하고 하릴 없이 허송세월한다. 적의 사신을 한 번 만나자 서로 돌아보며 어쩔 줄 몰라 하찮은 승려의 손에 맡기고 있으니 …… 나랏일을 꾀할 자가 유정 한 사람뿐이니, 아

---

21) 상반된 인식은 전쟁의 책임 문제와 함께 전쟁 후의 외교 주도권을 둘러싼 명분론의 다툼이기도 했다.(조영록,『사명당평전』, 467쪽)

개탄할 일이다."[22]

어정쩡한 지위에 중차대한 사명을 띠고 바다를 건너는 사명당 유정에게 많은 사람이 격려했다. "성세에 명장은 많지만 기특한 공은 늙은 대사가 독차지했네."[23] 그 수많은 격문 중에 작가 불명의 절구가 단연 백미다. "묘당에 삼정승 있다 떠벌이지 말라. 나라의 안위는 한 승려에 달렸노라."

1604년 8월, 조선 조정의 탐적사 일행이 바다를 건넜다. 사명당 유정에게는 피로인(被擄人 : 임란 중 일본군에 의해 강제로 납치된 민간인 전쟁 포로)의 송환이 최대 과제였다. 사명당은 대마도에서 비교적 무료한 날들 보내며 교토의 이에야스의 하명을 기다렸다. 대마도 객관(客館)에서 사명당이 쓴 글에는 고승의 품격보다는 한 애국 문사의 고적이 물씬거린다.

객지에 노는 마음 어지럽기 삼과 같아 / 지는 해에 부질없이 북으로 나는 까마귀 바라보네. 뉘라서 산승은 정이 없다 말하는가. / 꿈속에서 자로 한강수를 건넌다.[24]

22) 조영록, 『사명당평전』, 439쪽

23) 지봉 이수광(芝峯 李睟光), "盛世多名將 奇功獨老師"

24) "旅遊心緒亂之麻 落日空瞻北去鴉 誰道山僧無願念 夢魂頻渡漢江波." 출처 : 조영록, 『사명당평전』, 478쪽

마침내 11월 하순, 바쿠후의 전갈이 도착했다. 대마도를 출발한 배가 교토에 도착한 것은 12월 17일. 이에야스는 정중한 예를 갖추어 일행을 맞이했다. 조선과의 강화에 대한 적극적 의지가 반영된 것으로 보인다. 사명이 대마도와 교토에서 체류하면서 일본 승려들과 교류한 자신의 기록이 근래 들어서도 일본에서 발견되었다. 유묵 선시 한 편에는 동아시아 선종의 초조(初祖)로 추앙받는 달마를 추앙하면서 서산이 달마의 적통임을 암시한다.

> 머리카락 풀어헤친 푸른 옷의 늙은이 / 눈은 천지 한가운데 두었더라. / 안개 마시고 정소를 들이키니 / 홀로선 기상 무지개 같아라.[25]

국서를 지참하지 않았고, 귀국 시에도 일본의 국서가 없었지만 사명의 외교적 성과는 상당한 것이었다. 이에야스는 조선을 침범할 의사가 없다는 것을 분명히 했고 피로인들의 송환에 적극적인 자세를 보였다.

"나라가 망한 것보다 더욱 안타까운 것은 조선의 남녀가 끌려와 부림을 당하고 있는 것이니 모두 돌려보내 주시기 바랍니다."

국내 세력의 내부 통합이 급선무인 새 권력자는 불승의 간곡한 호소에 응답한 형식으로 피로인들의 송환을 허락했다. 5월초 사명은 일본

---

25) 披髮綠衣翁 眼空天地中 呑霞吸精素 獨立氣如, 西山嫡 松雲 (서산의 적자 송운). 출처 : 조영록, 『사명당평전』, 519쪽

에 끌려갔던 동포를 배 마흔여덟 척에 나누어 태워 귀국하였다.[26]

사명이 예정에 없던 이에야스와의 면담을 이루었고 피로인의 쇄환(刷還 : 외국에서 유랑하는 동포를 데리고 돌아옴)이라는 기대 밖의 성과를 거두었음에도 불구하고 조정의 공식 기록은 매우 짧고 간단하다. 실록에는 사명당이 귀국한 일이나 상경하여 복명한 사실조차 언급이 없어 파견할 당초의 들뜬 분위기와는 사뭇 달랐다.[27]

게다가 사명이 힘들여 고국 땅을 되찾아 준 피로인에 대한 동포의 대접은 냉혹했다. 피로인의 처리를 잘 못한 사유로 경상 감사를 파직한 사실이 『선조실록』에 기록되어 있다.[28] 조정으로서는 당연한 조치였다. 일본이 물러간 후 반 세기도 못 넘기고 이번에는 '북쪽 오랑캐'가 침범해 왔다. 병자호란 때 청에 끌려가 욕을 입고 돌아온 '환향녀'들을 홍제천에서 목욕 의식으로 위무한 인조의 조치도 너무나도 당연한 것이었다. 힘없는 나라, 무력한 조정이 져야 할 책임을 피해자인 백성에게 전가시켜서는 안 되는 것이었다.

◎

스님에게도 시호가

사명당 유정은 해인사 홍제암에서

26) 사명이 귀국 시에 대동한 피로인의 총수는 3,500명 또는 1,391명 등 기록에 따라 차이가 있다. 『임진왜란 조선인 포로의 기억』(국립진주박물관, 2010, 28쪽) 참조.

27) 조영록, 『사명당평전』, 544쪽

28) 『선조실록』 38년 (1605) 6월 7일조

1610년 8월 26일, 세수 67세로 입적했다. 자신을 아끼던 선조와 류성룡이 1년 사이에 모두 세상을 떠나자 자신의 여생도 얼마 남지 않았음을 느낀 사명당은 새왕 광해군의 간곡한 만류에도 불구하고 병을 빙자하고 서둘러 산으로 돌아갔다. 불승으로서의 연고로 보면 오대산이나 금강산이 우선이겠으나 조상의 묘가 가까운 가야산을 최후의 도량으로 택했다. 모름지기 속세와 인연을 끊은 불자가 생의 마지막 순간까지 수구지심이 발동한 것도 유가적 윤리관의 징표일지 모른다.

사명당의 시호(諡號) '자통홍제존자(慈通弘濟尊者)'는 〈석장비문〉을 쓰면서 허균이 지어 바친 사시(私諡)다. 특정 교파에 치우치지 않게 "불법에 통달하고 널리 백성을 구했다"라는 의미다. 당시까지 시호는 유학자에 대해서만 내리는 원칙과 전통이 있었다.

사명당 유정은 많은 시문 등 저술을 남겼으나 하곡 허봉이 보관하던 대부분이 전란 중에 소실되었다. 남은 자료가 문집 4권과 〈분충서난록(奮忠紓難錄)〉으로 구성되어 『사명집』 7책으로 간행되었다. 〈서난록〉의 기록은 당쟁으로 이론이 분분하던 유생들의 기록에 비해 덜 편파적이라는 평가가 따른다.[29]

이렇듯 후세에 남은 사명당의 자료가 많지 않은 데는 또 다른 이유도 있다. 첫째, 선가의 불립문자(不立文字)의 전통에 따라 기록을 소홀히 하는 풍조가 있었을 것이다. 선불교에는 견성성불(見性成佛)의 조사공안 이외의 기록에 무관심하고, 심지어는 냉소하는 전통조차 있었다.

---

29) 『사명대사집』(상), 한국불교연구원, 2012, 23쪽

둘째, 당대 및 후대 지식인의 배불사상으로 인해 의도적인 무시 속에 방임되었다. 후일 표충사에 영당비의 비문을 쓴 한 유생도 "평소에 석자(釋子: 승려)를 위해 글을 쓰지 않으나 다만 사명당의 사적은 특별하여 뿌리칠 수 없어 쓴다"라며 생색을 내기도 했다.[30)]

사명당의 생애를 잘 그린 당대의 글로는 한음(漢陰) 이덕형(李德馨)의 〈송운제문(松雲祭文)〉이 있다. 현직 영의정이던 그는 사명이 입적한 그해 12월 21일 추모의 글을 썼다. 승장 소요태능(逍遙太能, 1562~1649)은 사명당의 생애는 "불법(佛法)을 보호하기 위한 항마행(降魔行)이다. 처참한 현실 세계 속에 활짝 핀 한 떨기 선의 꽃이다"라고 썼다.[31)]

사명이 떠난 3년 후인 1612년, 해인사에 영당을 짓고 문집의 편찬과 석장비의 건립이 추진되었다. 교산 허균(許筠)이 비문을 썼다. 혼미한 세태에 태어나 밝은 빛을 선사하고 떠난 큰 인물로 그렸다. 이 석장비는 두 차례 환난을 입었다. 1618년, 허균이 역적으로 몰려 처형당하자 비문을 찬술한 '죄인'의 이름도 삭제되었다. 두 번째 환난 시에는 비석이 송두리째 사라질 번 했다. 1943년, 조선총독부의 정책에 따라 관할 합천경찰서장의 지휘 아래 비석을 네 동강으로 쪼개어 땅에 파묻었다. 조선인의 민족혼을 일깨울 우려가 있다는 판단이었을 것이다. 광복 후 1958년에 복원하여 접합한 흔적을 남기며 오늘에 이른다.

사명당의 고향 마을 입구에는 그가 입적한 뒤 백 수십 년이 지난

30) 이의현, 『사명대사집』(하), 554쪽

31) 조영록, 『사명당평전』, 417쪽

1712년, 조정에서 세운 표충비가 서 있다. 지방 유림의 발의로 관과 불교계의 협력으로 건립한 것이다. 조선 역사상 최초의 유불 합작 문화재의 선례가 되었다. 이 흑납석(黑臘石) 대형 비는 간간히 표면에 수액이 흘러 '한비'(汗碑)라는 별명을 얻었다. 나라에 큰 일이 있을 때면 사명당의 우국 혼령이 영험을 보여 땀을 흘린다는 민간의 믿음이다.

비문에는 사명당이 고향 뒷산에 '백하난야'라는 작은 암자를 세워 조부모의 명복을 빌었다는 문구가 있다. 암자는 병자호란을 거치면서 황폐되었고 지방 유림의 주도로 사당으로 재건되었다. 전란 시 구국 항쟁의 공이 큰 서산, 유정, 기허(騎虛, ? ~1592) 세 분 대사의 신주를 함께 모시되 불교 사찰이 아닌 유교 사당으로 세운 것이다. 1839년 표충사당을 밀양시 단장면 제약산의 영정사(靈井寺) 자리로 이전하면서 표충서원으로 확대되었다. 영정사는 표충사로 개명하여 오늘에 이르게 되었다. 1949년, 인근에는 표충사가 출자하여 사명의 시호를 교명으로 하여 설립된 홍제중학교가 오늘에 이르고 있다.

◎

자신을 굽혀 백성을 지키니

"진정한 영웅의 무덤은 후세인의 가슴"이라고 말한 사람이 있다. 조선 중기의 유학자 출신 불승인 사명당 유정은 오랜 세월 동안 외적의 침입에 나라가 흔들리던 난세에 석장(錫杖) 대신 칼을 들고 구국 전선에 나서는 항마행(降魔行)을 실천한 영웅으로 후세인의 뇌리 속에 전승되어 왔다.

"헛되이 머리 센 노인이 되었구나. 이슬비 지나가니 풀빛이 새롭구나(虛作白頭人 草因經雨新)"의 만년 사명당 유정의 시 구절에서 자신의 일생을 반추하면서 회한과 함께 후속 세대의 삶에 희망을 걸었다. 유학자의 가문에서 태어나 불자가 되었지만, 충효라는 사대부의 덕목을 지상의 미덕으로 신봉했다.

왜란 시기에 사명당은 스승 휴정과 더불어 불교계의 양대 거목이었다. 후대의 한 유학자는 원칙을 지키되 상황에 따라 수시 처변(隨時處變)한다는 '수경행권(守經行權)'의 덕목으로 두 고승의 행적을 조화시켰다.

> "휴정은 경(經)에 가까워 절개가 높고, 사명당 유정은 권(權)에 가까워 공이 넓다. …… 백 여 년이 지난 후에 평가하니 휴정은 물러서 도를 지켰고 유정은 자신을 굽혀 백성을 지킨 것이다."[32)]

불교의 관점에서 본 사명당은 다면불(多面佛)이었다. 구도자 · 정략가 · 전략가 · 외교가 · 문장가 등 다양한 역할에서 걸출했지만 시종일관 자비와 불심으로 일관했다. 동시에 그는 절개 굳은 유학자이기도 했다. 억불숭유의 시대에 승려라는 신분의 제약을 훌쩍 넘어 애국 · 애족의 선봉에 섰다. 사명당의 행장에 대한 사대부와 백성의 사랑과 존경의 마음은 나라를 사랑하는 사람들의 자부심의 발로이기도 하다.

---

32) 李天輔, 表忠祠記, 戊午年.

조선 실학의 금자탑, 다산 정약용

김성훈 (중앙대학교 명예교수)

'정석(丁石)'

유배에서 풀려나자 머물던 다산초당 바위에 두 글자를 새겼음은 남송 때의 주희(朱熹, 1130-1200)를 유감한 몸짓이었지 싶다. 주희의 〈정사(精舍)〉 연작시 첫 수는 '샘돌(泉石)'이란 말로 끝난다. "거문고와 책을 함께 한 지 사십년(琴書四十年), 거의 산중사람이 되었네(幾作山中客). 어느 하루 띠집을 짓고 나니(一日茅棟成) 어느새 내가 자연과 어우러진 샘돌이 되어있었네(居然我泉石)."

◎

일신 불운에도 천하를 걱정

생명 마감에 대비하는 사람의 생각은 만감 교차인 것. 〈논어〉에도 같은 말이 있다.

> 사람이 장차 죽으려 할 때 그 말이 착하다(人之將死其言也善).

바야흐로 회갑을 맞은 1822년, 다산 정약용(茶山 丁若鏞, 1762~1836)이 미리 지은 묘지명이 바로 그러했다.[1)]

> …… 하늘의 총애를 받고 태어나 / 어리석은 충심(衷心: 속마음)을 갖게 하였기에 정밀하게 육경(六經)을 연구해내서 / 미묘한 이치까지 밝혀내었도다.

---

1) '자찬 묘지명(自撰墓誌銘)(박석무 역주, 『다산산문선』, 1988)'. 자찬 묘지명은 크게 두 단락으로 구성되었다. 앞 단락에는 자기 생애에 대해 적었고, 뒤 단락에는 학문 연구에 대한 결과를 요약했다. 자찬 묘지명이 기록하지 못한 회갑(1822) 이후 사망(1836) 때까지 14년 동안의 삶에 대해선 1920년, 정규영(丁奎英)이 〈사암연보(俟菴年報)〉에 잘 기록해 두었다. 다산은 '사암(俟菴)'이란 아호를 썼다. "백세 뒷날의 성인을 기다려도 미혹함이 없다(百世以俟聖人而不惑)"라는 뜻. 어떤 성인에게도 자신은 학문은 질책 받지 않으리라는 자신감의 말이었다.

// 간사하고 아첨하는 무리들이 세력을 잡았지만 / 하늘은 (나를) 버리지 않고 긴히 쓰려 키웠으니 / 시신(柴薪, 저서들)을 잘 거두어 잘 묻어 둔다면 / 훗날 높고 멀리까지 그 쓰임이 있으리라.

다산의 인생 역정에 결정적인 계기를 안겨준 사단은 천주교 박해를 낳았던 황사영 백서(黃嗣永 帛書)사건[2)]에 연루된 것이었다. 그로 인해 1801년, 그가 마흔이 되던 해에 경상도 장기(포항시 장기면)에서 7개월 유배 생활을 한 데 이어 전라도 강진 땅에 유배되어 장장 18년 동안이나 귀양살이를 해야 했다.

다산과 그의 가족에겐 이루 말할 수 없이 고통이었고, 그때 백성들에게는 덕치(德治)의 군자를 더 이상 만나지 못하는 불운이었다. 그러나 역설적이게도 그의 유배 시절은 만고에 길이 빛날 주옥같은 저술 5백여 권을 남겨 나라와 겨레가 장차 올곧게 살아갈 길을 밝혀 놓았다. 민족사에서 이를 두고도 전화위복이라 해야 하지 않을까.

다산은 나이 쉰일곱이던 1818년, 귀양에서 풀려 늙은 아내와 자식들이 기다리던 고향땅 남양주 마재(능내리)로 돌아와 1836년, 일흔다섯을 일기로 자택에서 정침(正寢)할 때까지 18년을 더 살았다. 그가 살

2) 1801년(순조 1) 천주교도 황사영이 베이징에 있던 프랑스 선교사에게 보낸 편지로 인해 발생한 사건. 신유박해로 청나라 신부 주문모 등 많은 천주교도가 처형되거나 귀양을 가자 주문모에게 세례를 받은 황사영은 탄압의 실태와 그 대책을 적은 편지를 베이징에 있던 프랑스 주교에게 보냈다. 편지에서 황사영은 교회를 재건하고 포교의 자유를 얻기 위해서는 프랑스 함대를 파견해 조선 정부에 압력을 가하는 것이 좋겠다는 내용을 적었다. 이 사실이 탄로되어 일당은 모두 체포 · 처형되었다.

아온 삶은 문자 그대로 경세제민(經世濟民), 곧 세상을 다스리고 민생(民生)을 살리기에 고심해온 일생이었고, 훗날에도 나라와 백성들을 넉넉하게 살게 하려는 일념뿐인 삶이었다. '귀농(歸農)'이라 했던 그의 아명(兒名)에 값하게 다산의 한평생은 특히 농촌 · 농업 · 농민 사랑을 자기 자식 키우듯 한 세월이었다.

◎

산해숭심(山海崇深)의 학문

다산이 일군 학문 세계는 한 마디로 말하여 지초와 난초 '지란(芝蘭)'의 향기와 같다고 할 수 있다. 아무리 심산궁곡에 피어났다 하더라도 산 넘어 강 건너 사방으로 퍼져가는 그 향기를 감출 수 없듯, 어느 한 곳 한 시점에만 묶어 둘 수가 없다는 얘기다. "지란의 향기는 천리에 뻗고, 임의 유덕(遺德)과 위업(偉業)은 만대에 이른다"라는 옛말은 바로 다산을 두고 한 말이겠다.

고손자 정규영(丁奎英, 1872~1927)은 할아버지 다산의 저술 목록을 일목요연하게 정리하다가, 부지불식 간에 감탄이 절로 나왔다. "신라 · 고려 · 조선을 통틀어 이만한 업적을 낸 이가 또 누구이더냐?!" 알만한 이 시대 언관(言官)의[3] '다산은 태산(泰山)'이라던 한마디 감탄사가 더 없이 적절했으니, 그 학문은 가히 "산은 높고 바다는 깊다"라는 '산해숭심(山海崇深)'의 경지란 말이었다.

---

3) 최정호("정약용의 목민심서", 『한국의 문화유산』, 2004, 245~252쪽) 참조

자찬 묘지명에다 다산은 강진으로 귀양을 온 소감을 적었다.

> 어린 시절부터 학문에 뜻을 두었지만, 20년 동안 속세 일과 벼슬길에 빠져 옛날의 어진 임금님들이 나라를 다스렸던 대도(大道)를 제대로 공부하지 못했다. 그러다가 이제야 여유를 얻었도다!

그 얼마 앞서 한양의 옥중에 갇혀 있었을 때 하루는 꿈결에 어떤 노인이 나타나 꾸짖기를, "소무(蘇武, 한 나라 때의 충신)는 19년이나 참고 견디었는데, 지금 그대는 단 19일의 괴로움도 참지 못한단 말인가?"라고 꾸짖어서 벌떡 깨어났더니 그날로 옥살이가 풀렸다. 딱 19일째 날이었다. 다산이 1818년 귀양이 풀려 고향으로 돌아와 생각해보니, 경신년(1800년) 천주교 사건으로[4] 벼슬자리를 내놓고 이듬해 귀양길에 올랐던 때로부터도 꼭 19년째가 되었다.

다산이 옥중에서 꾸었던 꿈속의 노인이 꾸짖은 말이 너무 신기했다. 이에 "정말로 인생의 화(禍)와 복(福)의 운명이 미리 정해져 있지 않다고 누가 말하겠느냐?"라고 스스로 탄식했다.

---

4) 1795년 주문모 신부의 밀입국 관련 박해가 서울에서는 일단락되었으나, 경신년(1800년), 지방에서는 더욱 박해가 심해졌음을 말한다.

◎

남달랐던 배움

정약용은 영조 38년(1762), 경기도 광주의 마현(현재의 남양주시 와부면 능내리)에서 태어났다. 아버지는 진주 목사를 지낸 나주 정(丁)씨 재원(載遠)이고, 어머니는 해남 윤씨로 녹우당(綠雨堂)을 일구었던 고산 윤선도(孤山 尹善道)의 후손이자 공재 윤두서(恭齋 尹斗緖)의 손녀였다.

4세에 천자문을 배우기 시작한 정약용은 7세에 이미 시를 짓기에 이르렀다. "작은 산이 큰 산을 가리었으니 멀고 가까움이 다르기 때문(小山蔽大山 遠近地不同)"이라고. 어렸을 때부터 관찰력이 남달랐음을 말해준다.

10세부터 본격적으로 공부하기 시작했다. 주변에는 당대의 선비들이었던 친형들을[5] 비롯하여 위로는 채제공(蔡濟恭, 1720~1799),[6] 이가환(李家煥, 1742~1801)[7], 이승훈(李承薰, 1756~1801)[8] 등 그 이상의 스

---

5) 약현(若鉉) · 약전(若銓) · 약종(若鍾) 등을 일컫는다. 다산에겐 서출 동생도 여럿 있었다.

6) 남인의 영수. 임금의 만류에도 불구하고 영의정에서 물러나 서울 수유리 근방 번암(樊巖)에 은거하자 임금은 아침저녁으로 문안 편지와 함께 국정을 의론했던 총신(寵臣)이었다.

7) 성호 이익(李瀷)의 종손으로 학문이 깊고 넓어 남인 실학파의 중심이었다. 1777년 문과에 급제하였으며, 대사성 · 개성 유수 · 형조판서에 올랐다. 채제공을 이어 남인 중 청남(淸南) 계열의 지도자로 부상하였고 정조의 신임을 받았다. 그러나 한때 천주교를 신봉하였다고 집중 공격을 받았고 결국 정조 사후 1801년에 붙잡혀 옥사했다.

8) 다산과 처남 매부 사이. 진사시에 합격하였으나 벼슬을 단념하고 학문에만 전념하였다. 1783년 동지사의 서장관으로 떠나는 아버지를 따라 베이징에 들어가 약 40일 간 그 곳에 머물면서 선교사들로부터 필담으로 교리를 배운 뒤 한국인 최초의 영세자가 되었다. 1801

승이 없다고 할 만큼 높은 학덕을 갖춘 분들이 다산의 세계관 형성에 영향을 미쳤다. 그런데 이 대부분이 당시 소수 정파(政派)였던 남인(南人)들이어서 그들의 학문적 뿌리는 성호 이익(星湖 李瀷, 1681~1763)의 경세치용(経世致用)의 유교 사상에 두고 있었다.

다산 또한 성호의 저술을 읽고서 학문할 뜻을 굳혔다. 그가 열여섯이던 해인 1776년에 정조 임금이 즉위했다. 그 때 다산은 서울에서 문학으로 이름을 떨치고 있던 성호의 종손 이가환과 다산의 매부인 이승훈과 가까이 만나는 사이였다. 다산은 성호의 유고를 처음 접하곤 "나의 미래에 대한 큰 꿈은 성호 선생을 따라 사숙했던 데서 깨달음을 얻었다"라고 했다.[9]

◎

성가(成家)와 출세 길

나이 열다섯(1776)에 풍산 홍씨와 결혼했다. "15세 입지(立志)"란 공자 말씀 중 열다섯은 무엇보다 가정을 이룰만한 나이란 말인데, 다산의 성가는 유가 법도를 그대로 따랐음이었다.

22세 때 소과에 합격하여 진사가 되었다. 이 때 정조 임금과 숙명

년 신유박해 때 이가환 · 정약종 · 홍낙민(洪樂民) 등과 함께 대역죄로 참수되었다. 그의 가문은 4대에 걸쳐 순교자를 내었다.

9) 박석무(『다산 정약용 : 유배지에서 만나다』, 2003, 111쪽) 참조

적인 만남이 이루어졌다. 23세(1784)에 다산의 큰형 정약현(丁若鉉, 1751~1821)의[10] 처남인 이벽(李檗, 1754~1785)에게서 처음 천주교에 대한 이야기를 듣고 책도 빌려 보았다.

영세명이 요한으로 알려진 다산과 천주교의 관계에 대해서는 아직도 논란이 분분하다. 다산이 젊은 시절에 천주교에 관심을 가졌던 것은 사실이고, 그로 인해 유배령도 받았다. 다만 그때까지만 해도 조정에서 천주교 서적을 금하지 않았기 때문에 비교적 자유롭게 관련 책을 볼 수 있었고, 또 천주교 서적과 함께 들어온 서양의 과학 문명은 젊은 다산의 흥미를 끌기에 충분했다.

28세 문과(文科)에 합격할 때까지 성균관에서 수학했다. 이 기간 동안 뛰어난 재능과 탁월한 학식으로 정조의 인정을 얻고 총애를 듬뿍 받았다. 그만큼 아무런 거리낌 없이 이상의 날개를 마음껏 펼칠 수 있었다.

다산은 28세(1789) 때 드디어 문과(文科)에 2등으로 합격하여 벼슬길에 들어섰다. 예문관 검열을 거쳐 31세(1792) 때는 홍문관 수찬이 되었다. 이처럼 남들이 부러워하는 벼슬살이 영달이 계속 이어진 것은 그의 뛰어난 학식이 다른 사람들을 압도했기 때문이기도 하지만, 다산의

10) 정약현은 1773년 맏딸 정명련를 두었는데, 명련은 황사영(黃嗣永)과 혼인하였다. 사위 황사영은 천주교도로 신유박해(辛酉迫害)가 일어나자 제천 배론으로 피신하여 백서사건을 일으킨 장본인이다. 황사영은 참형을 받았고 명련은 제주도로 유배되어 노비가 되었다. 집안의 형제들이 천주교와 연루되었으나 정약현은 천주교를 신봉하지 않았으며 고향 마재에서 집안을 지켰다.

재질과 능력을 인정해 준 정조 임금의 특별한 배려가 있었던 덕분이기도 했다.

31세 되던 해 겨울에는 왕명을 받들어 수원 화성의 규제(規制)를 지어 바쳤다. 그때 거중기(擧重機)[11]를 창안해서 화성을 지을 때 무려 4만 냥의 비용과 막대한 노동력을 아끼게 해주었다.

33세(1794) 때 경기도 암행어사가 되어 몇몇 고을을 비밀리에 순찰하던 길에 그는 환곡(還穀)과[12] 군포(軍布)를[13] 둘러싼 지방관들의 협

---

11) 우리나라 최초의 신도시라 할 수원 화성의 축성 공기(工期)를 단축시킨 것은 다산이 창안한, 지금의 기중기(起重機)에 해당(該當)하는 거중기의 공헌이 절대적이었다. 1792년, 정조는 정약용에게 청나라에서 들여온 〈기기도설(奇器圖說)〉을 주면서 축성 관련으로 좋은 방책을 강구해보라 했다. 〈기기도설〉은 중국 명나라 때 스위스 출신 예수회 수도사 테렌츠(J. Terrenz; 鄧玉函)가 지은 16세기까지의 서양 기술을 최초로 중국에 소개한 책이었다. 역학(力學)의 기본 원리를 소개하고 특히 그 응용 기구와 장치를 그림과 함께 상세히 설명한 책이었다. 작은 힘으로 무거운 것을 들어 올리거나 운반하고, 또 낮은 곳으로부터 높은 곳으로 물을 길어 올리는 장치 등이 50여 개의 그림과 함께 설명되어 있었다. 다산이 이 책을 갖고 복합 도르래의 원리를 이용해서 고안한 거중기는 무거운 것을 거뜬하게 들 수 있어 인력 · 공사 기간 · 비용 절약 면에서 축성 때 사용한 기계 가운데 가장 중추적인 기능을 발휘했다.

12) 환곡이란 빈민 구제를 목적으로 평시에 양곡을 저장하였다가 흉년이나 춘궁기에 대여하고 추수 후에 회수하는 제도였다. 환곡을 회수할 때 모곡(耗穀)이라 하여 10%의 이자를 함께 받았는데, 이것이 점차 고리대(高利貸)로 변하여 갔다. 조선 후기의 탐관오리들은 이를 기화로 허위 장부를 작성하는 번질[反作], 저축해야 할 양곡을 사사로이 대여한 가분(加分), 겨나 돌을 섞어서 한 섬을 두 섬으로 불리는 분석(分石), 창고에 없는데 실물이 있는 듯이 보고하는 허류(虛留) 등 작폐를 부렸다. 이 작폐가 매우 심하여 민란의 주요 원인이 되었다. 환곡은 오늘날 농업협동조합에서 실시하는 양곡 방출 제도의 원조다.

13) 조선 시대에 군정(軍丁)에게 역(役)을 면제해주는 대가로 받던 베. 중앙에서는 장정 한 명당 1년 군포를 베 두 필로 정하고 군 · 현을 단위로 일정한 양을 책정했다. 그러나 만일 장정의 수보다 군포의 양이 부족한 경우 이를 강제 징수했다. 그러자 어린아이나 이미 죽은 자를 장정으로 편입시켜 부족분을 충당하는 등 군정이 문란해지면서 양인들의 원성과 부담만 더욱 늘어났다.

잡과 농민들의 비참한 생활상을 직접 목격했다. 이듬해(1795)에 병조 참의와 형조참의 그리고 동부승지에 오르는 등 내직에서 왕의 특별한 총애를 받으며 순탄한 벼슬길을 걷는 사이에도 탐관오리들에게 시달리며 고통 받는 농민들을 외면하지 않았다.[14] 이 시간에 적은 시편(詩篇)들이 그걸 말해준다.

그러나 호사다마(好事多魔)라고 1795년에 다산의 신변에 불행이 닥쳤다. 프랑스 교회에서 파견한 중국인 선교사 주문모(周文謨)가 몰래 국내에 들어와 포교 활동을 하다가 발각되어 관련자 몇 사람이 처형된 사건이 있었는데, 이를 계기로 평소에 다산을 시기하던 반대파들이 다산 일파를 모함하기 시작했다. 당시의 정국은 사색당파 외에도 사도세자의 죽음을 둘러싸고 사도세자의 죽음이 타당하다는 벽파(辟派)와 억울하게 죽었다고 생각하는 시파(時派)가 서로 대립하고 있었는데, 벽파는 주로 노론(老論)이었고 시파에는 남인이 많았다. 영조 재위 기간에 득세한 벽파는 정조가 즉위하자 수세에 몰리고 대신 남인 시파가 세력을 얻었지만, 시파 중에도 다시 천주교에 대하여 호의적인 이른바 신서파(信西派)와 이를 반대하는 공서파(攻西派)로 갈라졌다. 이들 공서파와 노론 벽파가 손을 잡고 다산을 공격한 것이다.

14) 중국 송나라 명재상 범중엄(范仲淹, 989~1052)을 연상시킨다. 그가 지은 〈악양루기(岳陽樓記)〉에서 무릇 군자에겐 "관아의 높은 자리에서는 늘 백성의 안위가 근심이고, 벼슬에서 물러나 강호에 멀리 나가 있으면 임금이 걱정"인 지경에서 "천하 사람들이 걱정하기 전에 먼저 근심하고, 천하의 즐거움은 뒤늦게 즐긴다(先天下之憂而憂 後天下之樂而樂)"라고 했다. 여기서 공직자들이 입에 올리기 좋아하는 '선우후락(先憂後樂)'이란 유명한 사자성어도 생겨났다.

주문모 사건 관련으로 이들이 남인 시파를 집요하게 공격하자 정조는 하는 수 없이 이승훈과 이가환을 좌천시켰고 다산도 금정 찰방(金井察訪)으로 내쳤다. 그러나 4개월 만에 왕의 측근으로 다시 불려왔다가 반대파들의 모함과 공격이 계속되자 다산은 1797년 유명한 '자명소(自明疏)'를 올리고 사직하려 했다. 사직소 요지는 처음에는 천문역상(天文曆象)·농정·수리 등의 기구에 이끌려 천주교 서적을 보다가 그 교리에도 매력을 느꼈지만 그건 기이한 학설을 널리 알고 싶었기 때문이었으며 그 후는 진작 잘못을 뉘우쳤다는 내용이었다. 임금은 상소문을 보고 그를 황해도 곡산(谷山) 부사로 내보냈다.

1797년, 36세 나이로 곡산 부사로 부임해서 과감한 행정 개혁을 단행했다. 그런 사이로 불후의 저작인 천연두 기술서 『마과회통(麻科會通)』 열두 권을 완성했다. 1년 7개월 동안 부사로 재임하는 동안, 다산은 특히 하급 관리들의 비행이 어떻게 국가를 멍들게 하는지를 실감했다. 이런 경험은 후일 지방관들의 행정 지침서라고 할 수 있는 『목민심서』 저술의 동기가 되었다.

곡산 부사 시절에 다산의 면모를 말해줄 극적인 사건이 일어났다. 부임하던 날 이계심(李啓心)이란 자가 10여 항목의 건의서를 가지고 부사 앞에 나타났다. 그는 전임 부사 때 그곳 백성 1천여 명을 이끌고 관가로 가서 사또의 부정을 항의하다가 도망쳤던 전력으로 그때까지 지명 수배되었던 몸이었다. 당장 체포하자는 주위의 권유를 물리치고 다산은 "관이 현명해지지 못하는 까닭은 백성이 제 몸을 꾀하는 데만 재간을 부리고 관아에게 항의하지 않기 때문이다. 한 고을에 모름지기

너와 같은 사람이 있어서 형벌이나 죽음을 두려워하지 않고 만백성을 위하여 그들의 원통함을 폈으니 천금은 얻을 수 있을지언정 너와 같은 사람은 얻기가 어려운 일이다"라고 말하며 그를 무죄 방면했다.

38세(1799) 봄에 내직으로 들어왔다. 그러나 반대파들의 모함이 더욱 심해지자 39세(1800) 봄에 벼슬을 버리고 가족과 함께 고향으로 내려갔다. 28세 때 첫 벼슬길에 오른 지 11년 만에 모든 공직 생활을 청산한 것이었다.

◎

귀양 시절 다산의 저작 활동

그 직후인 1800년 6월, 정조 임금의 갑작스러운 죽음과 함께 다산의 운명도 결딴나고 말았다. 순조의 즉위와 함께 남인 시파에 대한 무자비한 숙청이 단행되었다. 신유박해(辛酉迫害)가 그것이다. 수많은 인사가 천주교 신자라는 죄명으로 처형되던 사이로 다산은 처음 경상도 장기(지금의 포항)로 유배되었다. 이 해 겨울(11월)에 다시 황사영 백서 사건에 연루되어 전라도 강진으로 귀양 보내졌다.

다산은 처음 강진읍 주막에 기거했다. 1805년에 보은산 고성사(高聲寺), 1806년에 이청(李晴, 1792~1861)[15]의 집을 거쳐, 47세가 되던

15) 아명이 학래(鶴來)로서 다산의 저술에 기여가 많았다 한다. 미완으로 남았던 정약전의 『현산어보』 편집도 맡았다.

1808년 봄에 처사 윤단(尹慱, 1744~1821)의 주선으로 강진에 만든 초당으로 거처를 옮겼다. 해배(解配)되어 고향에 돌아갈 때까지 이곳에서 지냈다.

18년 간 강진 생활은 인간적으로는 말할 수 없는 고통스러운 나날이었지만 학문적으로는 더할 나위 없이 좋은 기회였다. 더구나 다산은 초당으로 거처를 옮긴 후부터 고향으로 곧 돌아가리라는 생각을 끊고 오로지 저술 활동에만 몰두하였다. 말하자면 '제2의 인생'을 시작한 셈이었다. 5백여 권에 달하는 그의 저작이 대부분 이곳에서 집필되었거나 구상되었다. 경전에 대한 방대한 주석 작업이 이곳에서 이루어졌고 그의 대표적 저작이라 할 수 있는 『목민심서』와 『경세유표』를 여기서 집필했고 『흠흠신서』의 얼개도 구상했다. 그는 '자찬 묘지명'에서 "내가 어려서 학문에 뜻을 두었으니 어언 20여 년 간 세상길에 빠져 다시 선왕의 대도(大道)를 알지 못하였더니 이제 여유가 생겼다"라고 하며 운명적으로 주어진 유배 생활을 창조적 분발의 계기로 삼았다.

와신상담이 따로 없었다. 유배지 강진에서 아들에게 보낸 편지 가운데 "왼쪽 어깨가 마비되어 마침내 폐인이 다 되어가고 시력이 아주 형편없이 나빠져 오직 안경에만 의존하고 있다", "요즈음 중풍이 심하여 오래 살 수 없을 것 같다"라고 말할 만큼 극심한 고통 속에서도 저술 작업을 계속했다.

이렇게 정력적으로 저술에 매달린 것은 다산이 관직 생활에서 이루지 못한 이상을 저술을 통하여 후세에 남기려 했기 때문이었다. 하지만 그건 고독한 작업이었다. '자찬 묘지명'에서 "(나의 저술을) 알아주는 자는 적고 꾸짖는 자는 많으니 천명이 허락해 주지 않으면 불 속에 넣어 태워버려도 괜찮겠다"라고 술회할 만큼 외로운 길을 걸었던 것이다.

◎

유배 문학의 집대성

귀양살이 18년 동안 다산은 맨 먼저 시(詩)·서(書)·역(易)·예(禮)·악(樂)·춘추(春秋) 등 6경과 대학(大學)·중용(中庸)·논어(論語)·맹자(孟子) 등 4서의 경전(經典)에 대하여 재해석을 시도했다. 이를 연구서 232권으로 저술하여 다산 나름의 새 해설서를 내놓았다.

유배 중 강진초당에서 한 편 한 편의 책을 탈고할 때마다 인편으로 흑산도에 유배 중이던 형 약전에게[16] 보였다. 그때마다 훈수를 할 만큼 약전의 학문 수준 또한 뛰어났다. 마침내 연구서 232권을 다 읽고 난 약전은 "네가 (신명이 통하고 저절로 깨닫게 되는) 이런 경지에 도달한 것은 너 스스로도 모를 것이다. 도(道)를 잃어버린 지 천 년 동안 백 가지로 가리어 덮여 있었는데 이를 분해해서 확 열어 제꼈으니 어찌 너

16) 손암 정약전(巽庵 丁若銓, 1758~1816)은 과거 시험을 거쳐 병조좌랑 벼슬에 올랐다. 천주학 인사를 통해 서양의 역수학(曆數學)을 접했다. 1801년에 신유사옥이 일어나 많은 천주교 신도가 박해를 입을 즈음 그도 흑산도에 유배되었다. 거기서 지은 『현산어보』는, 근해의 수산 생물을 실지로 조사, 채집하여, 이를 어류(魚類)·패류(貝類)·조류(藻類) 및 해금(海禽)·충수류(蟲獸類) 등으로 분류하고 각 종류의 명칭·분포·형태·습성 및 이용에 관한 것까지 자세히 기록한 책이다.

의 힘만으로 한 것이겠느냐"라며 극찬의 글을 써 보냈다.

또한 운문 · 산문집은 시작(詩作) 여섯 권, 잡문(雜文) 60권 등에다 조정에 있을 때 지은 것을 포함하면 도합 70여 권에 달했다. 다산의 시 세계는 크게 보아 둘로 나뉜다. 하나는 그 시대 백성의 고통과 사회적 부조리를 고발한 '사회시(社會詩)' 형태이고, 또 하나는 정조 때의 초계문신(抄啓文臣)[17]이자 죽란시사(竹欄詩社)[18]의 대표 시인으로 풍류와 자연을 노래한 '서정시(抒情詩)' 세계다.[19]

사회시 가운데는 특히 〈애절양(哀絶陽)〉은 예나 지금이나 눈물 없이는 읽을 수 없는 안타까움이 담겼는데,[20] 그 한 단락은 이렇다.

> 자식 낳고 또 낳음은 하늘이 정한 이치기에 / 하늘 닮아 아들 되고 땅 닮아 딸이 되지 / 불깐 말 불깐 돼지 그도 서럽다 할 것인데 / 대 이어갈 생민들이야 말을 더해 뭣 하리요.

관청의 가렴주구는 백성의 피눈물이 되어 흘렀다. '소나무를 뽑는

---

17) 정조 이후 규장각에 소속되어 재교육 과정을 밟던 나이 젊은 선비들

18) 시사는 요즈음 말로 시동인(詩同人)인데 그래서 죽림시사는 다산이 앞장 선 시 사랑 모임이었다.

19) 자세한 시문(詩文)의 원문 · 번역 · 해설은 『다산시선』(송재소, 창작과 비평사, 1988) 참조.

20) 당시 군적에 오른 사람은 병역에 대신하여 군포를 내게 되는데, 관리들이 세금을 많이 거둬들이기 위해 이미 죽은 사람과 갓난아이의 이름을 군적에 올려 세금을 거둬들였다. 그래서 그 군포를 감당할 수 없었던 사람이 아이를 낳지 않겠다며 자신의 생식기를 자른 기막힌 현실을 노래한 것이다.

스님[僧拔松行]'이란 서사시도 그 하나다.

백련사 서쪽편의 석름봉 산기슭에 / 어떤 중이 이리저리 다니며 소나무를 뽑아내고 있네. / 어린 소나무 싹이 터서 땅위로 두어 치 자라 / 여린 줄기에 포름한 잎사귀 어찌 저리 탐스러운가. / 어린 생명 모름지기 사랑하고 보호해야 하겠거니 / 하물며 자라서 커지면 용이 틀어 오르듯 되겠거늘 / 저 중은 어이하여 눈에 뛰는 대로 쏙쏙 뽑아버려 / 그 싹을 아주 말려 소나무라면 멸종시키려 든단 말가 / (중략) 그 중을 불러와서 나무 뽑는 연유를 물어보니 / 중은 울먹이며 말 못하고 눈이 이슬에 적시는구나(중략) 수영의 군교들이 장영 받고 들이닥쳐 / 절 문간에서 말을 내리는데 그 기세는 벌떼 덤비듯 / 작년 바람에 부러진 소나무를 일부러 벤 것으로 트집 잡아 / 중을 보고 금송(禁松)을 범하였다 가슴을 들이치니 / 중은 하늘에 호소해도 분노가 식지 않지만 / 어찌 합니까, 돈 만 잎을 바쳐 겨우 액땜 하였지요. / 금년에는 벌목을 하게 해서 항구로 모두 운반하는데 / 말인즉 왜구를 방비해서 병선을 만든다 하였으되 / 조각배 한 척도 당초에 만들지 않았으니 / 속절없이 우리의 산만 옛 모습 잃고 벌거숭이 되었네요(하략)

당시 전국적인 현상이긴 했지만 특히 호남 지방에 극성했던 탐관오리 아전들의 토색 행패, 이에 따른 극심한 국고 탕진 그리고 백성들의 피폐해진 생활상을 다산은 낱낱이 고발하고 있다. 하지만 이 고발이 약발이 없었음은 이후의 시대상이 말해준다. 조선 왕조의 국권이 피탈됨을 개탄해서 순국했던 황현(黃玹, 1855~1910)은 망국의 원인으로 평안도 기생과 호서 양반 그리고 호남 아전의 발호를 들었다.

그리고 간과할 수 없었던 바는 토색질로 말미암아 한 때 크게 번성해서 이름을 떨치던 비단, 황칠(黃漆), 인삼 등의 지방 특산품이 하나 둘 사라졌다는 사실이다. 가렴주구의 대상이 되어 가혹한 수탈에 견디다 못해 현지인들이 일부러 씨를 말리기 시작했기 때문이다. 마치 해방과 6.25 이후 미국 잉여 농산물이 쏟아져 들어오면서 가격 경쟁력을 잃은 목화, 삼, 옻배, 조, 옥수수, 밀, 녹두, 팥, 보리, 콩 등이 차츰 사라진 현상과 비교된다. 전자는 관아의 가렴주구가 원인이라면, 후자는 신자유주의에 의한 시장 경제 경쟁력의 감퇴와 무역 자유화에 의한 어두운 결과라는 점에서 대조된다.

◎

다산의 잡찬 저술

다산은 이른바 잡찬(雜纂) 형식의 책으로 『경세유표(經世遺表)』 48권, 『목민심서(牧民心書)』 48권, 『흠흠신서(欽欽新書)』 30권, 『아방비어고(我邦備禦考)』 30권(미완성), 『아방강역고(我邦疆域考)』 10권, 『마과회통』 12권 등 도합 260여 권을 저술했다. 그 외 시문과 잡문 등을 합치면 다산이 지은 저서가 총 5백여 권에 달한다. 그 가운데 『흠흠신서』를 제외하고는 거의 대부분이 유배의 땅 강진, 그것도 주로 다산초당에서 쓰였다.

『경세유표』는 우리나라 관제(官制) · 군현제(郡縣制) · 전제(田制) 부역(賦役)과 조세(租稅) · 군제(軍制) · 과제(科制) 등 각 행정 분야의 제도와 기구 그리고 그 운영 방법에 대하여 당장의 실행 가능 여부를 떠나 반드시 개선되어야 할 개혁 대상으로 망라하고 있다. 다산을 두고 불후의 '개혁사상가'라고 부르는 이유가 바로 이 때문이다. 거기엔 감히 임금과 통치자도 민주적으로 선출할 수 있다고 주장할 만큼 개혁적인 주장과 논문도 들어있다. 그러면서 "온 백성들의 생활을 넉넉하게 해주는 것이 세상을 다스리는 원리"라고 다산은 자신의 학문 자세를 밝히고 있다.

『목민심서』는 법을 토대로 해서 백성들을 올바로 다스려야 한다는, 요즘 말로 인치(人治)가 아닌 법치(法治)주의를 밝히고 있다. 율기(律己) · 봉공(奉公) · 애민(愛民)을 세 기둥으로 삼고, 이(吏) · 호(戶) · 예(禮) · 병(兵) · 형(刑) · 공(工)을 6전(典)으로 만들어, "흉년에 빈민을 구제하는" 진황(賑荒)을 한 단원으로, 하나의 조목마다 6조(條)를 포함했다. 고금의 사례와 이론을 찾아 간위(奸僞)를 밝혀 "목민관으로 하여금 단 한 사람의 백성에게라도 혜택을 줄 수 있게 했으면 하는 것이 나의 마음씀이다"라고 술회하고 있다. 오랜 유배 생활 중 나이가 들어 장차 회갑을 바라보게 됨에 따라 스스로 다시 벼슬길에 나아갈 수 없음을 알고, 그러나 지방 행정을 감당하는 당대와 후세의 목민관이 진정으로 백성을 위해 봉직할 수 있게 해야겠다는 마음에서, 이름 하여 '심서(心書)'라 했다.

『목민심서』는 요즘말로 관료와 목민관들의 벼슬살이 바이블이다. 『목민심서』는 1818년 귀양살이에서 풀려나기 직전에 완성을 보았다. 그가 1~2년만 더 일찍 해배됐더라도, 어쩌면 세상에 빛을 보지 못했을지 모른다. 책은 베트남의 영웅 호치민(胡志明, 1890~1969)이 생전에 베갯머리맡에 두고 나라와 백성을 다스리는 도리의 지도서로 삼았다고 소문나기도 했다.

『흠흠신서』는 다산이 귀양에서 풀려 고향에 돌아와 저술한, 사법 질서와 지방 정치 개선 그리고 인명(人命)을 좌우하는 재판에 관한 지침서이다. "사람의 목숨을 책임 맡은 자가 자기의 할 바를 아는 사람이 많지 않다. 그래서 유교의 경전과 역사 기록을 기본으로 삼아 사물의 선악, 시비, 미추(美醜) 등을 평가한 이론적 바탕 위에서 잘잘못을 헤아리고 바로 고치게 한 다음, 옥석을 가려 감옥에 보내 감시케 하려는 뜻"에서 집필하였다. 이로써 죄를 지어 감옥에 갇힌 자나 그들로부터 피해를 당한 자 모두가 원통하다거나 누명을 썼다는 억울함과 원망이 맺히지 않도록 세심한 배려를 하였다.

다산 스스로 말하기를 "6경 4서로써 자기 마음과 몸을 닦게 하고, 『경세유표』와 『목민심서』 그리고 『흠흠신서』, 곧 '1표 2서(一表二書)'로써 천하(국가)를 다스릴 수 있게 하고자 하니, 이로써 본(本)과 말(末)이 구비되었다"라고 하였다. 그러나 "이들의 가치를 알아주는 사람이 적고 꾸짖는 사람만 많다면, 천명(天命)이 허락해 주지 않는 것으로 생각하여 불 속에 처넣어 불살라 태워버려도 좋다"라고 적었다.

◎

구원(久遠)의 개혁 사상

수많은 저술에서 일관하는 다산의

생각은 무엇이었던가. 한마디로 '개혁'이 사상의 요체였다. 그가 살던 18세기 후반과 19세기 전반은 조선 봉건 사회의 해체기로서 누적된 봉건적 병폐가 도처에 드러나고 있었다. 이런 총체적 위기의 상황에서 그는 나라를 구하고 바로 세우는 길은 개혁밖에 없다고 깊이 통찰한 것이다. 그 시작은 모름지기 관료와 정치 지도자들의 마음과 몸가짐의 쇄신에서 비롯되어야 한다고 믿고, 구체적인 개혁 대안서인 『경세유표』의 완성에 이어 『목민심서』를 저술한 것으로 보인다.

앞서 말했듯 일찍이 그는 경기도 암행어사로 임명되어 몇 개 고을을 암암리에 순찰했다. 순찰 길에서 그는 환곡과 군포를 둘러싼 지방관들의 협잡과 농민들의 비참한 수탈 상황을 직접 목격했던 바, 이것이 그의 전 생애를 일관하는 민중 지향적 사고의 출발점이 되었다.[21]

다시 말해 "우리나라를 새롭게 하자(新我之旧邦)"라는 다산 정신은 5백여 권의 방대한 저서 가운데 그 3분의 1이 정책 관련 개혁론이라는 점에서 잘 드러나 있다. 조선 왕조는 임진 · 정유왜란(1592~1598)과 병자호란(1636~1637) 등 국파(國破) 지경의 국난을 겪으면서 왕조 재정과 민생의 파탄, 그리고 삼정(三政)의 문란이 극에 달했다. 시대적으로는 봉건 왕조 체제의 무능과 당쟁의 병폐가 끝이 없었고, 나라의 운이 특정 정파의 정략과 실정(失政)으로 인해 크게 기울고 있었다.[22]

---

21) 암행어사로서 그의 올곧은 고변과 징치 행위로 인해 같은 고을 출신의 당시 경기도 관찰사였고 나중에 정승 자리에도 올랐던 서용보(徐鏞輔, 1757~1824)의 미움을 사 그로부터 일생 특히 귀양 기간 내내 시달림을 받기도 했다.

22) 고승제(『다산을 찾아서』, 1995, 465~476쪽) 참조

삼정(三政)이란 토지 정책[田政], 군대 정책[軍政], 구호 양곡 관리인 환곡 제도 곧 환정(還政)를 말함이었다. 백성들로부터 받아들이는 토지 조세와 군무 관련 징포(徵布)제 그리고 곡식을 봄에 빌려주었다가 가을에 받아들이는 환곡 제도의 시행에 각종 횡포와 병폐가 극심해져 백성의 원성이 하늘을 찌르고 땅을 꺼지게 할 정도였다.

남부여대(男負女戴)의 유민(流民) 행렬이 줄을 잇고 남은 사람들은 백골징포(白骨徵布)에,[23] '농사가 제대로 되지 않아 거두어들일 것이 없는 땅' 백지(白地)에도 매기는 세금, 어린이와 어른에 대해 똑같이 매긴 세금 등 갖가지 세목(稅目) 비리로 산업 생산은 위축될 대로 위축되었고, 그리하여 민생은 문자 그대로 도탄에 빠져 있었다. 앞서서 잠깐 소개했듯, 다산은 '애절양' 등 사회시를 통하여 끝도 없는 그 같은 불의(不義)를 고발하고 1표 2서를 통하여 그 개혁 방안을 제시한 것이었다.

◎

개혁 사상의 근간은 민본(民本) 사상

마침내 다산은 조선 조 초기 개혁가 정도전(鄭道傳, 1342~1398)에 빠져들었다. 본디 무능하고 부패한 군주나 목민관을 백성들이 바꿀 수 있다는 역성혁명(易姓革命) 주창의 원조

23) 조선 시대에 병사 행정(兵事行政) 관리의 부정 형태. 이서(吏胥)들이 사복을 채우기 위해 백골 곧 죽은 사람을 생존해 있는 것처럼 하여 군적(軍籍)과 세부(稅簿)에 강제로 등록하고 군포(軍布)를 받아갔다. 출처: 두산백과

는 맹자였고, 공맹의 영향을 깊이 받은 정도전은 1394년 〈조선경국전(朝鮮經國典)〉에서 민심을 얻으면 백성은 군주에게 복종하지만, 민심을 얻지 못하면 백성은 군주를 버린다 했다.[24] 다산 또한 "군주와 목민관 등 통치자가 백성[民]을 제대로 사랑하고 위하지 않으면 백성들이 존경하고 따르지 않을 것이고, 그렇게 된 통치자의 자격 상실은 하늘의 뜻"이라는 민본(民本) 사상[25]을 주장하기에 이르렀다.

다산이 강진에 유배 중일 때 부사로서 선정(善政)을 베풀었던 황해도 곡산에서 다시 폭동이 일어나고 곧이어 홍경래 난(1811~1812)이 일어났다는 소식에 접했다. 다산은 즉시 전라도 유생들에게 이의 토벌을 주장하는 통문을 띄웠다. 그 요지는 "주권은 원칙적으로 백성에 있고, 그 담당자는 국왕을 비롯한 양반 관료층이다. 백성이 나라의 주인인 이상, 국가의 반란을 진압하는 데도 백성이 선봉에 서야 한다"라는 주장[26]을 폈는데, 이는 바로 나라의 원래 주인인 백성들이 임금과 목민관도 바꿀 수 있다는 뜻이었다.

일찍이 다산은 1797년 36세의 나이로 곡산 부사로 부임하여 과감한 행정 개혁을 단행하고 백성들의 고통을 덜어준 바 있다. 그로서는 지방 행정의 실무를 처음 맡아보면서 백성들의 뼈저린 생활을 직접 목격할 수 있었고 하급 관리들의 비행이 어떻게 국가와 백성의 삶을 멍

---

24) 조유식(『정도전을 위한 변명』, 2001, 140~143쪽) 참조

25) 정약용(이익성 역주, 『탕론(湯論)』, 다산논총, 1984, 89~92쪽).

26) 고승제, 『다산을 찾아서』, 1995, 465~476쪽

들게 하는가를 파악할 수 있었다. 이런 경험이 후일 지방관들의 행정 지침서라고 할 수 있는 『목민심서』를 저술하게 만든 단초였을 것이다.

『목민심서』 저술의 발상법은 이랬다. 수령은 불과 몇 년의 임기가 끝나면 떠나버리지만 아전은 바뀌지 않는다. 게다가 수령은 선비로 자처하여 행정의 실무에 어둡다 보니 지방 사정을 잘 아는 아전들에게 모든 일을 일임하기 일쑤다. 그 아전들의 횡포가 이만저만이 아니기 때문에 그들을 단속하지 않고는 백성을 잘 다스릴 수 없다는 것. "백성은 토지로써 논밭을 삼지만 아전들은 백성으로써 논밭을 삼아 백성의 껍질을 벗기고 골수를 긁어내는 것을 일로 여기기" 때문이다.

◎

다산의 농업 철학과 산업진흥론

생각, 사상, 이념은 행동 곧 실천을 전제로 한다. 다산의 개혁과 민본 사상은 구체적으로 지주 제도의 폐해를 혁파하는 토지개혁론[田論]으로 나아갔다. '경자유전(耕者有田)'과 '협동 경영'의 원칙에 입각한 여전법(閭田法)[27]을 제안했다. 농민이 농민으로 존재하려면 농지를 가지고 있어야 한다는 경자유전의 원칙을 확고히 하되 공동 경영의 중요성도 함께 강조했다. 농민을 농지의 주인으로 삼으려면 오로지 농지의 재분배를 통해서 세울 수 있다고 당시로서는 혁명적인 주장을 펴는 등 다산의 농업관은 대단히 원칙적이면

27) 『田論』, 이익성 역, 다산논총, 1984, 15~29쪽

서도 시사성과 실천성이 뛰어났다.

원래 "농업이란 하늘[天時]과 땅[地利]과 사람[人和]이란 삼재(三才)가 어울려 도리를 일군다."[28] 그중에서도 민과 관이 화목하고 서정(庶政)이 올바라야 농정이 바로 설 수 있음을 강조했다. 그리고 천지인(天地人) 곧 자연과 인간이 화목하고 조화를 이뤄야 농사가 바로 선다고 했다. 오늘날 용어로 말하면 친환경적 · 친자연적 농업관을 피력한 것이다.

특히 농업이 태생적으로 갖고 있는 세 가지 불리함을 극복하기 위해서는 농업 · 농민 살리기의 '삼농(三農) 정책'[29]을 펴야 한다고 주장했다. 첫째는 대저 농사란 장사보다 이익이 적으니 정부가 각종 정책을 베풀어 수지맞는 농사 곧 '후농(厚農)'이 되도록 해주어야 하며, 둘째는 농사짓기란 원래 공업에 비하여 불편하고 고통스러우니, 경지 정리, 관개 수리, 기계화를 통하여 농사를 편히 지을 수 있도록 '편농(便農)'이어야 할 것이며, 셋째는 일반적으로 농민의 지위가 선비보다 낮고 사회적으로 대접을 제대로 받지 못함에 비추어 농민의 사회적 위상을 높이려는 '상농(上農)' 정책을 펼쳐야 한다는 것이었다.

다산은 또한 상업을 발전시켜 생산과 부(소득)를 늘리되, 특권을 갖는 상업이나 매점매석은 억제하고 중소생산자와 소상인은 보호해야 한다는 현대적 상업관을 주창하였다. 곧, 정부는 도매(시전, 市廛) 상인

---

28) 農策, 위의 책, 161~166쪽

29) 응지론농정소(應旨論農政疏), 위의 책, 225~248쪽

들의 과도한 독점권(금난전권, 禁亂廛權) 행사를 일정하게 제한하는 통공(通共) 정책을 펴야 한다고 역설하였다.[30] 그는 세도 정치나 특정 권력에 기생하거나 지방 토호 세력 및 아전 세력들과 결탁한 늑매(勒買, 강제로 사게 하는 행위)와 호상활매(豪商猾賣, 특권적인 매점매석 행위)를 억제해야 한다고 주장했다. 이는 지금도 시사하는 바 적지 않다. 그 밖에도 그가 주장하고 일부 실천한 바 있는 과학 기술 개발론이라든지 광산국영론(鑛山國營論), 조세 및 화폐 제도 개선론 등은 지금 봐도 가히 탁견이라 할 만큼 당시의 사회 경제 여건에 비추어 아주 빼어나다.

다산의 개혁 사상은 경제 부문 이외에서도 두드러졌다. 이를테면 오늘날의 행정 · 사법 고시 제도, 곧 과거 제도의 폐지를 주장하였고, 중화 사상의 거부와 민족 주체 의식의 강조, 신분 · 당파 · 지방 차별 제도의 타파, 그리고 공평하고 공정한 인재 등용[31], 오늘날의 향토방위 체제에 해당하는 민보의(民堡議) 제창 등, 정치 · 사회 · 행정 등 거의 전 분야에 걸쳐 혁신적인 정책을 거론했다. 이 가운데서도 양반이 되면 군포도 안 내고 이른바 놀고먹을 수 있는 썩은 제도 · 문벌주의 · 지방 차별 · 적서(嫡庶) 차별 · 당파 차별 등 각종 차별 정책을 강력히 반대하였다.

30) 정조 당시 좌의정 채제공이 건의하고 국왕이 여러 신하에게 물어서 채택한 '신해통공(辛亥通共)' 개혁 정책에 다산의 기여가 적지 않았다 한다(『정조실록』).

31) 통색의(通塞議), 위의 책, 216~221쪽

◎

다산은 영원히 살아 있다

다산이 강진에 귀양 간 3년째였던 1803년 그리고 14년째였던 1814년, 두 차례나 해배될 만한 사정이 생겼다. 그런데도 그때마다 다산의 높은 학식과 파사현정(破邪顯正)의 정의로움을 시기하는 중앙 정치 무대의 정적들의 모함으로 귀양이 풀리지 못했다.

그러는 사이 세월은 흘러, 동기 우애가 자별하던 형 약전은 동생의 해배 소식을 고대하다가 1816년 절해고도 흑산도에서 외로이 병사하고 말았다. 『현산어보(玆山漁譜)』[32] 한 권을 남긴 채였다. 다산이 가장 사랑하고 따르던 형을 잃은 시름을 달랠 수 있는 방법은 고인 생전에 뛰어난 학식으로 자기를 언제나 격려, 자문해주던 저술 활동을 더욱 강도 높게 계속하는 일뿐이었다. 마침내 1817년, 불후의 명저인 『경세유표』를 끝내고, 그 이듬해 1818년 8월에 『목민심서』를 마무리하자, 기다렸다는 듯 18년의 귀양살이가 풀렸다.

귀향길에 오르기 전 8월 그믐날, 열여덟 제자와 함께 만든 다신계(茶信契)[33]에다 다산초당의 뒤치다꺼리를 신신당부했다. 그리고 나서야

---

32) 정약전의 글(1814년)이 나라 최초의 어보라 알려져 있지만, 실제로는 경남 진동만 쪽으로 유배 갔던 실학자 김려(金鑢, 1766~1822)의 『우해이어보(牛海異魚譜)』는 그보다 앞서 1803년(순조 3)에 나왔다.

33) 정약용이 전라남도 강진군 다산초당에 유배되었을 적에 제자들을 중심으로 주민들이 선생의 생활을 돕기 위해 쓰이기도 하고 차 재배와 생산을 위해 계를 모아 출연하였는데 이 계 이름을 '다신계'였다.

18년 전 귀양 가면서 형 약전과 함께 걸었던 한양 길을 터벅터벅 홀로 걸어 고향으로 돌아왔다. 돌아오는 걸음마다 눈물자국이 서리고 차마 혼자 길을 재촉할 수 없었다. 2주를 걸려 9월 13일 마현 고향집에 도착하였다. 그런데 어인 일인가. 노처와 아이들 얼굴빛이 굶주림에 처량했다.

그 지경에서도 귀양길을 떠날 때 기록해 두었던 재산 목록과 비교하여 더 불어난 여유분 재산은 친지들에게 나누어주도록 조치했다. 이후 다산은 여생을 주로 고향집에 칩거하며 지냈다. 그 가운데 『흠흠신서』를 완성하고 나머지 시간에는 먼저 떠난 옛 친구와 지인들의 묘지명 지어주기, 산수 유람하기 등으로 자유인이 되어 나비 따라 청산을 오르고 냇물은 건너며 유유자적했다.

그리고 부인 홍씨와 결혼 60주년이 되는 회혼일(回婚日) 아침인 1836년 음력 2월 22일, 다산 정약용은 마재[馬峴] 생가에서 고요히 눈을 감았다. 다산이 이승을 하직하던 마지막 날 아침, 그가 남긴 회혼시(回婚詩)는 지금도 우리 마음을 설레게 한다.

> 60년 세월, 눈 깜짝할 사이 날아갔으나 / 복사꽃 무성한 봄빛은 신혼 때와 같구려. / 살아 이별, 죽어 이별에, 사람은 늙었지만 / 슬픔은 짧았고, 기쁨은 길었으니, 성은에 감사하오.

이 글머리에 적었던 자작시에 이어 마지막 남긴 회혼시도 무척이나 아름답다.

유언에 따라 다산과 부인 홍씨는 지금 마재 여유당(與猶堂)[34] 뒤 언덕의 한 무덤에 나란히 누워 계신다. 임은 갔어도, 임의 정신과 사상은 영원히 살아 있다. 지금도 우리 가슴 속에 뜨겁게 살아 있을지니.

34) 다산의 또 다른 아호이자 당호이다. "겨울 시냇물의 살얼음판을 건너듯 조심하고 삼간다."라는 뜻.

아! 월남 이상재

김동길 (연세대 · 단국대 명예교수)

백발수염의 월남 모습

세브란스 병원을 크게 일으켰던 선교 의사 에비슨(Olive Avision, 1860-1956)은 월남을 일컬어 "성실하심과 지혜로우심과 불굴하심과 정직하심과 두려움이 없으심 이외에 청중에게 유쾌함을 주심이라"했다.

◎

월남을 만나고 나서

월남은 1927년, 내가 태어나기 꼭 1년 전에 세상을 떠나셨다. 1948년엔가 나의 친구 신영일이 헌 책사에서 『월남 전기』라는 책 한 권을 구해서 나에게 주었다. 이 책은 1929년 옛날식으로 제본되어 판매된 책인데 그 안에는 월남의 전기뿐 아니라 그의 생전의 일화는 물론 국장과 다름없었다던 월남의 사회장 이모저모도 상세하게 기록되어 있었다.

이 낡은 책 한 권은 6·25전쟁 같은 민족의 수난을 겪으면서도 분실되지 않고 나와 함께 있었고 이 책 한 권이 나의 삶에 엄청난 영향을 미쳤다. 물론 일제강점기에 어른들이 월남 이상재(月南 李商在, 1850~1927)에 대해 언급한 일은 여러 번 있었고 '만민공동회'니 '신간회'니 하는 우리가 잘 알지 못하던 얘기를 할 때 이 어른의 성함이 거론되고는 하였다. 하지만 나는 그가 어떤 분인지 잘 모르고 그 시대를 살았고 해방이 된 뒤에야 비로소 그에 관한 이 책을 읽을 수가 있었던 것이다.

1970년대에 내가 존경하는 미국 역사의 거인 에이브러햄 링컨에 관한 짧은 평전을 써서 그 책의 제목을 『링컨의 일생』이라고 이름 지었다. 샘터사가 출간한 이 책이 뜻밖에도 많이 팔렸는데 중 · 고등학교 교사들은 그 책을 아이들의 필독서로 삼기도 하였다.

그 책이 잘 팔린다는 소문이 나자 어떤 분이 나에게 이런 권고를 하였다.

"선생님, 이번에는 서양 사람 말고 한국 사람 중에서 존경하는 한 분의 전기를 하나 써주셨으면 좋겠습니다."

그 말에 느낀 바 있어 월남에 관한 평전을 쓸 마음을 갖게 되었지만 그 시대의 인물들이 다 세상을 떠난 터에 누구를 만나 월남에 관한 이야기를 해볼까 막막하기 짝이 없었다. 그러던 차에 내가 알아낸 한 가지 사실은 월남의 손자 이홍직(李鴻稙) 선생이 은평구 녹번동에 살아 계시다는 것이었다. 수소문하여 월남의 손자의 댁을 찾아가 면담을 했을 때 그 어른은 나를 극진히 대하여 주었다. 이 선생은 배재학당과 연희전문학교를 마치고 사회 생활을 하다가 이승만 초대 대통령에게 발탁되어 당시의 한국전력 사장을 지내신 바 있는 분이었다.

"손자의 입장에서 생각하시는 월남 이상재 그 어른의 가장 큰 특색은 무엇이었습니까?"라고 내가 질문을 던졌다. 내 질문을 받자마자 이홍직 선생은 이런 말 한 마디로 할아버지 이상재의 성격을 요약하였다.

"우리 할아버지는 매사에 매우 자연스러운 분이셨습니다."

그 한 마디에 나도 전적으로 공감하는 터라 내가 내 무릎을 치며 "그렇죠!"라고 응답한 일이 지금도 기억난다. 여러 가지 바쁜 일이 생겨 '이상재 평전'은 세상 빛을 보지 못했지만 그 책을 한 권 쓰고 싶었던 내 마음에는 지금도 변함이 없다.

◎

그는 이렇게 살았다

한 마디로 말하자면, 월남 이상재는 그 암울했던 시대에도 통쾌하게 한 평생을 사신 분이었다. 그는 1850년 모시 생산으로 유명한 충청도 한산의 가난한 선비 집안에 태어났다. 가계를 따지자면 그는 고려 말의 충신이던 목은 이색(牧隱 李穡, 1328~1396)의 16대 자손이다. 하지만 그가 태어났을 때 일가가 모두 가난에 시달리고 있었다.

그러나 월남은 일곱 살 때 서당에 들어가 글을 배우기 시작하며 이미 뛰어난 재능을 드러낸 터이었다. 월남은 열여섯 살 때 강릉 유씨와 결혼하였는데 이 해에 그 고을에 돈 많은 부호가 선생 댁의 산을 탐내어 소송을 제기하였다. 그때 월남의 부친이 억울하게 옥에 갇히게 되었는데 월남은 부친을 대신하여 스스로 감옥에 가서 옥살이를 하게 되었다. 그 효성에 감동한 군수가 사흘 만에 선생을 석방시켰다고 전해진다. 옥에서 풀려난 월남은 군수에게 재판을 다시 해 줄 것을 요청하였고 사실을 바로 잡아 그 재판에서 이길 수 있었다.

나이 열여덟에 과거를 보러 서울로 갔으나 낙방하였다. 그러나 월남의 재질을 아끼는 어떤 이가 당시의 명문가인 죽천 박정양[1] 승지에게

---

1) 죽천 박정양(竹泉 朴定陽, 1841~1904)은 조선 후기의 대신. 조사 시찰단을 조직하여 일본의 문물을 시찰했다. 갑오개혁 때 군국기무처의 회의원이 되고 김홍집 2차 내각의 학부대신을 지냈으며 김홍집 내각 붕괴 후 내각 총리대신으로 을미개혁을 추진, 과도 내각을 조직하는 등 개혁을 위해 노력했다.

월남을 소개하여, 월남은 그 집에서 죽천과 함께 생활하면서 정치적 경륜을 쌓을 수 있었다. 1881년 그가 서른두 살 때 홍영식, 박정양 등을 따라 일본 시찰 길에 올라 일본의 근대화된 모습을 직접 보고 느낀 바가 많았다고 한다. 3년 뒤에는 새로 생긴 우정국의 주사가 되었는데 홍영식이 우정국의 총 책임자였다. 그 해 12월 김옥균 등 개화파 인사들이 일으킨 갑신정변이 실패로 돌아가 월남은 우정국 주사 자리에서 스스로 물러날 수밖에 없었다.

갑신정변이 일어나기 전인 1882년 미국 해군의 제독인 슈펠트[2]는 중국을 거쳐 인천에 상륙하여 고종 황제를 알현하였다. '은둔자의 나라'로 알려진 한국의 쇄국 정책을 타파하고 개항을 하게 할 목적이었다. 그는 한미수호통상조약을 맺고 고종의 어인을 받아가지고 귀국하였고 이 조약은 이듬해 미국 의회의 인준을 얻어 양국 간의 정식 조약으로 성립되었다.

우정국에서 물러난 이상재는 낙향하여 시골에 있었는데 1887년 박정양의 요청으로 다시 상경하여 군 본부의 매우 낮은 벼슬자리에 올랐다. 그런데 이 해 6월에 박정양이 초대 주미공사로 임명되자 박 공사의 추천으로 월남은 서기관 자격으로 미국에 건너가 외교관으로 활동

---

2) 슈펠트(Robert Shufeldt, 1822~1895)는 미국의 전권대사 자격으로 군함을 이끌고 제물포에 들어와서 우리 전권대사 신헌(申櫶, 1810~1884)과 한미수호통상조약을 맺었다. 당초 이홍장이 러시아의 남진 등을 저지하려고 우호 세력 확보 차원에서 미국이 조선과도 조약을 맺도록 권고했는데 다만 조선이 중국의 속방임을 명기하도록 제안했다. 하지만 슈펠트 제독은 조선이 왕조를 유지해온지 오래인데 그게 무슨 말이냐며 그걸 물리친 채 조약을 체결했다.

하게 되었다.

이에 얽힌 흥미진진한 이야기가 많다. 하루는 박 공사 일행이 행차하는데 워싱턴의 어린이들이 그 행렬을 뒤따라가며 돌멩이를 던지는 등 장난을 쳤다. 재래의 도포를 입고 행차하는 그 모습이 얼마나 우스웠겠는가. 그 행차를 호위하던 미국 경찰은 돌멩이 던지는 아이들을 다 잡아서 경찰서에 보냈다고 한다. 이 광경을 지켜보던 월남이 워싱턴DC의 경찰서장에게 면담을 요청하였다. 월남은 경찰서장에게 "어느 나라에서나 아이들은 신기한 것을 보면 돌을 던집니다. 우리나라에서도 그렇습니다. 그렇다고 해서 어린 것들을 잡아 가두면 되겠습니까? 즉시 석방하시오"라고 말했다. 어두워지면 경찰은 아이들을 부모들에게 다 돌려보내겠지만 체면상 잠시 잡아 가두었을 것이다. 그러나 월남의 그런 요청을 들은 경찰뿐 아니라 시민들도 크게 감탄하였다. 그 날 저녁 워싱턴 신문 석간에 'Gentleman from Korea(한국에서 오신 신사)'라는 주제로 한국의 사절단을 칭찬하는 기사가 대서특필 되었다고 전해진다.

박정양 공사의 미국 내에서의 활동은 크게 성공하였고 귀국한 일행은 고종의 마음을 매우 흐뭇하게 하였다. 그러나 중국의 이홍장은 한국 정부의 외교 활동이 크게 성공한 사실에 분개하여 고종 황제를 못살게 굴었다. 고종은 견디다 못해 공사 박정양을 잠시 옥에 가두었는데 이는 이홍장의 분노를 가라앉히기 위해서였을 것이다.

그러던 어느 날, 고종은 월남을 불러서 그 노고를 치하하며 "이번에 수고가 많았어. 차제에 벼슬을 한 자리 하지"라고 하셨다. 월남 이상재가 고종 앞에 머리를 조아리며 “아뢰옵기 황송하오나 제가 모시고 갔던 어른은 죄를 입어 옥중에 있는데 모시고 갔던 놈이 벼슬을 한다는 것은 있을 수 없는 일로 아뢰오”라고 말했다.

그 말에 감동한 고종이 “그럼 자네 아들이 있지 않나. 이번 기회에 벼슬을 한 자리 주면 어떨까”라고 하셨다. 그 말을 들은 월남이 다시 머리를 조아리며 “아뢰옵기 황송하오나 제 아들놈이 배운 게 없어 시골서 농사나 짓고 있는 터에 벼슬이 웬 말이옵니까. 안 될 말씀인줄 아뢰오”라고 말했다. 그렇게 벼슬을 사양하고 어전을 물러나는 월남을 보고 고종 황제가 입속말처럼 “저런 신하만 있으면 나라가 되겠는데”라고 하셨다고 전해진다. 벼슬을 한 자리 주겠다면 자다가도 벌떡 일어나는 것이 보통 사람들의 모습이거늘 그 벼슬자리를 끝까지 사양한 월남은 과연 위대한 한국인이었다.

1894년 동학란이 일어났다. 그 때 군국기무처가 새로 마련되면서 월남은 승정원의 우부승지[3] 겸 경연각 참찬이라는 높은 관직에 오르게 되었다. 그 뒤에 박정양이 지금 교육부 장관인 학무대신이 되면서 월남을 아문참의 겸 학무국장 자리에 앉게 했다. 외국어 학교가 설립되었을 때에는 그 교장직도 겸임하였다.

그러나 그 해에 월남은 부친상을 당하여 모든 관직을 내어놓고 고향에 내려가 은거하게 되었다. 이듬해 다시 부름을 받아 상경하여 학부참서관, 법부참서관이 되었는데 그 해 일본이 깡패들을 동원하여 명

3) 정3품 당상관, 지금 정부 조직에선 중앙 부처의 국장

성황후를 살해하는 참사가 벌어졌다. 1896년 고종은 러시아 공관으로 거처를 옮기고 월남은 그 때 내각총서와 중추원 일등의관의 자리에 올랐다. 그 자리에서 월남은 탐관오리를 제거하고 부정부패를 추방하는 일에 일등공신으로 국왕을 보필하였다.

그 해 7월에 서재필, 윤치호 등과 함께 독립협회를 창설하고 모화관을 독립관으로, 영은문을 독립문으로 굳히는 동시에 신문을 창간하기에 이르렀다. 독립협회가 주최하는 만민공동회의 사회를 맡아 활약한 것도 이때의 일이고 민중의 제의에 따라 정부의 시책을 신랄하게 비판하는 상소문을 작성하여 제출하기도 하였다. 외세를 배척하고 왕권을 확립하기 위한 6개조의 결의안을 정부에 제출하기도 하였다. 그 이듬해 고종께 올린 상소문이 말썽이 되어 월남은 열여섯 명의 동지와 함께 경무청에 구금되었다. 10일 만에 석방되었지만 독립협회는 그 해 12월에 강제 해산당하고 월남은 모든 관직에서 물러날 수밖에 없었다. 월남은 그 당시에 탐관오리들을 가차 없이 탄핵하였기 때문에 권력층의 미움을 사고 있었다. 그 때문에 둘째아들 승인과 함께 구금되어 모진 고문을 당하고 마침내 철창 생활을 할 수밖에 없었다. 옥고를 치르는 동안 선교사들의 도움으로 성경을 비롯하여 기독교적 서적에 접할 수 있었던 그는 나이 54세에 세례를 받고 기독교 신자가 되었다.

1907년은 월남에게 매우 슬픈 한 해였다. 부인을 잃고 맏아들 승윤도 세상을 떠났다. 정부로부터 법부대신 교섭이 있었으나 이를 거절하였다. 헤이그 밀사 사건으로 심기가 불편한 일본은 고종 황제의 퇴위를 강요하기에 이르렀다. 이러한 사실들을 알고 서울에서는 민중의 시위가 벌어져 일본의 만행을 규탄하기도 했는데 월남이 그 시위를 진두지휘하였다.

1905년 일본이 우리에게 강요한 '오조약' 이후로 일본에 국권을 점차 빼앗긴 사실을 통탄한 나머지 월남은 자살할 생각도 해 보았다. 하지만 주변의 만류로 마음을 가라앉히고 서울에 생긴 황성기독교청년회(YMCA)의 종교부 총무로 취임하여 이 나라의 젊은이들을 격려하는 일에 밤낮을 가리지 않았다.

우리나라에서 처음으로 전국 기독학생회 하령회(夏令會, summer church conference)가 조직된 것은 우리가 나라를 일본에 송두리째 빼앗긴 1910년의 일이었다. 미국으로 망명 가 있던 청년 이승만이 서울 YMCA 학생부에 간사 일을 보게 한 것도 월남이었다. 월남의 60세 회갑이 그 해 10월 26일이었는데 "나라를 잃은 처지에 무슨 회갑 잔치를 하랴"라며 일체의 축하 행사를 하지 못하게 하였다. 월남은 오로지 '백만 인을 그리스도에게로'라는 표어 밑에서 복음 전파에 열과 성을 다하였다.

1911년 일본의 관헌은 데라우치[寺內] 총독 암살 사건이라는 터무니없는 음모가 있었다며 이른바 '105인 사건'을 허위 날조하였다. 민족 지도자들을 일망타진하기 위해서였다. 그런데 월남은 셋째아들 장례 때문에 고향인 한산에 내려가 있어서 화를 면하였다고 한다. '105인 사건'을 빌미로 당시 YMCA의 총무로 재직 중이던 질레트를 국외로 추방하여 월남이 그 자리를 이어받게 되었다. 일본이 문을 닫게 하려던 황성기독교청년회를 살려놓은 것도 월남의 탁월한 수완이었다.

3·1운동의 준비는 이미 1918년에 시작이 되었다. 일본의 감시가 심한 가운데도 비밀리에 기독교, 천도교, 불교 지도자들은 한 데 뭉쳤다. 한편 월남도 강연회 등을 통하여 뜻 있는 젊은이들을 규합하였다. 1919년 드디어 3·1운동이 일어났고 민족 대표 33인을 비롯하여 우리나라의 유명한 인사들이 체포 · 구금되었다. 그 가운데 월남도 한때 옥고를 치렀다.

월남은 1921년 조선교육협회를 창설하고 그 초대 회장에 취임하였다. 1924년에는 소년척후단(보이스카우트)의 세계 대회가 베이징에서 열렸는데 월남은 한국 대표단을 인솔하여 그 대회에 참석하였다. 그리고 곧 보이스카우트의 총재로 추대되었고 물산장려운동, 절제 운동 등에 박차를 가하였으며 조선일보의 사장으로 추대되기도 하였다.

월남이 신간회의 회장으로 추대된 것은 그가 세상을 떠나기 직전인 1927년의 일이었다. 신간회는 민족의 독립을 되찾으려는 지도자들이 하나 되어 줄기차게 항일 운동을 하기 위하여 조직된 모임이었다. 그 해 3월 29일 월남은 77세의 나이로 세상을 떠났다. 이미 언급한 바 있거니와 그의 사회장은 국장 못지않았다는 말이 파다하였다. 월남이 세상을 떠나고 꼭 30년이 되는 1957년, 초대 대통령 이승만은 한산에 있던 월남의 묘소를 경기도 양주군 장흥면 삼하리에 옮기도록 주선하여 오늘 월남은 거기에 잠들어 있다.

◎

월남의 해학과 유머

월남만큼 해학이 넘치고 유머가 풍부한 한국인을 찾아보기는 어렵다. 문자 그대로 종횡무진이었다. 하루는 종로 바닥에서 우연히 미와라는 이름의 일본 형사를 만난 적이 있었다. 한국말을 곧잘 하는 일본 형사라 "선생님, 그동안 안녕하셨습니까?"라고 문안을 했다. 월남은 일본 형사라 해도 그를 존대하지 않고 반말로 응답하였다.

"그래, 잘 있었다. 자네는 잘 지냈나?"

미와가 대답하였다.

"저는 심한 감기에 걸려서 한동안 고생을 했습니다."

그 말을 듣자 즉각 월남은 응수하였다.

"이 사람아, 감기는 대포로 쏘지 못하냐?"

형사 미와는 어리둥절할 수밖에 없었다. 월남의 그 말 한 마디에는 뼈가 있었다.

"이 사람아, 대포만 쏘는 일본 군국주의도 자네 감기는 고치지 못하는구나."

어떤 경우에도 월남은 종횡무진 즉각적으로 상대방의 가슴이 서늘해지는 해학의 말을 던질 수 있었고 월남의 말 한 마디는 많은 사람에게 희망과 기쁨을 주었다. 월남의 해학 가운데 몇 가지만 추려볼까 한다.

① 월남은 과거에 한 번 낙방한 후 친지의 소개로 당대 명문가이던 박정양의 집에 기숙하게 되었다. 월남이 버선을 짝짝이로 신고 다닌다는 소문이 돌았다. 그 말이 박 판서의 귀에까지 들어갔다. 박 판서가 월남을 만나 "아니, 어쩌자고 버선을 짝짝이로 신고 다니나?"라고 물었다. 월남이 곧 대답하였다.

"객지에 나 있는 몸이 버선도 아껴야 하는데 어쩌다 한 쪽이 먼저 낡아 해지면 갈아 신는 것뿐입니다."

박 판서가 느낀 바 있어 늘 새 버선을 공급해 주었을 것이다.

어느 날 밥상을 나르는 시녀에게 월남이 "오늘이 내 생일인데"라고 하니 그 여자 아이가 안주인에게 "오늘이 월남 선생 생일이랍니다"라고 알려주었다. 안주인이 "그렇다면 오늘은 좀 좋은 찬으로 대접해야겠다"라며 비교적 잘 차려 대접을 하였다. 그런데 얼마 있다 또 다시 월남이 "오늘이 내 생일인데"라고 하였다. 머슴아이가 그 말을 또 다시 전하였다. "생일을 지난 지가 얼마 안 됐는데 또 생일인가?" 의아스럽게 생각했지만 무슨 사정이 있으려니 하고 또 한 번 잘 대접하였다.

하루는 박 판서가 월남에게 물었다.

"자네는 생일이 그렇게 자주 있나?"

월남이 대답하였다.

"객지에 사는 몸이 먹는 것마저 부실하면 건강을 해칠까 우려해서 그럽니다."

그 말을 듣고 집주인인 박정양이 무엇인가 깨달았을 것이다.

② 월남이 박정양을 따라 서기관으로 워싱턴을 돌아보고 귀국하여 고종을 알현하게 되었다. 고종은 여러 가지 질문을 했다. 질문 중의 하나가 "미국 사람들이 우리나라를 어떻게 생각하는가?"였다. 월남이 대답하였다.

"아뢰옵기 황송하오나 폐하께서 선정을 베푸시면 미국도 우리나라에 대해 호의를 가질 것이고 그렇지 않으면 가졌던 호의도 사라질 듯하더이다."

월남의 뜻은 미국이 우리를 어떻게 생각하느냐가 문제가 아니고 우리가 어떻게 하느냐가 더 중요하다는 뜻이었을 것이다.

③ 월남이 의정부 총무국장으로 있었을 때의 일이다. 그 직책은 임금의 칙명이 내려오면 이를 문서로 만들어 공식으로 발표하는 일이었다. 한번은 이용익[4]을 평안 관찰사와 개성 삼정 감독관을 겸임케 하라는 왕명이 내려왔다. 그러나 월남은 이를 발표하지 않고 보류하였다. 그 까닭은 평양과 개성의 거리가 4백 리나 되는데 그걸 어찌 겸임할 수 있으랴 하는 생각 때문에 비록 왕명이었지만 발표할 수가 없었던 것이다.

그러던 어느 날 여러 대신 틈에 끼어있는 이용익을 보고 월남은 대뜸 이렇게 물었다.

---

4) 이용익(李容翊, 1854~1907)은 보부상 출신으로 1882년 임오군란 때 장호원에 은신한 명성황후와 고종 사이를 비각(飛脚) 곧 특출한 속보로 연락을 감당해서 왕의 신임을 얻었다. 이후 벼슬길로 나아가서 오늘의 재무부 장관 자리까지 올랐다.

"대감, 평양에서 개성까지 몇 리나 되는지요?"

이에 이용익은 무심코 대답하였다.

"그야 한 4백 리는 되겠지요."

이 말을 듣고 난 월남은 "영감이 아무리 축지법을 쓴들 4백 리 길을 오가며 그 두 가지 직책을 제대로 해낼 수가 있겠습니까?"라고 말했다. 이용익은 어안이 벙벙하여 대답을 하지 못하였다.

④ 한국의 명사들로 조직된 일본 시찰단이 그 나라의 도시와 학교 등을 시찰하고 나서 동양에서 제일 크다는 도쿄의 병기창을 보게 되었다. 그 날 저녁에 도쿄 시장이 베푸는 환영 만찬이 있었는데 그 자리에서 시찰단 사람들에게 일일이 감상을 묻는 순서가 있었다. 월남은 자기 차례가 되어 일어나 이렇게 한 마디 하였다.

"오늘 동양에서 제일 큰 도쿄의 병기창을 보니 과연 일본이 동양의 최강국임을 알게 되었소. 그런데 한 가지 걱정은 성경 말씀에 '칼을 쓰는 자는 칼로 망한다'라는 구절이 있어 다만 그것이 걱정스러울 따름이오."

아마도 일본 지도층의 간담이 서늘하였을 것이다.

⑤ 정치가인 동시에 학자로 명성이 자자했던 김윤식이 한일 합방 때 일제로부터 '자작'이라는 작위를 받고 그 뒤 일본 학사원의 회원이 되었다. 3·1운동이 일어나자 김윤식은 그 작위와 일본 학사원 회원의 자격을 전부 일본 정부에 반납하여 크게 화제를 모았다. 그후 인도의 간

디가 주도하는 독립 운동이 불길처럼 일어나자 인도의 시성(詩聖)이라고 알려진 타고르가 이미 받았던 작위를 영국 정부에 반납하였다는 소식이 전해졌다. 그때 월남이 한 마디 하였다.

"인도에도 김윤식이 있는 모양이군."

⑥ 당시 일본의 유명한 정치인이던 아라가와 고로라는 자가 조선에 왔던 길에 월남을 찾아보고 한일 합방에 대한 의견을 물은 적이 있다. 월남은 "덮어놓고 좋다"라고만 했을 뿐 아무런 의견도 제시하지 않았다. 아라가와가 그 대답에는 무슨 사연이 있는 것 같아 캐물었다.

"왜 좋다고만 하십니까?"

월남이 대답하였다.

"내가 좋지 않다고 한들 당신들이 합방을 취소할 리가 없으니 내 속에 있는 말을 할 여지가 없소. 그래서 덮어놓고 좋다고 한 것인데 이것이 아마도 당신네가 듣고 싶어 하는 말인 것 같아."

아라가와는 아마도 많은 것을 깨닫고 돌아갔을 것이다.

⑦ 월남이 독립 운동에 연루되었다 하여 재판을 받고 있던 때의 일이다. 재판장이 말했다.

"나가고 싶은가?"

월남이 대답했다.

"나가라면 나가고, 있으라면 있을 뿐이다."

재판장이 이어서 이렇게 물었다.

"그러면 보석을 해 줄 터이니 보증금 3백 원을 낼 수 있는가?"

월남이 대답하였다.

"나는 가난한 사람이라 푼전도 없다."

"그대가 윤치호를 잘 알지 않는가. 그에게 보증금을 말해보면 어떤가?"

월남이 대답하였다.

"내 몸을 편하게 하기 위하여 남에게 구걸하지는 않겠다."

일본인 재판관도 더 할 말이 없었다.

⑧ 어느 해 겨울 이른 아침에 어떤 사람이 길을 가다 월남을 만났다. 그날 월남은 시외에 있는 어떤 교회로 설교를 하러 가는 길이었는데 그 사실을 알고 행인이 월남에게 이렇게 말하였다.

"연세도 많으신데 무리가 없으시길 바랍니다."

월남은 그 말을 듣고 빙그레 웃으면서 "여보게, 인생 70이 예부터 드물다고 하지 않았던가. 일흔 이상은 덤으로 사는 거야. 이젠 내게 아까운 것이 없어"라고 말했다. 월남은 가던 길을 쉬지 않고 가고 있었다.

⑨ 월남이 사는 집에 하루는 일본 순사가 찾아왔다. 이 자가 대문 밖에 서서 "이리 오너라"라고 소리를 질렀다. 월남은 일본 순사가 왔다는 걸 알고 "오냐, 나간다"라며 대문을 열어주었다. 일본 순사가 화가 잔뜩 나서 "경찰관을 보고 '해라'를 하는가"라며 대들었다. 월남은 태

연한 자세로 "이 사람아, 자네가 '이리 오너라'하고 부르니까 '오냐, 나 간다'라고 했을 뿐인데 뭐 잘못된 말인가?"라고 반박했다. 일본 순사가 대답할 말을 찾지 못하였다.

⑩ 월남이 일본인들의 고문을 이겨내고 감옥에서 풀려나오자 선생을 존경하는 어느 청년이 길에서 만나 이렇게 인사하였다.

"선생님, 얼마나 고생을 많이 하셨습니까?"

청년의 이 말을 듣고 월남은 그 청년을 한참 보다가 이렇게 쏘아붙였다.

"이 놈아, 그럼 너는 지금 호강하며 편하게 지내고 있느냐?"

일본인의 학정 밑에서 조선 사람들이 다 같이 고생하는 터에 감옥 안과 감옥 밖이 다를 바가 없다는 뜻이었다.

⑪ 월남을 위시하여 여러 뜻 있는 인사들이 민립대학 설립을 위하여 모금 활동을 하던 때의 일이다. 국내의 모금 활동이 여의치 않았는데 하와이에 사는 동포가 월남을 모셔다 그 곳에서 모금 활동을 할 생각으로 월남더러 한번 하와이를 방문해달라고 어느 선교사를 통해 부탁한 일이 있었다. 월남이 한 마디로 거절하면서 "그 뜻은 고맙지만 일본 여권을 들고는 하와이에 가지 않을 뿐 아니라 천당에도 가지 않겠다"라고 말했다. 월남은 그런 정신으로 한 평생을 살았다.

◎

사람들은 월남을 우러러 보았다

세브란스 병원을 세우고 학교를 시작한 에비슨(Oliver Avison, 1860~1956)은 월남 서거의 비보에 접하여 이렇게 말하였다.

"영국에서는 글래드스톤(William Gladstone, 1809~1898)을 두고 '영국의 거인(Grand man of England)'이라고 하였습니다. 나는 월남 선생을 두고 그렇게 부르고 싶습니다. '한국의 거인(Grand man of Korea)'이라고!"

소설가 박종화는 추모시를 쓰면서 이렇게 자기의 심정을 털어놓았다.

어질고 굳세신 기상

조찰고 깨끗한 정기

부귀도 님의 마음

흔들지 못했고

총칼도 님의 뜻을

빼앗지 못했네

한 평생 성애스런 가시덤불 속

나라와 운명을 같이한 당신

오직 당신만이

높고 높은 태산의 준령이셨네

오오 당신은
이 겨레의 아버지
대한의 성웅이셨네

한학자 위당 정인보는 월남을 '민족의 스승'이라고 불렀다. 그 스승을 위해 위당은 이렇게 읊었다.

강직한 공은 하늘이 낸 사람,
소인배가 판치는 세상에, 가난을 근심하지 않고,
죽음도 두려워하지 않으셨네
……
거마도 황금도 거들떠보지 않으셨고,
수놓은 화려한 비단, 두 필 말이 끄는 찬란한 수레도,
성내지 않고 농으로 물리치셨네
무엇을 생각하고 무엇을 계교하며,
무엇을 꾀하고 무엇을 물으시리
오직 사리를 배격하시어 인간의 길 밝히셨네

안중근,
동양 평화를 외치다

장석흥 (국민대학교 교수)

단지(斷指) 초상사진

안 의사는 1909년 2월 7일 청국과 러시아의 경계지역에서 동지 12명과 함께 단지동맹을 맺었다. 결의의 표시로 왼손 무명지 한 마디를 잘라 그 피로 태극기에 '대한독립'이라 썼다. 의사는 감옥에서 글씨를 쓰고 나면 낙관으로 장인(掌印) 곧 무명지 한 마디가 잘린 손바닥 도장을 사용했다.

◎

불꽃같은 삶이었다

안중근 하면 대부분의 사람이 1909년 10월 26일 이토 히로부미[伊藤博文]를 처단한 하얼빈 의거를 떠올린다. 의거는 이토 처단 그 자체가 목적이 아니었다. 안 의사가 진정 바랐던 것은 이토 처단 후 국제 재판 과정에서 일제의 한국 침략상을 세계에 알려 동양 평화를 지키는 것이었다.

안중근은 "세계의 대세를 짐작하고 해외에서 '신호흡'[1]을 하는 자 어찌 무모하게 타인의 생명을 빼앗을 자가 있을 것인가. 이토의 정책이 동양 평화에 지대한 해를 끼치는 일임에 일신일가(一身一家)를 돌볼 여지가 없이 결행한 것"이라며, 의거의 명분과 목표를 분명히 밝혔다. 그는 이토와 개인적 원한이 없으며, 만약 개인적 원한으로 처단했다면 용서받을 수 없는 일이라 했다. 그리고 '세계 대세를 짐작하는' 그가 이토를 처단한 것은 한국 독립만이 아니라 이토의 조국인 일제와 동양 평화를 위한 것이며, 이러한 의거의 진실은 당장에 어렵다고 한다면 훗날에라도 반드시 밝혀질 것이라 확신했다.

---

1) "인류애적인 세계 선진 조류"의 지칭이라 추정된다.

그렇지만 동양 평화를 세계에 널리 알리려는 그의 원대한 목적은 일제의 불법 재판에 의해 차단되고 말았다. 대신 안중근은 5개월 동안 옥중 투쟁을 통해 왜 이토를 처단했는지, 한국 독립이 왜 필요한지, 동양평화론이 어떠한 것인지를 세상에 뚜렷이 밝혔다. 취조를 맡았던 일본 검찰관조차 안중근을 '동양의 의사'라 칭할 만큼[2], 그의 신념과 사상은 곧 인류가 추구해야 할 자유와 평화를 밝혀주는 등불이 되었다.

◎

의인 안중근 나다

안중근은 1879년 9월 9일(음력 7월 16일) 황해도 해주부 광석동에서 아버지 안태훈과 어머니 조씨의 3남 1녀 가운데 장남으로 났다. 태어날 때 북두칠성과 같은 일곱 개의 점이 가슴에 있었으므로, 할아버지가 북두칠성의 기운을 받고 태어난 것이라며 응칠(應七)이라고 이름 지었다.

의사의 집안은 수천 석을 하던 대 지주로서 대대로 해주에서 살아온 향반(鄕班)이었다. 아버지 안태훈은 6형제 중에서도 특히 학문적 자질이 뛰어나 여덟 살 무렵에 이미 사서삼경을 익혔다. 서울로 유학해 진사시에 합격하는 영광을 얻기도 했다. 그즈음은 개항이니 개화니 하며 서구의 물결이 밀려오면서 세상이 바뀌어 가던 상황이었다. 이에 안태

2) 안중근의 심문을 전담한 검찰관은 미조부치 다카오[溝淵孝雄]였다. 공식적으로는 일제 논리를 앞세웠지만, 진정한 평화주의자 안중근을 대하면서 감동한 나머지 "당신이야 말로 진정한 의사였다"라고 말한 것으로 전해지고 있다.

훈은 전통적 유학에만 머물지 않고 근대적 신문물의 수용에도 앞장서려 했다.

박영효 등의 개화 세력은 근대적 문물의 수용과 함께 개혁 정책의 실행을 위해 70여 명 청년을 일본에 유학시킬 계획이었다. 안태훈도 거기에 들었지만 1884년 갑신정변이 실패하면서 계획은 무위에 그치고 말았다. 안태훈의 나이 23세, 안중근이 6세 때의 일이었다.

갑신정변 실패 후 이들 개화파 청년들은 조정으로부터 극심한 탄압의 대상이 되었다. 안태훈도 몸을 피해 고향으로 돌아왔고, 다시 화를 피하려고 이듬해 1885년, 70~80명 가솔을 이끌고 해주를 떠나 깊은 산골인 신천군 두라면 청계동으로 이주했다.

안중근은 어린 시절을 청계동 산골 마을에서 보냈다. 7~8세가 되면서 뛰어난 유학자였던 할아버지의 훈도로 8~9년 간 한문과 사서삼경을 익혔다. 내심으로는 학문보다는 장부로서 세상에 이름을 떨칠 뜻을 품었다.

그때 마침 청계동 안중근의 집에는 여러 명의 포수가 함께 기거하고 있었다. 일대는 호랑이 등이 곧잘 출몰하던 깊은 산중이라 이를 사냥하려고 안태훈이 고용한 이들이었다. 안중근은 어린 시절 포수꾼들을 따라다니며 사냥이나 사격술을 익혔다. 12세 무렵에는 말타기와 활쏘기의 솜씨가 묘기를 부릴 만큼 능숙했고, 15~6세가 되어서는 발군의 명사수로 이름을 날릴 정도였다.

1894년 동학농민전쟁 당시 안중근은 16세의 소년이었지만 어려서 익힌 무예와 병법을 통해 이미 훌륭한 용사가 되어 있었다. 생각도 예사롭지 않았다. 그는 "나라에서 문(文)을 숭상하고 무(武)를 업신여겨 백성이 군사를 알지 못하는 까닭에 나라는 점점 약해져, 만약 갑자기 외국 열강이 우리의 약함을 노려 침략하면 우리는 꼼짝없이 당할 수밖에 없다. 따라서 문약(文弱)에서 벗어나 무강(武强)의 기품을 조성해 앞날에 대비해야 한다"라고 했다.

◎

사회 교화에 눈뜨다

안중근이 천주교에 입교한 것은 19세 되던 해인 1897년이었다. 동학농민전쟁 당시 의려(義旅)[3]를 일으켰던 안태훈은 동학군으로부터 빼앗은 양곡 5백 석을 군량미로 사용한 적이 있었다. 이 양곡이 탁지부 소관의 정부미였던 관계로 탁지부 대신으로부터 군량미 반환을 독촉받게 되었다. 체포령까지 내리자 화를 피하려고 치외법권적 지위를 지녔던 천주교에 의탁했다.

안태훈이 천주교에 입교한 뒤 안중근 집안은 거의 모두가 천주교 선교에 앞장섰다. 그는 산골 동네인 청계동에 교회를 짓기도 했다. 1898년 4월엔 프랑스인 빌렘[4]이 청계동의 본당 신부로 부임했고, '토마'란 영세명을 받은 안중근은 신부의 복사(服事)가 되어 교리 수업을 받

3) 동학농민군을 진압하기 위해 조직한 민병(民兵)을 말한다. 그런 점에서 일본군과 싸우기 위해 조직한 의병과 달랐다.

4) 한국 이름이 홍석구(洪錫九)인 빌렘(Nicolas Wilhelm, 1860~1938)은 1883년 사제로 서품된 후 1889년에 조선으로 전임해 왔다.

았다. 또 신부를 수행해서 해주, 옹진 등 황해도 각지의 순회 · 전도에 참여했다. 이렇게 청계동은 황해도 포교 사업의 지휘부가 되었다.

얼마 뒤 아버지 안태훈이 세상을 뜨자 안중근은 1906년 봄, 가족을 이끌고 진남포로 이사했다. 거기서 먼저 삼흥학교를 설립했다. 삼흥은 토흥(土興) · 민흥(民興) · 국흥(國興)을 뜻하는 바로 "국토와 국민이 흥하게 해서 나라를 일으킨다"라는 의미이다.

안중근이 삼흥학교 교장에 취임했고 정근과 공근 두 동생도 힘을 합했다. 학생이 50~60명에 이르렀는데, 교련 시간에는 목총과 나팔과 북을 사용하는 군대식 훈련을 했다. 안중근은 삼흥학교 외에 다시 돈의학교도 꾸려나갔다. 원래 돈의학교는 진남포 교당의 프랑스 사람 주임신부가 개인적으로 운영하던 것이었다. 신부가 신병으로 진남포를 떠나자 안중근이 사재를 털어 문을 다시 열었다.

이 무렵 안중근은 대학 설립에도 남다른 열의를 보였다. 외세 침략에 맞서 민족과 교회를 지키기 위해서는 무엇보다 고등교육이 필요하다고 생각했다. 그는 빌렘 신부와 상의한 뒤 서울로 올라와 뮈텔 주교[5]에게 대학 설립을 건의했다. 그러나 뮈텔은 "한국인이 만일 학문을 하게 되면 교회 믿는 일에 좋지 않을 것이니 다시는 그런 의견을 꺼내지 말라"라며 반대했다.

이후에도 몇 차례 건의했으나 단호히 거부되자, 안중근은 "교의 진

---

5) 한국 이름이 민덕효(閔德孝)인 뮈텔(Gustave Mutel, 1854~1933)은 1890년 조선 주교로 내한하여 53년 간 체류하면서 신학교를 만들고 명동성당 등을 건립했다. 한문에 능통했으며 황사영(黃嗣永) 백서(帛書)도 발견했다. 1926년 대주교가 되었다.

리는 믿을지언정, 외국인의 심정은 믿을 것이 못 된다"라면서 배우던 프랑스어 공부를 중단해버렸다.[6] 안중근은 오로지 포교에만 관심을 갖는 프랑스 신부들의 종교적 가치관과 자신의 민족적 의식 사이에 커다란 괴리를 느끼지 않을 수 없었다. 그렇다고 안중근이 가톨릭을 부정하거나 포기한 것은 아니었다. 그의 신앙은 민족의 양심과 어긋나지 않은 선에서 유지되고 있었으며, 그 같은 자세는 죽는 날까지 변함없었다.

그런가 하면 1907년, 국채보상운동이 일어나자 모금 헌납에도 앞장섰다. 국채보상운동의 물결이 관서 지방에 밀려오자 부인 김씨에게 국채보상운동의 취지를 설명하고 가족 모두의 장신구 전부를 헌납할 것을 제안했다. 부인은 주저 없이 자신의 금은 가락지, 비녀 등을 모두 헌납했다. 어머니와 제수들도 동참했다.

◎

망명길에서 의병 부대를 이끌다

그러나 나라의 운명은 더욱 위태로워져 갔다. 급기야 광무 황제(고종)가 억지로 퇴위당하고 군대마저 강

---

6) 그는 『안응칠 역사』에서 이때의 일을 이렇게 적었다. 벗이 찾아와 "왜 (프랑스 말) 배우지 않는가?" 묻기에, 대답하기를 "일본 말을 배우는 자는 일본의 앞잡이가 되고, 영국 말을 배우는 자는 영국의 앞잡이가 된다. 내가 만약 프랑스 말을 배우게 되면 프랑스의 앞잡이가 되지 않을 수 없을 것이니 이를 폐했다. 만약 우리 한국이 세계에 떨친다면 온 세계 사람들이 한국 말을 배우게 될 것이다. 자네는 이를 염려하지 말게"라고 하였다. 그는 아무런 말도 하지 못하고 물러갔다.

제 해산당했다. 두고 볼 수만 없다며 안중근은 1907년 가을, 해외 망명을 단행했다.

블라디보스토크에 도착한 안중근은 연해주 지역의 한인 유력자들을 상대로 의병 부대 창설을 적극으로 주장했다. 마침내 이범윤[7]의 동의를 받고는 의병 모집 그리고 자금 마련을 성심으로 노력한 끝에 의병 준비 단체 '동의회(同義會)'를 조직할 수 있었다. 회원들은 의병과 다름이 없었다. 그때 블라디보스토크 일대를 말하는 노령 지역 한인 사회의 지도적 인물이던 최재형[8]도 안중근의 의병 창설에 후원을 아끼지 않았다.

3백여 명 규모로 창설되었던 안중근 의병 부대는 일본군과 싸우기 위해 함북 지역에서 맹활약하던 홍범도[9] 의병 부대와 공동 작전을 펴보려 했다. 홍범도는 구한국 군인 출신으로 함경도에서 제일가는 산포수(山砲手)로 일대의 산포수단을 이끌고 있었다. 그런데 일제가 1907년 9월 산포수들의 무기와 탄약을 압수해버리자 이에 항거해 그 해 11월

---

7) 이범윤(李範允, 1856~1940)은 1903년 간도(間島)관리사가 되어 간도 지방의 한인 보호에 힘썼다. 1904년 러일전쟁 중에는 5백여 명 부대를 이끌고 참전하여 일본군과 싸웠다. 구한국군과 의병 출신들이 포함된 부대원들은 항일 의식이 투철하였다. 1905년 청국 측의 철수 요구를 받은 정부로부터 소환 명령을 받자 러시아 연해주로 근거지를 옮겼다. 거기 노우키에프스크에서 부대를 재정비했고 동의회 회장에 추대되었다.

8) 최재형(崔才亨, 1858~1920)은 제정 러시아 말기 및 소련 초기 연해주 한인 사회를 이끌었던 대표적인 인물로 대한제국 시기의 중요 해외 독립운동가 중 한 사람이었다. 특히 군수업으로 쌓은 막대한 부로 독립 운동을 지원했다.

9) 홍범도(洪範圖, 1868~1943)는 대한독립군 총사령관을 역임했고 1920년 10월, 저 유명한 청산리 전투에서 제1연대장으로 참가해서 일본군을 크게 격파했다.

포수단을 이끌고 의병을 일으켰다. 홍범도 의병 부대는 갑산 · 북청 등지를 무대로 신출귀몰한 작전을 펴 곳곳에서 일군을 격퇴하는 혁혁한 전과를 거두고 있었다. 그러나 홍범도 부대와 연합하려던 안중근의 계책은 서로 길이 엇갈리면서 안타깝게도 이뤄지지 못했다.

안중근 의병 부대는 단독으로 국내 진입 작전을 개시했다. 1908년 6월, 안중근과 엄인섭[10]의 지휘 아래 두만강을 건넌 의병 부대의 첫 번째 작전은 두만강 최하단인 함북 경흥군 노면에 주둔하던 일제군 수비대 급습이었다. 일제군 여러 명을 사살하고 그 수비대의 진지를 점령 · 소탕하는 전과를 올렸다.

이때 일제군과 일본인을 포로로 잡았는데, 안중근은 일제가 잘못이지 이들에게 무슨 죄가 있겠는가 하고는 국제 공법에 따라 석방해주었다. 부대원들은 이런 처사를 수긍하려 하지 않았다. 일군은 의병에게 음식을 제공한 민간인조차도 체포해서 총살을 자행했기 때문이었다. 이 문제로 안중근 의병 부대는 내분이 들끓었다. 끝내는 의형제인 엄인섭마저 떠나면서 의병 부대는 분열되고 말았다. 한편 풀어준 포로가 일제군에 정보를 제공한 탓에 안중근 의병 부대는 일군의 공격을 받아 무참히 패퇴했다.

전투의 패배로 엔치아[煙秋 : 노우키에프스크]로 되돌아온 안중근은 다시 의병 재기를 꾀했다. 하지만 한인 사회의 인식은 싸늘했다. 최재

10) 엄인섭(嚴仁燮, 1875?~1936?)은 처음에는 이범윤 · 안중근 등과 함께 의병을 이끌고 일본 수비대와 싸우고 '단지회'를 조직하는 등 항일 운동을 하였다. 그러나 국권 피탈 후 일제 밀정으로 활약하며 한인 항일 단체들의 많은 기밀을 일제에 넘겨주었다.

형도 더 이상 안중근을 돕지 않겠다고 공표했다.

의병 재기가 어려울 수밖에 없다고 판단한 안중근은 1909년 1월 장기 포석으로 열한 명의 동지와 함께 혈맹을 맺었다. 단지(斷指) 동맹이었다. 당장에 의병 재기는 불가능하지만 적당한 기회를 기다려 다시 의병을 일으켜 나라에 목숨을 바치기로 결의 · 맹세했다. 이후 안중근은 엔치아 지방에서 『대동공보』 기자로 지국을 열어 신문 보급 및 교육과 강연 등 계몽 사업에 종사하면서 의병 재기의 기회를 기다렸다.

◎

적장 이토가 온다는 소식에

1909년 10월 중순, 안중근은 이토가 만주를 시찰하러 온다는 소식을 접했다. 재기를 도모하려던 안중근에게는 더없이 좋은 기회였다. 의병장 안중근의 활동 지역에 적장 이토가 찾아온 것이나 다름없는 격이었다. "여러 해 소원한 목적을 이제야 이루게 되다니 늙은 도둑이 내 손에서 끝나는구나!"하며 남몰래 기뻐했다.

안중근이 이토 포살을 결행하기 위해 우덕순[11]과 함께 블라디보스토크를 출발한 것은 1909년 10월 21일이었다. 이에 앞서 이강[12]은

---

11) 우덕순(禹德淳, 1880~1950)은 블라디보스토크에서 담배 행상을 하다가 이토 저격 모의에 가담했다. 거사에 성공한 뒤 잡혀 3년형을 언도받았다.

12) 이강(李剛, 1878~1964)은 안창호 등과 함께 1904년 공립협회(共立協會)를 창립하고 1905년 11월 기관지 『공립신문』을 창간해서 주필이 되었다. 1909년 10월 이토 처단 계획이 대동

『대동공보』의 하얼빈 지국을 맡고 있는 김형재에게 안중근 등을 소개하는 편지를 써 주었다.

안중근은 하얼빈으로 가는 도중 포그라니치나야 역에서 내려 친지인 한의사 유경집(劉敬緝)을 방문하고 "가족을 마중하기 위해 하얼빈 방면으로 여행하게 되었는데 통역이 필요하니 아들을 동행케 해 달라"라고 간청했다. 마침 하얼빈에서 한약재를 구입할 용건도 있었던 유경집은 아들 유동하[13]의 동행을 흔쾌히 허락했다.

안중근은 하얼빈에 도착하자 통역 유동하에게 이토 포살 계획을 설명하고 동의를 얻어냈다. 이들 일행은 『대동공보』 하얼빈 지국의 김형재[14] 기자를 찾아가 이강의 편지를 건네주었고, 김형재의 소개로 조도선[15]도 합류시킬 수 있었다.

당초 안중근은 의거의 성공을 위해 동청 철도의 출발지인 남(南)장춘과 도착지 하얼빈 등 4개 지점에서 의거를 실행하려 했다. 그러나

공보사에서 수립될 때 참석하였다. 안중근이 이토 포살의 특공대로 자원해 하얼빈에 갔을 때 안중근과 대동공보사 사이의 연락을 담당했다. 의거가 성공한 뒤 의사를 위한 영국인 변호사를 구하려고 베이징에 파견되었다. 대한민국 임시정부 의정원 의장을 역임했다.

13) 유동하(劉東夏, 1892~1918)는 불과 18세의 나이에 거사를 도왔고 공범으로 체포되었다. 출옥 후에도 조국 독립을 위해 싸우다가 짧은 생애를 바쳤다.

14) 김형재(金衡在, ?~?)은 1909년 만주 하얼빈에서 동지들과 함께 동흥(東興)학교를 설립하고 학생들에게 민족 정신을 고취시켰다. 러시아 어와 중국어에 능통하여 『대동공보』의 기사를 번역해서 중국 신문과 러시아 신문에 공급했다.

15) 조도선(曺道先, 1879~?)은 러시아에서 세탁업 · 러시아 어 통역 등의 일을 하다가 1909년 블라디보스토크를 거쳐 하얼빈으로 건너갔다. 안중근의 거사에 동참했다가 징역 1년 6월을 선고받았다.

돈이 모자랐고 또 인력도 부족해 부득이 도착 예정지 하얼빈과 중간 교차역 채가구(蔡家溝) 두 곳에서 계획을 거행하려 했다. 채가구에는 우덕순과 조도선을 배치하고, 하얼빈은 안중근 자신이 맡았다.

안중근은 유동하로부터 이토가 10월 25일 아침에 하얼빈에 도착할 예정이란 연락을 받았다. 그러나 이토는 예정보다 하루 늦은 10월 26일 아침에 도착하였다. 일본을 떠나 10월 18일 중국 다롄[大連]에 도착한 그는 10월 21일 러일전쟁의 뤼순[旅順] 전적지를 시찰한 뒤 펑톈[奉天]으로 들어가, 무순[撫順] 탄광을 돌아보고 10월 25일 밤 창춘[長春]에 도착했다. 그리고 러시아 측에서 보낸 귀빈 열차를 타고 하얼빈 역으로 향했다.

안중근은 10월 25일 김성백[16]의 집에서 묵고는 26일 새벽에 하얼빈 역으로 나갔다. 오전 일곱 시쯤 하얼빈 역에 도착하니 러시아 병사들이 삼엄한 경비를 펼치며 이토를 맞을 준비에 부산했다. 안중근은 경비망을 교묘히 뚫고 역 구내 찻집에서 이토의 도착을 기다렸다.

이토를 실은 특별 열차는 오전 아홉 시 하얼빈에 도착했다. 이토는 마중 나온 러시아 재무대신 코코프체프(Kokovtsev)와 열차 안에서 30분 간 회담한 뒤 아홉 시 30분경 코코프체프의 선도로 플랫폼에 모습을 드러냈다. 그리고 구내에 도열한 러시아 의장대를 사열했다. 사열을 마친 뒤 이토는 몇 걸음 되돌아서서 다시 귀빈 열차 쪽으로 향했다.

16) 김성백(金成白, 1880~?)은 중국 하얼빈에 거주하는 한인들이 민족의 생존과 발전에 부딪힌 문제를 해결하려고 1909년에 만든 민간 자치제 한민회(韓民會) 회장으로 그때 그의 나이 서른둘이었다

도열한 러시아 의장대 후방에 있던 안중근은 이토가 자기 앞을 조금 지나쳤다가 다시 돌아온 찰나 의장대 앞으로 뛰쳐나가며 이토를 조준해 브로닝 8연발 권총으로 네 발을 발사했다. 안중근과 이토의 거리는 10여 보에 불과했다. 세 발이 명중되었다. 그리고 안중근은 한국 말 대신 러시아 말로 '우레 꼬레아(대한국 만세)'를 큰 소리로 외쳤다. 당신의 거사와 일본 제국주의의 만행을 세계에 알리려 함이었다.

◎

이토는 왜 만주를 찾았나

러일전쟁 후 러·일 양국의 각축은 한국에서 만주로 확대되었다. 러일전쟁은 한국의 패권만을 놓고 쟁패한 것이 아니었다. 바로 만주 지역이 러·일 양국 팽창 과정의 최대 접점이었다. 때문에 미국의 중재로 러일전쟁이 종전되었으나, 러시아와 일제 모두 만주 지역에 대한 이권이 확보되지 못한 결과에 불만이었다.

러일전쟁 당시 미국이 일본을 지원한 것은 만주 지역을 독점 지배하려는 러시아를 견제하기 위함이었다. 러일전쟁 이전부터 만주에 관심을 쏟아온 미국은 러·일 간의 세력 균형과 그들의 상호 견제를 틈타 만주 지역 침투를 시도했다. 그렇지만 미국의 계산과는 달리, 동병상련의 처지에서 러·일이 오히려 연대해서 미국을 제지하고 나섰다.

안중근이 망명할 무렵 만주 지역의 정세는 간도 문제로 더욱 복잡하게 얽혀져 갔다. 조선통감부는 간도를 한국 영토의 연장선으로 간주하고 간도 침략을 단행했다. 1907년 4월 제1차 러일협약이 진행되는 상황에서 러시아를 자극하지 않기 위해 미루다가 제1차 협약이 맺어진 직후인 1907년 8월 19일, 간도 파견대를 파견해 '통감부 간도 임시파출소'를 설치했다.

통감부 간도 임시파출소의 설치는 곧바로 청나라와 갈등을 빚었다. 청은 파출소의 철수를 요구하는 한편 2천 명의 군대를 주둔시키면서 반발했다. 이에 일제는 대한제국의 입장을 앞세우며 간도 지배를 주장했다. 한국이 두만강을 청나라 사이의 국경으로 승인하지 않았다는 점, 또한 한국에서 간도관리사를 파견해 한인들을 보호해왔던 점 등을 들며 한국의 영유권이라는 입장에서 반박했다. 한국의 영유권이 있는 곳이라 파출소를 설치했다는 말이었다.

그러나 청나라가 워낙 완강하게 나오자 청을 자극하는 것이 이권 획득에 불리하다고 판단한 일제는 1908년 4월 간도 문제의 방침을 바꾸었다. 한인의 보호를 담보로 부득이할 경우 두만강을 국경으로 인정하겠다는 것이었다. 일제에게 간도 영유권은 이차적인 것이었으니, 그걸 빌미로 이권을 쟁취하는 방향으로 선회했던 것이다.

주목할 것은 간도 문제 처리의 가닥이 잡혀갈 무렵인 1909년 3월 30일, 일제는 소위 '한국병합방침안'을 제출하고, 7월 6일 일본 각의에서 '한국병합안'에 대한 최종 결정을 내린 뒤 일왕의 재가를 받았다는 사실이다. 간도 문제 역시 같은 해 8월 13일 일제 각의에서 결정되었다. 이처럼 간도 문제는 한국 병탄과 맞물려 처리되었다. 다시 말해 한국을 병탄하는 과정에서 1907년 당시 한국 영토라는 명분으로 침범했던 간도를 남만주 지역 이권 쟁취의 대가로 청에 넘겨주었던 것이다.

◎

태풍 앞의 촛불, 대한제국

안중근이 망명한 이래 2년 여 동안 만주를 둘러싼 국제 정세는 러·일의 각축, 거기에 미국과 영국 등의 서구 열강이 호시탐탐 기회를 엿보면서 그야말로 반전에 반전을 거듭하는 혼전상이었다. 쇠락할 대로 쇠락해진 대한제국은 망국 일보 직전이었다.

이때 안중근이 연해주 지역에서 의병을 일으켰지만, 일제의 공세를 감당하기에는 역부족이었다. 당시 만주 정세를 꿰뚫었던 그는 "일제가 러시아·미국·청국과 반드시 전쟁을 할 것"이라 예단했고, 이런 국제 정세의 역학 관계를 활용해서 한국 독립의 방도를 찾는 데 몰두했다. 그는 만주가 일제의 영향력에 놓이게 되면 그만큼 한국 독립이 어려워질 수밖에 없다고 보았고, 그래서 한국 독립을 보전하자면 만주 지역의 안정, 나아가 동양 평화가 전제되어야만 한다고 판단했다. 이런 인식의 연장으로 동양 평화 차원에서 한국 독립의 정당성을 제시하려 했다.

당시 서구 열강은 이토와 러시아 실력자 코코프체프의 하얼빈에서의 만남을 커다란 의구심을 가지고 바라보았다. 일반적으로 1909년 청일신협약으로 악화된 러·일 관계를 개선하기 위해 하얼빈을 찾은 것으로 알려져 있으나, 일본 정계의 원로이자 대륙 침략의 선봉에 섰던 이토가 국빈 자격으로 하얼빈을 찾은 것에는 그 이상의 정치적 계략이 숨어 있었다. 섬나라 일제에겐 만주의 확보가 제국주의를 팽창시키기 위해 반드시 이뤄내야 할 숙원의 과제이자 목표였다. 1904년 가쓰라-태프트 밀약[17]에도 불구하고 일제가 오키나와와 타이완 이남의 필리핀 지역으로 나가는 진로는 봉쇄된 상황이었다. 또 한국과 타이완 정도의 식민지 경영만으로는 제국주의 반열에 오르는 데 한계가 있다고 여겼다. 때문에 일제의 만주 침략은 한국 침략에 이은 당연한 수순이었다. 이토가 하얼빈을 찾았던 것은 러시아와 함께 남북 만주의 분할 점령을 결정짓기 위해서였다.

그 뜻을 펼쳐보지도 못한 채 이토는 대한국의 의병 중장 안중근에 의해 최후를 맞았다. 안중근의 이토 처단은 한국의 독립은 물론 동양의 평화를 위해 거사였다. 그만큼 안중근은 한국의 의사만이 아닌 동양과 세계의 의사였다.

안중근의 의거는 중국도 절실하게 바라던 쾌거였다. 중국은 청일전쟁 패배의 대가로 일제에게 영토를 할양하는 등 굴욕적 수모를 당했던 데다가, 러일전쟁 당시에 청의 발상지인 만주가 전쟁터가 되고 말아 중국인들의 수치심은 이루 말할 수 없었다. 더욱이 이토가 러시아와 야합해 만주를 분할 점령하려는 야욕을 갖고 하얼빈에 왔으니 그들

17) 1905년 일본과 미국이 체결한 밀약. "일본은 미국의 필리핀 지배를 확인한다. 한국은 일본이 지배할 것을 승인한다"라는 내용이었다. 1905년 일본은 국제적으로 조선 지배를 인정받은 후 을사늑약을 체결하여 조선의 외교권을 침탈했다.

의 분노는 극에 달했지만 그들로서는 속수무책이었다. 바로 그때 안중근의 의거가 일어났다.

◎

생사 초월의 법정 투쟁

의거 직후 안중근은 역 구내 헌병 파출소에서 간단한 심문을 받은 뒤 그날 저녁 일본 영사관으로 호송되었다. 그리고는 10월 28일 일본 외상 고무라 쥬타로[小村壽太郎, 1855~1911]의 명령으로 뤼순의 관동도독부 지방법원으로 송치되었고, 10월 30일부터 정식 신문을 받았다. 이후 재판은 일제의 일방적인 절차에 따라 일사천리로 진행되었다.

안중근에 대한 일제의 재판은 시작부터 부당했고 불법이었다. 먼저 의거가 일어난 하얼빈은 제정 러시아의 조차(租借) 지역이었으며, 안중근은 일본인이 아닌 한국인으로 대우받아야 했다. 그만큼 일본이 그들의 법률에 의해 안중근을 재판할 권리가 없었음은 명백했다. 더욱이 명목이나마 대한제국이 아직 존재하고 있던 때였다. 그럼에도 일제는 제정 러시아를 압박해서 안중근을 인도받았고, 국제법과 국제 관례를 무시한 채 약소국 국민을 부당하게 재판하기 시작했다.

고무라는 1909년 12월 2일 "정부는 안중근의 범행이 극히 중대함을 감안, 응징의 정신에 의거 극형에 처함이 타당할 것을 사료하고 있다"라며 우덕순에 대해선 모살 미수죄를 적용할 것을 시사하고는 조도선과 유동하에 대해선 재량에 맡긴다는 내용의 지시 전문을 보냈다.

안중근은 1909년 11월 3일부터 1910년 3월 26일까지 5개월에 걸쳐 옥중에서 11회 신문을 받는 동안 검찰관과 일제의 한국 침략을 둘러싸고 치열한 공방전을 폈다. 의거 결행 후 도망갈 생각이 없었느냐는 일제 검찰관 질문에, "의(義)를 세우고 왜 도망해야 하는가. 나는 잡힌 뒤 재판장에서 이토의 죄상을 밝히는 기회를 얻을 목적으로 도망갈 생각은 하지 않았다"라고 했다.

신문 과정에서 검찰관을 앞세운 일제의 주요 논리는 대략 아래와 같다.

① 독립할 능력이 없는 한국이 다른 나라에 점령되면 일제에게 매우 불리해지므로 청일·러일전쟁을 일으킨 것이며, 이들 전쟁은 한국의 독립을 지키기 위한 불기피한 선택이었다.

② 국제 공법 때문에 일제가 한국을 '병합'하는 것은 불가능하나, '보호'하는 것은 국제 사회가 인정하는 것이다.

③ 한국의 진보를 위해 일제가 한국을 보호하고 있다.

④ 한국의 독립과 문명 개화를 위한 일제의 조치가 한일협약이며 이는 합법적이다. 한국의 독립과 문명 개화를 가능케 한 이토를 죽인 것은 오해에서 비롯된 것이다.

⑤ 안중근 의거는 살인 행위를 금하고 있는 천주교 교리를 위반한 짓이다.

안중근의 반박은 준엄했다.

① 러일전쟁의 침략성에 뒤이은 을사늑약, 한국 황제 폐위 등 일제의 침략 정책으로 한국인이 분개하고 있다.

② 일제의 한국 '병합' 야심을 열강이 좌시하는 까닭을 알고 있으며 이토가 한국을 병탄하려 하고 있다.

③ 일제가 위생 · 교통 시설의 완비, 학교의 설립 등을 내세워 한국의 진보를 돕고 있다 하나, 이는 일제를 위한 것이지 한국을 위해 것이 아니다. 메이지[明治] 초년의 일제는 문명하지도 진보하지도 않았다.

④ 황제를 협박해 강제로 체결한 을사늑약은 "형제 동지 간에 있어 한편이 다른 한편을 먹이로 삼은 것"일 뿐이다.

⑤ '이토 죄상' 15개조를 들며, 한국의 독립과 동양의 평화를 파괴한 이토를 죽여 일제를 각성시키고 침략 행위를 중지시키고자 한 것이다.

⑥ "남의 나라를 탈취하고 사람의 생명을 빼앗으려는 자가 있는 데도 수수방관함은 더 큰 죄"인지라 이토의 죽임은 결코 교리에 위반한 것이 아니다. 일제의 한국 침략이야말로 인도주의에 반한 행위다.[18)]

안중근은 진실을 호도한 일제의 논리를 조목조목 철저하게 반박했다. 특히 이토를 오해했다는 일제의 기소 사항은 안중근을 '정치범'이 아닌 일반 '살인범'으로 몰아 '사형'을 집행하기 위해 궁색하게 꾸며낸 논리의 소산이었다. 당시 국제법으론 '정치범'의 경우 사형을 집행할 수 없게 되어 있었다. 그래서 일제는 안중근의 정치적 행위를 무시하고, 흉악한 '살인범'으로 몰고 가려 했다. 그래서 판결문에 '총 잘 쏘는 포수가 잘못된 애국심으로 저지른 단독 살인 행위'라고 적었다.

---

18) 최서면('일본의 한국 병합과 안중근의 동양평화론', 『21세기의 동양평화론』, 1996, 83쪽) 참조

◎

사형 선고, 그 아들에 그 어머니

이미 예정된 각본대로 안중근은 1910년 2월 14일 사형 선고를 받았다.[19] 선고를 받은 안중근은 1910년 2월 17일 빌렘 신부에게 전보를 쳤다. 사형이 선고되었으며 빨리 와 달라고. 뮈텔 주교에게도 빌렘 신부를 보내줄 것을 전보로 청원했다. 뤼순법원 검사도 사형수와 빌렘의 면회를 허락한다는 공식 전보를 보냈다.

주교는 안중근이 잘못을 인정하지 않는 한 신부를 보낼 수 없다고 했다. 안중근의 사촌 안명근[20]이 주교를 직접 찾아가 빌렘 신부를 보내줄 것을 청했으나 역시 거절당했다.

그러나 빌렘은 가톨릭 교단의 파견 불가 방침에도 불구하고 1910년 3월 8일, 뤼순 감옥을 찾았다. 이때 안중근이 한국식으로 빌렘에게 무릎을 꿇고 큰 절을 올리자, 감정이 북받친 빌렘은 아버지처럼 안중근의 두 손을 붙잡아 일으켰다. 빌렘은 3월 9일 감옥에서 종부성사를 거행하고, 3월 10일 안중근을 영생으로 인도하는 최후의 미사를 올렸다. 이때를 빌렘은 나중에 감동으로 회고했다.

---

19) 그는 재판정에서 일본인 재판장이 사형을 선고했을 때 태연하게 재판장을 향해, "이보다 더 가혹한 형벌은 없느냐?"라고 물었고 항소도 포기했다 한다. 공판 경과를 적은 문건의 출판이 하나 이상이고 그래서 의사의 최후 진술은 판본에 따라 서로 다른 경우가 보인다.

20) 안명근(安明根, 1879~1927)은 어려서부터 안중근과 함께 항일 운동을 했고, 이승훈 · 김구 등과도 교분이 두터웠다.

토마는 5년 동안 떠나 있었음에도 미사의 응송 구절들을 하나도 잊지 않았습니다. 그는 망설임 없이 장중한 목소리로 응송을 바쳤습니다. 그 순간 세속의 모든 생각은 멀리 사라져 버렸습니다. 얼마나 아름다운 미사였던지요! 나는 그 순간을 잊을 수가 없으며, 앞으로도 결코 잊지 못할 것입니다. 정말로 장엄한 미사였습니다.

안중근의 사형 선고 소식은 두 동생 정근과 공근을 통해 진남포에 있던 어머니 조마리아 여사에게도 전해졌다.[21] 여사는 너무도 의연했다. 그리고 일필(一筆)했다.

옳은 일을 하고 받은 형이니 비겁하게 삶을 구걸하지 말고, 떳떳하게 죽는 것이 이 어미에 대한 효도이다. (중략) 네가 만약 늙은 이 어미보다 먼저 죽는 것을 불효라고 생각한다면 이 어미는 웃음거리가 될 것이다. 너의 죽음은 너 한 사람의 것이 아니라 조선인 전체의 공분을 짊어지고 있는 것이다. (중략) 아마도 이 편지는 이 어미가 너에게 쓰는 마지막 편지가 될 것이다. 여기에 너의 수의를 지어 보내니 이 옷을 입고 가거라. 어미는 현세에서 너와 재회하기를 기망치 아니하노니, 내세에는 반드시 선량한 하나님 아버지의 아들이 되어 다시 세상에 나오너라.

21) 불초자는 감히 어머님께 한 말씀 올리려 합니다. 엎드려 바라옵건대, 소자의 막심한 불효와 자식된 도리를 다하지 못한 죄를 용서하여 주시옵소서. 드릴 말씀은 허다하오나 훗날 천당에서 기쁘게 만나 뵈온 뒤 누누이 말씀드리겠습니다. 부디 배려를 거두시옵고 마음 편안히 지내시옵소서.

그 아들에 그 어머니요, 그 어머니에 그 아들이었다. 이는 죽음보다 더 거룩한 사랑의 힘에서 비롯된 미담이었다. 한편 2월 14일과 15일에 안중근은 가족[22]과 친지들에게 일곱 통의 유서를 남겼다.

◎

영원히 빛나는 동양평화론

안중근은 사형 집행을 기다리며 옥중에서 두 가지 저술을 구상했다. 하나는 자서전이고, 다른 하나는 동양 평화에 대한 자신의 의견을 정리한 『동양평화론』이었다. 『동양평화론』 집필에 착수한 것은 자서전 『안응칠 역사』[23]를 끝낸 뒤인 1910년 3월 15일이 지나서였다.

사형 집행 일자가 불확실한 상황에서 안중근은 『동양평화론』의 완성을 위해 사형 집행 일자를 한 달 정도 연기해줄 것을 일제 고등법원장에게 요구했다. 몇 달 걸려도 좋다는 승낙을 받자 안중근은 이를 믿

22) 아내에게 보낸 유언장(1910년 2월 14일자)에는 "우리는 이 이슬 같은 허무한 세상에 천주의 안배로 배필이 되었으나 다시 헤어지게 되었소. 부디 세상에 처하여 심신을 평안히 하고 영원의 낙을 바랄 뿐이오"라고 적었다.

23) 책은 안중근이 1909년 10월 26일 하얼빈에서 이토를 저격한 뒤, 뤼순 감옥에 수감된 그 해 12월 13일부터 적기 시작하여 이듬해인 1910년 3월 15일 탈고한 자서전적 옥중 수기다. 원본은 전해지지 않고 그 동안 일본어 번역본과 한문 초본 등이 차례로 일본에서 공개되어, 1970년대에 안중근의사숭모회에서 『안중근 의사 자서전』이란 제명으로 번역 · 간행하였다. 내용은 목차 구분 없이 1879년 탄생에서부터 가족의 일화, 성장 과정, 동학당 퇴치, 천주교 입교, 지방관의 학정과 부패에 대한 저항, 교육 구국 운동, 의병 전쟁 참여, 이토 저격, 검찰과 재판관의 심문과 공판 과정, 그리고 1910년 2월 1일(음력) 마지막 천주교 성사에 이르기까지의 일생을 기록한 것이다.

고 공소권 청구를 포기한 채 저술에 착수했다. 그러나 일제는 약속과 달리 열흘 뒤 1910년 3월 26일 사형을 집행하고 말았다. 때문에 『동양평화론』을 저술할 수 있었던 기간은 10여 일에 불과했다.

집필하려던 『동양평화론』은 ① 서(序) ② 전감(前鑑) ③ 현상(現狀) ④ 복선(伏線) ⑤ 문답(問答)으로 구상되었다. 그러나 실제 집필된 것은 서와 2장의 전감인데, 전감도 완성된 것이 아니었다. 때문에 오늘날 우리가 접하는 『동양평화론』은 서론에 해당하는 극히 일부분에 불과하다.

그렇지만 안중근이 법정 투쟁 과정에서 보여준 자유와 평화의 사상은 『동양평화론』의 대강을 짐작케 한다. 그가 구상한 '동양평화론'의 골간은 서양의 침략을 맞이해 동양 평화를 유지하려면 한국과 청국 그리고 일제 삼국이 일치단결해야 하며, 이들 삼국은 각기 독립을 유지한 가운데 단결을 이루어야 한다는 점이었다. 그가 내세운 동양 평화의 범주에는 한국, 중국, 일제는 물론이고 태국, 미얀마까지도 포함되었다. 그리고 동양 평화를 유지하려면 이들 국가가 일치단결해서 서양의 침략을 막아야 한다는 것이었다.

서양 침략을 막아야 한다는 논리는 당시 동양을 침략하는 서양 제국주의에 대항해 독립과 평화를 지키자는 것이지, 서양 그 자체를 배척하거나 부정하는 것이 아니었다. 그런 점은 그의 천주교 세계관을 통해서도 확인되고 있다. 뿐만 아니라, 일제를 향해 침략성을 버리고 동양 평화에 동참하라는 주장에서도 여실히 입증되고 있었다. 즉 안중근의 동양평화론은 동서양을 떠나 국가와 민족 간의 전쟁과 분쟁의 원인을 제거하자는 데 그 기저를 두고 있는 것이다. 때문에 그는 결코 인종주의에 매몰되지 않았으며, 동양 평화 사상은 세계 평화 사상과 전혀 대치되거나 모순되지 않는 것이었다. 이렇듯 안중근의 동양평화론은 국제주의가 유지되기 위해서는 민족주의의 기반이 전제가 되어야 한다는 높은 수준의 동양 평화의 방도를 제시한 것이었다.

패권주의에 기반한 일제의 아시아 연대주의와는 달랐다. 아시아 연대주의는 일제 침략 정책에 불과한 논리였다. 겉으로는 서구 열강의 침략을 당해 동양 삼국이 연대해 동양 평화의 질서를 확립해야 한다고 외치나, 속사정은 평등한 관계의 연대가 아닌 상하 관계로 설정한 것이었다. 즉 일제를 아시아의 지도자로 하는 지배자와 피지배자의 관계로 설정한 것이며 이 주의의 또 하나 본질은 일제 자체의 독립 보전책에 불과한 것이었다.

그렇지만 안중근의 동양 평화의 구도는 대체로 일제의 우위를 인정한 바탕 위에서 한국과 청국이 정립(鼎立)해 평화를 유지해야 한다는 것이었다. 그의 동양평화론은 매우 높은 이상을 추구하면서도 이같이 현실적 상황을 무시하지 않는 실질적 사상성을 띠고 있었다.

그는 동양 평화를 위해 뤼순 항을 개방해 삼국이 공동 관할할 것과 또 삼국 대표에 의한 평화 회의 기구를 조직함으로써 동양 평화의 출발점으로 삼을 것을 주창했다. 공동 출자에 의한 재정 확보의 방안과 삼국의 청년들로 구성된 군단 구성 등 경제, 군사 방면에까지 이르는 구체적 방안을 제시하고 있었다. 그리고 이들 삼국의 황제들이 로마 교황에 의한 대관식을 갖도록 해 국제적으로 인정을 받을 수 있게 하자는 천주교적 세계관도 포함되어 있었다.

◎

동양 평화를 위한 구체적 실행

동양 평화를 이루기 위해서는 무엇보다 일제의 침략성을 막아야 할 것이었다. 그가 법정에서 '일본 국민을 구원하기 위해 이토를 처단했다'라는 주장은 바로 동양평화론에 근거한 것이었다. 즉 이토는 동양 평화의 기초를 이루는 삼국의 독립을 해쳐 동양 평화를 파괴하는 자이므로 처단한 것이며, 그것이 궁극적으로 일본의 독립과 동양 평화를 보전하는 길이었다는 것이다.

안중근 집안은 러일전쟁 직후 중국 산둥[山東]이나 상하이[上海] 등지로 해외 망명을 시도하였다. 그는 당시 상하이에서 르각 신부[24]로부터 알사스 로렌(Alsace-Lorraine)이 처했던 국경 분쟁의 이야기를 들으면서, 국내에서 교육 운동을 일으키기로 결심한 바 있었다. 알사스 로렌 출신이었던 르각은 "외세가 침략할 때 나라를 떠나 나라 안을 비우면 외적이 침입하기 더 쉬울 뿐 아니라, 한번 떠나면 다시 돌아오기 어렵다"라는 충언을 해주었다.

안중근에게 영향을 크게 끼친 빌렘 신부와 후일 옥중 생활 때 안중

---

24) 르각(Le Gac, 1876~1914), 파리 외방전교회 선교사. 한국 이름은 곽원량(郭元良). 황해도 재령 본당의 주임신부로 와서 1899년 8월 한문 서당을 개설하고 선교보다는 교육 사업에 적극적이었다. 1905년 중국 상하이에서 만난 안중근에게 국민 계몽을 위해 학교를 설립할 것을 당부했고 이에 안중근은 귀국해서 진남포에 학교를 세웠다.

근을 도왔던 드망주 주교[25]도 모두 알사스 로렌 출신이었다. 때문에 안중근은 그 지방이 프랑스령에서 독일령으로 바뀌는 과정에서 그들이 겪어야 했던 수난들을 이미 잘 알고 있었다. 그리고 알사스 로렌의 경험을 통해 강자와 침략자의 틈바구니에서 약자(대한제국)가 생존하기 위한 방도를 찾고자 노력하였고, 이는 그의 동양평화론 형성에 크게 영향을 미쳤다.

하얼빈을 찾기 위해 다롄에 도착한 이토는 1909년 10월 21일 환영만찬회 연설에서 극동 평화(동양 평화)를 주장한 바 있었다. 이때 이토의 논리는 동양이 불안한 것은 만주의 치안이 불안한 때문이고, 일제가 만주의 치안을 확보하게 되면 러시아와 중국도 안전해질 뿐 아니라 교역이 활발해져 경제도 발달할 수 있다고 했다. 때문에 일제의 만주 점령이 곧 동양 평화의 출발점이라는 침략의 궤변을 늘어놓았다. 안중근 의거를 중국인들이 찬양했던 것은 그런 이유에서였다.[26]

◎

웅지와 회한 속의 삼매경

생명의 시한이 정해진 삶이었으니

---

25) 드망주(Florian Demange, 1875~1938) 주교의 한국 이름은 안세화(安世華).

26) 당시의 중국 주석 위안스카이[袁世凱]도 시 한 수로 안중근의 거사를 찬양해 마지않았다. "평생 이루려던 일 지금 마쳤으니(平生經事 至今畢) 사지에서 살기를 도모하는 짓은 장부가 아니다(死地求生非丈夫). 몸은 비록 삼한에 있으나 이름은 만국에 떨치니(命在三韓名萬國) 백 년을 못사는 삶, 죽어서 천추에 이름을 떨쳤도다(生無百世死千年)."

세상을 바라보았던 높디높은 웅지만큼이나 안중근의 심중에는 회한도 깊고 깊었다. 두 마음 사이의 깊은 골을 안중근은 서예가 삼매경(三昧境)으로 메울 수 있었다. 붓에 먹을 묻혀 한 글자 한 글자 써나가는 기운생동(氣韻生動)의 몰입 속에서 "과거에 대한 회한도 없고 미래에 대한 불안도 없"는 '무시영원(無時永遠)'의 경지를 만날 수 있었기 때문이었다.

안중근 의사의 서예는 어려서 익혔던 서당 수련의 연장이었다. 공맹(孔孟)이 설파하던 동양의 대표적 미덕이 "내 한 몸을 가꾼 뒤 나아가 천하를 다스린다"라는 것인데, 의사가 족자에 적었던 일련의 글씨는 바로 그런 내용으로 일관되었다. "하루라도 책을 읽지 않으면 입속에 가시가 돋는다[一日不讀書口中生荊棘 : 일일불독서구중생형극]"라든가 "황금 백만 냥도 자식 하나 가르침만 못하다[黃金百萬兩 不如一教子 : 황금백만 냥 불여일교자]" 등을 적다가 마침내 "나라를 위해 몸을 바침은 군인의 본분이다[爲國獻身軍人本分 : 위국헌신군인본분]"이라며 구국의 마음을 담아 적었다.[27)]

의사가 적었던 글씨[28)]는 하나하나가 보는 이의 폐부를 찌른다. 어

---

27) 보물 제 569-23호(137x32.8cm. 명주천). 유묵은 순국하기 직전, 의사의 공판정 왕래 때 경호를 맡았던 일본 헌병 지바 도시치[千葉十七, 1885~1934]에게 써준 것. 안중근의 인품에 크게 감화 받았던 그는 휘호를 갖고 고향으로 돌아가서는 의사의 영정과 함께 집에 모시고 공양을 계속했다. 사형 선고를 받은 뒤 안 의사가 받았던 어머니의 편지 내용을 검열했던 지바가 감동해서 그의 일기장에 옮겨 적었던 것이 훗날 세상에 알려지기도 했다. 지바가 죽은 뒤는 아내가 사후 공양을 계속했고, 아내가 죽자 조카딸 등 가족들이 1979년 의사 탄생 백주년을 기념하여 유묵을 한국으로 반환했다.

28) 그때 감옥에서 남긴 글씨가 2백여 점이고 현재 국내외에 소장이 확인된 것은 50여 점이다.

렵사리 지필묵을 구했지만 제대로 된 서축(書軸)을 완성할 수는 없었다. 완성을 제대로 말해줄 백문(白文)과 주문(朱文)의 수인(首印)과 낙관(落款) 도장이 없었기 때문이었다. 무명지가 잘려나간 손바닥에 먹물을 묻힌 장인(掌印 : 손바닥 도장)을 찍어 자필임을 말해줄 수밖에 없었던 그 절대 부족의 한계 상황도 오히려 비감(悲感)을 자아내면서 글씨의 품격을 드높여주었다.[29]

◎

청사에 빛나는 안중근 의거의 역사성

안중근 의거는 세상을 진동시키는 일대 사건이었다. 그렇지만 당시의 반응은 크게 엇갈렸다. 물론 해외 한인 사회와 독립 운동 세력은 안중근 의거를 찬양하고 기뻐했지만, 그것은 한국 민족 전체로 볼 때 일부에 불과했다.

안중근 의거가 한국인의 의사와는 전혀 관계가 없다는 내용을 발표하는 한편 결과적으로 한국이 일제를 배척해 임진왜란 · 을사늑약 · 정미칠조약 같은 화를 자초하게 됐다고 개탄하기도 했다. 한국의 독립

글씨를 받은 사람은 일제 검찰관과 간수 등 그에게서 감화를 받은 일본인이 대부분이다.(『安重根』, 예술의 전당 서예박물관, 2009) 참조

29) 글씨는 그 사람 인격이라 했다. 당대의 명필로 소문났던 석봉 한호(石峯 韓濩, 1543~1605)는 조선 왕실의 사자관(寫字官)이었다. 을사오적 중 한 사람인 이완용도 바로 그 직책 출신이었다. 지금도 서화 경매 시장에 종종 이완용의 글씨가 출시되지만 한 마디로 똥값이다. 반면, 망국의 상황에서 한민족의 기개를 드높였던 안중근의 필적은 하나같이 나라 지정 보물인데다 어쩌다 출시되면 그건 '별도 문의' 대상인 초고가가 매겨진다.

과 개명 진보는 일제에 의한 것이라는 망언도 서슴지 않았다. 심지어 안중근을 '나라를 망하게 한 흉한', '동양 평화의 파괴자'로 지탄하기도 했다.

이토의 죽음에 대해서 일제는 말할 것도 없고, 세계 각국이 보내는 애도의 뜻에서 오히려 이토를 동양 평화의 주창자, 전도사로 치켜세웠다. 한국에서도 황실과 대한제국 정부가 앞장 서 이토를 '한국의 은인', '동양 평화의 선도자, 수호자'로 추앙하는 사태가 연출되었다. 대한제국 황실은 이토에게 문충공(文忠公)이란 시호를 내렸고, 대한협회나 일진회 같은 사회 단체들은 다투어 이토 추모 행사를 벌였다. 이토의 '송덕비'를 건립하거나 '국민 사죄단'을 구성하는 등 망국적 망발이 여기저기서 자행되었다.[30)]

그런 가운데 안중근은 법정에서 이토의 죄과를 지적하면서 외롭게 의거의 정당성을 주장했다. 그는 "훗날 안중근의 날이 올 것"을 예견하고 굳게 믿었다.[31)] 그리고 마지막 순간까지 조국의 앞날을 걱정하다

---

30) "호랑이 애비에 개자식 없다"라는 옛말도 헛말이 분명한 것이 의사의 둘째아들 안준생(安俊生, 1907~1951)이 일제 때 이토의 아들을 만나 "아버지를 대신해 깊이 사과"한다고 했다. 이에 김구는 "민족 반역자로 변절한 안준생을 체포하여 교수형에 처하라고 중국 관헌에게 부탁했으나 그들이 실행하지 않았다"라고 『백범일지』에 적었다. 안중근의 큰아들 우생(祐生)은 열두 살 때 북만주에서 일제에 의해 독살되었다.(이종각(『이토 히로부미』, 동아일보사, 2010) 참조)

31) 안 의사의 예견이 틀림없다는 세속적 물증도 많다. 우리 사회에서는 차량 뒤에 개인적으로 좋아하는 말이나 그림의 로고를 붙이는 경우가 많은데, 거기서 자주 눈에 뜨이는 것은 안중근이 남긴 글씨 낙관 부분에 적었던 '大韓國人(대한국인)'과 무명지 끝이 절단된 손바닥 도장의 이미지다.

가 순국을 맞았다.

역사의 진실은 결코 안중근의 높은 뜻을 외면하지 않았다. 뿐만 아니라 안중근 의거는 시간이 지날수록 그 의미가 깊이를 더해가고 더욱 찬연히 빛나고 있다. 반면, '한국의 은인' '동양 평화의 수호자'로 떠받들어졌던 이토의 역사적 망상과 허상은 일제의 패망, 제국주의 청산과 함께 사라지고 말았다.

안창호,
무실역행(務實力行)의
통합적 지도자

안경환 (서울대학교 명예교수)

감옥에 갇힌 도산

1932년 상해에서 체포되어 대전 등지에서 수감되었을 적의 모습. 사진 아래 숫자 '1724'는 수인(囚人) 번호이다.

◎

갈등하던 민족혼

"해방은 도둑같이 뜻밖에 왔다"라고 함석헌(咸錫憲, 1901~1989)은 말했다. 박헌영(朴憲永, 1900~1955)도 "아닌 밤중에 찰시루떡 받는 격으로 해방을 맞이했다"라고 했다. 해방 50여 년 후 친일 혐의를 추궁 받던 한 시인은 "일본이 패망할 줄 알지 못했기 때문에" 그런 행위를 했다고 변명했다.[1)]

일본 통치 당국은 만약 패전할 경우 조선인들도 참혹한 운명을 맞게 될 것이라고 줄기차게 선전했다. 조선의 독립을 연합국이 약속했다는 카이로선언은 완강한 언론 통제를 뚫지 못하고 극소수의 사람만이 희미하게 전해 듣고 있었을 뿐이다.

일본의 항복과 조선의 해방을 예측한 식민지인은 극소수였을지 모른다. 그러나 설령 예측하지는 못했더라도 독립의 꿈과 믿음은 버리지 않았어야 했다. 독립은 확률과 기대치의 문제가 아니라 당위의 문제였기 때문이다. 실현 가능성이 지극히 낮은 민족적 과제를 지고 독립 운

---

1) 김기협,『해방일기 : 1권』, 너머북스, 2011, 76쪽 ; 강준만,『한국현대사산책 : 1940년대 편 1권』, 인물과 사상사, 2011, 29쪽

동에 헌신한 사람들에게는 적어도 대의와 명분이 있었다.

그러기에 그 험난한 길을 스스로 내딛지는 못했어도 그런 동포에 대한 응분의 경의는 품고 있었어야 했다. 백번 양보하여 최소한 일제의 앞잡이가 되어 동족의 탄압에 나서지는 말았어야 할 것이다. 광복 70년을 넘긴 이 시점에도 '친일 부역자'의 문제가 정리되지 못한 이월 부채로 남아있는 이유가 바로 여기에 있다.

일제강점기의 수많은 애국 지사 중에 도산 안창호(島山 安昌浩)는 가장 '통합적인' 지도자로 평가받는다. 세상을 떠난 지 80년이 지난 이 시점에도 그는 목전에 걸린 권력보다 대의를 위한 화합과 공동의 지혜를 추구한 인물로 기려진다. 많은 국민의 애도 속에 일찍 떠났기에 해방 후 혼란 정국의 상처를 입지 않아 외려 영생한 측면도 있을 것이다.

> 나에게는 조국은 없다. 산하가 있을 뿐이다.[2)]

소설가 이병주의 수사대로 이민족에 빼앗겼다 되찾은 산하에 두 개의 조국이 들어서는 것을 용납할 수 없었던 일제 말기 지식 청년들에게는 '통일된 단일 정부'의 건설은 결코 양보할 수 없는 선결 과제였을 것이다. 그런 관점에서 보면 해방 이후 한반도의 상황은 많은 국민에게 아쉬움을 넘은 좌절을 안겨주기도 했다. 동시대인 이승만이 대한민국의 초대 대통령으로 세운 남다른 공에도 불구하고 적잖은 후세인에

---

2) 이병주,『산하』1~7, 한길사, 2006

게 화합보다 분열의 상징으로 인식되는 것과 도산은 극명하게 대조된다. 이승만의 정치적 라이벌로 인식되는 백범 김구의 경우도 마찬가지다.

◎

기울어지는 나라, 신학문에 눈 뜬 소년

19세기 말 극동의 외진 '은자의 왕국' 조선은 이미 기울어지고 있던 나라였다. 명목상의 국왕을 세워둔 채 권력을 농단하는 세도 정치에 민생은 피폐하고 민란이 끊일 날이 없었다. 통상을 핑계로 개국을 요구하는 이양선들의 출몰이 나라의 장래에 어떤 위해를 초래할지, 막연한 불안조차 품은 사람도 극소수였다. 서구 열강을 적기에 모방하여 '문명 개화'를 이룬 일본의 침입이 아니더라도 조선은 스스로 궤멸하고 말았을 것이라는 후세인들의 냉혹한 평가도 따른다.

도산 안창호는 1878년 11월 9일, 평남 강서군 초리면 칠리 봉상도(도롱섬)에서 잔반(殘班) 빈농, 안흥국의 셋째아들이 태어났다. 반세기 후, 그는 나라 전체가 숭앙하는 민족 지도자로 자라고, 한 세기 후 그의 이름은 독립을 얻은 나라 수도의 중심대로에 새겨졌다.

그의 초년기는 궁핍의 연속이었다. 열두 살도 되기 전에 부모를 잃은 소년 안창호는 조부의 후견 아래 전래의 도리와 지식을 배웠다. 그러나 왠지 공허한 마음을 다스릴 수 없었다. 시골 훈장 아래 함께 초급 한학을 배우던 창호는 필대은(畢大殷)과 교류하면서 새로운 시대 조류에 눈을 돌렸다. 황해도 안악 출신으로 창호보다 몇 살 위인 필대은은 세상이 근본적으로 달라지고 있다, 따라서 새 세상을 맞는 공부도 근본적으로 달라야 한다고 강조했다.

조선을 두고 주도권 싸움을 벌이던 일본과 청국 사이의 전쟁이 조선 땅에서 벌어졌다. 그 결과 평양성은 폐허가 되고 무고한 조선 백성들이 살육 당했다. 민족 비극의 생생한 현장을 목격한 두 소년은 엄청난 충격을 받았다. 너무나 손쉬운 일본의 승리는 신식 무기와 훈련을 뒷받침하는 사회 체제의 승리로 보였다.

1895년 두 소년은 신학문을 배우기 위해 한양으로 향하고 소년 창호는 구세(救世)학당에 입학했다. 당시 한양에는 외국 선교사들이 세운 학교가 몇몇 있었다. 1885년 헐버트 (Homer Hulbert, 1863~1949)가 세운 배재학당이 선두주자였다. 이듬해에 감리교 목사 아펜젤러(Alice Appenzeller, 1885~1950)가 특이하게도 여학생만을 대상으로 하는 이화학당을 열었고, 미국 북장로회 소속 언더우드(Horace Underwood, 1859~1916) 목사는 구세학당을 세웠다.[3] 이들 신식학교의 최종 교육 목표는 기독교의 복음을 전하는 데 있었고 주된 교과 내용은 서양의 신식 학문이었다.

"배우고 싶은 사람은 먹여주고 재워주고 거저 가르쳐 준다"라는 교

---

3) 서울 광화문 새문안교회 안에 선 이 학교는 초기에 원두우(元杜尤)학당(Underwood School) 또는 '고아 학당'으로 불리다가 1893년 밀러(Edward Miller, 1866~1937; 한국 이름 민노아) 목사가 책임을 맡으면서 밀러학당, 민노아(閔老雅)학당으로 바뀌었고 구세학당이라는 한문식 이름이 지어졌다. 영어로는 Boys School of Korea Mission이다.

장 밀러의 가두 홍보에 적수공권이었던 시골 소년 안창호가 응답했다. 영어 교육 등 인기가 높았던 배재학당이나 외국어 학교 대신에 영어를 가르치지 않는, '고아 학당'으로 불리던 구세학당에 입학한 것이다. 후일 독립 운동의 길을 걸은 동포들 중에서도 한학도 짧고 신학문의 학벌도 얕은 도산을 일러 '평안도 촌놈' 이니 '무식한 인간'이라고 폄하하는 사람도 더러 있었다.

일제는 이러한 신분과 학식의 차이에 주목하여 조선인 사이의 분열 공작을 획책하기도 했다.[4] 과거를 준비할 정도로 한학이 깊었던 우남 이승만은 도산보다 늦게 미국에 왔음에도 불구하고 고종의 밀사 자격으로 미국 대통령을 만나고 고등학교에 이어 조지 워싱턴 대학과 하버드를 거쳐 프린스턴 대학에서 박사 학위를 받았다.[5] 서재필과 이승만이 비록 고학을 하면서도 의사가 되고 박사 학위를 취득하여 독립 운동의 자산으로 활용한 것과는 대조적으로 도미 당시에 든든한 배경이 없었던 안창호는 직접 교민의 생활 속으로 뛰어들었다. '아래로부터의 힘'을 의식한 선택이기도 했다.

안창호는 아내 이혜련(李惠鍊, 1883~1969)을 동반하여 이국땅에서 고락을 함께 하며 금슬 좋은 배필로 평생을 살았다. 자신이 열세 살 되던 해에 조부의 주선으로 이미 약혼이 되어있음을 알고 파약할 것을 주장했지만 신부가 요지부동임을 알고 운명으로 받아들였다. 그 대신

---

4) 이태복, 『도산 안창호 평전』, 동녘, 2006, 53쪽

5) 정인섭 번역, 『이승만의 전시중립론』, 나남, 2000

약혼녀를 정신여학교에 입학시켜 신교육을 받게 했다. 시대를 내다본 현명한 선택 덕분에 '신식 남편과 구식 아내'의 전형적인 비극을 피할 수 있었다.

2년여에 걸친 안창호의 구세학당 생활에서는 정직, 성실의 미덕이 돋보였다. 이에 대한 단서는 학교장 밀러의 보고서 속에 남아 있다. 1895년 안창호는 새해를 맞이하여 옷을 수선할 비용으로 교장에게서 3원을 빌렸다. 그러나 여전히 헌 옷을 입은 창호는 일거리를 달라며 찾아왔다. 학생이 속임수를 쓰는 것으로 의심한 교장이 물었다.

"지난번에 빌려 간 돈 3원은 어떻게 했나?"

그러자 창호는 "저는 그 돈을 갚기 위해 일자리를 찾고 있습니다. 그 돈은 요구하시면 언제라도 돌려드리려고 상자 속에 넣어두었습니다"라고 답했다.[6] 또한 10월 보고서에는 교장의 신임을 얻은 창호가 학생 겸 조교로 근무한 내용이 있다.[7]

안창호의 활동에 기독교는 전면에 드러나지 않는다. 구세학당 학생으로 다분히 의무적으로 장로교회에 입교하고 세례를 받았으나 평생토록 특정 교회에 적을 두지 않았다. 그는 교회의 기부금 모집 운동이

---

6) Reports and Letter from Korea Mission, 1884~1920. 안창호의 정직성에 관한 또 다른 일화는 런던의 중국인 왕홍성(王鴻盛)의 서한에도 드러나 있다. 1911년 러시아에서 런던을 경유하여 미국으로 돌아가던 안창호는 여비가 모자라 무작정 런던의 한 중국음식집 주인에게 통사정을 하고 5백 달러를 빌린다. 왕은 갚으리라는 기대 없이 선뜻 빌려주었다. 뜻밖에 안창호가 선물과 함께 빌린 돈을 부쳐오자 감격하여 편지와 선물을 보냈다. 『도산 안창호 전집』(도산 안창호 선생 기념사업회, 전 14권:〈총목차〉 37쪽, 2000).

7) 『도산 안창호 전집』〈총목차〉, 78쪽.

나 내세 기복 신앙에 매우 비판적이었다. 때때로 선교사들로부터 '예수 믿는 사람이 아니다'라는 비난을 받기도 했다.[8)]

구세학당에 재학하는 중에도 독립협회가 후견하는 배재학당의 토론회(협성회)에 가입하는 등 청년 지도자의 수련에 나섰다. 독립협회를 세운 서재필(徐載弼, 1864~1951)의 연설에 감동한 안창호는 필대은과 함께 회원이 되었다. 이즈음 서재필의 동료였던 유길준(兪吉濬, 1856~1914)이 쓴 『서유견문』(1895)을 읽고 충격적인 개안을 얻었다고 후일 고백했다. 서양 문화의 핵심인 정치 제도를 도입하여 조선을 자주적인 나라로 만들어야 한다는 논지였다. 이 책은 도산이 후일 문명 개화의 방법과 제도 개혁을 구상하는 데 중요한 지침서가 되었다.

◎

만민공동회와 청년 연설가의 탄생

1898년 11월, 독립협회의 주도 아래 서울 종로에서 '만민공동회'가 열렸다. 독립협회는 민권 운동을 통한 입헌군주제적 의회의 설립을 주창하고 무능한 정부의 시책을 비판하며 7개 탄핵 사항과 6개 혁신안을 건의했다. 그러나 관변 단체인 황국협회가 회의장을 습격하고 조정의 강력한 탄압이 따랐다. 철야 농성으로 맞선 가두 투쟁은 실패로 끝났다. 이를 주도한 배재학당의 소장파 지도자의 한 사람이었던 이승만은 체포되어 무기징역을 선고받고 5년

---

8) 이태복, 『도산 안창호 평전』, 동녘, 2006, 45쪽

여 기간을 복역했다.

만민공동회의 개최에 앞서 독립협회는 평양에 지부를 설치하기 위해 1887년 음력 7월 25일 쾌재정(快哉亭)[9]에서 대중 집회를 개최했다. 연사로 나선 안창호는 달변으로 청중을 사로잡았다. 안창호는 각각 18개의 '쾌재'(快哉)와 '불쾌'(不快)의 예를 대비시키면서 고관대작들의 가렴주구와 토색질을 고발하고 국민 교육의 중요성을 역설했다. '쾌재정 연설'을 계기로 안창호는 관서 지역의 떠오르는 새 별이 되었고 이어서 11월 23일(양력), 한양 연설을 계기로 전국적인 인물로 부상했다.

쾌재정 연설 현장에 있던 남강 이승훈((南崗 李昇薰, 1864~1930)은 자신보다 열세 살이나 어린 젊은이의 열변에 감화되어 독립 운동에 투신할 의지를 다졌다고 한다. 이승훈의 아버지는 상인으로 성공했으나 문벌이 낮은 것을 한탄하여 양반집과 혼인하고 서당을 세우는 등 신분 상승을 위해 진력했다. 그는 일가권속을 정주군 오산면 용동에 모아 집성촌을 형성했다. 이즈음 남강이 도산의 연설을 들은 것이다.

> 나라가 없고서는 일가와 일신이 있을 수 없고 민족이 천대를 받을 때에 나 혼자만 영광을 누릴 수가 없소!

도산의 민족론, 교육론에 감화된 남강은 즉시 상투를 자르고 자신의

---

9) '쾌재'는 '뜻대로 잘되어 매우 유쾌함'이라는 뜻. 송나라 소철(蘇轍)의 글에 '快哉亭記(쾌재정기)'가 있다.

주택과 서재 공사를 중단하고 그 재목과 기와로 학교를 지었다. 이렇게 탄생한 학교가 오산학교다. 남강은 후일 기미독립선언문에 서명한 민족 대표 33인 중 한 사람이 되었다.

◎

교육 입국의 꿈과 점진학교의 설립

만민공동회의 실패는 이상에 찬 청년들에게 큰 좌절을 안겨주었다. 이들이 소리 높여 외친 독립 자주와 민권 확대의 구호 뒤에는 새로운 정치 체제의 이상이 담겨 있었다. 그러나 그 새로운 체제의 의미가 무엇인지에 대한 확연한 공감대가 확보되지 않았다.

더더구나 대중은 무지했다. 대다수 백성은 '하늘같은' 국왕의 존재를 의심 없이 신봉하고 있었다. 제한 군주국이든 공화국이든 민중의 의식이 결집되지 않고 역량이 확보되지 않은 상태에서는 이룰 수 없다. 대대적인 민족 계몽 운동을 벌여야 했다. 교육을 통한 점진적 민족 개조와 사회 개혁을 성취해야만 했다. 청년 안창호의 뼈저린 자각이었다. 현실적으로도 마땅한 투쟁 방법이 없었다. 만민공동회는 수구 세력이 찬탈한 공권력에 의해 무참하게 진압되었고 안창호 자신도 비록 투옥은 면했지만 상시 감시 대상이 되어 운신의 폭이 극도로 좁아졌다. 친형과 같은 존재였던 필대은도 신병으로 죽었다.

1899년, 청년 안창호는 형이 세거지를 마련한 강서군에 남녀공학 점진학교를 설립하고, 장기적인 재정 확보 수단으로 인근의 황무지 개간 사업을 벌렸다. '점진(漸進)'이라는 교명에는 "조급하게 서두르지 말고 '10년 생취(生聚), 10년 교훈'의 자세로 차근차근, 꾸준히, 쉬지 말고 정진할 것이다"라는 그의 뜻이 담겨 있다.

교육입국의 사명감과 꿈에 부풀어 내딛은 선구자의 걸음이지만 현실은 냉혹했다. 외세를 업은 조정과 수구파의 탄압은 날로 가혹해졌고 채 1년을 버티지 못하고 학교는 문을 닫았다. 그러나 점진학교는 8년 후에 설립된 평양의 대성학교와 함께 도산 안창호의 교육입국론의 실습장으로 중요한 의미를 지닌다.

◎

미국 한인 사회의 조직과 애국 운동

『서유견문』에서 얻은 충격적 개안은 한 시도 청년 안창호의 뇌리를 떠나지 않았다. 구대륙 유럽의 지식인들을 현혹시켰던 '신세계 문명국, 아메리카'의 꿈은 조선 청년에게도 전승되었다. 1902년, 커다란 포부를 품은 청년은 미국행 뱃길에 올랐다. 1902년 10월 14일자 대한제국 외부가 발행한 '집조(執照: 여권)'에는 "평양 거주 상민(常民) 안창호가 인천항을 경유 미국 화성돈(華盛頓: 워싱턴) 등지로 여행하는 것을 허한다"라는 내용이 적혀 있었다.

출항에 앞서 9월 3일, 안창호와 이혜련은 밀러 목사의 주례로 결혼식을 올렸다. 신혼 부부는 일본 고베에서 샌프란시스코 행 여객선을 타기 전에 도쿄에서 1주일 간 체류하며 일본의 새로운 문물을 접하고 새삼 감탄했다. 당시 일본은 강하고 안정된 나라의 면모가 완연했다.

무너져 가는 조국을 강한 나라로 거듭나게 하기 위해서는 강한 나라의 면모를 주의 깊게 살펴야만 했다. 『서유견문』의 구절들이 되살아났다. 배가 아메리카 대륙에 들어서기에 앞서 청년 안창호는 자신에게 '도산(島山)'이라는 새 이름을 선사했다.

> 하와이 부근을 지나게 되었지요. 망망한 수평선 저 쪽에 조그마한 섬 하나가 있더군요 …… 망망한 대해 중(大海中)에 홀로 서 있는 그 섬의 기개 - 나는 그 섬을 바라보면서 어떤 대양의 선구자를 만난 듯 하여 여간 감동하지 않았습니다. 그래서 내 호를 도산이라고 하였습니다.[10]

1902년 10월 14일, 안창호 부부는 밴쿠버와 시애틀 항구를 거쳐 기차 편으로 샌프란시스코 역에 도착했다.

한인이 다량으로 미국에 유입된 것은 1903년, 북아메리카 개발회사가 모집한 하와이 농지 개발 사업에 조선인 노동자가 동원되면서부터였다. 이들 중 상당수가 계약 기간이 만료되기 전에 탈주하거나 기간의 만료 후에 캘리포니아로 이주했고, 멕시코와 쿠바에 정착한 사람도 있었다. 그 이전에는 중국 상인을 따라 미국에 갔던 '고려인' 인삼 장수가 더러 있었다. 도산은 샌프란시스코 시내 대로에서 조선인 인삼 장수들끼리 상투를 맞잡고 몸싸움을 벌이는 모습을 보고 충격을 받았다. 서로에게 할당된 판매 구역을 침범했다는 이유에서였다. 백인 사

---

10) 『도산 안창호 전집』(〈총목차〉, 1권 해제, 2000)

회에서 조선인은 불결하고 나태하고 무질서한 민족이라는 평이 나돌고 있었다. 당시 미국에는 부두 노동자들의 조직적 활동이 벌어졌다. 러시아 볼셰비키 혁명의 전조와 여진도 감지되었다. 친목회나 노동 캠프는 초기 이주 노동자 사이에 전형적인 모습이었다.

1903년 9월, 25세의 도산은 몇 십 가구에 불과한 샌프란시스코 한인 사회에 친목회를 결성하여 회장직을 맡았다. 자신은 청소, 정원 손질 등 잡일로 생계를 해결하면서 조선인 노동자 공동체 만들기에 투신한 것이다. 이듬해인 1904년, 남쪽 도시 리버사이드로 이주하여 기독교 강습소에서 영어와 신학 수업을 받았다. 1905년 11월, 로스앤젤레스를 포함한 캘리포니아 전역을 아울러 '공립협회(共立協會)'를 발족시키고 한글판 기관지 『공립신보』를 발행했다. 이강(李剛, 1878~1964), 임준기(林俊基) 등 동료가 오랜 세월 동안 고락을 함께 했다.

같은 해에 후일 아시아계 남성 최초로 할리우드 배우가 된 장남 필립(必立)이 출생했다. '반드시 자주 독립한다'라는 구국의 사명감을 장남의 이름으로 다짐한 것이다.

1906년 4월 18일, 샌프란시스코에 대 지진이 일어났다.[11] 스물네 명의 동포가 사망하고 공립협회 회관이 소실되었다. 재앙의 소식을 접한 고종 황제는 일본 영사관을 통해 진재 위로금을 보냈다. 하지만 바로 전 해의 을사늑약으로 대한제국의 외교권이 박탈당한 후였다. 도산

---

11) 차학성, '잭 런던, 샌프란시스코 대 지진과 도산 안창호', 『문예운동』, 2012 봄, 통권 113, 253~256쪽

은 회의를 거쳐 일본 영사관을 통한 수령을 거부하고 그 취지를 본국의 황제에게 알렸다. 공립협회는 조선 교민의 일에 간섭하지 않겠다는 일본 총영사의 약속을 받아냈다. 그리하여 공립협회는 미국 정부의 묵인 아래 교포 사회에서 발생하는 각종 사건의 외교적 문제를 해결하는 명실상부한 대표 기관으로 자리 잡았다.

1907년, 샌프란시스코 거주 전명운(田明雲, 1884~1947)과 장인환(張仁煥, 1876~1930) 그리고 두 교포가 미국인 스티븐스(D. Stevens, 1851~1908)를 저격했다. 그는 일본에게 유리한 기사를 쓴 사람이었다. 살인죄로 기소된 두 애국 청년의 변론과 구명을 위해 하와이와 샌프란시스코에 따로 결성되어 있던 한인 단체가 결합했다. 이즈음 도산의 명성은 시베리아의 교민 사회에도 널리 퍼져 있었다. 그리하여 1909년 하와이, 북미, 원동(遠東, 시베리아), 멕시코 4개 지역이 결합한 '대한인국민회(Korean National Association)'가 조직되고 도산이 총회장에 선출되었다. 국민회는 회원 권익의 보호, 생활 개선, 신용 보증 등의 일에 진력하면서 국민회의 이름으로 여권도 발행했다.

도산이 조선 땅에서 독립협회와 만민공동회의 운동에 참여하고 점진학교의 설립과 개간 사업으로 개화 자강 의식을 확립했다면, 미주에서 시작한 조직 사업은 패망의 길에 빠져든 조국을 실의에 찬 눈으로 응시할 뿐이던 동포들을 의식을 깨우쳐 내일을 기약하는 조직 운동의 모범을 보인 것이었다. 맨몸으로 건너와 조국을 구하는 준비 작업에 헌신한 우국 청년의 미주 체류 5년은 현대적인 조직과 민주적 운영 과정을 습득하여 민족의 지도자로 성장하는 과정이었다.

◎

'공화국'의 꿈을 안고 돌아와 신민회를 조직하다

1907년 1월 8일, 도산은 귀국길에 올랐다. 을사늑약의 소식을 듣고 국내에서 독립 운동을 조직적으로 전개해야 할 사명감이 절박하게 들었던 것이다. 머릿속에는 독립 운동의 전위 조직에 대한 구상으로 가득 차 있었다. 귀국 선상에서 도산은 주변 인물들이 초안한 가칭 '신민회'의 취지서와 회칙을 재검토했다. 단체의 이름은 신산업, 신교육 등 모든 것을 스스로 새롭게 한다는 도산의 이상 '자신(自新)'에서 딴 것이다.[12] 국권을 회복하여 자주적인 독립 국가를 세우고 정치 체제를 '자유문명국', '민주공화정'으로 하겠다고 맘먹었다. 교육, 언론, 산업, 군사 등 각 분야에 걸친 신념에 찬 동량을 결집, 양성하는 것이 급선무였다. 귀국하기 바쁘게 자신의 구상을 신채호(申采浩), 양기탁(梁起鐸), 이갑(李甲) 등과 협의했다.

주요한은, 1907년 2월부터 1910년 다시 망명에 오른 기간을 "꺼지지 않는 독립 운동의 불씨를 심은" 도산에게 가장 빛나는 3년으로 평가했다. 주요한은 도산의 업적을 다음과 같이 정리했다.

> 종합 민족 운동을 위한 비밀 결사인 신민회, 청년 훈련 기관인 청년학우회, 차세대 독립 운동가의 양성을 위한 대성학교, 출판 기관인 태극서관, 마산동 도자기 회사 등이 도산의 기획으로 창설되었다. 또 『대한매일신보』,

---

12) 이태복, 『도산 안창호 평전』, 128쪽

『황성신문』을 무대로 도산의 동지들은 하늘을 찌를 듯한 기개로 항일 언론전을 전개했다.[13]

1920년 1월 3일, 상하이 교포들을 상대로 한 '나라 사랑의 6대 사업'이라는 제목의 신년 강연에서 도산은 자신이 구상하는 새 나라의 면모, 이를테면 헌법의 골격을 밝혔다. 군사, 외교, 교육, 사법, 제정, 통일, 여섯 개 분야를 아우르는 총강의 대 전제가 민주공화국이었다. 그는 정부와 인민의 관계에 대하여 이렇게 설명했다.

오늘날 우리나라에 황제가 없습니까? 있습니다. 대한 나라의 과거에는 황제가 하나 밖에 없었지만 금일에는 2천만 국민이 다 황제입니다. 여러분이 앉은 자리는 다 옥좌이며, 머리에 쓴 것은 다 면류관이외다. 황제가 무엇입니까? 주권자입니다. 과거의 주권자는 하나뿐이었으나 지금은 여러분이 다 주권자이외다.[14]

그가 상정한 민주공화국의 모델은 미국이었다. 그는 미합중국의 탄생 과정을 '민주적 단결'의 성공적인 선례로 믿었다.

옛날 아메리카 13방(邦) 인민들이 자기네의 자유와 독립을 위하여 일하려

13) 주요한, 『안도산 전서』, 70~71쪽

14) 이광수, 『도산 안창호』〈부록〉, 2013, 269쪽

고 할 때 양식과 무기와 군대의 준비할 것이 많았습니다. 그러나 먼저 준비해야 할 것은 각 개인의 머리 가운데 합동의 정신을 가짐이었습니다. 그네들은 그것을 준비해야 될 필요를 깨달았기 때문에 "합동하면 서고 분리하면 넘어진다(United We Stand, Divided We Fall)"라는 표어를 부르짖었습니다. 우리는 주인 된 자의 자격으로 책임을 지고 방법을 연구하여 합동하는 행위를 실현하도록 노력해야 할 것입니다.[15]

도산은 환국하는 길에 도쿄에 들려 13일의 바쁜 일정 동안 여러 인물을 만났다. 망명 중인 유길준도 면담했다. 이날 이후 유길준은 도산의 열렬한 후원자가 되었다.

도쿄에는 '태극학회'라는 유학생 단체가 있었다. 일종의 애국 정당으로 나라의 장래와 시국에 대한 대책을 토론하였고 기관지 『태극학보』를 발행하고 있었다. 태극학회에서 도산이 한 연설에 많은 청년이 감동하고 이 연설을 계기로 '큰 인물이 탄생했다'라는 세평이 떠올랐다.[16] 청중 중에는 15세 소년 이광수(1892~1950)도 포함된 것으로 추정된다. 후일 도산은 임시 정부의 내무총장으로 기관지 『독립신문』을 간행하면서 28세의 춘원 이광수를 사장 겸 주필로 임명했다. 춘원도 자신이 평생 가장 존경하는 인물로 역사에서는 이순신을, 현대인으로

15) 신일철, '도산 안창호', 『사상』, 1994 겨울, 통권 23, 231~252쪽

16) 이광수, 『도산 안창호』, 2013, 33~34쪽

는 도산을 손꼽았다.[17]

1907년 7월 20일, 고종이 '헤이그 밀사 사건'으로 명목상의 황제 자리에서 물러나고 이어서 조선 군대도 해산되었다. 군과 합세하여 무력 봉기를 기도하려던 신민회의 계획은 무산되었다. 11월, 조선 통감 이토 히로부미는 도산과 면담했다. 의병 부대를 무차별 진압한 후 민간의 구국 운동을 차단하기 위해 당시 '떠오르는 별'이었던 안창호의 포섭에 나선 것이다. 도산은 "일본의 혁신에 성공했듯이 조선도 조선인으로 하여금 혁신하게 하라"라고 자주 개혁론으로 맞서 이토의 완곡한 협력 제안을 완강하게 거절했다.[18]

1908년 1월, 신민회가 정식으로 출범했다. 장차 전쟁을 포함한 전면적인 독립 운동을 수행하려면 무엇보다 인재의 양성이 시급하다고 판단하여 학교의 설립에 나선 것이다. 이런 목표로 설립된 평양 대성학교는 중학 과정이었지만 학습 내용은 매우 전문적이고 진취적이었다. 한문 교재로 양계초(梁啓超)의 〈음빙실문집(飮氷室文集)〉을 채택했다. 책에서 양계초는 '중국을 약하게 만든 원인'을 세 가지 들었다. 첫째, 국가 · 천하 · 조정 · 국민을 구분 못해 국가 의식이 박약하고, 둘째, 노예 근성, 이기심 등 나태한 민족 근성이 장애물이며, 셋째, 정치 지도자들이 백성을 유약하고 분열하게 만드는 것이라는 주장을 폈

17) 『도산 안창호 전집』, 도산 안창호 선생 기념사업회, 〈총목차〉 216~219쪽, 이만열, (12권 「해제)」

18) 면담에서 이토가 도산에게 내각의 구성권 주겠다고 제안했다는 설도 있다.

다.[19] 당시 조선의 상황에도 유효한, 적확한 분석이었다.

학교의 설립과 동시에 도산은 거국적인 청년 계몽 문화 운동에도 나섰다. 1909년 8월, 전국의 17세 이상의 회원을 모집하여 '청년 학우회'를 설립하고 육당 최남선을 편집인으로 하여 기관지 『소년』을 발행했다.

1909년 10월 26일, 하얼빈 역에서 안중근 의사가 이토를 저격 · 살해하자 배후 인물로 지목받은 도산은 헌병대에 검거되었다. 도산에게서 직접 혐의를 찾지 못한 일제 당국은 석방의 조건으로 '서북 정당'을 만들라고 회유했다는 도산의 회고가 있다. 당시 조선인 자주 운동을 주도하던 기호인(畿湖人) 세력에 대항하는 관제 세력을 만들어 민족의 내분을 획책한 것이다.[20]

◎

무실역행(務實力行), 흥사단의 창설

1910년 3월 26일, 안중근 의사가 뤼순 감옥에서 순국하자 도산도 해외 망명길에 나섰다. 이때 도산이 지은 '거국가(去國歌)'는 널리 사랑을 받았다. 가사에는 잠시 떠나지만 힘을 길러 반드시 돌아온다는 결의가 담겨 있었다.[21]

---

19) 강영현, 『務實과 力行을 넘어서 -21세기 도산 안창호와의 대화』, 경인문화사, 2003, 101쪽

20) 이태복, 『도산 안창호 평전』, 173쪽

21) 이광수는 도산이 지은 노래 가사 수십 편 중에 '애국가'와 '거국가', '흥사단가'를 수작으로 평가했다. 그러나 애국가의 작사자는 도산이 아니라 윤치호라는 설이 더욱 유력하다.

1910년 8월, 도산은 러시아의 블라디보스토크에서 망국의 소식을 접했다. 후일 도산은 경술국치에 대하여 "우리나라를 망하게 한 것이 일본도 아니요, 이완용도 아니요, 그것은 나 자신이오. 나와 왜 일본으로 하여금 내 조국에 조아(爪牙 : 손톱과 어금니)를 박게 하였으며 내가 왜 이완용으로 하여금 조국을 팔기를 허용하였소? 그러므로 망국의 책임자는 곧 나 자신이오"[22]라며 민족의 각성을 촉구했다.

국왕이 사라진 상황에서 절대 다수를 점하던 근왕파 유림 세력은 구심점을 잃고 의병 세력은 일제의 군사 작전으로 궤멸되었다. 해외의 한인 사회도 노선의 갈등, 출신 지역 사이의 반목 등으로 응집력을 잃고 심지어는 반대파를 암살하기도 했다. 이런 분열의 혼란 속에서도 도산은 북만주 밀산(密山), 러시아 치타 등 여러 곳을 전전하면서 통합적 대한인 국민회의의 지부를 결성했다.

1913년 도산은 '청년학우회'의 후신인 '흥사단'을 창단했다. 흥사단의 창립은 민족 독립 운동가로서의 도산이 남긴 최대의 공적으로 평가받는다. 전국의 대표 25인이 발기인으로 참여했다.

조상 나라 빛내려고 / 충의 남녀 일어나서 / 무실역행 깃발 밑에 / 늠름하게 모여드네. 부모국아 걱정마라 / 무실역행 정신으로 / 굳게 뭉친 흥사단아 / 내 영광을 빛내리라.

---

22) 이광수, 『도산 안창호』, 2013, 143쪽

도산은 무엇보다 '사류(士類)'의 각성을 촉구했다. 도산이 생각하는 사류는 농 · 공 · 상을 포함하여 선공후사(先公後私)하는 사람, 요즘 말로 '공동체에 대한 책임 의식을 지닌 민주 시민'을 뜻한다. 도산은 그들에게 무실 · 역행 · 충의 · 용감의 4대 정신으로 인격을 수양하고 단체 생활의 훈련을 힘쓰도록 했다. 제각기 한 가지 이상의 전문 학술이나 기예를 수련하고 평생토록 덕(德) · 체(體) · 지(智)를 연마하여 건전한 인격자로 성장하도록 하는 것이다.[23]

이즈음 미주 지역의 한인은 대부분 벼농사나 오렌지 또는 포도를 따는 노동에 종사했고 다수가 흥사단 회원이었다. 한 예로 캘리포니아의 '쌀의 왕'으로 불리던 김종림(金宗林, 1884~1973)은 1920년 6월 임시 정부 군무총장 노백린(盧伯麟, 1875~1926)이 시도했던 독립항공대의 창설을 위해 비행기 구입과 항공학교의 설립에 거액을 희사하기도 했다.[24]

도산의 믿음은 '수양 즉 독립'이라는 근본 사상이다. 그는 독립 국가의 건설을 가옥의 건축에 비유했다. 기초 공사란 수양된 국민의 양성이고 정치적 제도와 행위는 상부 공사에 해당한다. 민족의 독립은 개개인의 '힘'을 바탕으로 통합된 민족 의지가 형성될 때 비로소 가능한 것이었다.

---

23) 도산의 '무실역행론'은 〈논어〉 '학이'편의 '군자무본'론(君子務本 本立而道生 : 군자는 근본에 힘쓰니, 근본이 서고 나서 도가 생긴다)을 발전시킨 것으로, 공리공론을 일삼았던 조선 사회의 폐습을 타파하고 지행합일의 자세를 강조한 것이다.

24) 『도산 안창호 전집』, 도산 안창호 선생 기념사업회, 2000,〈총목차〉, 51쪽.

민족의 힘은 민족 개인의 '무실역행'과 집단적 '대공(大公)주의'를 통해 실현 가능한 것이다. 독립할 능력을 갖춘 개인(신민)을 바탕으로, 국가 정체는 구한말의 체제와는 다른 공화제(신국)를 추구했다. 민족 쇠퇴의 원인을 극복하기 위한 기초로서 혁신된 개인과 이들을 통한 새로운 국가를 추구한 것이다. 이를 위해 그는 개인 존재의 가치가 '거짓'됨이 없는 '신용'있는 존재로 거듭나기 위해서 '인간 혁명'을 중시한 것이다.

이러한 민족 개조에 근거한 도산의 독립 운동은 분열된 민족의 통일 운동으로 나타났다. 분열된 독립 운동은 민족의 힘을 결집하지 못하기 때문에 통합 운동은 도산의 과제였다.[25] 그가 마지막 순간까지 통합 임시 정부와 '유일당' 운동의 꿈을 버리지 않았던 것은 이렇듯 확고한 소신의 발로였다.

◎

좌절된 통합 임시 정부의 꿈

1910년대에 미국에서 '흥사단'과 '대한인국민회'를 조직하여 활동하던 도산은 1919년 5월 중국 상하이로 이동했다. 1919년 4월에 수립된 임시 정부의 내무총장에 부임하기 위해서였다. 3·1운동 직후에 해외에서 공표된 임시 정부의 숫자는 최소한 여덟 개였고, 그중 여섯 개는 내각 명단을 발표했다. 여섯 개의

25) 박병철, '도산 안창호의 민족관에 관한 연구', 『민족사상』 제7권 제1호(2013), 43~67쪽

내각 명단에 모두 포함된 인사는 이승만과 안창호 뿐이었다.

안창호는 미국에 잔류한 국무총리 이승만의 대리를 겸하면서 임시 정부 초창기의 조직과 활동 기반을 조성하는 데 기여했다. 이후 1921년 5월 노동국 총판을 사임하면서 임시 정부의 공식 직함을 가지지 않았지만, 1932년 4월 윤봉길 의거로 일경에 체포되어 국내에 압송될 때까지 직·간접으로 관여하였다.[26)]

안창호는 모든 임시 정부의 통합을 주장했다. 노령(러시아)·중국·미국 3개 지역 대표가 균분의 대표권을 행사하는 '임시 정부 3두 정치론'을 제안하고 독립 운동의 노선에 대한 합의를 유도했다. 그러나 그의 이상적 통합론은 현실의 장벽 앞에 무력했다. '기호파'·'서북파'·'교남파(嶠南派: 영남파)' 등 출신 지역에 따른 분파성이 노골적으로 드러나고 도산에게도 '서북파의 두목'이라는 별명이 따르기도 했다.

지향하는 이념적 노선과 독립의 방법론을 두고도 치열한 논쟁이 벌어졌다.[27)] 중국의 반일 민족 운동의 기류 변화도 임시 정부의 노선과 활동에 영향을 미쳤다. 1926년 국공 합작과 더불어 통합론이 잠시 떠올랐지만 1927년 장개석의 쿠데타로 항일 노선이 분리되면서 통합 임시 정부의 설립을 위한 노력이 수포로 돌아갔다. 그러자 도산은 임시 정부와 거리를 두면서 흥사단 원동위원부와 장기적인 독립 운동의 근

---

26) 임시 정부에 관련된 인사로 당시의 일기를 남긴 사람은 도산이 유일하다. 김구의 『백범일지』와 현순의 『현순자서(玄楯自書)』와 같이 후일 회고담으로 저술한 자서전은 있지만 사건 당시의 기록은 8개월(1920~1921)에 걸친 도산의 육필 자료뿐이다.

27) 이태복, 『도산 안창호 평전』, 257~259쪽.

거지를 확보하는 사업에 주력했다.

독립 운동이 장기화하면서 해외의 많은 애국 동포, 혁명 지사들이 유랑민으로 전락했다. 어딘가에 집단 거주하면서 미래를 도모할 수 있는 '모범촌'의 건설이 필요했다.[28] 도산이 생각한 모범촌의 모습은 이렇다. 학교 · 공회당 · 도서실 · 부락 사무실 등을 갖추고 농사를 짓고 사업에 종사한다. 민족 문화를 보존 창달하고, 무관을 양성한다. 도산은 이러한 모범촌의 건설을 위한 예비 작업에 착수했다. 미국 유타 주 솔트레이크 시티의 모르몬 신앙 공동체를 방문하는가 하면, 만주나 중국 본토, 심지어는 필리핀에도 입지를 모색했다.

그러나 일본이 만주에 이어 중국 대륙에 진출하면서 이러한 정착지의 계획을 접어야 했다. 만약 도산의 구상대로 1910년 말 내지는 임시정부 초기인 1920년대 초에 독립 운동의 근거지가 마련되었더라면, 제2차 세계대전과 더불어 항일전에 참여했던 실적으로 주권 국가의 발언권이 강해졌을 것이라는 후세인의 한탄이 따른다.[29]

◎

마지막 날들

1932년 4월 29일 상하이 훙커우[虹

---

28) 도산 스스로는 '거생지(居生地)'라고 불렀다. 이광수는 '이상촌'으로 장리욱은 '모범촌' 또는 '모델 촌'으로 불렀다.(강영헌, '務實과 力行을 넘어서', 장리욱 편, 『島山 安昌浩』, 태극출판사, 1972, 265쪽)

29) 이태복, 『도산 안창호 평전』, 360 쪽

미공원에서 열린 일왕 생일 기념 행사에서 조선 청년 윤봉길이 폭탄을 터뜨려 시라카와[白川] 대장 등 다수의 일본인을 살상했다. 윤봉길은 현행범으로 체포되고 이어서 일경의 대대적인 검거가 따랐다. 조계의 관내에 거주하는 외국인을 보호한 전례와는 달리, 프랑스 경찰은 일본에 적극 협조하였고 안창호도 체포되었다.

중국 외무부는 미국인 변호사를 선임하여 국제법 위반과 함께 안창호가 중국 국적 소지자임을 내세워 프랑스 총영사에게 항의하였다. 그러나 비록 중국 귀화증을 소지했지만 조선 국적을 이탈하지 않았던 사실을 들어 도산을 국내로 압송했다. 도산은 변론을 사절했지만 김병로(金炳魯, 1887~1964), 이인(李仁, 1896~1979) 등 8인의 조선인 변호사가 '자진 변호'를 신청했다. 도산에게 징역 4년이 선고되자 항소를 포기했다. "30년 독립 운동에 겨우 4년 징역밖에 남은 것이 없소?"라며 크게 웃었다는 일화가 전해 온다.[30)]

도산은 서대문형무소에서 복역하다 1933년 2월 대전형무소에 이감됐다. 1935년 11월 만기 출소에 앞서 2월 10일, 감형으로 가출옥되어 평안남도 대보산 송태산장에 은거하게 되었다. 그러나 1937년 6월 28일 수양동우회 사건으로 다시 체포되어 서대문형무소에 수감되었다. 12월 24일 위장병 및 폐결핵 증세로 보석 결정을 받아 출옥했으나 이듬해인 1938년 3월 10일 오후 12시 15분, 경성제국대학 부속병원에

---

30) 안창호의 체포와 재판에 관한 상세한 과정은 한인섭(『식민지 법정에서 독립을 변론하다』, 경인문화사, 2012, 486~518쪽) 참조

서 눈을 감았다.

파란만장한 60년이었다. 일제 당국은 도산의 장례와 문상을 철저하게 통제했다. 사회장은 커녕 고향으로 운구도 못하게 막았다. 3월 12일, 병원 영안실에서 거행된 고별식에 참석을 허가 받은 사람은 가족을 포함하여 고작 20명이었다. 헌병과 경찰을 풀어 망우리 묘역을 지켜 서둘러 매장할 것을 강요하고 묘비조차 세우지 못하게 막았다. 도산 유해는 유언대로 흥사단 단우 우상규의 곁에 묻혔다.

1962년 3·1절에 비로소 건국공로훈장이 추서되었다. 남편이 떠난 지 31년 후인 1969년, 5남매를 훌륭하게 키운 아내 이혜련도 자랑스러운 남편 뒤를 따랐다.

1973년 11월 10일, 탄생 95주년과 흥사단 창단 60주년을 맞아 서울 강남구 신사동에 도산공원이 조성되면서 도산 부부는 유택(幽宅)을 공유하게 되었다. 그의 이름을 딴 도산대로가 서울 강남의 한복판에 조성되었다.[31] 도산공원과 미국 로스앤젤레스에 도산의 동상과 송덕비가 세워져 있다.

도산 안창호는 자신의 이름으로 단행본 저술을 남기지 않았다. 그러나 '산옹(山翁)' 또는 '섬뫼(島山의 한글)' 등 여러 필명으로 쓴 많은 기고

---

31) 1970년대 초 서울은 강남 개발을 위해 토지 구획 정리 사업을 대대적으로 폈다. 그렇게 확보된 주택지 한 켠에 3천 평 이하 규모의 근린공원도 다수 마련했는데, 도산공원도 그 가운데 하나다. 흥사단의 청원에 따라 서울특별시가 도산의 이름을 따서 공원 이름과 도로 이름을 지었다. 도산공원 일대는 도산의 행적과는 전혀 무관한 최고급 여성 의류 매장들이 자리잡고 있다. 덕분에 강남에서 땅값이 가장 높은 곳으로 소문나 있다.

문과 연설문 그리고 노랫말 가사가 남아 있다. 많은 당대인과 후세인이 도산 안창호의 일대기를 썼고 그의 생애와 사상에 대한 연구가 지속적으로 이어지고 있다. 해방과 국토의 분단, 그리고 두 개의 나라가 세워지면서 제각기 다른 길을 걸었던 여러 독립 운동 지도자에 대한 후세인의 평가가 극도로 엇갈리는 데 비하면 도산 안창호는 적이 없는 대한민국 국민 모두의 영웅이다. 60평생을 사심 없는 삶으로 일관하는 전범을 보였고, 개개인의 자조와 근면의 미덕을 무실역행의 공동체로 승화시켜 이념과 노선을 초월하여 대동 단결, 자주 독립 국가의 꿈을 품고 제시했던 통합적 지도자였다.

건국의 아버지 이승만

최 명 (서울대학교 명예교수)

建國治安(건국치안), 1946년

우남 이승만은 20세기 동북아 정치계에서 모택동과 함께 명필로 소문났다. 서울 사직동의 黃鶴亭(황학정), 강원도 고성군의 淸澗亭(청간정) 현판도 우남의 필적이다.

◎

민주주의가 독립의 길이라는 신념

2001년 8월이다. 경북 영주에 간 일이 있었다. 친한 후배 정대수(鄭岱洙) 사장의 대접을 받았다. 가장 큰 대접은 그가 나를 부석사엘 데리고 간 것이다. 나는 부석사가 초행이었다. 그는 부석사의 역사, 위치, 산세, 건물들의 배치, 무량수전 등에 관한 해박한 지식으로 나를 감탄케 했다. 그 중 가장 큰 감탄은 무량수전 앞에 있는 안양루(극락 세계로 들어가는 문)를 바라볼 때 저절로 나왔다. '安養樓'란 큰 현판 아래 '浮石寺'란 좀 작은 현판이 눈에 들어왔다. 절 이름을 적은 현판이 그 자리에 있는 것이 기이했으나, 달필이었다. 부석의 '浮'자가 정말로 '떠서' 나는 듯했다. 정 사장은 그것이 이승만 대통령의 글씨라면서, 아래와 같은 설명을 덧붙였다.

1956년 초, 이 대통령이 부석사를 방문했고, 휘호를 시도했다는 것이다. 바람도 많이 불고 날씨는 찼다. 게다가 주위는 황량했다. 글씨가 제대로 되지 않았던 모양이다. 그래 휘호를 그만두고 그냥 떠났는데, 석 달 후인가 경무대(청와대의 당시 이름)에서 새로 쓴 글씨를 보냈다는 것이다. '浮石寺'란 현판의 내력이다. 정 사장은 당시 영주중부국민학교 5학년이었다. 화동(花童)으로 뽑혀서 이 대통령이 휘호하는 모습을

옆에서 지켜보았다고 회고했다.[1)]

이승만은 황해도 평산군에서 몰락한 조선 왕조의 후예로 1875년에 태어났다. 쇄국 정책을 고집하던 대원군이 물러나고, 명성황후의 일족인 민씨들이 권력을 장악하게 된 2년 후였다. 또 일본과의 병자수호조약이 체결되기 1년 전, 나라가 안팎으로 복잡한 시기였다. 대부분의 양반 자손이 그랬듯이 이승만도 어려서 근 10년을 서당에 다니면서 한학(漢學)을 익혔다. 13세이던 1887년부터 과거에도 여러 차례 응시했다. 불우했다. 과거에 급제하여 벼슬길로 나갔다면 그의 인생길은 달랐을 것이다. 갑오개혁으로 과거 제도가 없어지자, 그는 서당 공부를 그만두었다. 갑오개혁 다음해인 1895년 그는 서당 친구의 권유로 배재학당(培材學堂)에 입학했다. 배재학당은 미국 북감리교 선교사인 아펜젤러(Henry Appenzeller)가 세운 신식학교다. 이승만은 여기서 서양의 학문과 기독교에 접하게 되었다. 특히 그는 자유, 평등, 인권 등의 서양 혁명 사상을 배웠다. 그때부터 미국식 민주주의를 신봉하게 되었다.

또 배재학당에서 이승만은 '위대한 스승' 서재필(徐載弼)을 만났다.

---

1) 최근의 인터넷을 검색해보면, 이승만 대통령이 부석사에 방문한 KTV의 동영상(?)이 뜬다. 제작이 1957년 11월 30일이라고 되어 있다. 그런데 내용은 1월 16일에 대통령 전용 열차로 서울을 출발하여 17일에 부석사를 둘러보았다는 것이다. 그 1월은 1956년일 것이다. 그러면 그 뉴스의 제작이 왜 근 2년 후인 11월로 된 것인지 납득이 가지 않는다. 그래서 나는 정대수 사장의 말에 따른 이야기를 서술하였다. 역사 기술은 그렇게인지 이렇게인지 아무튼 어렵다.

이승만의 사상 형성에는 서재필의 영향이 또 매우 컸다.[2)] 행운이라고 해야 할 것이다. 서재필은 갑신정변의 중심 인물 중 한 사람이다. 정변 실패 후 미국에서 오랜 망명 생활을 하다가 귀국하였다. 그는 의학박사이자 개화파 지식인이었다. 독립협회를 창립하여 한국인의 개화와 계몽을 주도하고 있었다. 나는 이승만의 이와 같은 초기의 배움이 그가 말년에 이룩한 자유민주주의 대한민국 건국의 시원(始源)이라고 생각한다.

자유민주주의에 대한 그의 신념은 미국 유학과도 관련 있다. 이승만은 1904년 말, 정부의 밀사 자격으로 미국에 도착했다. 그의 손에는 민영환(閔泳煥)의 밀지(密旨)가 들려 있었다. 일본의 조선 침략을 저지하고 독립을 요청하는 내용이었다. 그러나 일이 뜻대로 되지 않자, 그는 출국 전부터 꿈꾸어왔던 대학에서의 공부를 실현에 옮겼다. 그리하여 그는 1905년 2월에 조지 워싱턴대학에 특별 장학생으로 편입하여 2년 만에 학부를 졸업했다. 이어 하버드대학에서 석사, 프린스턴 대학에서 박사 학위를 3년 동안에 마쳤다. 널리 알려진 바와 같이 학위 논문은 「미국의 영향을 받은 영세중립론」[3)]이다. 학부부터 시작하여 5년 만에 석 · 박사 학위를 취득한 것은 초고속의 진행이다. 그것은 물론 그의 총명함과 명민함이 작용한 것이나, 한국이 하루 빨리 새로운 시대로

---

2) 안병훈 엮음, 『사진과 함께 읽는 대통령 이승만』, 기파랑, 2011, 259~260쪽

3) Syngman Rhee, *Neutrality as Influenced by the United States*(Princeton University Press, 1912).

발돋움해야한다는 긴박감이 그에게 큰 힘을 실어준 덕분이라고 생각한다. 새로운 시대란 무엇인가? 말할 것도 없이 그것은 한국의 독립이다.

1910년 10월에 귀국한 이승만은 YMCA의 교사, 학생부 간사로서 한편으로 기독교 전파에, 다른 한편으로 청년들에게 민주주의 사상을 불어넣는 일에 매진했다. 그는 그것이 독립의 길이라고 생각했다. 그러나 조국에서의 활동도 오래가지 못했다. 1912년 소위 '105인 사건'에 연루되어 이승만은 다시 한국을 떠나지 않을 수 없었다.[4] 그로부터 1945년 10월의 귀국까지 장장 33년 동안 망명 생활을 하게 되었다. 그의 머릿속에는 자나 깨나 한국의 독립 외에는 아무것도 없었고, 오나가나 그의 행동도 독립 운동가의 그것이었다.

장황한 위의 이야기는 이승만의 민주주의에 대한 굳은 신념과 독립 정신의 배경을 설명하기 위한 것이다. 이에 못지않게 중요한 것은 그의 영어(囹圄) 생활이다. 그는 1899년 1월부터 1904년 8월까지 5년 7개월을 한성감옥에서 보냈다. 미국 유학 생활보다 긴 기간이다. 고종 황제를 등에 업은 수구 세력이 독립협회가 군주제 폐지하고 공화정을 수립하려 한다는 익명서를 날조하고, 협회의 간부들을 무고하였다. 이에 놀란 고종은 독립협회 간부들을 구속하고, 독립협회를 혁파하라는 조칙을 내렸다. 1898년 11월의 일이다.[5] 뿐만 아니라 협회에 동조하

---

4) 경술국치(庚戌國恥) 후 국권 회복을 위한 여러 운동이 국내외에서 일어났다. 그것을 탄압하기 위해 1911년 조선총독부는 데라우치[寺內正毅] 총독 암살 미수 사건을 조작했다. 사건과 연루되어 유죄 판결을 받은 인사가 105명이다. 그래서 '105인 사건'이라고 부른다.

5) 李光麟,『韓國史講座 : 近代篇 V』, 일조각, 1981, 448쪽

는 인사들을 탄압하기 시작하였다.

이승만은 그가 창간에 관여한 『매일신문』과 『제국신문』 등에 투고함으로써 적극적인 반정부 활동을 전개했다는 미움을 받았다. 탄압의 대상이었고 결국 옥고를 치르게 되었다. 그 직접 이유는 이승만이 고종을 퇴위시키고 일본에 망명 중인 박영효(朴泳孝)를 영입하여 새로운 혁신 내각을 조직하려 하는 쿠데타 음모에 가담했다는 혐의 때문이었다. 혐의는 다행히 입증되지 않았으나 탈옥 시도 등의 죄를 뒤집어썼다. 어떤 이유로 영어 생활을 하게 되었는지는 중요치 않다. 중요한 것은 그의 영어 생활이 배재학당 시절과 미국 유학 못지않게 그의 학문과 사상을 크게 발전시킨 계기가 되었다는 사실이다. 한 이승만 연구자는 이렇게 말했다.

이승만이 문필가[독립 운동가가 아닌]로서 출중한 업적을 남길 수 있었던 데에는 남다른 또 하나의 특수 요인이 있었다. 그것은 그가 (만) 24세부터 29세까지의 재기발랄(才氣潑剌)한 청년기에 5년 7개월이나 영어(囹圄) 생활을 하며 준(準)학구적 활동을 지속하였다는 사실이다. …… 그는 서울 종로에 위치한 한성감옥서(漢城監獄署)에 정치범으로 수감되어 있으면서 많은 양의 독서와 사색, 그리고 글쓰기[書役]를 하였던 것이다. 동시에 그는 동료 죄수들과 함께 성경(聖經) 연구를 하였고 서적실(書籍室 : 도서실)을 만들어 동서양의 각종 서적을 돌려 읽었으며, 또 '옥중학당'(옥중학교)을 개설하여 무식한 죄수들과 간수의 자제들을 모아 가르치기도 했다. 아울러서 그는 자기가 탐독한 외국 서적을 골라 번역하고, 『데국신문』과 『신학월보』에 논설을 기고하며 또

틈틈이 한시(漢詩)를 지었다. 이러한 학구 · 집필 활동의 일환으로 그는 『신영한사전(新英韓辭典)』의 편찬을 시도하였고, 『중동전기본말(中東戰紀本末)』이라는 한문 역사서를 우리말로 편역하였으며, 마지막으로 그의 주저(主著) 『독립 정신』을 탈고하였다. 이렇게 따져볼 때, 한성감옥이야말로 이승만에게는 '대학 이상의 대학'이었던 셈이다.[6]

내가 이 글의 서두를 이승만의 '浮石寺'라는 현판으로 시작한 것은 그가 붓글씨에 능했다는 이야기이기는 하나, 그의 붓글씨도 필시 한성감옥에서 대성했을 것이라는 생각 때문이다. 또 그는 평생 당(唐)의 시인 못지않은 뛰어난 솜씨의 한시를 2백여 수나 지었다. 내가 아는 '除夕'이란 제목의 그의 시를 적어본다.

平生除夕客中過 평생 섣달그믐을 나그네로 보내자니
鄕思年年此夜多 고향생각이 해마다 이 밤이면 간절해
異域送迎慣成習 타향에서 보내고 맞음이 습관이 되어
在家還復憶歸家 집에 돌아와서도 돌아갈 집을 생각한다 (이수웅 번역)

1955년, 여든 나이의 작품이다. 오랜 망명 생활을 하는 동안, 이승만은 제야(除夜)가 아니라도 늘 고국을 그리워했던 것이다. 아니 어쩌면

6) 유영익, 「이승만의 〈옥중잡기〉 백미(白眉)」, 유영익 편, 『이승만 연구 : 독립 운동과 대한민국 건국』, 연세대학교 출판부, 2000, 2~3쪽

아주 돌아갈 곳을 생각하고 지은 시란 생각도 든다. 그러나 이승만이 글씨를 잘 쓰고, 한학에 능하고, 한시를 잘 지었다는 것, 문필가로도 뛰어났다는 것은 그의 한 면에 불과하다.[7] 그러면 이승만은 누구인가?

◎

이승만이 아니라면 자유민주주의 대한민국은 없다

이승만은 대한민국을 세운 어른이다. 상하이 임시 정부의 초대 대통령이다. 1948년 대한민국이 건국되면서 초대, 2대, 3대 대통령을 지냈다. 그가 아니라면 오늘날의 자유민주주의 대한민국은 없다. 그럼에도 불구하고 그는 부정적인 평가를 받기도 하고, 심하게 폄훼되기도 한다. 그것은 우리나라가 극심한 이념의 분열 속에 있기 때문이다. 이념의 갈등, 문명의 충돌, 또 종교를 내세운 전쟁은 전 세계적인 현상이다. 그러나 요즘의 대한민국처럼 이념으로 분열된 사회는 없을 것이다. 그리고 이승만에 대한 부정적 평가와 폄훼는 이 이념적 분열과 직결된다. 분단된 한반도의 비극이다.

물론 이승만 시대에도 그에 대한 부정적인 평가가 없지 않았다. 예컨대, 발췌 개헌을 이끌어낸 1952년 부산 정치 파동, 1954년 '사사오입' 개헌을 통한 장기 집권, 자유당 정권의 부패와 실정 등은 그를 지지하던 많은 국민의 등을 돌리게 했던 것도 사실이다. 더구나 1960년

7) 오영섭, 「이승만 대통령의 문인적 면모」, 유영익 편, 『이승만 대통령 재평가』, 연세대학교 출판부, 2006, 437~468쪽 참조

3·15부정 선거로 폭발된 4·19혁명으로 하야(下野)한 후 하와이로 망명한 이승만은 이미 '신화적' 인물이 아니었다.[8)] 비판을 받아 마땅한 일도 많다. 그러나 사람에게는 누구나 장단점이 있듯이, 큰 인물일수록 공(功)과 과(過)가 있다. 길고 짧은 것은 대보면 안다. 공과 과도 비교하면 안다. 공이 크면 크다고 해야 한다. 이 이야기는 다시 한다.

그런데 요즘 이승만에 대해서는 공과 과의 문제를 넘어섰다. 사실이 아닌 것이 사실인양, 잘못된 인식이 널리 퍼져 있다. 예컨대, 이승만이 남북 분단을 고착화시킨 장본인이라든지, 친일적이고 친미 사대주의자라는 것 등이다. 이것은 올바른 역사 인식이 아니다. 크게 보아 여기에는 두 가지의 배경이 있다. 하나는 박정희 · 전두환 정권의 독재와 관련된 것이다. 다른 하나는 좌파 민중사관 역사학자들의 역사 왜곡에서 연유된 것이다.

첫째, 5·16과 더불어 등장한 군사 정부를 보는 시각은 다양하다. 그러나 여러 정치학자와 헌법학자들은 그것이 자유민주주의의 일시적인 일탈 현상으로 보았던 것이 아닌가 한다. 군사 독재 정권이 "정통성을 결핍하고 있어도 대한민국은 정통성을 가지고 있는 국가라고 보았다."[9)] 순진했다면 순진했다. 3선 개헌 등으로 앞날이 불투명하기는 했으나, 적어도 1972년 유신 체제의 등장까지는 군사 독재가 조만간 끝

8) 이승만과 오랜 친교를 맺었던 올리버는 1955년에 출판한 『이승만 전기』의 부제를 '신화의 인물'이라고 했다. Robert T. Oliver(Syngman Rhee: *The Man behind the Myth* (New York: Dodd Mead, 1954)) 참조.

9) 이정복, 『한국 정치의 분석과 이해』 개정증보판, 서울대학교 출판부, 2006, ix쪽.

나리라는 기대도 있었다.

그런데 1972년 유신이 선포되고 독재가 강화되었다. 기대가 무너졌다. 자유민주주의가 부활할 수 있을 것인가? 민주주의에 대한 회의(懷疑)가 팽배한 가운데 1979년 유신 정권이 무너졌다. 자유화의 물결이 나부꼈다. 그러나 그것도 잠시였다. 1982년 전두환 군부 독재의 비극적 출현은 군부 독재가 영구화되는 것이 아닌가 하는 의구심을 자극했다.

4·19부터라고 해도 민주화 운동은 뿌리가 깊다. 반독재 투쟁이었다. 주로 대학생 중심의 운동이었다. 목표는 자유민주주의의 쟁취였다. 그러나 1980년대로 들어서면서 운동의 성격이 달라졌다. 민주화에 대한 기대가 사라져서인지, 일부이긴 하지만 급진적인 학생 운동은 민족 해방 노선과 민중민주주의 노선을 표방했다. 김일성의 소위 주체사상을 동경했다. 미 제국주의의 타도를 목표로 삼았다. 또는 민중민주주의 혁명을 부르짖었다. 그리고 그들 세력의 힘은 강했다. 전두환 정권이 강력한 무력을 배경으로 등장했기 때문에 그에 대항하는 세력 역시 강하고 영향력이 컸다. 그리하여 그들은 군부 독재의 타도를 외치면서 대한민국의 정통성까지 부정하기에 이르렀다.[10] 그 와중에서 대한민국 건국의 주역인 이승만의 업적도 폄훼되기 시작했다.

둘째, 좌파 민중사관 역사학자들의 현대사 왜곡이다. 최근 논란이 되고 있는 한국사 교과서 국정화 문제에서 나타났듯이 대부분의 역사

10) 위의 책, x쪽

교과서는 예컨대 이승만에게 남북 분단의 책임이 있는 것으로, 또 그가 남한만의 단독 정부를 수립함으로써 통일 국가 수립을 방해했다고 기술하고 있다. 좌파 민중사관의 역사학자들이 위에서 언급한 민족 해방 노선과 민중민주주의 노선의 영향을 받았든지, 아니면 북한의 대남 심리 전략에 놀아났든지, 아니면 이 둘이 중첩되어 작용했든지, 어쨌든 순진무구한 학생들에게 잘못된 지식이 전달되고 있다. 그리고 여기에는 김대중 · 노무현 정부의 책임도 크다. 그 정부들이 햇볕정책이니 뭐니 할 때 대한민국 국가 정체성이 혼란에 빠졌고 좌파 집단이 양산되었다.

나는 여기서 대한민국의 건국에서 시작하여 대한민국의 발전에 기여한 이승만의 공[업적]을 객관적으로 기술하려 한다. 나는 이승만에 대한 우리 사회의 잘못된 인식이 다소라도 불식되기를 소망한다. 여기에는 다른 이유도 있다. 우리에겐 이 책에서 수록되지 않았더라도 사표(師表)로 삼아야 할 훌륭한 선대의 인물이 많다. 훌륭한 인물들이 훌륭한 업적을 많이 남겼기 때문에 오늘날 대한민국이 존재한다고 해도 과언이 아니다. 그렇다면 어떤 방법으로든지 그들의 업적을 기려야 한다. 그들의 업적을 널리 알려야 한다. 우리 세대는 그러한 책무를 우리의 후대에게 지고 있다.

◎

험난했던 건국의 길

1945년 10월 16일, 이승만은 여의도

비행장에 도착했다. 망명 33년 만에 몽매에도 그리던 조국 땅을 밟았다. 그를 맞이하러 나온 인사는 많지 않았다. 그러나 감개무량한 순간이었다. 그의 마음속은 어떻게 하면 우리 민족을 대동단결시켜서 한반도에 새로운 나라를 세우는가 하는 일념으로 가득 차 있었다. 독립을 위하여 온갖 고생을 마다하지 않고, 온갖 역경을 감내해야 했던 오랜 망명 생활이 주마등같이 머릿속을 스쳤을 것이다.

다음날 조선총독부(광화문 뒤에 있던, 지금은 없어진 중앙청) 건물에서 가진 기자회견을 시작으로 이승만은 조국 땅에서 건국의 길을 걷게 되었다. 그의 귀국도 실은 순탄치 않았다. 건국의 길은 험난했다. 귀국이 순탄치 않은 것은 미 국무부와의 알력 때문이었다. 건국의 길이 험난했던 것은 국내외의 사정이 복잡했기 때문이었다.

먼저 이승만과 미국과의 관계를 살펴보자. 그는 배재학당에 재학할 당시부터 미국에 대하여 호의를 가졌다. 미국이 정치적 자유를 보장하는 나라라는 인식에 근거한 것이다. 미국 유학도 그러한 인식의 연장이었다. 1912년 미국으로 간 후에도 이승만은 미국이 한국의 독립에 도움이 되리라는 기대 아래 동분서주했다.

그러나 미국에 대한 그의 기대는 곧이어 무너지기 시작했다. 1905년에 미국과 일본 사이에 체결된 소위 '가쓰라-태프트 밀약'의 내용이 알려지면서부터였다. 그것은 미국 육군장관 윌리엄 하워드 태프트(William H. Taft)와 일본 총리 가쓰라 다로[桂太郞] 사이의 비밀 협약이다. 여기서 미국은 일본의 한국 지배를 승인하는 대가로 일본으로부터 필리핀을 침략하지 않는다는 약속을 받았다. 이승만은 그것이 1882년에 체결된 '한미수호조약'을 배반한 것이고, 따라서 미국에 기대할 것이 없다는 생각을 갖게 되었다. 그때가 1924년이었다. 인식의 전환이다. 이로부터 이승만과 미국과의 관계는 애증(愛憎)의 반복이었다.

1941년 6월 이승만은 『Japan Inside Out : The Challenge of Today』란 책을 출판했다.[11] 여기서 그는 일본 제국주의의 내막을 낱낱이 밝히고, 미국과의 전쟁을 예견했다. 이승만이 예견한 대로 그해 12월 일본은 진주만을 공격했다. 미국과의 전쟁을 일으켰다. 전쟁이 발발하면서 애증 관계에도 변화가 생겼다. '증(憎)'의 비중이 커지기 시작한 것이다. 이유는 아래와 같다.

첫째, 전쟁이 발발하자 이승만은 일본의 패배가 명약관화하다고 믿었다. 그러면 한국의 독립은 필연적이다. 필연이라고 해도 이승만은 한국의 독립에 대한 미국의 도움을 기대했다. 그것은 다름 아닌 충칭[重慶]에 있는 대한민국 임시 정부에 대한 미국의 승인이다. 이것이 이승만의 거듭된 주장이었다. 그러나 미국은 소련과의 관계를 의식해서인지, 혹은 망명 정부의 승인에 관한 유럽의 사례와 다르다는 취지에서인지 이승만의 주장을 무시했다.[12]

---

11) New York: Fleming H. Revell Co., 1941. 『일본내막기』 혹은 『일본의 가면을 벗기다』 등의 제목으로 된 우리 말 번역본이 있다.

12) 당시 유럽에는 여덟 나라의 망명 정권이 있었다. 망명 정권에 대한 미국의 승인 원칙은 '국민투표'가 선행되어야 한다는 것이었다. 또는 정통성이 없다는 이유에서 승인을 거부했다. 이정식, 「해방 전후의 이승만과 미국」, 그의 『대한민국의 기원』, 제8장, 일조각, 2006, 299~300쪽. 이 논문은 위의 유영익 편 (『이승만 연구』, 405~435쪽)에 있는 것을 약간 수정한 것이다.

둘째, 한국의 신탁 통치 문제다. 그것을 미 국무부가 문제로 삼은 것은 1942년 초였다. 이듬해 3월에 루스벨트 대통령이 그것을 미국의 정책으로 채택했다. 이에 격분한 이승만은 루스벨트에게 신랄한 항의문을 보냈다. 미국에게 그는 이미 달가운 존재가 아니었다.[13] 신탁 통치 문제는 해방 정국에서도 중요한 이슈였다. 이승만은 당시 극동에서의 소련의 야욕을 감지하고 있었고, 미국의 미온적인 한반도 정책에 불만을 갖고 있었던 것이 분명했다.

셋째, 미 국무부와 이승만의 알력은 1945년 5월 샌프란시스코에서 열린 유엔 창립총회로 이어진다. 미국이 '얄타회담'에서 한반도를 소련에 넘겨주기로 약속했다는 '밀약설'에 대한 잘못된 정보도 있었고, 이승만의 오해도 있었다. 그러나 충칭 임시 정부에 대한 미국의 입장 때문에 미 국무부와 이승만의 알력의 골은 깊어졌다.

그러한 이승만이 어떻게 친미 사대주의자일 수 있는가? 아무튼 이런저런 미국과의 껄끄러운 관계 때문에 이승만의 귀국은 늦어졌다. 그러나 그의 귀국에는 미군정의 요구가 중요하게 작용했다. 미군정은 혼돈 상태에 있는 해방 정국을 수습하기 위하여 이승만의 존재가 필요하다고 판단했던 것이다.[14] 예컨대, 그는 1919년 9월 상하이의 대한민국 임시 정부의 초대 대통령으로 뽑히기도 했고, 또 후술하는 바와 같이 해방 후에도 여운형(呂運亨)이 주도한 조선건국준비위원회(이하 건

13) 이정식, 위의 논문, 301쪽

14) 위의 논문, 320쪽

준)의 조각(組閣)에서 주석으로 선출되는 등, 시대의 선후와 이념의 좌우를 초월한 미래의 지도자로서 명망이 높았기 때문이다.

다음으로 해방 정국에 대해 살펴보자. 해방은 우리 민족이 자력으로 쟁취한 것이 아니다. 연합국의 승리로 우리가 갑자기 얻은 것이다. 그렇기 때문에 우리 민족은 해방 정국에 대하여 아무런 준비가 없었다. 1945년 8월 초순 일본의 패망이 확실시되자, 조선총독부의 고위 관리들은 송진우(宋鎭禹) 등의 민족 지도자를 만나 행정위원회의 설치 혹은 독립 준비를 해도 좋다는 감언이설을 늘어놓았다. 한반도에 거주하는 일본인의 안전과 재산 보호 등을 포함한 치안 유지에 관하여 협조를 교섭하는 것이었다. 그러나 송진우의 거절로 성사되지 않았다.

8월 15일 아침 총독부의 정무총감 엔도 류사쿠[遠藤柳作]는 여운형을 만나 정오에 일본 천황의 무조건 항복 방송이 있을 것임을 암시하면서 치안유지권의 인수를 요청했다. 여운형은 이 제의를 수락했다. 그는 이날 오후부터 안재홍(安在鴻)과 협의하고 좌우익을 망라한 건준을 발족시켰다. 건준은 9월 6일에 전국인민대표대회를 소집했다. 대회는 '조선인민공화국(인공)'이란 국호를 채택했다. 9월 14일에는 그 국호의 공화국을 정식 선포한 다음, 당사자들의 승낙을 받지 않은 희대의 조각 명단을 발표하기에 이른다.[15] '인공(人共)'이 아니라 '가공(架空)'인 셈이다. 좌익계의 사주를 받은 것이다.

미군이 한반도에 진주한 것은 9월 9일이다. 일본 지배는 공식적으

15) 이병도 등 편, 『解放二十年史』, 희망출판사, 1965, 114~116쪽 참조

로 끝나고, 미군정이 시작되었다. 미군정 당국은 건준을 하나의 정당 운동으로 치부했고, 물론 인공도 인정하지 않았다. 여운형의 건준은 어떠한 조건 아래서도 좌우 합작이 결코 성공할 수 없다는 사실을 극명하게 표출시켰을 뿐이다.

해방 후 제일 먼저 창당된 정당은 박헌영(朴憲永)이 주도한 조선공산당이다. 해방 정국을 헤집고 다닌 세력이 조선공산당이었고, 건준도 실질적으로는 그에 의하여 놀아났다. 이러한 좌익 계열의 정치적 움직임에 맞선 민족 진영의 집결체로서 한국민주당(한민당)이 탄생한 것도 건준에 의한 '인공' 선포 직후였다. 그리하여 좌익 세력과 우익 진영의 대립은 필연이 되었다.

한민당은 처음에 상하이 임시 정부의 정통성을 받들고 출범했다. 그러나 1948년 1월 이승만의 단독정부론(단정론)과 김구(金九)와 김규식(金奎植)의 남북협상론이 대립될 때 전자를 지지했다. 이승만의 건국에 협조한 것이다.

이승만은 귀국 다음날의 연설에서 한인 사회의 분열을 개탄하면서 "살아도 함께 살고, 죽어도 함께 죽는다"라는 취지의 발언을 했다. 이것이 "뭉치면 살고, 흩어지면 죽는다"라는 구호로 유행했다. 그러나 그의 마음은 한민족이 살기 위해서는 '독립이 우선'이라는 생각뿐이었다. 사실 33년 간의 망명 생활도 한국의 독립을 위한 것이었고, 귀국 후의 그의 언행도 그 연장선상에 있었다.

한 정치학자는 독립 정부 수립을 위한 이승만의 노력을 아래와 같이 설명했다.

첫째, 워싱턴 연락 사무소를 통한 활동이다. 당시 이승만을 위하여 로비에 앞장섰던 인물은 올리버(Robert Oliver)와 임병직(林炳稷)이다. 이들은 신문 투고 혹은 국무부에 글을 보냄으로써 미국 내의 여론 조성과 로비에 기여했다.

둘째, 1945년 12월 하순 미 · 영 · 소의 3상회의(모스크바)가 한국의 신탁 통치를 결정하자, 그 반대를 제일 먼저 주장하고 나선 인물이 이승만이다. 그는 바로 대한독립촉성국민회(독촉)를 조직하여 한국의 독립, 38선 철폐, 신탁 통치 반대를 주장하였다. 이승만은 독촉을 통하여, 또 전국 유세를 통하여 반탁 세력을 규합하는 데 심혈을 기울였다.

셋째, 미국을 방문하여 직접 로비에 나서기도 했다. 이승만은 1946년 12월 초 미국으로 다시 갔다. 한국의 독립을 위해 미국 정부를 직접 설득하기 위해서였다.[16]

이러한 이승만의 노력은 결국 미국으로 하여금 한국 문제를 유엔에 상정케 하는 것으로 이어진다.[17] 그리하여 1947년 11월 유엔총회는 '유엔 감시 아래의 선거'를 통한 한국의 독립정부 수립을 결의한다.

---

16) 이정식, 「이승만의 단독정부론 제기와 그 전개」, 이정식, 위의 책, 448~454쪽. 또 최근 『이승만 일기』 발간 기념 학술대회에서 발표된 미국 위스콘신 대학의 데이비드 필즈(David Fields)의 논문, 「이승만의 활동과 한반도의 분단」도 위의 분석을 뒷받침하고 있다. 한반도에 대한 미 국무성의 관심은 이승만이 "미 의회와 국무성을 통해 한국 독립의 당위성을 끈질기게 설득한 결과"라는 것이다.『조선일보』, 2015년 10월 23일, A23 참조.

17) 이승만이 결사적으로 신탁 통치 반대 투쟁을 전개할 때, 미국은 이승만을 제거하려는 계획(Ever Ready Plan)까지 획책했다. 그러나 대한민국의 정부 수립에 있어서는 미국이 이승만과 어느 의미에서 보조를 같이 한 것이다. 역사의 아이러니 혹은 양자 사이의 애증 관계의 변덕일지 모른다.

그러나 소련군은 유엔한국임시위원단의 북한 지역에서의 활동을 저지하였다. 그 때문에 불가피하게 남한에서만 인구 비례에 따른 총선거가 실시되었던 것이다. 그것이 1948년 5월 10일의 제헌 국회의원 선거다. 유사 이래 이 땅에서 실시된 최초의 자유 · 평등 · 직접 · 비밀 선거였다. 건국의 초석이 된 선거였다. 그 선거로 구성된 국회는 7월 17일 헌법을 제정했다. 그 헌법에 따라 8월 15일에 자유민주주의 공화국이 한반도에 탄생했다. 1948년 8월 15일, 건국절로 우리가 마땅히 기념하여야 할 날인 것이다.[18)]

그럼에도 불구하고 1948년의 5·10선거와 8·15의 건국에 관하여 오늘날까지 부정적인 평가를 내리는 세력이 있다. 남한만의 선거와 건국이 한반도의 분단을 고착화시켰다는 친북 좌파의 모략과 비방이 한 편에 있고, 다른 한 편에는 남북 협상을 통한 이상주의적 통일정부론을 주장하던 세력의 잔재가 남아 있기 때문이다. 같은 부류의 집단이 아닌가 한다. 이와 관련하여 흔히 이승만의 단정론으로 세간에 알려진 1946년 6월 3일의 정읍(井邑) 발언에 관하여 한 마디 하고자 한다. 그것은 이승만이 남한만의 정부 수립 가능성을 시사한 것이다. 그러나 부당하게도 그것을 이승만의 정권욕이 표출된 것이라고 매도하든가,

---

18) 1987년에 개정된 헌법 전문이 "대한민국은 3 ·1운동으로 건국된 대한민국 임시 정부의 법통……을 계승" 운운한 것을 빌미삼아 1919년이 대한민국의 건국년이라 주장하는 사람도 있다. 국가에는 영토 · 국민 · 주권이라는 3대 요소가 필수적이다. 이 셋 가운데 아무것도 없었던 임시 정부 성립을 건국이라 하는 주장은 어불성설이다. 이러한 주장도 1948년 이승만의 건국을 폄하하는 작업이다.

더 나아가 그를 남북 분단 고착화의 장본인으로 치부하는 세력이 있다. 그러나 그것은 옳지 않다.

한반도의 분단은 소련의 야욕과 제2차 세계대전 말기에 소련의 협조를 기대한 미국의 단견적 정책의 결과이다. 1945년 8월 8일의 대일 선전 포고를 시작으로 한반도에 진주한 소련군은 이미 8월 하순에는 38도선 이북 지역을 모두 점령하고 실질적인 통치에 착수했다. 그것은 9월 8일 미군의 한반도 진주에 훨씬 앞선 것이다. 스탈린은 9월 하순에 북한에서의 단독 정부 수립을 지시하였다.[19] 소련군 소령이던 김성주(김일성의 본명)를 앞세워 단독 정부 수립에 박차를 가했다. 그리하여 소련은 1946년 초부터 조만식(曺晩植)을 비롯한 우익 인사들의 제거에 착수했다.

2월에는 '북조선 임시 인민위원회'를 설립했다. 3월에는 토지 개혁을 실시했다. 분단 고착화의 길을 가고 있었다. 이와 같은 북한의 움직임을 간파한 이승만은 좌우 합작 혹은 통일 정부의 수립이 불가능하다고 판단한 것이다. 이것이 정읍 발언의 배경이다. 여기에는 냉전의 확산이라는 국제 정세에 대한 정확한 진단도 뒷받침되었다. 그리고 그 후의 역사도 그러한 방향으로 진행되었다. 『이승만 없었다면 대한민국 없다』라는 책도 있다.[20] 나도 이 책과 같이 "이승만이 아니었다면 오늘의 대한민국은 없다"라고 말한다. 그는 대한민국을 세웠다.

---

19) 이정식, 「스탈린의 한반도 정책, 1945년」, 이정식, 위의 책, 178쪽

20) 로버트 올리버 지음, 박일영 옮김, 동서문화사, 2008

◎

숙군과 농지 개혁

숙군(肅軍)은 문자 그대로 군부 숙청이다. 농지 개혁과는 별개의 사안이다. 그러나 이 둘은 1950년에 발발한 6·25전쟁을 우리가 극복하는 과정에서 나름대로의 기여가 컸고, 거기에는 이승만의 선견지명이 있었기 때문에 함께 다루려고 한다.

대한민국 국군의 전신은 1946년 1월에 창설된 국방경비대였다. 창설은 미군정의 주도로 이루어졌다. 그러나 모집 기준이 엄격하지 않았다. 선서를 중시하는 선별 방식이었다. 미군정 당국과 앞으로 수립될 정부에 충성을 선서하면 족했다. 좌익이든 우익이든 전력(前歷)은 중요하지 않았다. 따라서 경찰에 쫓기던 남로당원을 비롯한 좌익 성향의 세력들이 쉽게 군에 입대할 수 있었다. 군을 도피처로 삼은 것이다.[21] 그렇게 군은 좌익의 온상이 되었다. 그리하여 건국에서 6·25전쟁 발발 사이에 군 좌익 세력에 의한 반란이 자주 일어났다. 그 가운데 큰 규모의 반란은 제주도 4·3사건, 여순 반란 사건, 강 · 표 월북 사건 등이다.[22]

여순 반란 사건은 1948년 10월 20일 아침 여수에 주둔 중이던 국군 제14연대가 일으킨 반란 사건이다. 연대는 그 전 날 밤에 제주 4·3사

---

21) 백선엽, 『군과 나』, 시대정신, 2009, 400쪽

22) 1949년 5월 4일과 5일 춘천 부근에서 38도선 경계 임무를 맡았던 8연대의 강태무 · 표무원 소령이 대대 병력을 이끌고 월북한 사건이다.

건을 진압하기 위하여 출항할 예정이었으나, 출항하지 않고 반란을 일으켰다. 진압의 어려움, 피해와 충격의 규모는 이루 말할 수 없이 컸다. 그러나 이 사건이 계기가 되어 숙군이 시작되었다. 사건은 숙군의 촉진제였다. 숙군은 군 최고 통수권자인 이승만의 단호한 의지가 있었기에 가능했다. 치안국장 김태선(金泰善)이 극비 문서 형식으로 작성한 여순 사건의 전말보고서가 경무대에 전달되자, 이승만은 숙군의 필요성을 누구보다 먼저 인지했다. 그는 즉시 윌리엄 로버츠(William Roberts) 미 군사고문단장을 경무대로 불러 국방경비대의 허술한 모병 방침에 대하여 일갈한 후, 경찰의 보고서를 전하면서 사태 수습을 명령했다. 로버츠는 그 문서를 이응준(李應俊) 육군참모총장에게, 이응준은 이것을 다시 백선엽(白善燁) 육군정보국장과 신상철(申尙澈) 헌병사령관에 넘겼다.[23] 숙군은 그렇게 시작되었다. 약 1천5백 명의 군내 좌익 분자들이 제거되었다. 국군은 사상적으로 거의 통일되었다. 군의 반공 체제가 확립된 것이다. 숙군 작업의 실질적인 책임자였던 백선엽은 숙군에 대하여 이렇게 말했다.

내 책임 하에 진행된 숙군 작업에서 물론 옥석이 구별되지 않는 경우가 전혀 없었다고 말할 수 없다. 그러나 이 작업이 사상적으로 혼미 상태에 빠진 국군을 '자기 살을 도려내는 고통'을 통해 소생시켰다는 점은 누구도 부인할 수 없을 것이다. 그로부터 1년 후 전쟁이 터졌을 때 비록 개별 병사가 적에게

23) 백선엽, 위의 책, 413~414쪽

투항한 사례는 있어도 집단 투항한 사례는 단 한 번도 없었다는 것이 그 증거다. 만약 여순 반란 사건이 없었고 숙군이 없었더라면 이후 6·25전쟁의 상황에서 국군이 자멸의 길을 걷지 않았으리라고 장담할 사람은 아무도 없을 것이다.[24]

좌익 세력의 제거는 군에서만이 아니라 사회 각 분야에서 절실히 요구됐다. 그 요구를 뒷받침하는 입법이 필요했다. 그래서 1948년 12월에 제정된 것이 국가보안법이다. 반국가 활동을 규제함으로써 국가의 안전을 보장하고 국민의 생존과 자유를 확보하기 위하여 제정된 법이다. 그러나 입법만으로는 반국가 활동을 규제하고 치안을 유지하기 힘들다. 물리적인 제재가 뒷받침되어야 한다. 그 한 예가 지리산 공비 토벌이다.

여순 반란 사건과 특히 6·25전쟁의 낙동강 전투 이후, 미처 월북하지 못한 공산군 잔당들은 남부 군단을 형성했다. 약 1만여 명의 병력이 지리산을 거점으로 후방을 심하게 교란했다. 치안은 말할 것도 없고, 유엔군의 작전 수행에도 지장이 컸다. 1951년 11월 정부는 백야전전투사령부를 설치하고 공비 토벌을 명했다. 1년여의 작전 끝에 공비는 완전 토벌됐다. 지리산 일대는 평정됐다. 물리적인 힘으로 평화를 되찾은 것이다.[25] 국가보안법은 제정 이후 여러 차례 개정도 있었다.

---

24) 백선엽, 위의 책, 416쪽. 숙군은 6·25전쟁 발발 직전까지 계속되었다.

25) 백선엽, 위의 책, 261~279쪽 참조. 백야전 전투사령부(白野戰戰鬪司令部)라는 명칭은 백선

요즘도 그 폐지를 주장하는 좌파 세력이 있다. 그러나 이 법이 있음으로써 오늘날 대한민국 국민은 자유를 누리고 있는 것이다.

우리나라의 농지 개혁은 1950년 2월과 3월에 농지개혁법 개정안과 시행령이 마무리되면서 실행됐다. 말할 것도 없이 그것은 이승만의 주도로 추진된 것이다. 근대화의 초석이 된 사건이다. 여기에는 두 가지 목적이 있었다. 소작농을 자작농으로 바꾸고, 지주(地主)를 산업자본가로 육성하여 농업과 공업을 병행 발전시키자는 것이 첫째의 목적이다. 두 번째의 목적은 공산당을 막기 위한 것이다. 공산당만이 토지 개혁을 할 수 있다는 선동에 쐐기를 박은 것이다. 어느 것이 우위의 목적인지는 가늠하기 힘들다. 결과적으로 이승만의 농지 개혁은 두 목적을 모두 달성했다.

이승만은 미군정의 농지 불하 정책 등이 실효성 없는 것으로 판단했다. 1946년에 전격 실시된 북한의 토지 개혁을 지켜본 이승만은 북한과는 다른 우리 나름의 독자적인 농업 개혁을 구상했다. 봉건지주제의 혁파가 국가 발전의 척도라고 판단한 그는 공산주의자에서 전향한 조봉암(曺奉岩)을 초대 농림부 장관에 임명했다. 농지 개혁의 포석이다.

그러나 개혁의 과정은 쉽지 않았다. 국회에서조차 반대가 많았기 때

엽 장군이 사령관에 임명되어 생긴 것이다. 그 공을 기리기 위하여 정부는 1979년에 지리산 뱀사골 자락에 백야전사전적기념관(白野戰司戰跡紀念館)을 세웠다. 그런데 어찌된 영문인지 그 기념관은 없어졌다. 대신 2007년 5월 그 자리에는 지리산 탐방안내소가 세워졌다. 공비 토벌을 못마땅하게 여긴 좌파 집단의 작태라는 것이다. 전적기념관은 그 자체로 보존의 가치가 있기 때문이다. 송헌일, 「적은 안에 있다」, 이하우 · 최명 공편, 『6·25와 나: 서울법대 58학번들의 회고담』, 까치, 2010, 181-201쪽 참조.

문이다. 어느 사회나 그렇지만 사회적 자원(資源)의 분배는 불평등하게 마련이다. 또 그 불평등은 세습된다. 특히 전근대 사회에서는 그것이 더욱 심했다. 아버지가 양반이면 아들도 양반, 아버지가 지주면 아들도 세습 받아 지주, 아버지가 소작인이면 그 자식도 소작인의 신분을 벗어나지 못했다. 이러한 불평등의 세습을 타파하고자 하는 것이 이승만의 이상이었다. 배재학당에서, 미국 유학에서, 오랜 미국 생활에서 그가 배운 것이다. 능력에 의해서가 아니라 출생에 의해서 자원이 불공평하게 분배되는 것을 근대 사회가 용납해서는 안 된다는 것을 깨달은 것이다. 그래서 봉건지주제의 타파를 일찍부터 구상했다. 그리고 그것은 농지 개혁을 통해 실현되리라 믿었다. 근대화는 여기서 시작한다고 그는 믿었다.

농지 개혁은 유상 매수 · 유상 분배라는 방식으로 실행됐다. 지주에게는 지가증권을 줌으로써 토지를 유상으로 매입하고, 소작농은 1년 수확의 1.5배를 5년 분할로 납입하면 농지를 불하받는 조건이었다. 소작농에게 절대적으로 유리한 조건이다. 사유 재산의 제한이라는 말도 있었지만, 기본적으로는 자유 시장 경제 원칙의 틀을 벗어나지 않았다.

이것과 1946년 3월에 전격적으로 실시된 북한의 토지 개혁과 비교하면 천양지차가 발견된다. 북한의 토지 개혁은 무상 몰수 · 무상 분배의 방식으로 진행됐다. 농민들은 처음에 좋아했을 것이다. 그러나 그것은 토지의 국유화를 위한 조치였다. 농민들은 소출의 약 40%를 현물 세금으로 내야했다. 과거의 지주가 바뀌어 이제는 정부가 지주가 된 꼴이다. 또 그 후의 일이지만, 북한에서는 농민들의 경작권마저 몰수했다. 국영 협동 농장 체제로 전환시켰다. 북한은 "개인은 아무것도 아니고, 국가가 전부다(Du bist nichts. Der Staat is alles.)"란 구호의 독일 나치보다 더 잔혹한 공산당 사회가 된 것이다.[26)]

남한에서는 농지 개혁으로 소작농이던 167만여 가구가 말 그대로 자유로운 자작농이 되었다. 오랜 꿈의 실현이다. 농지를 분배 받은 농민들은 이승만의 지지 기반이 되었다. 동시에 대한민국이라는 "국가의 구성원으로 포섭되어 갔다."[27)]

이승만의 농지 개혁은 위에서 말한 바와 같이 두 가지 목표를 성취했다. 봉건제와 비슷한 지주 · 소작 관계를 타파하여 농민들로 하여금 땅에 대한 자부심을 갖게 하였다. 이것이 그들로 하여금 대한민국과 일체감을 고취시켰던 것이고, 6·25전쟁을 겪는 동안 인구의 4분의 3이었던 농민들은 대한민국의 충성된 지주로 남았다.

김일성이 불법 남침을 기획했을 때 남로당 출신의 박헌영은 "우리가 남침을 하면 남한의 20만 농민이 우리를 위하여 봉기 할 것"이라고 했다고 한다. 하지만 그러한 상황은 결코 일어나지 않았다. 농지 개혁은 6·25전쟁에서 농민들의 이반(離反)을 막았다. 공산화를 막은 것이

---

26) 절차적인 차원에서 남한의 농지 개혁과 북한의 토지 개혁을 비교한다. 1946년 3월의 북한 토지 개혁은 북조선인민위원회의의 결정에 의하여 일사분란하게 시행되었다. 그러나 그것은 소련의 지시를 따라 진행된 것이다. 소련은 제2차 세계대전 후 동 유럽 여러 나라의 토지 개혁을 집행한 경험을 북한에 강제로 재현했다. 남한의 농지 개혁은, 본문에서 언급한 바와 같이 국회에서의 반대도 있었고, 입법 과정에서도 우여곡절이 있었으나, 민주적 절차를 밟아서 이루어졌다.

27) 김일영, 「통치자로서의 이승만 대통령」, 유영익 편, 『이승만 대통령 재평가』, 88쪽

다. 또 농지 개혁은 농업 자본을 산업 자본으로 전환시킨 계기가 되었다는 관점도 있다.

◎

전쟁 극복과 한미동맹

어렵게 건국은 이루었으나, 이미 조국은 분단되었다. 이승만은 분단의 책임이 소련에 있다고 믿었다. 따라서 그는 대한민국이 반소 · 반공의 기지가 되어야 한다는 신념을 가졌다. 분단 해소는 통일이다. 통일을 위해서는 무력으로 북진하는 길이 최선이라고 생각했다. 그래서 그는 기회가 있을 때마다 반공과 북진 통일의 당위성을 역설했다. 그 당위가 현실이 될 수도 있는 상황이 발생했다. 전쟁이 발발한 것이다.

1950년 6월 25일, 북한의 김일성은 불법 남침을 자행했다. 6·25사변, 한국전쟁 등으로 불리는 전쟁이 터진 것이다. 김일성은 소련의 승인과 지원을 받고, 치밀하게 전쟁을 기획했다. 전면전에 대한 준비가 전무했던 남한은 그만 허를 찔렸다. 대통령으로서 이승만의 최대의 시련이 시작된 것이다. 그러나 이승만은, 통일을 이루지는 못했으나 시련은 극복했다. 전쟁의 와중에서 이승만은 뛰어난 외교력을 발휘하여 한미동맹을 성사시켰다. 대한민국의 안전과 평화를 위한 보장 장치를 만든 것이다.

북한의 기습 남침에 대한 초기의 정부 대응은 미비했다. 새벽 네 시에 시작된 전쟁이 경무대에 보고된 것은 오전 열 시 반이었다. 국방수

뇌부가 그 동안 무엇을 했는지 알 수 없다. 그 전에도 38선 부근에서 남북의 소규모 군사적 충돌이 심심찮게 있었기 때문에, 그런 정도의 충돌일 것이란 안이한 생각을 했는지도 모른다. 오늘의 우리 정치에도 소통이 문제라고 한다. 당시는 더 그랬다. 더구나 부정확했다. 이승만에게 최초로 전황을 보고한 국방장관 신성모(申性模)는 "크게 걱정하실 일"이 아니라고 했다. 대통령을 안심시키려고 그랬는지는 모르겠지만 한심한 일이었다. 그러나 대통령은 경찰 정보를 통하여 사태의 심각성을 뒤늦게 알게 되었다. 그나마 다행이었다.

사태의 심각성을 알고 난 후의 이승만의 행동은 기민했다. 26일 새벽 세 시, 그는 도쿄에 있었던 맥아더 극동군사령관에게 전화했다. 한국의 위급 상황을 전하고 지원을 요청했다. 맥아더는 무기와 병력 지원을 약속했다. 이승만은 또 주미대사 장면(張勉)을 불렀다. "미 의회가 승인하고 트루먼 대통령이 결재한 1천만 달러 무기 지원"을 독촉하여 받아내라고 지시했다.[28] 이어 이승만은 트루먼에게 원조 호소 전문을 보냈다. 그리고 그 전문을 장면이 트루먼에게 직접 전달토록 명했다. 이러한 일련의 대미 조치가 신속하게 효력을 발휘했다. 미국 참전의 실마리가 된 것이다. 트루먼은 해 · 공군의 투입을 결정했다. 전쟁

28) 프란체스카 도너 리, 『6·25와 이승만 : 프란체스카의 난중일기』, 기파랑, 2010, 22~24쪽. 프란체스카는 대통령이 맥아더에게 전화한 시간이 26일 새벽 세 시라고 했다. 당시 경무대 비서였던 민복기(전 대법원장)의 회고에는 26일 밤 열 시 반으로 되어 있다. (중앙일보사 편,『한국전쟁실록 : 민족의 증언1』, 중앙일보사, 1972, 19쪽). 나는 프란체스카의 일기가 더 정확하다고 생각한다. 중요한 것은 맥아더를 전화로 불러 지원을 요청한 일이다.

발발 이틀 후였다. 이어 한국 문제는 유엔 안전보장이사회에 상정되었다. 안보이사회의 결정으로 미국을 위시한 16개국이 유엔군을 조직하여 참전하였다. 이들 모두 전투 부대를 파견했다.[29] 또 의료 지원을 위한 인원과 시설을 보내 대한민국을 도운 나라도 5개국이다.[30] 우리가 고맙게 생각하여야 할 나라들이다.

이승만은 처음에 서울 사수를 완강하게 고집했다. 그러나 사태가 사태인 만큼, 27일 새벽 피난을 떠나지 않을 수 없었다. 1953년 8월의 환도(還都)까지 3년 반 넘게 부산이 임시 수도였다. 소련제 탱크를 앞세운 적은 막강한 화력으로 3일 만에 서울을 점령하고, 여세를 몰아 낙동강까지 넘보았다. 그러나 9월 15일 맥아더의 인천상륙작전의 성공으로 전세는 역전되었다.

9월 28일 서울을 탈환한 국군과 유엔군은 파죽지세로 북으로 진격했다. 이때 이승만은 북진의 정당성을 이렇게 주장했다.

> 북한의 남침으로 38선이 무너졌다. 이제 38선은 없다. 우리나라의 국경선은 압록강과 두만강이다. 따라서 북진하는 것만이 민족의 진로이고, 통일을 위한 길이다.

---

29) 미국, 영국, 오스트레일리아, 네덜란드, 캐나다, 프랑스, 필리핀, 터키, 타이, 그리스, 남아프리카 공화국, 벨기에, 룩셈부르크, 콜롬비아, 에티오피아 등이다. 참전 연인원의 총규모를 보면, 미국이 1,789,000명으로 제일 많고, 영국(56,000명), 캐나다(25,687명), 터키(14,936명), 오스트레일리아(8,407명) 등의 순서다. 그들이 왜 낯선 이국땅에 와서 피를 흘리며 싸워야했는지 생각해 볼 일이다.

30) 스웨덴, 인도, 덴마크, 노르웨이 그리고 이탈리아.

대한민국의 통치는 남한에 국한되어야 한다는 유엔의 권고를 무시했다. 전쟁의 확산을 우려한 워싱턴의 미온적 태도에도 불구하고, 국군과 유엔군은 압록강까지 진격했다. 이승만은 국군이 적의 수도 평양에 입성한 지 열흘 만인 10월 30일 국군 수송기 편으로 평양에 도착하였다. 수만 평양 시민의 열렬한 환영을 받았다. 통일이 눈앞에 보이는 듯 했다. 그러나 민족의 불운은 다시 시작됐다. 1950년 10월 하순부터 백만의 중국 공산군이 북한을 도와 참전하게 되자, 전세는 다시 역전되었다.

중공군의 인해전술에 밀려 국군과 유엔군은 후퇴를 하지 않을 수 없었다. 정부는 1951년 1월 4일 서울을 다시 포기해야만 했다. 그것이 1·4후퇴다. 오산 부근까지 밀린 국군과 유엔군은 다시 반격하여 지금의 휴전선 부근에서 대치하여 2년 넘게 일진일퇴를 거듭했다. 한반도에서 발생한 전쟁이지만, 6·25전쟁은 이미 국제전이 되었다.

그러나 전쟁에 대한 전략적 판단의 차이 때문에 트루먼 대통령은 1951년 4월 맥아더 유엔군사령관을 해임했다. 트루먼 행정부는 전쟁의 장기화를 꺼렸다. 6·25전쟁은 12월로 다가오는 미국 대통령 선거전의 중요한 이슈로 떠오르고 있었기 때문이다. 그리하여 미국 정부의 한반도 정책은 군사적 승리보다는 정치적 해결 쪽으로 기운 것이 아닌가 한다. 이와 직접적인 연관은 아니나, 소련은 1951년 6월 23일 유엔 안보리에서 6·25전쟁의 휴전 및 정전을 제의했다. 개성에서 시작하여 판문점으로 이어진 휴전 회담은 그렇게 시작되었다. 2년 넘게 계속된 지루한 회담이었다. 전선에서는 소모적 전투가 계속되었다.

나라마다 사정은 다르다. 미국은 6·25전쟁의 조속한 휴전을 바라면서 취약한 정책으로 일관했다. 이승만은 추호의 양보도 없이 북진 통일을 외치고 있었다. 또 남한에서는 휴전 반대 데모가 그치지 않았다. 그러나 전시 작전권을 유엔군에 이양했기 때문에 한국 정부의 행동에는 한계가 있었다. 그래서 이승만은 통일에 앞서 전쟁 후의 한국의 안전 보장이 더 중요하다고 판단했다. 그 안전 보장 장치는 미국과의 상호방위조약이다.

이승만은 그 필요성을 건국 초부터 인지하고 있었다. 다만 전쟁의 참화를 겪으면서 또 휴전의 가능성이 커지면서 그것이 목전의 절박한 문제로 부각된 것이다. 이승만은 한미상호방위조약의 성사를 여러 측면에서 타진하고 미국에 압박을 가했다. 통일 없는 휴전 반대의 강력한 메시지를 아이젠하워 대통령에게 통고하기도 했고, 변영태(卞榮泰) 외무장관 명의로 한미상호방위조약을 포함한 휴전 수락의 전제 조건 등을 미국 정부에 전달하기도 했다.

상황이 불투명한 가운데 이승만은 승부수를 던졌다. 그것은 1953년 6월 18일 반공 포로의 석방이었다. 이승만은 부산 · 마산 · 광주 · 논산 수용소 등에 분산되어 있던 2만7천여 명의 반공 포로를 전격 석방한 것이다. 한국 정부가 독자적인 행동을 취할 수 있음을 전 세계에, 특히 미국에게 알린 조치였다. 포로 문제는 휴전 회담의 중요 이슈였다. 반공 포로의 석방은 휴전 회담을 결렬시킬 수도 있었다. 그러나 이승만이 던진 승부수가 직접적인 효력을 발휘했다. 미국은 이승만의 요구를 받아들이지 않을 수 없었다.

1953년 7월 27일 휴전협정이 체결된 약 2개월 후인 10월 1일에 한미상호방위조약이 맺어졌다. 조약의 정식 발효는 이듬해 11월 18일이다. 이 조약은 대한민국 안보의 지킴이다. 현재도 그것은 북한의 도발을 억지하고 있다고 나는 믿는다. 또 튼튼한 안보가 경제 발전의 초석이 된 것은 물론이다. 한미상호방위조약은 이승만 안보 외교의 승리였다. 정치적 결단의 진수(眞髓)였다. 아니 또 반공 포로의 석방은 이승만의 인도주의의 발현이었다. 공산 적치(赤治)로의 강제 송환을 거부하는 그들에게 자유를 주었기 때문이다.

다시 6·25전쟁을 회고해 본다. 3년여에 걸친 전쟁의 인적 · 물적 피해는 문자 그대로 막대하다. 정전(휴전)협정 50주년(2003년)을 지내면서 국방부 군사편찬위원회가 발표한 자료에 의하면, 국군과 유엔군 측의 인명 피해는 아래와 같다. 전사 · 부상 · 실종 · 포로를 합한 국군의 인명 피해 숫자는 621,479명, 미군은 137,250명, 나머지 유엔군의 피해 인원을 모두 합하면 776,360명에 이른다. 중공군을 포함한 공산군의 인적 피해는 150만 명이 넘는다. 민간인 피해는 이보다 더하다. 남북한을 합쳐서 사망(학살 포함), 부상, 납치(행방불명 포함)된 숫자는 250만 명에 가깝다. 여기에 피란민 320만여 명, 전쟁 미망인 30만여 명, 전쟁 고아 10만여 명을 더한다면 생각하고 싶지도 않은 엄청난 수의 사람이 전쟁으로 인하여 사망했거나, 고통을 당한 것이다.[31] 재산

31) 본문의 통계는 이하우 · 최명 공편, 위의 책, 부록(6·25전쟁 관련 통계, 447~452쪽)을 참고하여 재구성한 것이다.

의 피해는 말할 것도 없다. 대구 · 부산 등의 경상도 일부와 제주도를 제외한 전국이 초토화되었다고 해도 과언이 아니다. 통계를 잡기도 불가능하다. 김일성의 불법 남침으로 시작된 6·25전쟁의 참담한 결과인 것이다.

그러한 전쟁에 대하여 '북침'이니, 어쩌니 하는 주장이 있는가 하면, 신라와 백제가 싸운 것과 같이 오래된 일인데, 지금 와서 떠들 것이 무어냐는 무리가 있다는 이야기도 있다. 그러나 절대 그렇지 않다. 우리는 기억해야 하고, 우리는 북한의 또 다른 도발에 철저히 준비해야 한다. 나의 세대는 6·25전쟁을 직접 겪었다. 나는 아래의 〈6·25의 노래(박두진 작사, 김동진 작곡)〉를 부르며 자랐다.

1. 아아 잊으랴 어찌 우리 이날을
   조국을 원수들이 짓밟아 오던 날을
   맨 주먹 붉은 피로 원수를 막아내어
   발을 굴러 땅을 치며 의분에 떤 날을.
2. 아아 잊으랴 어찌 우리 이날을
   불의의 역도들을 멧도적 오랑캐를
   하늘의 힘을 빌어 모조리 쳐부수어
   흘려온 값진 피의 원한을 풀으리.
3. 아아 잊으랴 어찌 우리 이날을
   정의는 이기는 것 이기고야 마는 것
   자유를 위하여서 싸우고 또 싸워서

다시는 이런 날이 오지 않게 하리.

후렴 : 이제야 갚으리 그날의 원수를 쫓기는 적의 무리 쫓고 또 쫓아

원수에 하나까지 쳐서 무찔러 이제야 빛내리 이 나라 이 겨레.[32)]

그러나 "원수의 하나까지 쳐서" 무찌르지 못했다. 1953년 7월 27일의 휴전협정 조인으로 전선의 총성은 멈췄다. 그러나 전쟁이 끝난 것은 아니다. 문자 그대로 전투가 멎었을 따름이다. 분단은 장기화되었다. 통일의 길은 요원하다. 6·25전쟁의 발발 당시 국군의 병력은 8개 사단에 지나지 아니했다. 그것이 휴전 후 불과 3년 만에 20개 사단으로 증가되었고, 60만 대군으로 발전했다.

그럼에도 불구하고 휴전 이후 60여 년이 지나는 동안 휴전협정을 위반한 북한의 도발은 끝없이 계속되었다. 큰 사건만 몇 열거한다. 청와대 습격의 1·21사태, 땅굴 굴착, 아웅산 테러, KAL기 폭파, 그리고 비교적 최근의 천안함 폭침, 연평도 포격 도발 등이 그 예다. 그리고 3차에 거친 원폭 실험도 모자라, 2016년 벽두인 1월 6일 수소폭탄 실험에 성공했다고 평양방송은 발표했다. 미국 정부와 군사전문가들은 그것이 수소폭탄은 아닐 것이라고 하였다. 그러나 대한민국의 안보에 대

---

32) 그런데 언제부터인가 〈신6·25의 노래〉란 종북 좌파가 새로 지은 것이 생겼다. 김정일을 자극하지 않기 위한 가사라고 했다. 거기에는 1절에서 남침 이야기가 빠지고 민족 간의 싸움이라했고, 2절에서는 6·25의 책임이 북에 있는 것이 아니라 외세에 있다고 했고, 3절에는 민족의 공적과 싸운다는 가사가 담겼다. 좌파들에 의한 천인공노할 일들이 대한민국에서 벌어지고 있다. 이것이 대한민국의 현실이다. 한심한 일이다.

한 중대한 위협이고, 도발임에 틀림없다.

북한의 4차 핵폭탄 실험에 대응하여 미국은 괌의 앤더슨 기지에 주둔하고 있는 B-52 폭격기를 1월 10일 평택시 오산 비행장 상공에 출격시켰다. 그것은 북한의 위협에 대해 언제든지 응징할 수 있다는 대북 경고였다. 상호 방위에 대한 미국의 의지가 다시 확인됐다. B-52는 수소폭탄 네 발을 비롯해 31톤의 각종 미사일과 폭탄을 탑재할 수 있다. 북한이 두려워하는 전략 폭격기다. 미국의 F-16 전투기와 한국의 F-15 전투기의 호위를 받았다. 커티스 스캐퍼로티 한미연합사령관은 "오늘(1월 10일) 비행은 한미동맹의 힘"이며, "한 · 미 간 긴밀한 군사 협력으로 안보를 위협하는 적에게 언제든지 대응할 준비가 돼 있다"라고 말했다. 또 미 7공군사령관 테런스 오셔너시(주한미군 부사령관)도 "미국은 한반도의 안전을 위해 통상 전력과 더불어 핵우산을 통한 확장 억제 능력을 가지고 있다"라고 말했다. B-52의 위력 비행은 미국의 핵우산 제공 의지를 보여 주는 작전이다.[33] 미국은 지금도 약 2만5천의 병력을 한국에 주둔시키고 있다. 자주 국방도 중요하고 상호 방위도 중요하다. 이것이 한국의 실정이다. 크고 작은 북한의 도발이 있을 적마다, 나는 한미상호방위조약을 떠올리게 되고, 이승만 대통령을 생각하게 된다.

그러나 이것은 한편의 생각이다. 이승만 대통령이 지금 살아 있다고 하면 어떠했을까? 반공 포로 석방과 유사한 독자적인 행동을 취했을 법하다. 북한에 맞서 우리 나름의 핵무기 개발을 추진했을지도 모

---

33) 예컨대, 『중앙일보』, 2016년 1월 11일, 1면과 2면 참조

른다.[34] 그것이 그가 계속 강조하고 주장하던 '자주 국방'의 길이다. 그렇다. 남에 의지하지 않고, 우리 스스로가 서는 것이 중요한 것이다. 내가 어렸을 적에 아래 같은 속요(俗謠)가 있었다.

'미국은 믿지 말고
소련에 속지 말고
일본은 일어나고
조선은 조심하라'[35]

대한민국은 물론 조심을 하여야 한다. 그러나 우선 강해져야 한다. 대한민국이 강해지면, 적이 우리나라를 감히 넘보지 못할 것이기 때문이다. 이것이 이승만의 정신이라고 나는 믿는다.

◎

평화선 선포

돌이켜보면 이승만의 '평화선' 선포

34) 독자적인 핵무기 개발을 추진했을지도 모른다는 말은 나의 추측일 따름이다. 그러나 이승만은 일찍부터 원자력의 중요성을 인식했다. 1958년에는 '원자력법'이 제정되었고, 1959년 1월에는 위의 법에 따라 원자력원과 그 산하의 원자력연구소가 설립되었다. 뿐만 아니라 같은 해 7월에는 35만 달러를 들여 실험용 원자로의 설치 작업이 시작되었다. 원자력에 대한 이승만의 선구적인 이해가 없었으면 불가능한 일이었다. 안병훈 엮음, 위의 책, 128쪽

35) 그런데 여기에 중국은 빠졌다. 당시 중국은 국공(國共) 간의 내전으로 경황이 없던 때였던 만큼, 치지도외되었는지 모른다. 그러나 내가 속요를 지었다면, '조선은 조심하라' 앞에 '중국은 각성하고'란 구절을 넣고 싶다.

는 쾌거다. 가장 유쾌한 업적이다. 1952년 1월 18일 이승만은 '인접 해양의 주권에 관한 대통령 선언'을 전격적으로 발표했다. 이승만이 선언했다하여 '이승만 라인'이라고도 하나, 인접 국가(주로 일본 그리고 중국)와 평화 유지를 목적으로 했기 때문에 '평화선'으로 불리는 해양 주권선이다. 평화선은 우리나라 해안선으로부터 평균 60마일이며, 이 수역에 존치하는 광물과 수산 자원의 보호가 선포의 일차적 목적이었다. 부차적으로는 어업 기술이 월등한 일본과의 어업 분쟁의 봉쇄 및 북한 공산 세력의 연안 침투 방지의 효과도 노렸다. 독도가 우리 영토에 포함된 것은 물론이나, 외국 선박의 공해상의 자유 항행권을 제한하려는 선언은 아니었다. 미국과 중남미 여러 나라의 해양 자원 보존 및 대륙붕 영해 확장이란 국제적 선례에 따른 것이기도 했다.

미국은 1945년 9월 일본의 어로 수역을 해안으로부터 12마일 이내로 제한하는 소위 맥아더 라인을 발표했다. 그런데 연합국 사령부는 이 라인을 세 번에 걸쳐 확장했고, 일본 어선들은 우리나라 서남 근해에까지 진출하기 시작했다. 그러자 이승만은 해군 참모총장 손원일(孫元一) 제독에게 "앞으로 맥아더 라인을 침범하는 외국 어선은 모조리 나포하라"라는 특명을 내린 적도 있다. 이를 계기로 우리 해군은 일본 어선을 나포하기 시작했다.[36] 자연히 외교적 마찰이 일어났다. 이러한 상황을 예기치 못한 이승만이 아니었다.

평화선 선포는 미래에 대한 이승만의 혜안이 돋보이는 업적이다. 그

---

36) 안병훈 엮음, 위의 책, 122쪽

것은 그 발표의 시기와 연관이 있다. 1952년 1월이면 6·25전쟁이 치열하게 진행되고 있던 때다. 앞날을 예측하기 어려웠다. 그런데 이승만은 해양 주권의 필요성을 감지하고 있었다. 그는 그해 4월에 발효될 '미 · 일 샌프란시스코 강화 조약'을 염두에 두고 있었다. 샌프란시스코 조약은 제2차 세계대전의 종식 후 일본이 세계 국가로 발돋움할 수 있는 계기를 부여한 조약이다. 이 조약에는 전승국에 대한 일본의 전쟁 배상에 관한 규정이 포함되어 있다. 그러나 한국은 이 조약에 참여하지 못했기 때문에 전시(혹은 그 이전 포함)의 '손해 및 고통'에 대한 배상청구권을 요청할 수 없었다. 그 후의 일이다. 일본은 이 조약에 독도가 한국 땅이란 명문 규정이 없다는 이유로 독도에 대한 영유권을 주장하고 나섰다. 이승만은 이러한 것들을 예상하여 독도를 평화선 안에 넣은 것이다. 일본의 주장에 대한 선제적 방어 조치를 취한 것이다. 사전 쐐기였다. 그래서 나는 위에서 평화선 선포를 '쾌거'라고 한 것이다. 6·25전쟁 개전 초에 일본이 군사적으로 한국을 도울 수 있다는 이야기가 나오자, 이승만은 "일본이 군대를 보내면 우리는 총부리를 돌려 일본과 먼저 싸우겠다"라고 말했다는 일화가 전한다. 나라의 독립을 위해 평생을 바쳤다. 어렵사리 건국도 이루었다. 그러나 지금은 전쟁이다. 힘들다. 그런 와중에도 그의 뇌리 속에는 일본에 대한 경계가 늘 우선이었다.

그러한 이승만을 두고 '친일'이라고 비난하는 무리가 있다. 예컨대, 1949년 반민족행위처벌법에 따라 구성된 반민족행위자특별조사위원회(반민특위)의 활동이 이승만의 방해로 유야무야로 끝나고 말았다는 주장이 있다. 친일파 청산이 제대로 이뤄지지 않았으며, 그것이 "민족 문화의 정상적인 발전을 저해하고, 대한민국의 정통성을 약화시키는 요인"이 되었다는 시각도 있다.[37] 그러나 이것은 옳지 않다. 반민특위가 특별한 업적을 남기지 못한 것은 사실이다. 또 건국 후 이승만은 친일 활동의 전력이 있는 인물들을 등용하기도 했다. 그러나 그것은 반공의 튼튼한 국가 건설을 위해 필요한 인재의 활용이었다. 친일파의 '포용'이라 해도 좋다. 그렇다고 해도 그것이 어떻게 민족 문화의 정상적인 발전을 저해하고, 대한민국의 정통성을 '약화'시킨 것일까?

이승만의 '친일' 문제는 남북 분단과 연관이 있고, 기본적으로 이념의 문제이다. 북한이 줄기차게 주장하고 있는 것은 김일성은 항일을 했고, 그 항일 집단이 정권을 창출했다는 것이다. 그러면서 남한은 친일 세력의 집단이라고 매도해왔다. 그러한 북한의 선전에 동조하는 세력이 이승만의 '친일'을 문제 삼고 있다. 문자 그대로 "대한민국의 정통성을 약화"시켜서 대한민국의 전복을 꾀하는 무리이다. 나는 그들에게 대한민국의 정통성이 무엇인지 아느냐고 묻고 싶다.

◎

산업화와 민주화의 초석이 된 교육 · 경제 정책

일찍이 공자(孔子)가 위(衛)나라에 간 적이 있다. 제자인 염유(冉有)가 수레를 몰았다. 다음은 그 두 사람의

37) 한영우, 『다시 찾는 우리 역사』, 경세원, 1997, 554쪽

대화이다.

공자 : "사람이 많구나(庶矣哉)."

염유 : "그러면 또 무엇을 더하여야 됩니까(又何加焉)?"

공자 : "그들을 부유하게 만들어야지(富之)."

염유 : "부유해지면 또 무엇을 더하여야 합니까(旣富矣 又何加焉)?"

공자 : "가르쳐야 한다(敎之)."[38]

나라가 유지되려면 어느 정도의 인구는 필수불가결하다. 그 전제 위에 공자는 나라를 다스리는 단계를 밝혔다. 그는 민생[경제]을 먼저 말하고 교육을 다음에 꼽았다. 선후 혹은 순서가 중요한 것은 아닐 것이다. 서로 보완적이기도 하다. 그러나 훌륭한 위정자들은 이 둘의 중요성을 간과하지 않았다. 〈논어〉를 읽어서만은 아니겠으나, 이승만도 예외는 아니었다. 여기서 이 둘에 대한 이승만 대통령의 치적을 살펴보기로 한다. 뒤에 다뤘으나, 앞에서 언급한 다른 업적들보다 중요도가 떨어진다는 의미는 아니다.

첫째, 교육이다. 이승만은 어느 의미에서 정치가에 앞서서 학자이고, 교육자였다. 비록 짧은 기간이긴 하지만 교육에 직접 종사한 적도 있다. 한국이 일제의 식민 지배를 받지 않고, 따라서 독립이란 절체절명의 과제가 그 앞에 없었다면, 그는 교육자로서 일생을 보냈을지도

38) 〈논어〉, '자로(子路)' 편

모른다. 그만큼 그에게는 교육이 중요했다. 그가 생각한 교육은 개인이 지식을 넓히고 인격을 높이는 것만이 아니라, 새 나라의 주인이 될 국민의 교육이었다. 따라서 모든 국민에게 균등한 교육의 기회를 부여함으로써 국가 건설에 참여할 수 있게 하는 것이 그의 생각이었다. "적어도 초등 교육은 의무적이며, 무상으로 한다"라는 헌법 조항도 이러한 이승만의 교육관의 반영일 것이다.[39] '적어도'란 어휘가 들어간 것은 확대의 필요성을 시사(示唆)한 것이다. 해방 다음해인 1946년의 초등학교 취학률은 53.4%였다. 12년 후, 1958년의 그것은 95.2%로 늘어났다. 두 배에 가까운 성장이다. 거의 완전 취학이라고 해도 좋다. 이에 따라 성인 비문해율이 급격하게 감소되었다.

고등학교 이상의 학생 수도 증가 일로였다. 예컨대, 1952년에서 이승만이 하야하던 1960년 사이에 대학생 수의 연평균 증가율은 14.5%였다. 숫자로도 거의 열 배가 늘었다.[40] 이러한 양적인 증가와 더불어 물론 교육의 질에도 괄목할 변화가 있었을 것이다. 부산 피란 시절에도 전시 연합 대학이 운영되었으니, 말할 것도 없다. 이와 같은 교육의 확대와 발전이 그 후 우리나라의 산업화와 민주화의 초석이 된 것은 논의의 여지가 없다. 건국에 즈음하여 이승만의 주장은 "뭉치면 산다"였다. 건국 후의 그의 구호는 내놓고 외치지는 않았어도 "배워야 산

39) 건국 헌법 제16조. 박명림, 「이승만 집권기 한국의 교육과 민주주의」, 유영익 편, 『이승만 대통령 재평가』, 연세대학교 출판부, 2006, 331~373 쪽, 특히 347~350쪽

40) 위의 글, 354~356쪽에 의존함.

다"라는 것이었다고 나는 생각한다.

둘째, 경제다. 간단히 언급한다. 건국은 정치적인 안정을 이루는 계기였다. 이와 병행하여 경제 개발을 위한 제도적 장치와 정책이 필연적으로 요구되었다. 건국 이듬해부터 '산업부흥 5개년 계획' 등이 수립되기도 했으나, 6·25전쟁으로 무산되었다. 그리하여 1950년대의 이승만의 경제 정책은 남북 분단과 6·25전쟁으로 붕괴된 과거의 재생산 구조를 어떻게 회복시키는가에 주안점을 두지 않을 수 없었다. 그것은 수입 대체 공업화 정책으로 나타났다. 이 정책은 "이전에 수입하던 재화를 국내 생산을 통해 부분적 혹은 전면적으로 대체하는 공업화 전략"이다.[41] 이를 뒷받침하기 위하여 협정환율과 시장환율을 동시에 인정하는 이중환율제가 채택되었다. "원조 자금을 이용하여 수입 대체 공업화를 추진하는 기업에게는 저환율을 적용하여 원조 자금을 배분하는 한편, 수출 등에 대해서는 시장환율을 허용"하였다.[42] 그리고 이것이 성공했다. 그리하여 1956~1957년에 이르러서는 전쟁 전 생활수준에 도달하는 부흥이 마무리되었다는 것이다. 여기에는 미국의 원조 정책의 변화도 주목된다. 초기의 무상 원조가 유상 차관으로 전환되면서, 정부는 자립 경제 수립에 노력을 기울이지 않을 수 없었다. 부흥이 개발로 이동한 것이다.

이승만 정부는 1950년대에 들어서서 경제 계획을 여러 차례 발표하

---

41) 최상오, 「이승만 대통령의 경제 개발 정책」, 유영익 편, 위의 책, 292쪽

42) 위의 글, 291쪽

였다. 그 백미는 1959년 부흥부 산업개발위원회가 수립한 '경제 개발 3개년 계획안'이다. 이는 고용 확대, 생활 수준 향상 및 경제 사회 제도의 근대화를 위한 종합적인 계획안이며, 그 특징은 경제 관료, 학계와 산업계의 전문가로 구성된 독립 기구가 계획을 주도했다는 점이다. 불행히도 이 안은 1960년의 정치 격동의 와중에 햇빛을 보지 못했다. 그러나 1961년 군사 정부가 단시일 안에 '제1차 경제 개발 5개년 계획'을 작성할 수 있었던 것은 1959년의 '경제 개발 3개년 계획안'이 있었던 덕분이다.[43] 이승만은 박정희 산업화 정책에 초석을 깐 것이다. 어부지리(漁父之利)란 말은 옛날부터 있었다.

이제 이 글을 마무리할 때가 되었다. 다시 말하거니와 사람에게는 누구나 장단처가 있다. 위대한 정치가에게도 공(功)과 과(過)가 있다. 나는 여기서 두 가지 이야기를 하고자 한다. 첫째, 공과 과에 대한 균형 있는 평가가 중요하다는 것이다. 그 한 예가 마오쩌둥[毛澤東]에 대한 중국 공산당의 평가다. 그에게는 공산 혁명을 성공시킨 큰 공이 있다. 그러나 그에게는 대 약진(大躍進)과 문화혁명이라는 '엄중한' 과오도 있다. 중국 공산당은 1981년 마오쩌둥에 대하여 "공적이 첫 번째이고, 과오[착오]는 두 번째"라는 평가를 내렸다. 그래서 그의 초상화가 지금도 천안문 광장 위에 높이 걸려 있다. 중국 공산당 지배에 정통성과 정당성을 부여하고 있다. 이승만에 대한 나의 평가는 이렇다. "건국

43) 위의 글, 307~309쪽

이라는 그의 공적은 첫 번째고, 장기 집권에 따른 과오는 두 번째다."

둘째, 이것은 이승만에 국한된 것은 아니지만, 대체로 우리나라 사람들은 남에 대한 칭찬에 인색하다는 것이 나의 생각이다. 남의 단처를 들추고, 남의 공적을 폄훼하는 것으로는 밝은 사회를 기대할 수 없다. 중국의 고사 하나를 이야기한다. 우리에게 친숙한 『삼국연의(三國演義)』의 방통(龐統)은 제갈량(諸葛亮)에 버금가는 모사다. 그에 관하여 진수(陳壽)는 아래와 같이 말한다.

> [방통이] 누구를 칭찬할 때는 항상 그의 재능보다 더 많이 칭찬했다. 옆의 사람들이 이상하게 생각하여 물었다. 방통이 대답했다. "바야흐로 천하는 크게 혼란스럽다. 좋은 도리는 모두 쇠퇴해버렸다. 선량한 사람은 적고, 악한 사람은 많다. 만일 좋은 풍속을 부흥시키고 옳은 도리를 기르려면, 좋은 이야기와 [좋은] 사람의 이름을 밝혀야 한다. 그렇지 않으면 아름다운 행동을 부러워하는 마음을 일으킬 수 없다. 좋은 행동을 부러워하는 마음을 일으키지 못하면 좋은 일을 하려는 사람도 적어진다. 이제 내가 칭찬한 사람 열 명 가운데 다섯을 잃는다고 하자. 그래도 그 반을 얻으면 사람들을 교화할 때 모범으로 삼을 수 있을 것이다. 그러면 뜻 있는 사람들로 하여금 스스로 힘쓰게 만들 수 있을 것이다. 이것 역시 옳은 일이 아닌가?"[44]

얼마나 아름다운 말인가! 옥석(玉石)은 구분되어야 마땅하다. 그러나

---

44) 晉 陳壽 撰, 宋 裴松之 注,『三國志』, 卷三十七,「龐統法正傳第七」, 台北, 1976, 246쪽

옥은 옥이라고 말하자. 칭찬을 많이 하자.

마지막으로 내가 어려서 들은 이승만의 일화 둘을 적는다. 하나, 1952년 여름 부산 피란 시절. 하루는 이 대통령이 동래 부근을 지나게 되었다. 당시는 시골 길가에 거름으로 쓰기 위해 모아 놓은 인분 웅덩이가 많았다. 차창이 열렸던지 냄새가 들어왔다. 앞자리에 앉은 황규면(黃圭冕) 비서에게 이 대통령이 한 말, "여보게! 자네는 코도 없나?" 코가 없는 사람이 어디 있겠는가? 우스개의 말이라도 거기에는 여든에 가까운 노 대통령의 천진무구성이 보인다고나 할까? 그러한 품성이기에 4·19 후 정부의 잘못을 뒤늦게 알게 되자 바로 하야를 단행한 것이 아닌가 한다.

3·15 부정 선거도, 4·19의 희생자가 다수 생긴 것도 대통령의 지시로 그렇게 된 것은 아니다. 그러나 국정의 최고책임자로서 잘못된 나라 일에 대한 책임을 진 것이다. 미련 없이 경무대를 떠났다. 망명 아닌 망명의 궁핍한 하와이 생활 5년, 귀국의 날을 기다리며 여비를 모은다고 5달러의 이발비도 아꼈다는 생활, 외롭고 쓸쓸한 말년이었다. 그리운 고국에 돌아올 수도 없었다. 박정희 군사 정권이 생전의 그의 귀국을 달갑게 여기지 않았기 때문이다. 건국의 아버지에 대한 대접이 이러할진대, 나는 묻는다. "이 땅에서 누가 아버지 노릇을 하겠는가?" 배워먹지 못한, 못된 자식들이다.

다른 하나, 이 대통령이 1953년 1월 도쿄에서 요시다 시게루[吉田茂] 일본 수상을 만났을 적이다. 요시다 수상은 무슨 심보에서인지 느닷없이 이 대통령에게 물었다.

"한국에는 아직도 호랑이가 많습니까?"

이 대통령의 응수, "임진왜란 때 가토 기요마사[加藤淸正]가 다 잡아가서 지금은 없습니다." 이 말에 요시다가 머쓱해졌다 한다. 이 대통령의 위트가 번쩍인 에피소드다. 그러나 일본이 한국에서 "다 잡아가서" 없어진 것이 어디 호랑이뿐이겠는가? 거기에는 이 대통령의 반일(反日) 정신이 숨어 있었다. 일본에 대한 이승만의 그러한 정신은 60여 년이 지난 지금도 필요하다고 나는 믿는다. 앞으로도 그렇다.

이승만은 어떤 사람이며, 누구인가? 그는 가능한 일의 성취를 위하여 최선을 다 했던 현실주의자였다. 그리고 그의 최고 성취는 대한민국 건국이었다. 국민이 자유 선거를 통하여 통치자를 직접 선출하는 민주주의 국가를 세운 것이다. 그래 건국의 아버지인 것이다.

6·25전쟁하면 생각나는 임, 백선엽

김형국 (서울대학교 명예교수)

국군 1사단장 백선엽, 평양 입성 직후, 1950년 10월 19일

낙동강 방어선을 지켜낸 무공에 이어 1953년 1월 31일 대한민국 최초로 육군대장에 올랐다. 계급장을 달아주던 이승만 대통령은 "옛날 같으면 임금이나 오르는 자리"라며 축하해주었다.

◎

공을 세우면 물러난다

높다란 건물이 줄지어 늘어선 사이로 북악산이 호연(皓然)하게 바라보이는 세종로 네거리 한 귀퉁이. 내 어릴 적부터 성함을 마음에 담아온 '전설의 어른'이 택시를 잡으려는지 거리에서 서성이고 있었다. 금쪽같이 귀한 이는 발이 땅에 닿음도 당치 않다며 "업어드린다" 했는데, 누란의 위기에서 나라와 민족의 생존을 지켜준 이가 저렇게 무료히 차를 기다리고 있음에 공연히 내 마음이 불편했다.

그때가 1980년 즈음이었다고 당신 회고록이 귀띔해준다.

> 버스를 타고 시내를 다니는 것도 처음 하는 일이었다. 전쟁 중에 늘 나를 싣고 다니던 지프도 없었고, 육군 참모총장으로서 늘 타던 승용차도 없었다.

그런 정경을 일러 옛말에 "공을 세우고 나면 자리에서 물러선다(功成身退)"라고 했던가. 멀찌감치에서 바라보아도 무척이나 감회에 젖게 만든 이는 6·25전쟁 그 동족상잔의 전장(戰場)을 누비던 이 나라 최초의 4성 장군 백선엽(白善燁, 1920~)대장이었다.

우리나라 사회사에 대한 나의 가장 이른 상념은 아홉 살 때 만났던 6·25전쟁이었다.[1] 그때 기억이 비교적 명징할 수 있었음은, 전쟁 발발 직후 보도연맹 사건에 연루되어 감옥에 갔던 가친이 불행 중 다행으로, 구사일생으로 살아났지만 이후에도 전쟁의 후폭풍이 집안에 된서리를 안겨주었기 때문이었다.

북괴군 '빨갱이'를 얼른 물리쳐 집 안팎의 환난이 제발 걷혔으면 좋겠다는 국민들의 간절한 염원은 초등학교 3년생 나도 열외가 아니었다. 그 염원이 전장을 누비던 한미(韓美) 장성들의 이름을 무척이나 친근하게 각인시켜 주기도 했다. 이를테면 인천상륙작전 소식엔 일희(一喜)했는데, 8군 사령관 워커(Walton Walker, 1889~1950) 장군이 차량 사고로 타계했음엔 일비(一悲)했다.

◎

낙동강 최후 방어선

파죽지세로 남진한 북괴군은 내 고향 마산의 외곽인 창원군 진동리(지금의 창원시 마산-합포구 진동리) 서북산(해발 738.5미터) 언저리에 도달했다. 드디어 남해안까지 다다른

1) 전쟁이 났을 때 통상 '6·25'라 부르기 시작했다가 반국가 집단에 의한 반란이란 뜻으로 '6·25사변' 또는 민족끼리의 내전이다 해서 '6·25동란'이라 했다. 외국에서 일컫던 관용어 '한국전쟁(The Korean War)'에는 유감스럽게도 남침 도발에 의문 부호를 보내는 이른바 수정주의 입장도 끼어들었다. 그래서 이 글에선 2004년 교육인적자원부가 교과서 편수 용어로 '6·25전쟁'이라 확정했음에 따르려 한다.

것이다. 따라나섰던 작가가[2] 감격에 겨운 종군기를 적을 만도 했다. "바다가 보인다" 주제에 "마산진중에서"가 부제였다. 그만큼 나라의 백척간두 명운이 마산 땅에 걸렸던 상황이었다.

호남을 우회해서 경남 땅 진주 등지를 점령한 뒤 마산을 공격한 북괴군 부대는 제6사단이었다. 아주 다급한 상황에서 미25사단 27보병연대가[3] 방어 진지를 구축한다고 가친이 꾸리던 목재소(木材所)에 가득 쌓였던 소나무 원목을 모조리 징발해갔다.

내가 지금도 똑똑히 기억하는 야간 전투 광경은 세계인의 연인 마릴린 먼로(Marilyn Monroe, 1926~1962)[4]를 닮았던 미모의 미국 여자 종군 기자가 잘 그려놓았다.

밤부터 새벽까지 날카로운 청홍빛 예광탄이 계곡의 입구를 가로 질러 번

2) 작가도 예사 작가가 아닌, 평양이 고향인 도쿄제대 독문과 출신으로 이광수만큼이나 문명이 높았던 김사량(金史良, 1914~1950)이었다. 글은 "바다가 보인다. 거제도가 보인다. 바로 여기가 남해바다이다"라는 글귀로 유장하게 시작한다. "진해만을 발아래 굽어보며 마산을 지척 간에 둔 남쪽 하늘 한 끝 푸른 바다가의 서북산 700 고지 위에 지금 나는 우리 군대 동무들과 같이 진중에 있다. …… 미제와 그 괴뢰들이 철옹성같이 가로 막았던 38선을 가슴 답답히 앞에 두었을 때는 그렇듯 까마득한 외국의 남방 땅처럼 생각되던 사시장철 대나무 숲이 푸르던 마산 땅에 우리 영웅적 00부대는 잘도 당도하였다. …… 바로 그 바다가 그 옛날 우리들의 리순신 장군이 왜적들의 함대를 전멸시킨 영웅의 바다다. …… 그렇다. 바로 저 바다가 남해 바다이다. 진해만은 발 아래에 굽어보이고 마산은 불과 지척간이다."

3) 보병연대 연대장은 제2차 세계대전에서 용맹을 떨쳤던 마이켈리스 대령(John Michaelis, 1912~1985). 아이젠하워 원수의 부관을 지냈고 1960년대 말엔 주한 미8군사령관도 역임했다.

4) 참전 미군 위문 공연을 위해 방한했다. 한국 사람이 더욱 친근감을 느꼈다.

쩍이며 날아다녔다.[5]

마산만까지 진입한 미군 전함의 함포 사격도 주효했던지 일명 마산 전투(1950년 8월 3일~13일)에서 북괴군은 마침내 퇴각했다. 그 길로 미 27연대는 낙동강 방어선의 꼭지점이던 대구 북방 다부동(多富洞, 경북 칠곡군 가산면 다부리)으로 북상해서 분전(奮戰) 중이던 국군 제1사단과 합류했다. 그때 국군 제1사단은 백선엽 지휘 아래 있었다.

다부동 전투(8월 3일~9월 22일)는 유례없이 치열했다. 방어 전선에서 결정적으로 중요한 지점이었으니 그럴 수밖에 없었다. 거기서 동쪽으로 포항까지 약 80킬로미터, 남쪽으로는 낙동강 물줄기를 따라 함안군 너머로 마산으로 이어지는 120킬로미터의 방어선이었는데, 그 연결점이 바로 종횡(縱橫) 전선을 지탱하는 요충이었다. 그곳은, 상대적으로 북괴군 또한 8·15까지 끝낸다고 장담하던 남한 해방의 공격 전선에서 결정타를 안길 관문이었다. 또 바야흐로 김일성이 충북 수안보까지 내려와서 직접 독전(督戰)하던 상황이어서 그 전투의 피아 공방은 치열 · 처절할 수밖에 없었다.

---

5) 히긴스(Marguerite Higgins, 1920~1966 ; 이현표 옮김, 『자유를 위한 희생』, 2010). 일본 주재 미국 특파원이던 그녀는 6·25전쟁 발발 직후인 6월 27일에 김포로 날아와서 이후 약 6개월 동안 전장을 누볐다. "낙동강 하구에서부터 남쪽 해안의 마산까지 큰 반원형으로 방어하도록 군을 배치 …… 산들은 마산만의 깊고 푸른 물을 내려다보면서 서쪽으로 굽이굽이 향하고 있었다." 위의 종군기(War in Korea, 1951)를 저술해서 퓰리처상을 수상했던 그녀는 월남전 종군 중에 얻었던 풍토병으로 타계했다. 종군 기자가 보여준 탁월한 업적 덕분에 미국 알링턴 국립묘지에 안장되었다.

북괴군은 처음부터 다부동을 노렸다. 불과 22킬로미터 떨어진 대구를 바로 찌를 수 있었기 때문이었다. 화력이 우세한 미군을 피해 국군 제1사단 정면에 무려 4개 사단 2만 병력을 몰아넣었다. 제1사단 병력은 모두 7천여 명.[6] 병력은 3대 1, 화력은 10대 1로 북괴군에게 절대 열세였다. 적은 바로 그 점을 노렸다.

다부동은 수암산(578미터)과 유학산(839미터) 그리고 멀리 가산(902미터)으로 빙 둘러싸인 협곡으로, 전투는 고지를 뺏고 빼앗기는 혈투였다. 일대 산들은 북면(北面)은 비교적 순탄한 데 견주어 남면(南面)은 경사가 가팔라 산등성이를 오르는 돌격은 단연 북괴군에게 유리했다. 그럼에도 아군 역시 관측과 사격 등에서 내려다보는 것이 효과적인 '감제(瞰制) 공격'의 유리함을 확보하려고 고지를 향해 병력은 오르고 또 올랐다. 자연히 아군과 적군이 서로 맞붙어 소총 대신 대검과 수류탄을 들고 싸웠다.

전황이 급박하게 돌아가자 육군 참모총장 정일권(丁一權, 1917~1994)도 독전하러 나왔다.

낙동강 전선의 방어선을 구축하면서 미 제8군과 방어 담당 구역을 결정하는 회의를 가졌다. 워커 중장은 한국군 중에서 가장 믿을 수 있는 사단을 배치해달라면서 왜관을 짚었다. 그때 나는 백 준장의 제1사단을 지명했다('정일

---

6) 사단의 첫 출발지가 호남 지역이었기 때문에 국군 1사단 병력은 태반이 전라도 출신이었다. 나중에 충원되던 신병은 대부분은 대구 등지의 경상도 출신이었나. 말하자면 다부동 전투는 영호남이 한데 뭉쳐 적을 막아낸 싸움이었다.

권 회고록', 『동아일보』, 1985년 7월 2일자).

낙동강이 뚫리면 임박했다고 미리 귀띔 받았던 인천상륙작전이 그 자체로 성공해도 실지(失地) 회복이 무척 어려울 것이라 판단했기 때문이었다.

> 백 사단장의 얼굴이라도 보면 마음이 좀 가라앉을 것 같았다. 지휘소에 도착했을 때 나는 놀라지 않을 수 없었다. 백 장군은 말라리아를 앓고 있었다. 열이 40도나 된다고 했다. 그런 경황 중에서도 침대에 누워있질 않았다. 상황판 앞에 버티고 앉아 있었다. "형님, 이런 꼴이어서 미안합니다." 백 사단장은 옆에서 짜주는 물수건으로 연신 얼굴을 문지르면서 다소 멋쩍어했다.('정일권 회고록')

미군은 낙동강 기슭에다 전폭기를 대거 동원하여 제2차 세계대전 이후 가장 강력한 융단폭격을 가했다. 그 사이로 치열한 공방전이 계속되던 중, 어느 하루 제1사단 휘하 1개 대대가 북괴군에게 밀려 자칫 미27연대 측면이 뚫릴 위험에 처했다. 다급해진 미 연대장이 "한국군은 도대체 싸울 생각이 있느냐?"라고 힐난해왔다.

◎

'사단장 돌격'

볼멘소리를 듣자마자 백선엽은 유학

산 아래에 백병전이 계속되던 328고지 쪽으로 달려갔다. 밀려 내려오던 부하 장병을 모아 앉혔다. 그리고 일장 연설을 했다.

> 지금까지 정말 잘 싸웠다. 그러나 이제 우리는 물러설 곳이 없다. 여기서 밀린다면 우리는 바다에 빠져야 한다. 저 아래에 미군들이 있다. 내가 앞장서겠다. 내가 두려움에 밀려 후퇴하면 너희가 나를 쏘아라. 나를 믿고 앞으로 나가서 싸우자!

그리고 백선엽은 허리춤에 찼던 권총을 빼들고는 땅바닥에 주저앉은 11연대 1대대 장병들의 중간을 가르면서 달려 나갔다. 다급한 상황에서 몸소 보여 주었던 '사단장 돌격'이었다. 신라 호국 불교가 그렇게 가르치던 화랑 정신의 세속오계(世俗五戒), 그 가운데 특히 "전장에 임해서 절대로 후퇴하지 않는다"라는 '임전무퇴(臨戰無退)'의 극적 시범이었다.

전투가 계속 불붙었던 탓에 이틀이나 굶었음에도 불구하고 병사들이 일약 분발해준 덕분에 뺏고 뺏기기 열다섯 차례, 마침내 격퇴에 성공했다. 고지전에서만 아군은 2천3백 명, 적군은 5,690명의 전사자가 날 정도로 치열했던 다부동 전투에서 유엔군은 1만 명, 북한군은 2만4천 명이나 사상자가 났다.

젊은 생명이 총알받이로 얼마나 많이 쓰러졌는지 "신병이 와서 이틀 정도 버티면 고참병이 될" 정도였다. 조지훈(趙芝薰, 1920~1968)의 종군시 〈다부원에서〉는 "…… 조그만 마을 하나를 / 자유의 국토 안에 살리기 위해서는 // 한해살이 푸나무도 온전히 / 제 목숨을 다 마치지 못했거니……"라고 비감하게 읊었다. "시체가 산을, 피가 바다를 이루었다(屍山血海)"라는 옛말처럼 시신 조각이 나무나 바위에 걸릴 지경의[7] 치열한 공방전은 러일전쟁 때 만주 뤼순[旅順]에서 두 나라의 명운을 건 건곤일척의 혈전(血戰)에[8] 비견할 만했다.

그때 국민 모두가 〈전우여 잘 자라〉 군가를 응원가 삼아 목 놓아 불렀다.

> 전우의 시체를 넘고 넘어 앞으로 앞으로 / 낙동강아 잘 있거라 우리는 전진한다 / 원한이야 피에 맺힌 적군을 무찌르고서 / 꽃잎처럼 떨어져간 전우여 잘 자라.

---

7) 북괴군 기관총 사수의 시신은 쇠사슬로 발이 바닥에 묶여 있었다. 죽을 때까지 총을 쏘라고 북괴군 지휘부가 그렇게 내몬 것이었다('노병이 전하는 다부동 전투', 『나를 쏴라 : 1권』, 2010, 335~339쪽).

8) 1904년 말, 일본군 사령관 노기 마레스케[乃木希典, 1849~1912]는 아들 둘도 사지에 몰아넣으면서 치열하게 싸워 이겼다. 서방 종군 기자는 "노기가 휘하의 사단, 여단, 연대가 러시아군의 포화를 뒤집어쓰고 마치 햇빛 속에 사라져버리는 안개처럼 사라져가는 것을 지켜보았다. 산이란 산은 모두 일본군의 시체로 뒤덮여 있었다"라고 적었다. 뤼순시 서북방 약 2킬로미터 지점에 구부렁하게 솟아 있는 '203고지' 탈환 때는 "1천 명 병사가 겨우 15분 만에 열 명으로 줄어드는 비율로 인명이 소실되어 갔다"라고 러일전쟁을 그린 일본의 국민 소설 〈언덕 위의 구름〉이 묘사했다. 병력을 소모품처럼 무작정 투입한 탓에 노기는 '바보'라는 뒷소리도 들었고 책임감을 이기지 못해 나중에 아내와 함께 자결했다. 일본인다운 죽음이라 해서 '노기 다이쇼[大將]'는 바로 전설이 되었다. 육전에 이어 일본 연합함대가 1905년 5월말 대마도 북방에서 러시아 발트 함대를 괴멸시키자 일본 군국주의는 조선 병탄의 을사늑약(1905)을 강요하기에 이르렀다.

어린 나 같은 또래도 따라 부르자니 조가(弔歌)가 따로 없었다.

◎

벼랑에서 붙잡은 승기

다부동에서 제1사단이 거둔 승리는 특별했다. 제1사단은 개성 일대의 서부 전선에 배치되었던 탓에 북괴의 6·25전쟁 불시 침공을 직격으로 받아 패퇴에 패퇴를 거듭해왔기 때문이었다. 후퇴 작전 도중에 한강 인도교 폭파로 뿔뿔이 흩어졌던 병력이 수원 인근에서야 겨우 집결했다. 전선이 계속 밀리면서 말이 지연전이지 실상은 거듭되는 도망가기 '36계'였다. 경북 상주를 거쳐 드디어 낙동강 방어선의 일각을 감당하게 됐다. 거기서 마침내 승기(勝氣)를 잡았다. 부자가 많아서가 아니라 부자가 많기를 바란다는 뜻의 다부동은 결국 나라의 부강(富强)을 예비한 지명(地名)으로 거듭난 셈이었다.

얼마 뒤 인천상륙작전이 극적으로 성공했다는 소식이 전해졌다. 전쟁은 리듬을 탄다 했다. 개전 초기에 물밀 듯 남하했던 북괴군처럼, 유엔군 소속 국군도 질풍노도처럼 북진했다.

당초는 미1기병사단이 정공(正攻)으로 올라가고 미24사단이 우익을 맡아 역시 평양으로 진격할 작전이었다. 국군 제1사단은 개성, 해주 등지를 공격해서 후방의 적을 소탕하도록 짜여졌다. 백선엽은 이 계획이 마뜩잖았다. 미군 지휘관에게 가서 "평양은 내 고향이고 나를 따르는 장병 또한 잃었던 땅을 찾는 노릇인데 거기에 앞장서지 못한다면 그 사기 저하는 어찌할 것인가?" 했다. 설득이 주효해서 미24사단 역할을 제1사단이 대신 맡았다. 진격의 속도를 더하기 위해 미군 전차 중대의 배속을 받았고, 미군 최초로 기갑 부대 지휘관이 되었으며 이후 기동전 신봉자가 되었던 제2차 세계대전의 영웅 패튼(George Patton, 1885~1945) 장군처럼, 백선엽은 그 1호 선두 전차에 위험을 무릅쓰고 올라탔다. 또 한 번의 '사단장 돌격'이었다.

마침내 미1기병사단보다 15분 앞서 '평양 제1착'이란 영예를 안았다. 어린 시절에 거닐던 평양 선교리의 공원엔 일제가 세운 1894년 청일전쟁[9] 승전기념물이 있었다. 청군이 방위하고 일본이 공격하던 군진(軍陣)의 전개 현장이 선교리였기 때문이었다. 기념물엔 일본군의 군진 모습도 그려져 있었는데, 어린 날에 보고 기억했던 바를 평양 탈환 작전에 직접 원용해 보았던 감회는 남달랐다. 화급하게 고향을 떠난 지 5년 만에 전승 부대 지휘관으로 돌아왔으니 실로 금의환향(錦衣還鄕)이라 할 만 했다.

9) 1894년의 청일전쟁은 조선 땅이 일제에 예속되는 역사 전개의 단초였다. 오시마 요시마사[大島義昌, 1850~1926] 소장이 이끄는 일본 육군 여단이 9월 15~17일, 평양에 집결한 청국군 1만4천 명을 격파했고, 17일 해군이 황해 전투에서 청국 함대를 격침시킴으로써 그간에 조선에서 누려왔던 청국의 위세는 완전히 꺾였다. 총리를 역임 중인 일본 우경화의 챔피언 아베 신조[安倍晋三, 1954~]는 오시마의 고손자이다.

◎

무인의 길 내림

고향의 흔적은 혈연의 흔적이기도 했다. 1920년 평남 강서군에서 2남 1녀의 맏이로 태어난 백선엽은 일곱 살에 아버지를 여의는 불운을 만났다. "자식은 열심히 가르친다"라는 여느 한국의 모성처럼 어머니는 어린 형제들의 학업을 위해 솔가(率家)해서 평양으로 나왔다. 여인들은 학문이 당치 않다던 그 시대의 풍습대로 배우지 못한 것이 포한이 되었던 모양이다.

그때 조선 땅 서북 지방의 사회 분위기에 감화 받아 어머니는 교회 다니기에 열심이었고, 덕분에 성경을 읽을 만큼 한글도 깨쳤다. 아버지가 없는 환경에서 자라는 형제들에겐 외할아버지의 영향이 클 수밖에 없었다. 외할아버지는 평양진에서 지금의 소령 계급인 참령(參領)으로 근무하던 한말의 군인 방흥주(方興周)였다.

초등학교를 마친 백선엽은 평양사범학교에 들었다. 예나 지금이나 난세나 치세나, 교직(敎職)이 그래도 인격을 지탱할 수 있는 품위의 일이라 여겨서였다.

학교를 졸업하려다보니 그게 아니었다. 당신의 피에 흐르는 모계(母系) 쪽 무골의 기질이 느껴졌다. 게다가 부득불 세상을 뒤덮던 전쟁을 뚫으며 살 궁리를 해야 했던 '전중파(戰中派, war generation)'의 생존대안 하나로 직업 군인의 길을 마음먹을 만도 했다. 6·25전쟁의 발발로 육군사관학교가 한동안 경남 진해에서 피란살이했을 적에 야심만만한 특히 경상도 청년들이 대거 육사 11기생(정규 1기)으로 들어가 군인으로 입신하려했음도 같은 경우였다.

1941년 만주 펑텐(奉天)군관학교에서 소위로 임관된 백선엽은 간도 특설대에 근무했다. 특설대는 만주에서 활동하는 공산 게릴라를 추적하려고 만든 부대였다.

◎

드디어 일제가 패망

그렇게 기세등등하던 일본 제국주의도 끝장이 났다. 마침내 돌아온 백선엽의 고향땅은 생뚱맞게도 공산 치하로 밀려가고 있었다. 이즈음의 행적은 백선엽의 평생 동지가 잘 기록해 놓았다('정일권 회고록').

8·15해방 후 그(백선엽)는 나보다 먼저 귀국했다. 그리고 고향인 평양에서 고당 조만식 선생의 비서실 일을 보았다. 나는 해방 후 만주 신징(新京: 지금의 창춘)에서 소련 비밀 경찰에 잡혔다. 시베리아로 끌려가는 호송 열차에서 극적으로 탈출하는 길로 평양으로 내려왔다. 혈육이 없었던 나로서는 평양에서 백 장군을 찾았다. 1945년 11월쯤이었다. 평양의 조만식 선생 사무실로 기억된다. 백 장군이 방 안의 한 사나이를 가리키며 귀엣말을 했다. "형님, 저자가 김일성입니다." 스포츠형의 짧은 머리에 검정색 양복을 입고 있던 김일성은 그때 몇 마디 이야기를 건네 왔었다. 그는 조만식 선생을 협박하기 위해 온 듯했다. 백 장군은 이어 나에게 더 이상 머뭇거리지 말고 남으로 내려가라고 독촉했다. "소련파 공산당이 설치고 있습니다. 조만식 선생의 민족

진영을 말려죽일 작정입니다. 그러니 빨리 내려가십시오. 그리고 인엽이를 데려가 주십시오. 나도 곧 선생님을 모시고 내려가겠습니다." 백인엽은[10] 조만식 선생의 경호실장으로 있었다. 바로 인천상륙작전에 참가하는 제17연대장이다. 나는 그 이튿날로 평양을 떠나 38선을 넘었다.

정일권의 증언처럼, 해방 직후 평양에서 한동안 백선엽은 독립 운동가 고당의[11] 비서로 있었다. 어떤 인연으로 만군(滿軍)에서 갓 빠져나온 젊은이가 명망 높던 지사(志士)를 가까이서 보필하게 되었을까. 두 노소(老少)가 평남 강서군 출신이란 점에서 고향 연고가 같아서가 아닐까 싶기도 했다.[12] 하지만 이보다 더 국권을 회복한 제 나라에서 보람된 일을 시작해 보겠다는 것은 젊은이 특유의 야망의 발로이었겠고, 이 야망을 접한 노장은 그 곧고 꼿꼿한 인품의[13] 연장으로 "사람을 알아보

---

10) 백인엽(白仁燁, 1923~2013)도 6·25전쟁 당시 국군 주요 지휘관 가운데 한 사람이었다. 1960년에 육군 중장으로 예편, 이후 선인학원의 이사장을 역임했다.

11) 고당 조만식(古堂 曺晩植, 1883~1950)은 교육과 종교와 언론에서 빼어났던 애국자이다. 오산학교 교사와 교장으로 일했고, 일제강점기에 국산 물산장려운동과 일본 제품 불매운동을 적극적으로 주도하여 '조선의 간디'라고도 불렸다. YMCA 평양지회를 설립하고, 신간회 운동도 주도했다. 해방을 맞아 민초들의 지지로 건국준비위원회 평남 지역 위원장이 됐다. 1945년 말, 신탁 통치 반대 운동을 주관하다가 감금됐고 6·25전쟁 중 김일성 측근에 의해 살해되었다.

12) 일제강점기 금융조합에서 일했던 외사촌 형 송호경(宋昊經)이 고당의 비서실장이었다. 이 이의 천거를 받아 백선엽이 고당 곁에 있게 되었다. 송호경도 고당과 함께 살해되었다 했다.

13) 3·1운동 직후 고당은 보안유지법 위반 혐의로 1년 형을 선고받았다. 1920년 1월, 형 만기 2개월을 앞두고 평양형무소에서 가석방된다 하자 모두들 반겼음에도, 고당만은 거절했다. "10개월 동안 수감된 것 자체가 불법인데 가석방이라는 이름으로 은전을 받는다는 것은

는" 지인지감(知人之鑑)으로 백선엽을 알아보았기 때문이 아니었을까.

◎

남으로 남으로

북한의 공산화가 가속화하자 측근들은 월남을 간곡하게 권유했다. 그럼에도 고당은 "겨레를 버리고 혼자만 이남에 갈 수 없다"라며 평양을 떠나지 않았다.

백선엽은 결국 눈물을 삼키며 평양을 떠나 남으로 내려왔다. 38선을 넘은 그때가 1945년 12월 29일. 무골의 선택은 역시 군인의 길이었다. 1946년 2월, 군사영어학교[14]에 입교했다.

초장기 군대에 몸담았던 군인에는 1945년 이래 북한에서 탈출해온 청년이 많았다. 대체로 이들 피란민 출신의 장교들은 해방 직후 북한에서 공산 정권하에서 수탈을 당했던 중류 또는 중하류 계급 출신 청년들이었다. 남한 피란처에서 이들은 대등한 위치에 있는 사람들, 주로 새로운 직업을 민간 업종에서 잡고자 했던 사람들과 비교할 때 사회적으로 여러 가지 장애가 많았지만, 그들은 대개 강렬한 성취감에 불타고 있었다(이한빈, 『사회 변동과 행정』, 1968 ; 밑줄은 필자가 친 것).

더욱 불명예스러운 일이니 가출옥 않고 잔여 형기를 모두 채우겠다"라고 했다.

14) 1945년 미군정 하에서 구상되었던 군사영어학교는 이후 남한경비대간부학교로 계승되었고, 다시 1948년 정부 수립과 더불어 육군사관학교로 대치되었다.

영어학교에서 한 달 훈련을 받고 중위로 임관된 뒤 부산 5연대 창설 요원으로 부임했다. 1947년 1월, 연대 병력을 갖추게 되자 중령 계급을 달고 5연대장이 되었다. 그리고 1948년 4월, 백선엽은 국방부 전신이던 통위부 정보국장으로 발령받았다. 부임에 앞서 제주도를 시찰했는데 공교롭게도 바로 그 다음날, 4·3사건이 발생했다.

그 공비 토벌 작전에 투입하려고 여수 주둔 부대를 차출하는 과정에서 1948년 10월 19일, 여순 반란 사건이 발생했다. 현지 시찰의 참모총장을 따라 광주 비행장으로 갔고, 거기서 진압군 참모장으로 동분서주했다. 반란의 큰 불길은 1주일 만에 잡혔다.

◎

죽음 일보 직전 박정희

그때 광주에 도착해서 유양수(柳陽洙, 1923~2007) 소위의 영접을 받았다. 현지 사정을 설명하는 논리가 아주 차분했고 인물도 훤칠했다. 좋은 인상을 받고는 정보국에서 함께 일하자고 서울로 불러올렸다. 역시 백선엽의 지인지감이 틀리지 않았다. 뒷날 유양수는 육군 소장까지 올랐다가 정무직으로 나아가서 필리핀 등지의 대사,[15] 동력자원부 장관 등을 역임했다. 나중에 박정희 대

15) 낙하산 인사에 대한 거부 반응이 많은 외교부 쪽 골수 외교관들도, 이를테면 주월(駐越) 대사 시절을 함께 일했던 내가 아는 엄격주의 직업 외교관도 그를 신사의 전형으로 존경했다 한다. 유언으로 자신의 장례식에 부의(賻儀) 등을 일체 받지 못하게 했던 결벽성도 그의 인격을 짐작할 수 있는 한 단초였다.

통령 기념사업회(이하 사업회) 회장도 맡았다.

나는 사업회 회장 유양수의 안내로 2007년 1월 17일, 백선엽을 처음 대면했다. 회장과 가깝게 왕래했던 계기는 김대중 정부(1997~2002)가 들어서면서 동서 화합의 상징으로 현직 대통령이 옛 정적(政敵)을 기리는 사업회의 발족을 후원하자 그 발족을 알릴 발기문을 적게 되었기 때문이었다. 제3·4공화국의 18년 집권에 박 대통령에게 은고(恩顧)를 입었던 이가 부지기수였을 것이고, 그 가운데 문기(文氣)가 있는 사람도 적잖았을 텐데 초대 회장 신현확(申鉉碻, 1920~2007) 전 국무총리가 나에게까지 접촉을 해왔다. 내 반생에서 생산적 시기가 박정희 집권 18년에 걸쳤긴 했어도 그와의 인연은 졸업식 치사를 하러 온 그를 먼발치에서 바라본 것밖에 없었다. 그런 왕년의 서울대 학부 졸업생에게 어려운 부탁을 해왔다. 권력을 그렇게 좇던 이들이 글 보시(布施)를 외면했을 정도의 야박한 인심을 개탄했다가도 나는 사업회에 열성을 내던 옛 중신(重臣)들의 처신이 갸륵해서 적기를 응낙했다.

내 운신을 고맙게 기억했던 사업회 제2대 회장 유양수가 하루는 백선엽을 같이 만나러가자 했다. 그 즈음의 시국에 대해 혼자 근심해 왔던 바에 대해 위안을 얻으려 했음인지 유 회장은 오래 받들어온 백선엽을 만나고 싶어 했다. 곁들여 나 같은 후배에게 6·25전쟁 전후 우리 현대사의 주역들에 대한 심정적 이해를 촉구하려던 몸짓이기도 했다.

그때 2007년 연초도 도심 시위가 넘쳐나고 있었다. 억울한 처지의 국민들이 얼마든지 시위로도 의사 표시를 할 수 있겠지만 반(反)정책 또는 반정부 시위가 곧잘 반국가 시위로 어지럽게 비화하던 지경이었다. 특히 6·25전쟁 때 몸을 던져 나라를 지켰던 이들에겐 시위에 깔려 있던 종북(從北) 성향은 참을 수 없는 짓거리였다. 건국 전후로 4·3사건, 여순 사건 등을 현장에서 지켜보았던 체험의 시각이 보기로도, 그리고 6·25전쟁 때 공산주의의 잔학성을 목격했던 남한의 보통 사람조차도, 이후에 나라가 절대 빈곤을 벗어나지 못했다면 결국 공산화되었을 개연성을 직감하고 있었다. 이 점에서 "대한민국이 자유민주국가로 살아남을 수 있게 만든 원동력은 박정희 대통령의 압축 성장 덕분이다", "이념 노선에서 한때 의심받았던 그 박정희를 살려주고 감싸준 이가 백선엽이었다"라는 논지의 연장으로 유 회장은 "대한민국의 생존은 백 대장에게 크게 빚진 일"이라 단언했다.

유 회장의 입장은 내가 적었던 발족 취지문에도[16] 이미 그 뉘앙스를 담은 바 있었다.

> 박 대통령은 국부 증대가 이 나라 국체(國體)를 지키고 한민족의 정통성을 제고하는 지름길이라 믿었다. 헐벗고 굶주리는 국민에게서 애국심을 기대할 수 없을 터인즉 이념이 양극화된 한반도 상황에서 국민 경제의 성장이야말로 우리 우위의 통일 대비책이기도 했다.

나는, 죽음의 문턱에 던져진 박정희를 살려준 역사적 사건에 대해

16) "박정희 대통령 기념사업회가 출범합니다"라는 제목의 취지문이 1999년 7월 27일자 노하각 신문에 게재되었다.

당사자의 비화(秘話)를 직접 듣고 싶기도 해서 유 회장과 동행했다. 그를 감쌌던 일화들에[17] 대해선 나는 이미 여러 곳에서 읽은 바 있었다. 박정희가 남로당에 포섭되긴 했어도 적극 운신하지 않았음이 크게 참작됐고,[18] 당신과 가까운 정보국 요원들도 그에 대해 무척 동정적이었다. 게다가 생사여탈권을 쥔 정보국장을 만나보고 싶다했음은 읍소라도 하려 했겠는데도 막상 만난 자리에선 구구한 말이 없었던 그를 어찌해서 살리려고 작심했던가가[19] 내 궁금증이었다.

누군가 백선엽을 일컬어 이를테면 호불호를 여간 내색하지 않는 '대륙 기질인'이라 했다. 이 말이 틀리지 않았다. 공치사라든지 교언영색(巧言令色)이 일체 없는 오히려 무척 내향적 인격이란 인상을 강하게 받았다. 마지못해 겨우 들려준 한 마디, 그건 박정희와 대면한 자리에서 떠올랐던 "기독교 신자 어머니를 통해 마음에 담았던, 사람은 살리고 보자는 사랑의 기미"가 까닭이라면 까닭이었을 것이라 했다.

17) 박정희가 장성 반열에 오를 때도, 그리고 소장으로 진급할 때도 남로당 연루 전력이 걸림돌이 되곤 했다. 그때마다 육군 참모총장 백선엽은 그의 신원보증인을 자처했다.

18) 15연대장 최 모 중령은 간도특설대에서 같이 근무했으며 월남해서 군사영어학교도 함께 다녔고 같은 날 임관하여 군번도 백선엽 바로 앞일 정도로 가까운 사이였다. 그럼에도 여순 반란군과 내통했음이 확인되어 결국 구명하지 못했음이 개인적인 여한으로 남았다 했다.

19) "자신이 박정희를 구명했다고 주장하는 사람이 여럿이지만 실제론 백선엽 장군이 다 했다. 1949년 2월 백선엽 대령은 사형 위기에 처해 있던 박정희 소령을 만났다. 박 소령은 그에게 '한번 살려 주십시오'라고 말했다. 백선엽 장군은 회고록에서 이 장면을 이렇게 묘사했다. '그의 목소리는 조금 떨리고 있었다. 꼭 할 말만을 강하게 내뱉었지만, 그는 격한 감정에 휩싸인 모습이었다. 그 모습이 의연하기도 했지만 처연하기도 했다. 나도 모르게 내 입에서는 이런 말이 흘러나오고 말았다. '그럽시다, 그렇게 해보도록 하지요.'"『김종필 증언록』('사형 위기서 살아난 박정희', 『중앙일보』, 2015년 3월 5일자)

구명 사실은 정보과장 유양수에게 제일 먼저 알렸다. 석방된 뒤의 생계가 걱정된다며 박정희를 정보과 문관으로 쓰라 했다. 예산에 없던 특채라서 급료는 정보국에 미 고문단들이 기밀비로 제공하는 미군 전투 식량(C-ration)[20]으로 충당시켰다.

◎

평양 수복, 그리고 전선 교착

평양을 점령한 제1사단은 만수대에 있던 인민위원회의 김일성 집무실에다 지휘소를 차렸다. 북한 땅을 접수했다는 상징 만들기이기도 했다. 계속 북진해서 마침내 압록강변에 거의 다다랐다.

하지만 중공군이 인해전술로 몰려오자 승승장구하던 북진군은 그만 휘말렸고 또 휘둘렸다. 전선이 38선 이남으로 밀리는 과정에서 군민(軍民)의 퇴각은 악전고투했다. 1950년 12월 초, 부서진 대동강 철교의 쇠 난간을 붙잡으려고 안간힘이 쓰던 피란민, 다급한 흥남 철수 군사 작전에 편승해서 어렵사리 미군 함정에 올랐던 피란민의 모습은 전쟁의 반인륜 극치를 적나라하게 보여주었던 기막힌 광경들이었다.[21]

---

20) 6·25전쟁 때 어린 시절을 보낸 나 같은 세대는 미군 전투식이 얼마나 멋진 식품이었던지, 지금도 꿀맛처럼 기억된다. 군인들에게 지급되는 종합 급식에는 미제 담배 몇 개비가 들어 있는 종류도 있었다.

21) AP통신의 종군 기자 데스퍼(Max Desfer)가 찍은 폭격 맞은 대동강 철교 사진은 1951년 퓰리처상을 받았다. "1950년 12월 4일, 혹독한 추위가 기승을 부리던 평양에서 유엔군이 중공군 인해전술에 밀려 퇴각하고 있을 무렵 부서진 철교 위로 머리나 등에 짐을 진 수많은

1·4후퇴 뒤, 다시 서울을 수복하는 과정에서 제1사단은 선봉 역할을 했다. 그간의 공적을 인정받아 1951년 4월, 백선엽은 1군단장이 되었다. 임시 수도 부산의 대통령 관저로 가서 소장 진급과 보직 신고를 했다. 신고식을 마친 뒤 10개월 만에야 겨우 거기로 피란 갔던 가족과 재회했다.

6·25전쟁이 났을 때 당신 어머니는 옹진에 주둔 중이던 17연대장 동생 곁에 있었고, 아내와 갓 난 큰딸은 서울 신당동에서 살았다. 무엇보다 전쟁 직전에 빨갱이를 잡던 정보국장이었기에 가족은 9·28수복 때까지 정체를 감추고 꼭꼭 숨어 지냈다. 여차하면 목숨을 잃었을 신분이었기 때문이었다.

인천상륙작전 뒤에 서울 수복 작전에 참여했을 때도, 남겨진 가족이 이리저리로 옮겨 다닌 끝에 서울 장충동의 장인 집에 숨어 있다는 말을 동생 편에 전해 듣기만 했지, 백선엽은 직접 만나지 못했다. 아니 만나지 않았다. 동양 문화 쪽에서 공복의 윤리로 "공(公)이 앞, 사(私)는 나중"인 '선공후사(先公後私)'라는 말도 있지만 이를 훨씬 넘어 "사를 희생하고 공을 받든다"라는 멸사봉공(滅私奉公)을[22] 지고지선의 미덕

사람이 몰려왔다. 그들 중 상당수는 다리 난간 위에서 몸을 가누지 못한 채 얼어붙은 강물 속으로 떨어져 죽어갔다. 45년 간 사진 기자를 했고 그중 10여 년은 제2차 세계대전 등 끔찍한 전쟁터를 돌았는데, 그날의 장면은 내 생애에서 만났던 가장 비참한 광경이었다." (『중앙일보』, 2009년 6월 25일) 그리고 흥남 철수 작전의 처절함은 2014년 개봉된 영화 〈국제시장〉이 생생하게 재현시켜 보여주었다.

22) 멸사봉공이란 유교 윤리의 극치 하나는 일본 메이지 유신의 정신적 지주 요시다 쇼인[吉田松陰, 1830~1858] 사제 간에 있었던 일화라 하겠다. "성현의 글을 읽는 것은 공이다. 그 독서 중에 가렵다 해서 긁는 것은 사사로운 일이다. 이 조그마한 사정(私情)을 방치해 두게

으로 받들어왔다. 출정에서 돌아오는 길인데 거기서 본가를 보고도 말에서 내리지 않았던 장수를 『십팔사략(十八史略)』같은 사서가 상찬하곤 했는데 백선엽 또한 바로 그런 행적이었다.

새로 부임한 제1군단 사령부는 강릉 시내의 한 법원 건물 안에 있었다. 군단장은 사령부를 주문진의 모래사장으로 옮기라고 명했다. "군인에게 도시는 독(毒)"이고 "도시는 병(兵)을 먹어버린다"라고 여겼기 때문이었다.

군단장으로 있으면서 1951년 7월에 시작된 휴전 회담에 한국군 대표로 참석했다. 당초 미군 대 중공 · 북괴군을 당사자로 한다는 구상이었지만, 한국군 장교를 빼놓은 휴전 회담은 안 된다고 미국 측이 강력히 주장했기 때문이었다. 미군 입장에선 휴전 회담을 반대하는 이승만 대통령의 신뢰를 사는 인물이며, 동시에 한국 정부 입장에선 미군 지휘관들과 잘 어울리는 친화성 높은 인물이면서 그 사이 보여준 발군의 전공(戰功)에다 금상첨화로 중국어 구사 능력이 감안된 인선이었다.

◎

공비 토벌의 지장(智將)

정전 회담에 나가긴 했어도 정치적 담판은 체질에 안 맞았다. 그런 그에게 마침 지리산 공비 토벌의 책무가 다시 주어졌다. 토벌이라면 6·25전쟁 이전에 군내에 침투했던 적

되면 뒷날 어른이 되어서 어떠한 사라사욕을 갖게 될 지도 모른다."

색분자를 숙정했던 정보국장에서 공비 준동의 일선 현장으로 자리를 옮겨 분투해보았던 과업이었다. 그때 5사단을 끌고 나갔던 백선엽의 현안은 이러지도 저러지도 못하는 딜레마였다. 열전(熱戰)에서 만나는 적은 피아 대치(對峙)의 전선에서 빤히 보이지만, 자국민의 생활 영역에 스며든 채로 치고 빠지는 빨치산에 대한 타격은 이중고(二重苦)를 겪게 했다. 적을 공격하는 동시에 내국민 격리 · 보호 작전도 병행해야 했기 때문이었다.

국군이 이전에 대대적으로 펼쳤던 공비 토벌은 제주 4·3사건 진압이었다. 그때 주요 전술은 공비가 잠입 · 잠복했던 중산간(中山間) 지역을 불태우는 초토화(焦土化)였다. 백선엽에게 임무가 주어지기 직전의 지리산에서도 그대로 그 전술이 원용되고 있었다. 낮에는 국군 쪽에, 밤에는 공비 쪽에 야합한다고 파악되는 이른바 통비(通匪) 부락이라 점찍히면 그대로 불태웠다.

백선엽은 통비가 될 수밖에 없는 사정에 먼저 착안했다. 살아남기가 절체절명인 백성에겐 이념이 도대체 무슨 상관인가 싶었기 때문이었다. 그래서 중국 공산 혁명 때 민심(民心)을, 군대라는 물고기가 살아남을 수 있는 물로 여겼던 모택동의 전술을[23] 역으로 활용하기로 마음먹고 불태워버렸던 마을의 주민들을 먼저 찾았다. 무릎을 꿇고 빌었

23)이 발상은 "임금은 배고 백성은 물이다. 물은 배를 띄울 수도, 뒤집을 수도 있다(君者舟也 庶人者水也 水則載舟 水則伏舟)"라는 동양권 왕도 정치의 유명 경세훈(經世訓) 하나와 일맥상통했다. 순자(荀子)에서 유래한 이 말은 특히 당나라 태종이나 조선 왕조의 숙종 임금이 무겁게 여겼다.

다. 피해 복구도 약속했다. 군이 아낀 경비를 가지고 현지 지방 정부도 참여시켜 마을 재건을 서둘렀다. 한편으로 군인들의 민폐(民弊)를 근절시키려고 대민 군기(對民軍紀)도 엄정하게 다잡았다. 그리곤 1949년 겨울, 토벌 작전을 대대적으로 펼쳤다. 귀순자도 5천 명에 달하는 큰 전과를 거뒀다. 1949년 7월에 '인민유격대'로 조직됐던 병단도 와해시켰던 토벌 작전은 1950년 2월에 공식 종료되었다.

휴전 회담 한국 대표이던 공비 토벌의 지장은 1951년 11월에 다시 그 토벌전에 불려나갔다. 지리산을 중심으로 영호남 산악 지대에 남부군 사령관[24]이 이끄는 빨치산 약 4만 명이, 나중에 휴전선이 그어진 일대의 열전 제1전선에 이어, 제2의 전선을 만들며 한국 안보에 뒤통수를 치던 상황이었다.

지리산 일대에서 비롯된 후방의 치안 불안은 특히 영호남 주민들에게 아주 깊은 가슴앓이를 남겼다. 지리산은, "빼어나진 않으나 장대하다(壯而不秀)"라고 서산대사의 품산론(品山論)에서 묘향산 · 금강산 · 구월산과 더불어 한반도의 4대 명산 하나로 꼽혔던 산이다. 그런데도 마

24) 이현상(李鉉相, 1906~1953)은 남로당 박헌영(朴憲永, 1900~1955) 계열로 1948년, 일시 월북하여 남로당의 군사정치학교에서 교육을 받았다. 그 해 남로당의 결정에 따라 지리산으로 들어갔고 1951년 5월, 남한 빨치산의 총책임자가 되었다가 휴전 직후 사살되었다. 6·25전쟁 남침 3일 만에 서울을 점령한 북한군이 3일 동안 서울에서 머문 것은 그 사이 남로당 60만 명이 전국적인 반란을 일으켜 남한을 점령할 수 있다고 박헌영이 김일성에게 주장했기 때문이었다. 남로당의 반란은 일어나지 않았다. 1949년 말 국가보안법의 제정 · 시행으로 33만 명 공산당원이 자수했기 때문이었다. 북한군이 승리를 자축한다고 그렇게 3일을 서울에서 지체했던 덕분에 국군은 체제를 정비할 수 있었다. 나중에 김일성은 책임을 물어 박헌영을 처형했다.

치 '악마의 소굴'이란 인상을 오래 지우지 못했다. 지리산의 유명 계곡 이름 하나가 하필이면 으스스한 느낌의 '뱀사골'이어서 거리감이 느껴지기도 했다.

나 같은 경우에 더욱 그랬음은 가세(家勢)가 공비들에게 직격탄을 맞았기 때문이다. 앞서 말했듯이 6·25전쟁 때 감옥에 갔다 온 악몽에서 도망치듯 가친은 1951년부터 마산에서 백 리 떨어진 경남 의령군 의령읍에다 정부미 도정공장을 꾸려왔다. 그 의령정미소가 휴전이 된 그해 1953년의 11월 21일에 지리산 공비 잔당의 습격을 받아 경찰서 등 공공시설과 함께 불탔다. 보험이 없던 시절이라 공장 복구에 가친이 '죽을 고생'을 했음이 어린 자식이 보기에도 뼈저린 아픔이었다.[25)]

수도사단과 8사단을 거느린 '백야전 전투사령부'는 이전처럼 대민 선무 작업에 열심이었다. 한편으로 연말에 대대적인 작전을 폈다. 그 결과, 생포 내지 투항한 빨치산만도 무려 7천 명에 달했다.[26)] 그들

25) 나는 아주 최근에야 습격의 주모가 이영회(李永檜)라는 사실을 알았다. 해방 뒤 순천에서 깡패로 전전하다가 1947년 국방경비대에 입대했고, 여순 사건 직후 지리산 공비가 되었던 그는 의령읍 습격 직후, 우리 군경의 추격을 받아 사살되었다.

26) 작전 성공을 기리는 '백야전사 전적기념관'이 1979년 11월, 뱀사골 끝자락에 세워졌다. 그런데 2007년 5월, 기념관이 헐리고 대신 탐방안내소가 들어섰다. 대한민국 수립을 "정의가 패배하고 기회주의가 득세한 역사"라 여겼던 좌편향 정권 시절에 있었던 해프닝이었다. 새로 만든 자료집에서 "좌익이나 우익이 아닌 중립적인 시각"에서 전시물을 진열했다고 적은 것. 열 살 때 6·25전쟁의 파란을 서울에서 고스란히 당했던 이가 만년에 지리산 등반 도중에 역사 왜곡을 목격하고는 "공비 토벌을 신라와 백제의 정도로 보자는 것인가?" 하며 당초 기념관을 복원해야 한다고 목소리를 높혔다. 글은 전쟁 발발 60주년에 즈음하여 북한 공산주의의 만행을 대한민국 사람이면 절대로 잊어선 안 된다는 뜻에서 전쟁을 기억하는 마지막 세대라고 여긴 서울대 법대 1958년 입학생들이 펴낸 회고문집(송한일, "적은 안에 있다", 이하우 · 최명 공편, 『6·25와 나』, 2010, 181~201쪽)에 실렸다.

을 광주와 남원에 설치한 포로 수용소에 수용했다. 그 주변으로 부모를 잃은 아이들이 떠돌자 백선엽은 고아원을 세워 아이들도 거두었다. '백선 육아원[27]'은 그렇게 생겨났다.

◎

군사 정치력의 높은 자리에 올라

지리산 토벌 작전을 성공적으로 끝낸 뒤 2군단장을 거쳐 제7대 참모총장, 곧 이어 한국군 최초의 4성(星) 장군에 올랐다. 이승만 대통령은 "4성은 옛날 같으면 임금이나 오르는 자리"라고 축하해주었다.

참모총장은 군사행정가 이상으로 군사정치가다. 특히 전쟁 중의 참모총장은 군 내부의 리더십은 물론 국내 정국(政局)에 대한 감각 그리고 국제전에 참전한 원정군 특히 미군을 상대해야 하는 대외 정국 등 하나같이 비상한 과제를 다뤄야 했다.

무엇보다 미군을 상대해야 하는 정치가 중차대 현안이었다. 미군의 각종 도움을 받아 당장은 혈전에서 이겨야 했고, 장차는 국군 현대화를 이뤄야 했기 때문이었다. 건국 직후 대한민국이 구상했던, 총 병력 6만5천 명 한도의 5개 사단 확보 계획은 6·25전쟁 발발로 물거품이

27) 처음엔 빨치산 고아들 위주였다가 나중에 전쟁 고아도 수용했다. 1988년부터는 천주교 대구교구 수녀회가 맡아서 '백선 바오로의 집'이란 이름으로 정신지체 아동을 돌보는 시설로 운영되고 있다. 2009년 어버이날에 이미 중늙은이가 된 고아원 출신 여럿이 '대장 아버지'라 부르며 찾아왔다. 역시 사람은 키우고 살리고 볼 일이었다.

되었다. 그 뒤 전쟁을 치르면서 다시 분발한 목표는 25만 병력의 10개 사단이었다. 병력 살림이 그렇게 늘어난다면 거기에 따른 각종 군사 인프라며 보급 체계 등 이전에 전혀 겪지 못했던 일이 산적할 수밖에 없었다.

아무튼 미군의 적극 협조가 절대적이었다. 여기에 미군과 가장 소통이 잘 되는 백선엽만한 적임자가 없었다. 실제로 대장으로 진급하기까지 그리고 참모총장으로 보임받기까지, 고비마다 미군 지휘관들의 적극적 천거가 있었고, 거기에 상응하는 군사적 후원도 따랐다. 무엇보다 현대전 작전 방식을 열심히 터득하려 했던 백선엽의 배움 자세를 그들이 높이 평가했기 때문이었다. 일찍이 일제가 미국을 '귀축(鬼畜)' 곧 고약한 나쁜 짐승이라 적대(敵對)해왔음에도 평양사범학교에서 영어를 가르치던 깊은 속뜻을 헤아려 그 기초를 익혀둔 것이 큰 자산이 되었다.

6·25전쟁이 발발해서 함께 전장을 누비기 시작하자 미군에게서 배울 바가 하나둘이 아니었다. 응원차 다부동에 도착한 미27연대는 지휘 본부(CP: command post)를 하수구에다 설치했다. 이런 연대장의 거동에서 안전성 확보에 유의하는 신중함을 배웠다. 동시에 상하 간에 격의 없는 병영 생활 방식도 인상적이었다. 이승만 대통령과 사이가 좋았던 밴플리트(James Van Fleet, 1892~1992)는 미군 사령관인데도 외아들의 참전을 만류하지 않았다. 그는 아들이 조종사로서 적진 폭격에 나갔다가 그만 실종되고만 참척(慘慽)에도 의연했다. 이는 미국 지도층의 노블리스 오블리제의 일단이었고,[28] 후임 테일러(Maxwell

Taylor, 1901~1987)의 "지휘관은 놀랄 일이 없다"라던 신념은 바로 '유비무환(有備無患)'를 힘주어 말함이어서 두루 감동적이었다.

이전에 원정군의 횡포를 뼈저리게 느끼게 했던 왜란 당시의 명군(明軍)과는 도무지 비할 바가 아니었다. 그때 명나라 장수가 한강 백사장에 당도했을 때 영접 나온 찰방(察訪) 곧 역참 책임자가 빨리 뱃전에 엎드려 인간 디딤판이 되지 않았다고 목에 밧줄을 묶고 개 끌듯 조리를 돌렸다. 이 경우는 오히려 작은 일화라 할 수 있다. 명나라 군인들이 전선(戰線) 주변에서 하도 횡포를 부려 우리 백성들이 오히려 왜군 진지로 도망가기도 했다. 그러니 그때 조선 민심은 "왜적이 해를 끼친 것은 얼레빗과 같고 명나라 군사가 해를 끼친 것은 참빗과 같다"라고 했다(송복, 『위대한 만남』, 2007).

◎

한미 갈등의 접점을 찾아서

정전을 반대하던 이승만 대통령과

---

28) 1952년 4월 4일, 야간 폭격에 나갔다가 실종됐다. 다음은 그 아들이 생전에 어머니에게 보낸 편지다. "사랑하는 어머니에게. 눈물이 이 편지를 적시지 않았으면 합니다. 어머니 저는 자원해서 전투 비행 훈련을 받았습니다. B-26 폭격기를 조종할 것입니다. 저는 조종사이기 때문에 기수에는 폭격수, 옆에는 항법사, 후미에는 기관총 사수와 함께 있습니다. 아버님께서는 모든 사람이 두려움 없이 살 수 있는 권리를 위해 지금 한국에서 싸우고 계십니다. 드디어 저도 미력이나마 아버님에게 힘을 보탤 시기가 도래한 것 같습니다. 어머니 저를 위해 기도하지 마십시오. 그 대신 미국이 위급한 상황에서 조국을 수호하기 위하여 소집된 나의 승무원들을 위해 기도해 주십시오. 그들 중에는 무사히 돌아오기만을 기다리는 아내를 둔 사람도 있고, 애인이 있는 사람도 있습니다. 저는 최선을 다할 것입니다. 이것은 언제나 저의 의무입니다."

어떻게든 열전을 종식시키려는 미국 대외 정책 사이에서 백선엽은 그 대치 간격을 줄이면서 나라 안보를 지키려고 고심, 또 고심했다. 아이젠하워 대통령 당선자가 전쟁 종식 방도를 직접 모색하려고 1951년 말에 방한했을 때 당선자는 이승만 만나기를 주저했다. 그런데 백선엽이 직접 설득해서 면담을 성사시켰다.

미국 정부가 여러 요구 사항을 직접 말하려했음인지 백선엽을 미국으로 초치했을 때는 전장에서 친했던 미 해군 장성이[29] 한밤중에 숙소로 찾아와서 한국 안보를 위해 여러 모로 조언해주었다. 제안이 그럴싸해서 아이젠하워 대통령을 직접 만나보려 했다. 프로토콜(외교 의례)로는 약소국 참모총장이 미국 대통령을 만나기란 거의 있을 수 없는 일이었다. 그럼에도 자신이 미국 군인이 매일 2백 명씩 죽어나가는 전장에서 16개 사단을 거느린 국군 지휘관임을 내세워 만남을 성사시켰다. 그 자리에서 미군이 참전해서 손을 떼고 난 뒤에도 한국의 안보를 담보할 한미상호방위조약 체결의 약조를 시사 받았다.

상호방위조약의 핵심 내용은, 조약 체결 당사국이 외침을 받을 경우 자동으로 개입해 함께 침략군에 맞서 싸운다는 것이었다. 이전에 이미 우리 정부도 그걸 갈망해 왔지만 영국 등 유럽과는 달리, 아시아 국가

---

29) 버크(Arleigh Burke, 1901~1996) 제독이었다. 제독은 6·25전쟁이 한창이던 1951년 백선엽 1군단장이 동부 전선에서 싸울 때 함포를 아낌없이 지원해주었다. 당시 순양함 함포의 한 발은 1만 달러에 육박해 고급 승용차의 대명사 캐딜락 한 대 값과 비슷했다. 나중에 미 해군 참모총장에 올랐던 제독은 한국 해군의 현대화에도 크게 기여했다. 우리 해군사관학교도 그 공덕을 높이 기려 동상까지 세웠다.

와는 그런 전례가 없었다며 미국은 계속 난색을 보였다. 백선엽은 미국의 국내 사정 때문에 정전을 하려면 방위 조약은 물론 경제 지원에 대한 약속도 한 · 미 간 갈등의 봉합점이 되리란 암시를 미국 요로에 계속 흘렸다. 중공군이 한국 땅에 남아있는 한 휴전은 불가하다는 이승만의 외고집에 대한 타협 방안이기도 했다.

한때 빠른 정전을 바라는 미국의 속사정에 이승만 대통령이 걸림돌이라 여긴 나머지 미국이 이승만의 하야를 획책한다는 소문도 들렸다. 마침 그때 한국의 내치(內治)가 이른바 '정치 파동'으로[30] 요동치고 있음도 빌미로 여긴 듯해서 백선엽은 안절부절이었다. 그 하야 작전이 얼마나 구체적인지는 몰랐지만 약소국 비애의 역사를 돌이켜보면 얼마든지 개연성은 있었다. 임진왜란 때 명나라도 임금을 바꿔야겠다며 임란 발발 이듬해 1593년 10월에 특사를 보내왔다. 영의정 류성룡이 정면으로 반발했다. "신하된 자로서 임금의 지위를 논함이 천부당만부당할 뿐더러, 설혹 그렇게 된다면 한창 전쟁 중에 민심의 구심점을 바꾸는 꼴이니 군사 전략적으로도 옳지 않다"하자, 단단히 작정하고 왔던 사신도 영의정의 충정에 감복해서 제 나라로 돌아갔다.[31]

30) 1952년 여름, 제2대 대통령 선거에서 이승만 대통령이 재집권하기 위해 직선제 개헌안을 강압적으로 통과시키려 했던 일련의 사태.

31) 그때 직접 담판했던 이는 류성룡과 그때의 명군 대표 척금(戚金)이었다. 절대 불가하다는 전자의 반박 이유에 감동한 후자는 "옳다. 옳습니다. 옳은 말입니다. 옳은 생각입니다"라는 뜻으로 '시(是)'를 네 번이나 적었다(송복, 『위대한 만남』, 2007). 그때 명나라 사신 사헌(司憲)은 선조에게 이런 말을 남겼다. "류성룡의 남다른 굳은 충성심과 독실한 인의는 중국의 문무백관과 장수들이 모두 칭송하지 않는 이가 없습니다. 왕은 현명한 재상을 얻었습니다."

6·25전쟁 도발의 배후인 소련의 독재자 스탈린이 1953년 3월에 죽자 휴전 회담은 급물살을 타기 시작했다. 종전이 임박할 즈음 중공군의 공격이 한층 치열해지자 테일러 8군 사령관은 역전의 참모총장 백선엽이 직접 전투를 지휘하도록 권유했다.

드디어 정전이 성립되었다. 백선엽은 테일러의 권유에 따라 한국 전선을 총괄하는 신설 40만 병력의 제1군을 지휘하는 사령관으로 부임했다. 이후 이승만 대통령으로부터 내무부 장관을 맡으라는 권고를 받았지만 뿌리쳤고 대신 다시 육참총장에 올랐다가 합창의장을 거쳐 드디어 전역을 맞았다.

◎

전략을 익힌 한국 장교단

백선엽을 비롯한 우리의 일선 초기 지휘관들이 밴플리트, 테일러 같은 8군 사령관들과 전우애를 쌓는 사이에 한국군의 현대화는 크게 진척되었다. 병력 규모가 대폭 늘어났음은 외형이고 그 내실은 전술(戰術 tactics) 능력 이상으로 한국군의 전략(戰略 strategy) 능력 제고였다. 전술이란 개개 전투에 관계되는 방책이고, 전략은 전쟁 목적을 달성하는 전체 국면에 대한 발상법이다. 전략은 특히 거대 조직의 운용 기술 그리고 무엇보다 장단기(長短期) 사안에 대한 의사 결정 능력을 말함이다.[32] 백선엽이 육군 최고 지휘관으

32) 현대식 군사 전략 교육은 요즘 말로 하면 바로 경영학이요, 행정학의 요체였다. 이를테면

로 있을 동안에 더욱 박차를 가한 결과 1961년까지 무려 6천 명의 고하(高下) 장교가 미국에서 현대식 군사 교육을 받았다.[33] 바야흐로 군 내부의 근대화 과정이 진척된 후과(後果)로 중견 장교들은 '군 지식 계급'이라 불릴 정도로 의식화되었다. 1950년대 한국의 여타 사회 조직은 별로 그런 발전상을 보이지 못했다. 아니 무관직(武官職) 경시 사상이 보태져 군부의 발전상에 대해서 그들은 눈을 감고 있었다.

그런 간극의 갈등이 발화점이 되어 근대화의 중요성을 앞서 통감·체득했던 군부가 군사혁명으로 사회 전면에 나섰고, 이는 사회에서 냉대 받던 '주변인(周邊人)'이 중앙으로 등장하는 정치 혁신의 정석을 보여준 경우라는 게 사회 변동 행정학자 이한빈(李漢彬, 1926~1994)의 소론이었다. 5·16혁명 발발 당시 예산국장이었던 이한빈은 워싱턴에서 원조 자금을 전제로 작성한 새해 예산에 대해 미국 예산 당국과 연례 협의 중이었다. 군사 혁명의 조짐에 대해 첩보를 듣고 있던 그쪽 당국이 그 가능성에 물어왔지만 그로서는 아는 바가 없었다.

허를 찔리듯 그의 체미(滯美) 중에 군사 혁명이 일어났다. 이에 놀란 나머지 미국 정보당국은 박정희의 Park을 그들이 오래 믿고 사귀어온 백선엽의 Paik으로 잠시 오해하기도 했다. 그 정도로 둘은 국내외적으

세계대전에 참여하던 동안 긴 보급선과 통신선을 일사불란하게 확보한다든지 동시 다발의 전장을 유효하게 관장하기 위해 게임 이론, OR(operations research) 등의 신예 학문들이 등장해서 세계대전 등을 뒷받침했다.

33) 국내에서도 1956년에 국방연구원이 만들어져 군의 운영·전략은 물론, 국가의 외교 정책과 경제 정책, 그리고 전시 동원 및 장기 전략 계획에 대한 교과 요목을 영관급 장교와 장성 그리고 정부 부처에서 온 고급 공무원들과 함께 이수하게 했다.

로 그렇게 오랫동안 질긴 인연을 이어왔다.

미국에서 한국인 최초로 경영대학원을 졸업하자마자 임시 수도 부산으로 돌아와 출사했던 애국심에다 민주주의에 대한 믿음이 몸에 배었던 이한빈은 제3공화국이 절실히 필요했던 경륜의 경제 전문가이었다. 그럼에도 혁명의 비민주성에 대한 거부감으로 재무부 사무차관과 스위스 대사를 끝으로 공직을 떠나 대학 교육자로 변신했다. 개인적 처신은 그러했을지언정 경제 성장에서 군사 혁명의 정당성을 찾았던 제3공화국의 정책 노선에 대한 유효 이론 정립에 부심했다.[34)]

◎

'한국전쟁의 영웅'

미국 워싱턴 백악관 가까이에 한국전쟁 참전 기념비가 세워져 있다. "자유는 공짜가 아니다(Freedom is not Free)"라고 비석 앞에다 크게 새겨놓고는 그 뒷면에 이렇게 적었다. "우리는 이름을 들은 적도 없던 땅에서 만난 적도 없던 사람을 위해 싸웠다"라고.

---

34) 미국에서 먼저 출판되었던 그의 논저(Hahn-Been Lee, Korea: *Time, Change and Administration*, Hawaii Univ. Press, 1968)는 사회 변동 행정학의 명저라 평판을 얻어 미국 대학생들에게도 널리 읽혔다 했다. 우리말 번역판(『사회 변동과 행정』, 1968)이 나올 때 나는 서울대 행정대학원장이던 저자의 연구 조교였다. 제3·4공화국이 졸지에 물러간 직후에야 비로소 경제부총리에 올라 오일 쇼크로 크게 흔들렸던 국가 경제를 지키려고 동분서주했다. 1979년 10·26사태 이후 신현확 총리가 이끌던 과도 정부에 입각할 때 민주 정치적 도덕성을 보태려고 이화여대 김옥길(金玉吉, 1921~1990) 총장과 동반 입각을 주장 · 실현시켰다고 후일담에다 적었다(『이한빈 회고록 : 일하며 생각하며』, 1996).

백선엽도 그들이 만난 적 없던 사람이었다. 이념 대결의 열전이 발발하자 분연히 참전했던 그들과 함께 백선엽은 죽음을 무릅쓰고 싸웠고 지켰다. 그 전장에서 그는 승패의 중요 갈림길마다 중요 임무를 맡았고, 그때마다 승기를 놓치지 않았다. 일신으로 타고난 운(運)이었다고 밖에 달리 말할 수 없었다.[35] 옛말에 이르길 운이란 "하려고 해서 될 일이 아니고, 안 하려고 해서 안 될 일이 아니다"라고 했다. 참전 미군도 입을 모아 '한국전쟁의 영웅'이라 칭송했던 백선엽의 운수가 대운(大運)이었음은 바야흐로 나라에 큰 복이 되었기 때문이었다.

해방이 되자마자 시작된 좌우익 갈등 속에서 어렵사리 대한민국이 세워졌다. 하지만 나라의 내실은, 임란 즈음에 이율곡이 개탄해 마지않았던 대로, "나라가 나라가 아니었다(其國非其國)." 전쟁 발발 직전에 북괴 동향이 심상치 않게 돌아가자 우리 국방부 장관은 "점심은 평양에서 저녁은 신의주에서"라고 호언했다. 이게 턱없는 허사(虛辭)였을 정도로[36] 국방력은 '병정놀이' 수준이었다.

---

35) 흔히 사람 운이라 하면 '우연'을 함축하는 말로 들리기 쉽다. 하지만 "기적은 기적적으로 일어나지 않는다"라는 말대로, '25시'로 전장에 전력 투구해야 한다고 마음 먹었던 백선엽은 술을 일체 입에 대지 않았고, 이게 평생의 습관이 되었다.

36) 임진왜란 발발 한 해 전에 일본으로 정탐 갔던 우리 사절의 부사(副使)는 돌아와서 "침략의 조짐을 전혀 간파하지 못했다"라고 했다. 그 즈음 히데요시는 부산이 바라다 보이는 규슈 나고야[名護屋]에 출병 전진 기지를 만들었는데 거기에 참전 다이묘[大名]들의 진영이 130여 개, 그 군인과 지원 인력이 무려 20만 명이나 집결했다. 그러나 그쪽의 거국적 거사에 대해 낌새를 전혀 듣지도 느끼지도 못했던 것이다. 정사와는 정반대 말이라서 류성룡이 은밀히 사실 여부를 묻자 "침략의 조짐이 있다 하면 백성들이 불안에 떨까 싶어서 그걸 염려했음"이라 했다. 6·25전쟁 직전에 우리 국방부 장관이 한 말도 그런 염려의 말이었을까.

이승만 대통령은 6·25전쟁을 동족상잔이 아니라 한민족 대 일부 극열 공산주의자 사이의 싸움이라 했다. 6·25전쟁 때 분골쇄신했던 장병들 덕분에 오늘의 우리 군사력은 통일신라 이후 가장 강력한, '국민국가(nation-state)'를 지키는 안전판으로 자랐다. 덕분에 국제전은 몰라도 북괴의 불장난으로 예상되는 불시의 국지전은 능히 감당할 정도가 되었다.

남북한은 경제력은 말할 것 없고 정치적으로 자유 민주 체제 대 반문명적 공산 왕조 체제로 극명한 대조를 이루고 있다. 그렇게 현대 한국이 그 국가적 성취를 자부할 때마다, "물을 마실 때 그 근원을 생각하지 않을 수 없다(飮水思源)"라는 말대로, 그 내력을 짚어 보지 않을 수 없다. 그 근원에 백선엽 대장도 들어 있음을 대한민국 역사가 살아 있는 한 기억해야 할 것이다.

전쟁터에서 꽃피운 인간 사랑 닥터 현봉학

이성낙('현봉학 박사를 추모하는 모임' 회장)

흥남철수 당시 피난민들이 LST에 오르고 있다. 1950년 12월

철수병력과 함께 피난민을 실어 나르기 위해 동원된 배는 모두 193척이었고 그 가운데 전차 상륙용 주정(舟艇) LST(landing ship tank)는 81척이었다.

◎

흥남 피난민 철수 작전의 주역

현봉학(玄鳳學)은 의학박사인데도 뜻밖에 그에겐 '흥남 피난민 철수 작전' 이야기가 항상 붙어 다닌다. 그도 그럴 것이 1950년 12월 중공군의 참전으로 전황이 급변하자 함경북도 흥남 부두로 대거 몰려온 피란민 약 9만 1천 명을 미 해군 수송선에 태워 경남 거제도로 무사히 대피시켰던 거사의 주역이 바로 현봉학이었기 때문이다(대한민국역사박물관, "기획전시 : 1950, 흥남 그해 겨울", 2015, 48쪽).

극한 상황에서 열흘이란 결코 길지 않은 기간에 민족 대 이동에 버금가는 일을 해낸 것은 인류 역사상 그 유래를 찾아볼 수 없는 대 사건이기도 했다. 현봉학이 이 같은 큰일을 해낸 것은 또는 해낼 수 있었던 것은 어쩌다 있을 법한 우연이 아니었기에 더욱더 뜻깊었다. 이는 그의 남다른 성장 과정과 올바른 인품이 있었기에 가능한 일이었다.

◎

독립 운동가의 후손인 의사

현봉학은 1922년, 함경북도 함흥의

기독교 집안에서 태어났다. 영생고보 교사이자 영생고녀 교목이던 아버지 현원국(玄垣國)과 한국장로교 여전도회 회장을 역임한 어머니 신애균(申愛均)의 사랑을 받으며 성장했다. 특히 양친이 일제 강점에 항거하는 독립 운동가였던 점은 현봉학의 정신적 토양에 커다란 자국을 남겼을 것이다.

고향 함흥에서 초등학교와 함흥고보를 졸업한 현봉학은 의사가 되겠다는 꿈을 안고 서울로 향했다. 청년 현봉학이 일제 치하에서 기독교 정신을 교육 이념으로 하는 세브란스의전(연세대학교 의과대학의 전신)에 입학한 것은 아주 자연스러운 일이었다. 그는 1944년 세브란스의전을 졸업하고 의사로서의 첫발을 '평양기독연합병원'에서 시작했다. 그리고 얼마 후 평양에서 감격스러운 조국의 광복을 맞았다.

광복의 기쁨도 잠시, 북한이 소련 공산당 지배권에 들어가자 현봉학은 가족과 함께 38선을 넘어 월남했다. 서울적십자병원에서 의사로 근무하던 1947년, 이화여자대학에서 영어 교수로 있던 미국인의 주선으로 미국 유학길에 올랐다. 현봉학은 1949년에, 버지니아 주 리치먼드 소재 버지니아 커먼웰스대학교 의과대학 부속병원에서 임상병리학 펠로우십 과정을 수료했다. 1950년 3월, 미국 유학 생활을 마치고 귀국한 현봉학은 모교인 세브란스 병원에서 교수 및 의사로 근무했다. 당시로서는 첨단 분야이던 임상병리학과(혈액임상학과)를 새롭게 개설한 후였다.

◎

애국심으로 군 복무를 자원하다

1950년 6월 25일, 전쟁이 발발하자 현봉학은 남쪽으로 피란을 갔다. 피란지 대구에서 국회의원 황성수(黃聖秀, 1917~1997)를[1] 찾았다. 그 자리에서 전쟁 중인 국가를 위해 무언가 뜻깊은 일을 하고 싶다하자 황성수는 현봉학을 국방부 장관 신성모(申性模, 1891~1960)[2]에게 보냈고, 신 장관은 그를 미 육군 25사단의 통역관으로 배속시켰다.

현봉학은 어린 시절 가벼운 소아마비를 앓은 병력(病歷)이 있어 군 복무 면제 대상이었다. 6·25전쟁이 발발했던 그때의 민심은 기어코 나라를 지켜야 한다는 애국심이 분출했던 한편, 제 자식이 사지(死地)로 들어가는 것은 막기 위해 어떻게든 군 복무를 피하려 안간힘을 쓰던 때였다.[3] 그런데 동족상잔의 혈전이 갓 발발한 엄혹(嚴酷)한 상황에서 군에 자원했다는 사실은 그의 애국 정신이 얼마나 투철했던가를 말

---

1) 일본 유학을 하고는 다시 미국으로 건너가서 1940년 컬럼비아대학에서 공부했다. 1946년 미 군정청 법무부 고문관을 거쳐 변호사 시험에 합격했다. 1950년 5월말에 치러진 제2대 총선에서 국회의원으로 당선된 이래 1956년까지 국회 외무위원장을 역임했다. 두 사람의 유학 경력이 서로의 인연이 되었을 것으로 추측된다.

2) 6·25전쟁 발발 전후로 국방부 장관이었고 그 즈음 국무총리서리 겸직이기도 했다.

3) 그때의 군대 기피 현상이 1950년대 한국의 대학들이 상아탑 대신 우골탑(牛骨塔)이라 불리게 만든 까닭의 하나였다. 대학에 입학하면 군대 징집을 연기시켜주었기 때문이다. 한민족의 높은 교육열의가 명시적 이유였고, 일단 군 입대는 늦추고 보자 했던 것이 묵시적 이유였다. 농촌 부모들이 내남없이 살림 밑천이던 소까지 팔아 자식을 대학에 보냈고, 그 돈이 대학들의 급조에 밑거름이 되었다 해서 우골탑이라 이름 붙었다.

해주고도 남는다. 1990년대 중반, 나는 우연히 많이 왜소해진 현봉학의 아랫다리를 본 적이 있다. 남의 눈에 띌 정도로 거동이 이상하지는 않았지만, 자세히 관찰하면 정상인에 비해 걷는 데 불편함이 있음을 알 수 있었다.

6·25 당시 현봉학은 부산을 출발해 경남 마산에 주둔하고 있던 미 육군 25사단을 찾아 나섰다. 교통편이 여의치 않아 동분서주하던 중 우연히 한국 해병대원 백남표(白南杓) 소령을 만났다.[4] 같은 방향으로 간다 해서 그의 차를 이용했다. 그런데 동행하던 중 백 소령은 현봉학이 미 육군보다 한국 해병대에서 더 필요한 인물임을 직감했다. 그래서 그를 '납치'하다시피 하여 마산 근처 진동리에서 작전 중이던 한국 해병대 본부로 향했다. 바로 훗날 해병대 사령관과 국방부 장관을 역임한 김성은(金聖恩, 1924~2007)이 지휘하던 부대였다.

물론 현봉학은 공식 배속된 부대인 미 육군 25사단으로 가야 한다고 항의했다. 하지만 김성은은 그의 의견을 묵살하고 부대에 감금하다시피 하면서 설득했다. 미군 25사단 27연대와 함께 낙동강 최후 방어선의 일각인 진동리 전투, 일명 마산 전투를 감당하고 있던 한국 해병대는 절대 부족한 무기를 미군에게서 지원 받기를 갈망했다. 하지만

4) 경기도 파주 출신. 해병 병단에 입대해서 1946년 10월에 소위로 임관했다. 9·28 수복 직후 1개 중대 병력을 이끌고 목포형무소의 옥문을 열어 380명의 우익계 수감자를 석방시킨 공로로 미국 정부가 외국 군인에게 주는 최고 등급의 공로 훈장 '리전 오브 메리트(Legion of Merit)' 훈장을 받았다. 해군 본부 초대 헌병감 중령으로 예편했다. 초기 해병대의 명인이자 기인의 한 사람으로 회자되고 있다.

의사소통 창구가 될 만한 통역 장교가 없었다.[5]

그때 마침 나타난 현봉학이 해군 소령 현시학(玄時學, 1924~1989)의 [6] 형임을 알게 된 부대장은 더욱 친근감을 보였다. 결과적으로 현봉학 덕분에 당장의 무기 지원은 물론, 해병대 군장비 현대화에 큰 도움을 받았다 했다. 이후의 사태는 현대사가 잘 정리해 놓았다.

> "1950년 7월 31일 진주를 점령한 북한군이 유엔군의 최후 보루인 부산과 진해에 위협을 가중시키기 위하여 마산 방면으로 침입함에 따라 그 해 8월 3일 김성은 부대는 진동리에서 적의 대부대를 궤멸하여 6·25전쟁 발발 이래 처음으로 통쾌한 전과를 올림으로써 1950년 8월 5일 국군 중 최초로 대통령으로부터 부대장 이하 전 장병이 일 계급 특진하는 영예를 차지하였다."(『한국민족문화대백과』)

얼마 후 유엔군의 인천상륙작전이 성공해 서울을 수복하자 현봉학은 세브란스 병원으로 돌아가 의사 본연의 일에 열중했다. 그런데 해

5) 그때 미 해병 사단의 보급 본부는 경남 마산에 있었다. 해상 보급로를 통해 마산에 도착한 보급품은 그 다음 미군의 북진에 따라 철도편으로 전방 가까운 보급 부대로 수송되었다. 충북 청주역에 이어 강원도 원주 인근 간현역에서 10대 중반의 나이에 보급 부대 심부름꾼인 제니터(janitor)로 일하면서 한동안 가족 생계를 감당했던 유종호의 증언(『그 겨울 그리고 가을 : 나의 1951년』, 현대문학사, 2009)이다. 유종호는 대한민국 예술원 회장을 지낸 문학평론가이다.

6) 해군사관학교 교장을 거쳐 1966년 해군 소장으로 예편했고 나중에 이란, 멕시코 등지에서 대사로 일했다.

병대 사령관 신현준(申鉉俊, 1915~2007) 준장[7]과 김성은 대령이 부대로 다시 돌아와 통역관으로 일해 달라고 요청해왔다. 차마 그 요구를 뿌리칠 수 없어 강원도 고성에 주둔 중이던 김성은 부대에서 해병대 소속 통역관으로 '봉사'를 이어갔다. 당시는 영어를 할 줄 아는 사람이 아주 드물었다.

그때 마침 함경도 함흥에 주둔하던 미 제10군단장 아몬드(Edward Almond, 1892~1979) 소장이 고성에 주둔하고 있던 한국 해병대를 시찰하기 위해 비행기로 날아왔다. 통역을 맡은 현봉학과 아몬드 사령관의 만남은 이렇게 이루어졌다.

1950년 중순의 어느 하루, 미 10군단 아몬드 소장이 부참모장 포니 해병대 대령을 대동하여 자기 군단 소속인 우리 부대에 시찰을 나왔다. 작은 군용기에서 내린 아몬드 소장은 사열이 끝난 뒤 사령관 방에서 이야기를 하다가 나더러 영어를 잘한다며 어디서 공부했냐고 물었다. 버지니아 리치몬드 주립 의대에서 공부했다고 하니 그는 깜짝 놀라며 자기 고향이 바로 버지니아 루레이(Luray)라며 반가워했다. 그는 또 내 고향은 어디냐고 물어 함흥이라고 하자 다시 놀라며 10군단 본부가 함흥에 있으니 자기 부대로 같이 가자는 것이었다. 해병대 소속이어서 못 간다고 하자, (중략) 며칠 후 신현준 준장

7) 일제강점기 만주군 대위로 근무했고, 광복 후 광복군을 거쳐 1946년 조선해안경비대에 입대해서 해군 중위로 임관하였다. 같은 해 인천 기지 사령관으로 있다가 1949년 4월에 약 380명의 병력으로 해병대가 창설될 때 초대 사령관이 되었다. 1961년 해병 중장으로 예편했다.

과 나는 10군단에서 보내준 군용기를 타고 함흥에 갔다. (중략) 그날 오후 이승만 대통령의 연설이 있었던 공회당에는 사람들로 가득 찼다. (중략) 행사가 끝나고 다시 해병대로 돌아가려고 하는데 명령장이 하나 날아왔다. "오늘부터 미군 10군단 민사부 고문으로 임명함." 그 명령 하나로 나는 함흥에 남게 되었다(현봉학, 『현봉학과 흥남 대탈출』, 1999, 171쪽).

◎

'흥남 대탈출' 구상

젊은 의사 현봉학이 '흥남 피란민 철수'에 관여하게 된 과정은 한 편의 대 서사시(大敍事詩)와도 같았다. 그 즈음의 전황은 다음과 같았다(백선엽, 『군과 나』, 2009).

서울을 수복하고 파죽지세로 평양까지 탈환한 서부 전선의 한국군은 "우리는 전진한다", 미국군은 "우리는 간다(We go.)"라는 기치(旗幟) 아래 북진에 북진을 거듭하다 압록강을 눈앞에 두고는 중공군의 개입으로 큰 곤경에 빠졌다. 1950년 10월 25일경의 일이다.

한편 도쿄 주재 맥아더 원수의 미 극동군 총사령부로부터 서부 전선에 비해 북진 속도가 늦다는 독촉을 받던 동부 전선이 돌연 곤경에 처하고 말았다.[8] 아몬드 소장 휘하의 동부 전선 미 10군단은 함경도의

8) 그때 국군 제1사단을 이끌고 서부 전선에서 북진 중이던 백선엽 장군의 증언에 따르면,

높은 산악 지대에 있는 장진호(長津湖) 지역으로 전진하던 중 11월 27일 갑작스럽게 중공군에게 포위를 당했던 것이다. 이른바 '장진호 전투(The Battle of Chosin Reservior : Chosin은 당시 미군이 사용하던 군사지도상 '장진'의 일본식 표기)'였다.

1950년 겨울, 11월 27일부터 12월 13일까지 17일 간, 미군 3만 명이 '인민해방군' 6만7천 명에 의해 포위되었다. 설상가상으로 갑자기 몰아닥친 한파로 동사자(凍死者)가 속출했다. 중공군의 총격에 의한 희생보다 추위로 인한 인명 손실이 더 많았다. 미군은 악조건에서도 공군기의 대대적인 엄호 사격을 받으며 17일 만에 포위망을 뚫을 수 있었다. 미군 자료에 따르면 이 전투에서 미군 1,029명이 전사하고, 7,338명의 비전투 사상자(no battle casualties)가 발생했다. 그리고 행방불명자는 4,894명에 달했다.[9)]

그렇게 많은 희생자를 내면서 장진호 지역의 포위망을 벗어난 미

1950년 10월 24일 무렵 휘하 연대가 처음으로 중공군 포로를 한 사람 붙들었다. 만주군관학교 시절에 배웠던 중국말로 백 장군이 직접 심문했다. 그 중공군 포로는, 타이완 연안에 있었던 옛 국부군 출신을 중심으로 한 인민군이 참전을 위해 대거 한반도로 몰려와 잠입했다고 실토했다. 사태가 급박함을 깨닫고는 상급 부대 미 제1군단에 직보(直報)하자 군단장이 직접 국군 제1사단 본부로 찾아왔다. 그리고 함께 그 포로를 다시 심문했다. 이후 제1군단장은 도쿄의 극동군 사령부로 상황을 긴급 타전했다(백선엽, 『나를 쏴라 : 1128일의 기억』, 2010, 제1권의 25~74쪽). 살펴보면 중공군의 참전이 동부 전선에는 뒤늦게 파악되었음이 그곳의 작전상 후퇴를 어렵게 만들었다는 말이었다.

9) 그래서 전쟁사에서 "많은 희생을 치르고 얻은 승리(Pyrrhic victory)"라는 희비 교차의 평가를 남겼고, 이 연장으로 미국인들에겐 오랫동안 '잊힌 전쟁(The Forgotten War)', '잊고 싶은 전쟁'으로 남아 있었다.(Martin Russ, 『브레이크 아웃 : 1950 겨울, 장진호 전투』, 임상균 옮김, 2004)

군이 집결한 안전 지대가 바로 항구 도시 흥남이었다. 그때 흥남에는 12월초부터 많은 피란민이 모여들고 있었다. 중공군의 개입으로 전황이 심상찮게 돌아가자 피란민들이 너도 나도 항구 도시 흥남으로 모여들었던 것이다.

이때 현봉학은 흥남 부두에 몰려온 피란민의 운명을 불안한 마음으로 지켜보며 그들을 구출할 방도를 골똘히 생각했다. 그러나 마땅한 방법이 떠오르지 않았다. 10만여 명에 달하는 피란민을 육로로 흥남에서 원산을 거쳐 남쪽으로 피란시킨다는 것은 물리적으로 불가능했다. 게다가 비행기로 공수하기에도 그 수가 너무 많았다.

현봉학은 고심 끝에 한 가지 결론에 도달했다. 뱃길만이 유일한 방법이라고 결론짓고는 김백일(金白一, 1917~1951) 육군 제1군단장과 함께 아몬드 사령관을 찾아갔다. 간절한 마음으로 해군 수송선을 이용해 피란민을 남쪽으로 옮겨달라고 간청했다. 이때 김 장군은 "우리 1군단은 배를 타지 않고 육로로 중공군을 무찌르면서 남하할 테니 그 대신 피란민을 태워 달라!"라고까지 말했다.

이들의 제안을 들은 아몬드 장군은 처음에는 헛된 '망상' 쯤으로 치부하며 냉정하고도 냉담한 반응을 보였다. 사령관으로선 피란민보다 흥남 부두로 몰려온 유엔군(주로 미군과 한국군) 약 10만 명과 많은 군수 물자를 후송하는 것이 더 중요하고 긴박한 과제였기 때문이었다.

현봉학은 물러나지 않았다. 피란민을 살려달라고 끈질기게 애원했다. 적지 흥남에 남겨두면 피란민은 공산군에 의해 모두 비참하게 죽게 될 거라는 사실을 상기시키며 계속 설득했다.

이때 아몬드 장군과 현봉학 사이에서 '소통의 다리' 역할을 해준 숨은 공로자 두 사람이 있었다. 한 사람은 당시 장군의 참모로 있던 에드워드 포니(Edward Forney, 1909~1965) 해병대 대령이었고, 다른 한 사람은 도쿄의 맥아더 총사령관이 전선의 상황을 직접 보고하라고 파견했던 알렉산더 헤이그(Alexander Haig, 1924~2010) 육군 대위였다.[10]

현봉학이 아몬드 장군을 만날 기회는 현실적으로 제한적이었다. 반면, 포니 대령은 보좌관으로서 장군을 수시로 만나 현봉학의 시각을 장군에게 전해줄 수 있었다.

현봉학의 간절함이 차츰 아몬드 사령관의 마음을 열어 작전의 실현 가능성을 검토할 즈음, 연락장교 헤이그는 흥남 부두에 모인 피란민 10만 명의 구출 필요성을 맥아더 사령관에게 진지하게 보고했다. 마침내 맥아더 사령부로부터 피란민을 구출하라는 명령을 받기에 이르렀다.

많은 사람이 '흥남 철수'를 아몬드 장군의 작전으로만 알았다. "아몬드 소장은 유엔군 사령관의 흥남 철수 지시를 받고 철수 계획을 수립했다. (중략) 200여 척의 배가 최대 규모의 해상 수송 작전을 진행할 동안 항공 지원과 함포 사격도 지속됐다"라고 2015년 말에 대한민국역사박물관이 열었던 특별 전시 "1950, 흥남 그해 겨울"에 적혀 있다. 따져보면 맥아더 총사령관의 '축복'이 있었기에 작전이 가능했던 대 역

10) 6·25전쟁 때 맥아더 유엔군 사령관의 참모였다. 나중에 유럽 연합군 미군 사령관을 지낸 뒤 닉슨 · 포드 대통령 밑에서 백악관 비서실장, 레이건 대통령 밑에서 국무장관으로 일했다.

사(大役事)였다. 그만큼 헤이그 대위의 역할도 막중했다.

나중에 알려진 자료에 의하면, 흥남에 몰려온 대규모 피란민의 거취를 놓고 도쿄의 맥아더 사령부와 미 국방성은 긴박한 논의를 거듭했다 한다. 한국 민간 요원 현봉학과 미 해병 대령 그리고 미 10군단장 아몬드 장군이 논의한 사항을 워싱턴의 미국 국가안보위원회와 합동참모본부가 종합 검토한 결과, 흥남으로 몰렸던 피란민 모두를 구출하기로 결정했다는 것이었다.[11)]

◎

크리스마스의 기적

1950년 12월 14일, 흥남 부두에 구름처럼 모여든 10만 명의 피란민은 눈보라 치는 혹한의 날씨에도 언젠가는 승선할 수 있을 것이라는 희망을 버리지 않고 묵묵히 기다리고 있었다. 그들 중에는 노약자는 물론, 젖먹이 어린이도 많았다.

절망에 가까운 상황에서도 조용히 기다리는 피란민의 염원이 전해지기라도 한 듯 미 해군 수송선 LST가 부두에 접안해 선두(船頭)의 큰 문을 양쪽으로 활짝 열었다. 그리고 피란민의 승선이 시작되었다. 실로 감격적인 순간이 아닐 수 없었다.

선원들은 선두의 문이 열리면 피란민이 너도 나도 몰려와 '아수라

11) Ned Forney("The Better Angels of our Nature," *The Korea Herald*, 2015년 12월 21일) 참조. 서울 거주 프리랜스 작가인 기고자는 포니 대령의 손자로 흥남 철수 작전에 대한 책을 집필 중이다.

장'이 되리라 믿고 만반의 준비를 하고 있었다. 그런데 피란민들은 의외로 차분하게 여러 줄로 나뉘어 질서정연하게 승선했다.

흥남 철수 작전 60주년이었던 2010년, 국가보훈처 초청으로 한국을 방문한 열다섯 명의 미국 노병 중 한 분은 나에게 당시 상황을 회고해 주기도 했다. 그는, 그런 악조건 속에서도 많은 피란민이 큰 소요 없이 차례로 승선하는 모습이 인상적이었다고 말했다. 나는 흥남 철수와 관련한 동영상 자료를 여러 차례 보았다. 그때마다 서둘지 않고 차례로 승선하는 피난민 대열을 보고 감동을 받았다.

얼마 전 2014년의 블록버스터 〈국제시장〉에서 피란민이 서로 앞 다투며 아비규환을 방불케 하는 승선 장면과는 분명 거리가 있었다. 예외가 있었다면 LST가 아닌 일반 화물선의 경우였다. 피란민이 화물선에 승선하기 위해서는 선박 측면으로 내려뜨린 그물형 사다리를 이용해 '기어올라야' 했다. 이때 적지 않은 희생자가 발생했다. 참으로 참담한 장면이 아닐 수 없었다.

한편 해군 수송선 메러디스 빅토리(The SS Meredith Victory)는 원래 60명이 승선할 수 있는 배였지만, 무려 1만4천 명의 피란민을 태우고 항해했다. 단일 선박으로는 가장 많은 피란민을 수송한 것으로 〈기네스북〉에 등재될 정도였다(Josef Bogovic, "Admiral James Robert Lunney; Interview", Naval Reserve Association News, Vol.28).

그때 23세의 젊은 나이로 메러디스 빅토리 호의 승선원이던 밥 러니(Bob Lunney)는 그 선박의 역사적 항해에 대해 이렇게 말했다.

전쟁은 국가의 통일성을 유지하고 그 국민의 존엄성을 지키는 것과도 관계가 있으며, 우리는 우리가 그것을 해냈다고 생각한다.

이른바 '크리스마스의 기적'의 주역 한 사람이었던 러니 제독은 또한 "흥남 철수의 영웅은 한국 국민"이라면서 "흥남 철수는 끝나지 않았다. 아직도 진행 중이다. 통일이 될 때까지"라고 말했다.[12)]

◎

잊을 수 없던 도움 손길들

그렇게 '대 탈출 작전'을 시작한 지 열흘째가 되던 12월 24일까지 흥남 부두에서 거제도로 선박에 실려 온 피란민의 수는 무려 10만 명에 가까운 9만1천 명이었다. 열흘이라는 짧은 기간에 이루어진 대 역사(大役事)였다. 실로 인류 역사상 최대 규모의 민족 이동으로 기억되기에 충분했다.

어떤 이는 현봉학을 '한국의 쉰들러(Oskar Schindler, 1908~1974)'라고 칭송했다.[13)] 여기에 대해 나는 좀 유보적이다. 영화 〈쉰들러 리스

---

12) 2015년 12월 14일, 한국을 찾았던 러니 일행을 '현추모(현봉학 박사를 추모하는 모임)'가 환영하는 자리에서 제독이 말했던 내용이었다. 코넬대 법학박사였던 러니는 미 해군 준장으로 예편했다.

13) 이후 현봉학은 다시 미국으로 건너가서 펜실베이니아 의대에서 이학박사 학위를 받고는 병리학자로서 피츠버그의 토머스 제퍼슨 의과대학 등지에서 병리학 및 혈액학 교수로 일했다. 임상병리학 연구로 1992년, 미국 임상병리학회(ASCP)가 주는 세계적 권위인 '이스라엘 데이비슨상'을 수상했고, 2005년에는 서재필 의학상을 받기도 했다. 만년에 아주대학교와 연세대학교에서 초빙교수로 일했고, 2007년 미국에서 타계했다.

트〉로 잘 알려진 쉰들러가 나치 유대인 수용소에서 구해낸 유대인 수는 약 1천2백 명으로 알려졌다. 무엇보다 수치상으로도 비교가 되지 않는다.

앞서 말했듯 '흥남 피란민 철수 작전' 또는 '흥남 대 탈출'은 젊은 닥터 현봉학의 역할이 없었으면 분명 불가능한 프로젝트였다. 하지만 맥아더 총사령관이 포니 대령과 헤이그 대위의 건의를 진지하게 받아들였고, 펜타곤의 여러 장군이 피란민의 고통을 헤아렸기에 가능한 일이었다.

현장 지휘관인 아몬드 장군과 펜타곤 입장에서 볼 때, 중공군의 포성이 들려올 정도의 절체절명의 상황에서 무엇보다 장병 10만 명과 엄청난 군수 물자를 안전하게 후송하는 것이 가장 큰 과제였다. 그럼에도 10만 명에 가까운 피란민의 안위를 외면하지 않고 모든 관련자가 마음을 하나로 결집해 그들을 구출하기로 한 것은 바로 국경과 인종을 뛰어넘는 고귀한 '인간 사랑'의 발현이었다. 이 '입체적 인간 사랑'이 무자비한 전쟁터에서 아름답게 피어났기에 우리는 '흥남 대 탈출'에서 큰 감동을 느끼는 것이다.

아울러 이때 만약 현봉학이 자신의 임무를 단순 통역관으로만 여겼다면, 상황은 아주 달라졌을 것이다. 사람이 왜 긍정적이어야 하고, 왜 낙관적이야 하며, 왜 올바름에 대한 소신을 가져야 하는지를 다시금 생각하게 하는 대목이다.

◎

윤동주 시인의 무덤을 돌보다

그때가 1980년대 중반이었다. 연세대 의대에서 세계적으로 저명한 미국 병리학자가 특강을 한다기에 강의실을 찾았다. 강사는 자신의 전공 분야에 대한 최신 지식과 더불어 미국 시민권자로서 '죽(竹)의 장막'을 넘어 중국을 방문한 여행담을 '부록처럼' 들려주었다. 그렇게 먼발치에서 처음 현봉학 박사를 만나고는 나는 깊은 감명을 받았다.

당시 중국은 우리나라와 미수교국인 데다 6·25전쟁 때의 '인해전술(人海戰術)'에 대한 기억 때문에 부정적인 이미지가 무척 강했다. 그 많은 사람을 꽹과리를 앞세워 전장에 내보낸 반인륜적인 나라라는 생각도 여전했다. 그럼에도 '죽의 장막'에 싸인 중국에 대한 궁금증 또한 상대적으로 컸던 시절이라 현봉학 박사의 이야기에 관심이 쏠리지 않을 수 없었다.

그런데 현봉학 박사의 강의가, 이름만 들어도 가슴이 저미는 시인 윤동주(尹東柱, 1917~1945) 이야기로도 이어졌다. 현 박사는 시인의 발자취를 찾아 만주 벌판에 자리한 지린성[吉林省]의 용정(龍井)을 방문했다고 했다. 현 박사에게서 '용정'이란 말을 듣는 순간, 일제강점기 만주 지역에서 우리 민족이 가장 많이 모여 살았던 곳, 독립 운동의 본거지라는 키워드와 함께 가곡 〈선구자〉의 노랫말이 귓가를 맴도는 듯했다.

더욱 놀라운 것은 현 박사가 단순히 관광차 용정을 찾은 것이 아니었다는 점이었다. 그는 몇 날 며칠에 걸쳐 윤동주 시인의 모교인 용정 중학교 교장을 비롯해 동네의 고령자들을 수소문해 인터뷰했다. 다름 아니라 윤동주 시인의 묘역을 찾아내기 위해서였다. 마침내 윤동주의 묘역을 찾아내는 데 성공했다. 현 박사가 보여준 컬러 슬라이드에는 온통 잡풀로 무성한 윤동주의 묘역 사진이 담겨 있었다. 봉묘(封墓)의 모습은 짐작도 할 수 없을 만큼 황폐했다.[14)]

훗날 나는 현봉학 박사가 몇 년에 걸쳐 용정의 윤동주 시인 묘역에 찾아가 정지 작업을 했다는 사실도 알았다. 그것도 사비(私費)를 출연해서였다. 실로 실천하는 인문학자의 본보기가 아닐 수 없었다. 아마도 현 박사는 "죽는 날까지 하늘을 우러러 한 점 부끄럼이 없기를, 잎새에 이는 바람에도 나는 괴로워했다"라는 윤동주의 시구(詩句)를 읊으며 만주 벌판의 바람을 가슴에 안았을 것이었다.

현봉학 박사가 '흥남 피란민 철수 작전'의 주역이었다는 사실을 알

---

14) 2017년이 윤동주 탄생 백년임을 기억·기념해서 각종 매체에서 윤동주 묘소를 찾아낸 경위도 언급하고 있다. 거기서 현봉학 박사의 앞선 착상과 노력을 간과하는 대목이 없지 않아 윤동주 연구에 매달려온 신길우 교수가 국내 거주 중국 동포의 권익을 위해 제작되는 『동북아신문』(2006년 10월 23일자)에 기고한 글 일부를 참고로 소개한다. "1984년 봄에 미국의 현봉학 선생이 『하늘과 바람과 별과 시』초판을 읽고 감동을 받아서, 8월에 중국을 방문하여 연변의 유지들과 자치정부에 가서 윤동주의 묘를 찾아주기를 부탁하였다. 그런데 아무도 윤동주를 모르고 관심을 안 주워서, 위대한 애국시인임을 역설하고, 내년 방문 때에는 묘소를 찾아 볼 수 있도록 부탁했다고 한다. 친동생인 윤일주(尹一柱) 교수가 1984년 여름에 일본에 가있던 중 연변대학 교환교수로 가게 된 와세다 대학의 오오무라 마스오(大村益夫) 교수를 찾아가 윤동주의 묘소가 동산 교회묘지에 있다는 것을 말하며 찾아 달라고 부탁하였다. (...) 오오무라 교수는 공안국의 허가를 받아 연변대학 권철 부교수, 조선문학교연실주임 이해산 강사와 역사에 밝은 용정중학의 한생철 선생과 한께 동산의 교회묘지에서 윤동주의 묘를 찾아냈다."

게 된 것은 그로부터 몇 년이 지난 후였다. 나는 6·25전쟁 중에 부산에서 피란민 생활을 했던 터라 '흥남 철수 피란민' 이야기가 아주 생소하지는 않았다. 그러나 그 '흥남 피란민 철수 작전'에 엄청난 스토리가 내재되어 있었고, 그 한 가운데 현 박사가 있었다는 이야기는 또 몇 년이 지난 뒤 〈KBS 다큐〉를 보고 처음 알았다. 나는 그렇게 몇 년의 시간차를 두고 휴머니스트 현봉학 박사를 차츰 흠모하기에 이르렀다.

◎

초빙교수 현봉학

1992년경 내가 아주대학교 의과대학의 초대 학장으로 재임할 때였다. 어느 날, 현봉학 박사가 국내 학회에 참석차 미국에서 방한했다는 소식을 접했다. 순간 아주대 의대생들에게 원로 교수의 생각과 삶에 대한 이야기를 들려주고 싶다는 생각이 들어 그에게 초청 의사를 전했다. 빡빡한 일정임에도 고맙게도 쾌히 승낙해주었다.

현 박사는 학생들에게 미국에서의 삶에 대해 언급했다. 초기에는 언어적 어려움도 물론 넘어야 할 과제였지만, 미국 주류 사회의 보이지 않는 견제와 편견을 극복하는 게 가장 어려웠다고 했다. 아울러 인류사를 볼 때 동서고금 어디서나 인종적 편견은 존재해왔다고 전제하면서, 그걸 극복하는 데는 진실함과 인문학적 소양을 갖춘 인품, 곧 동양 문화권에서는 선비 정신, 서양 문화권에서는 신사도(gentlemanship)가 필요함을 강조하면서 의사의 본질은 바로 인문학에 있다고 역설했다.

의료계 원로가 후배 의학도들에게 던지는 진심 어린 권고에 나는 깊은 감명을 받았다. 아울러 현 박사가 왜 미국 병리학회에서 최고의 명예회원으로 추앙받았는지도 능히 짐작할 수 있었다.

당시 아주대학교 병원은 1994년의 개원을 앞두고 병원 임상병리학 담당 주임교수를 찾던 중이었다. 그래서 나는 현봉학 박사에게 아주대 교수로 모시고 싶다는 뜻을 조심스럽게 전했는데, 박사는 의외로 선뜻 응해주었다. 아마도 고국의 후배 양성 현장에서 직접 '지식 나눔 봉사'를 하고 싶었던 것이었으리라. 이는 현 박사의 나라 사랑의 또 다른 표현이었다.

◎

극진 사랑에도 여한이

이렇게 해서 나는 현봉학 박사를 가까운 거리에서 자주 뵙고 담소할 수 있는 행운을 누리게 되었다. 어느 날 현 박사와 차향을 즐기며 대화를 나누는 자리에서 내가 '흥남 피란민 철수 작전' 이야기를 꺼낸 적이 있었다. 이런저런 이야기 끝에 나는 그때 현 박사가 해낸 감동적인 역할에 감탄을 금할 수 없다고 말했다. 그러자 그의 밝았던 표정이 갑자기 어두워지는 것이 아닌가. 내심 왜 그러는가 싶었는데, 이윽고 자신이 간직한 먹구름과도 같은 속내를 토로했다.

"나를 두고 '흥남 대 탈출의 장본인', '흥남 철수의 영웅'이라고 하는데, 그런 수식어를 들을 때면 인간사의 다른 쪽을 보게 됩니다. 역설적으로 나는 흥남 철수로 인해 수백 만 명의 이산가족을 만들어낸 장본인이니까요."

그러곤 마치 죄인이라도 된 듯 머리를 숙이기까지 했다. 전혀 예상치 못한 얘기라 내가 순간 당황했다. 그리고 인간 내면의 깊은 모습을 보지 못한 내 '단견'에 민망함을 느꼈다. 아울러 '영웅'이 아닌 우리 시대의 올바르고 진정한 휴머니스트로서 현봉학 박사의 참모습을 본 듯해서 한편으론 잔잔한 감동이 밀려왔다.

범상치 않은 가정 내력, 의사의 본분, 전쟁이라는 위기 상황에서 내린 올곧은 판단, 신념을 위한 끈질긴 설득, 저명한 세계적 의학자로서의 발돋움, 그리고 뛰어난 시민 정신……. 이 모든 것이 공통 분모를 이뤄 사람 중심의 휴머니즘을 일궈낸 것이라는 생각이 들었다. 그러기에 현 박사의 '흥남 대 탈출'은 결코 우연히 일어난 일이 아니었다. 전쟁이라는 극한 상황에서 피어난 서사시적 인간 사랑으로서 인류 역사에 유구히 남을 쾌거이다. 참으로 자랑스럽기 그지없다.

선비의 전형
박태준

송복 (연세대학교 명예교수)

포항제철 사복(社服)차림의 박태준

공장을 계획대로 완공해야 한다는 집념은 나라 흥망이 걸린 대회전(大會戰)을 앞두고 배수진을 친 장수처럼 유니폼을 군복인양 입고 공장 현장을 누비던 사장의 모습에서 완연했다.

◎

그에 대한 연구가 왜 많은가

청암 박태준(青巖 朴泰俊). 그는 어떤 인물인가.[1] 어떤 마음, 어떤 감정, 어떤 생각을 가지고 산 사람인가.

지금까지 많은 사람이 〈박태준〉을 써왔다. 학문적 연구도 이루 헤아릴 수 없이 많다. 주로 경영학 쪽에서 많이 연구되었다. 정치학, 사회학, 행정학, 교육학 등 사회과학 쪽은 물론 철학, 역사학의 인문학 쪽에서도 연구된 것이 적지 않다. 일찍이 한 인물에 대해서 이처럼 다시각적으로, 다측면적으로, 다차원적으로 연구된 예는 흔치 않다.

전반적으로 근대 이후 우리나라 인물에 대한 개별 인물사(人物史) 연구에는 이상하리만큼 인색하다. 이는 아마도 뛰어난 인물들 혹은 존경받는 리더들의 업적을 폄하하고 민중의 역할을 높이 평가한 카(E. H. Carr)의 저서 『역사란 무엇인가』의 영향 때문인지도 모른다. 한때 젊은이들이 많이도 읽었던 책인 만큼, 우리 인물사 연구에도 그만큼 많은 피해를 주었다 할 수 있다.

---

1) 박태준(1927~2011)은 육군사관학교를 나와 1962년 육군 소장으로 예편한 뒤 1968년 포항종합제철(POSCO)을 설립하여 한국의 철강 산업을 세계적 수준으로 키워내는 등 국가 경제 발전에 이바지하였다. 정치에도 참여하여 민주정의당 대표, 국무총리 등을 역임하였다.

그러나 일반 인물들 연구야 그렇다 해도 적어도 기업인 연구는 달랐어야 하지 않았을까. 불모의 땅에서 어떻게 그 거대한 기업을 일으키고 키워내서 세계적 대 경쟁 기업으로 일구어냈는가? 이런 점에 대한 이론적, 실제적 호기심은 평범한 젊은이들에게도 지대할 수밖에 없다. 그런데 어째서 그들의 지적, 심지어는 정서적(情緒的) · 정의적(情誼的) 욕구를 채워주는, 그 같이 혁혁한 기업계 인물들에 대한 개별 인물사 연구는 많지 않을까?

다행히 박태준에 대한 연구는 다른 어떤 기업인과 비교가 안 될 정도로 많다. 포스코가 대 기업이라는 측면에서 경영학자들이 대거 관심을 갖는 것은 당연하다. 이처럼 경영학의 다양한 이론 접근만으로도 그는 이미 다른 기업인과 충분히 차별성을 띠고 있다.

더 큰 차별화는 사회과학과 인문학의 참여다. 10여 개 분야의 학자들이 제각기 다른 시각, 다른 측면에서 '박태준'을 주제로 연구한 것이다. 이를테면 철학자들은 그의 철학과 이념은 물론, 심지어는 양명학적 측면에서 그의 독특한 심학(心學)을 해부했다.

왜 이렇게 많은 학자가 그에게로 몰려와 그를 연구하려 했을까. 그와 같은 대 성취를 보인 대 기업인은 지난 세기의 1950년대 이래 두 세대를 지나는 동안 열 손가락을 꼽고도 남을 정도였다. 그런데 왜 그를, 그것도 '유독'이라는 말이 무색치 않을 만큼 연구자들은 '유독' 그에게로 다가들었는가. 그의 '무엇'이 연구의 발상(發想)을, 글의 주제를 이끌어냈는가.

그의 '매력'은 단 하나다. 그는 많은 사람을 끌어당기는 묘한 힘을 가지고 있었다. “간 사람은 나날이 멀어지고 날이 다르게 잊혀진다(去者日日疏)”라는 말이 있다. 그럼에도 미상불 그 연구는 앞으로도 끊이지 않을 것이다. 연구자들을 끌어들이는 그의 묘한 매력 때문이다.

그 매력을 어떻게 설명할 것인가. ‘매력’에 대해 쓰는 것은 어렵지 않다. 자기 생각대로 쓰면 된다. 아무도 그것을 탓하지 않는다. 누가 그 사람의 생각을, 느낌을, 그리고 감흥을 가타부타 할 것인가.

그러나 연구자들은 그같이 할 수 없다. 연구의 생명은 ‘증명(證明)’이다. 그 증명의 과정을 거쳐 나온 글이 학자 · 연구자들이 일생동안 매달리는 ‘논문’이다. 인과 관계를 거쳐서, 혹은 상관 관계를 따져서 나온, 증명된 글들이 논문이다. 그래서 증명되지 않는 논문은 없다고 한다.

다시 문제는 매력을, 그것도 박태준이라는 한 개인이 갖는 ‘매력’을 어떻게 증명하느냐이다. 그것은 두 가지로 설명할 수 있다. 하나는 얼마나 많은 ‘매력’이냐 이고, 다른 하나는 어떤 종류의 ‘매력’이냐이다. 앞의 경우, 설명은 명료하다. 그를 주제로 한 연구가 참으로 많다는 것. 그 자체가 곧 증명이다.

문제는 뒤의 경우, 어떤 종류의 매력이냐이다. 거기에는 누가 설명해도 빠지기 쉬운 함정이 있다. 그 함정은 사회과학에서 지극히 비판적일 수밖에 없는 주관주의적 설명이다. 사회과학자들은 이 주관주의의 왜곡을 피하기 위해 가능한 최고의 자료를 모으고 분석한다. 그렇다면 되도록 많은 사회과학자가 지금까지 그를 주제로 분석하고 입증한 결과들을 원용해서 설명한다면 그의 ‘매력’에 대한 주관주의는 그만큼 희석될 수 있다.

그는 일차적으로 기업인이고 경영인이다. 경영학자들이 가장 먼저 그에게 관심을 쏟았지만, 그를 주제로 한 연구들은 '대 성취'를 이룬 다른 기업인들, 경영인들의 그것과 큰 차이가 없거나 대동소이하다. 이병철(李秉喆), 정주영(鄭周永), 구인회(具仁會), 이들도 우리 현대사에서, 특히 산업화 과정에서 모두 '대 성취'를 이룬 기적의 기업인들이다. 무(無)에서 유(有)를 창조한 그들의 '매력'도 사람들의 마음을 사로잡는다. 기업인으로서의 그들의 '매력'은 박태준의 그것에 결코 못 미치지 않는다.

그렇다면 박태준에게는 어떤 다른 매력이 있다는 것일까? 이는 경제 경영을 넘어서서 다른 곳에서 찾아야 한다. 설혹 경제 경영에 집착한다 해도 성취의 피라미드의 높이가 아니라 피라미드의 밑바닥, 사각뿔의 최저변 그 밑에서 찾아야 한다. 거기 박태준의 '매력'의 광맥이 있다.

◎

어째서 그는 선비인가

그 많은 분야에서 논의된 박태준의 매력을 한 마디로 요약하면 그가 '선비'라는 점이다. 그는 우리 시대의 가장 대표적인 선비이고 가장 모범적인 선비다. 그는 개발 시대, 산업화 시대 선비의 전형(典型)이다. 일상의 생활이며 사고이며 지향이며 그리고 일체의 행동거지에서 그는 누구에게나 지표가 되는 선비다. 잇

달아 논의될 그의 사상도 한 마디로 요약하면 '선비 사상'이다.

젊은 날 그는 직업 군인이었다. 옛날로 말하면 무인이다. 무인과 선비는 범주가 다르고 개념이 다르다. 행위하는 바가 다르고 생각하는 바가 다르다.

선비에 대한 우리의 통념은 ① 학문을 닦은 사람이고, ② 마음이 어질고 순한 사람이고, ③ 의리와 원칙을 소중히 여기는 사람이고, ④ 재물을 탐하지 않는 사람이다. 하지만 이렇게 좋은 평만 있는 것은 아니다. 부정적인 것도 많다. 첫째로 품성이 ① 너무 유약하고, ② 우유부단하고, ③ 결단력이 없고, ④ 물정에 어둡고, ⑤ 아는 글도 그저 '공자왈 맹자왈'이지 응용하는 능력이 없고 경륜이 없다. 선비는 원칙만 따지고 실행력이 없는, 그래서 현실에 어두운 사람을 비유할 때 일컫는 대명사이기도 하다.

문제는 박태준이 어떻게 선비냐이다. 그는 처음부터 우리 통념의 선비와는 전혀 다른 길을 걸었다. 명문대학을 다녔지만 옛 선비들의 인문학이 아니라 자연과학을 공부했다. 우리의 선비상에는 인문학만 있다. 자연과학은 처음부터 선비상과 상응하지 않는다고 여기는 버릇도 있다.

해방을 맞아 학교를 채 마치기 전에 그는 군인이 되었고, 6·25전쟁 때는 문사로서는 상상도 할 수 없는 적전 일보(敵前一步)의 생사를 넘나드는 전투를 무수히 치렀다. 골수 무인 정신으로 무장된 무인으로 전쟁을 했다. 적에 대한 적개심과 국가에 대한 순명적(殉名的) 조국애가 그의 무인 정신이었다.

박태준의 무인다운 풍모는 군복을 입고 있을 때만 드러내는 것이 아니었다. 군복을 벗고 국영기업체 사장을 할 때도 그는 군인 지휘관처럼 했다. 그의 필생의 사업인 포스코에서도 그는 사실 군인이었다. 포스코에서 그가 놓지 않고 손에 들고 다닌 지휘봉은 군 지휘관이 갖는 그 지휘봉이었다. 포스코를 방문한 외국 회장들이 그의 지휘봉을 군 지휘봉이라 했을 때 그는 오케스트라 지휘봉이라 응수했다. 하지만 실제로 그는 군 지휘관을 연상시켰다.

그런 박태준이 어째서 '선비'란 말인가. 이유는 그의 정신이, 마음이, 성격이, 행동이, 일상의 생활이 선비였기 때문이다. 아니 선비 이상이었다. 〈논어〉의 헌문(憲問)편에 가슴을 찌르는 구절이 있다. "선비가 좋은 집을 장만해서 편안히 거처하려고 하면 이미 그는 선비가 아니다(士而懷居 不足以爲士矣)". 그가 평생을 산 집은 일반 회사원의 그것과 조금도 다를 바가 없었다. 끝내는 그 집도 없었다.

우리는 흔히 '사상'하면 내 현실과는 동떨어진 '높고 먼 것'을 생각한다. 사람들은 거기서 미래상을 찾는다. 거기에 우리가 나아가야 할 목표, 우리가 실현해야 할 목적이 있다고 생각한다.

'박태준 사상' 역시 그가 제시한 미래상에서 찾을 수 있다. 그의 미래상으로 꾸준히 거론되어 온 발전주의적 일류 국가론, 정신적으로 조화된 국민통합론, 공정하고도 공평한 공동체주의적 정감(情感)사회론, 다양하고도 다원적인 가치 · 문화론, 최고와 최선진을 목표하는 학문과 지식과 기술개발론, 글로벌 경쟁력의 근간이 되는 역동적인 기업경영론, 이 같은 그의 미래관 · 국가관 · 사회관 · 가치관 · 교육관 · 역사관 그리고 기업관을 가지고 그의 사상을 재조명해서 얼마든지 새로운 이론, 새로운 사상으로 확립해 갈 수 있다.

그러나 그것으로 '박태준'을 실감하기엔 너무 높고 멀다. 너무 에둘러 가는 느낌이다. 미래상으로서의 박태준 사상은 박태준의 실체가 아니라 그의 그림자이기 때문이다. 그림자가 아닌 있는 그대로의 박태준을 알고, 실감으로서 몸과 마음에 와 닿는 그의 사상을 알려면, 그를 최상의 '선비'로 만들어 준 그의 정신을 캐내고, 그의 마음과 생각과 행동을 캐내어 그것의 실체를 설명하면 된다.

박태준의 선비 사상은 네 가지 덕목으로 범주화할 수 있다. 다음에 소개하는 네 가지는 그의 선비 사상을 구성하는 요소인 동시에 그를 선비로 만든 뿌리며 줄기였다.

◎

의지의 선비

〈논어〉 태백(泰伯)편에 "선비는 뜻이 크고 굳센 사람이다(士不可而不弘毅)"라는 구절이 있다. 난관에 흔들리지 않는 의지, 그 난관을 기어코 돌파하는 의지, 그것이 선비의 의지다.

박태준은 의지의 선비다. 그의 굳은 뜻은 순명(殉命)의 차원이다. 뜻을 위해선 목숨도 얼마든지 바친다는 것이다. 선비가 뜻을 지키고 뜻을 펼치기 위해서 생명을 내건다는 것, 그것은 극한 상황에 이른다는 말이다. 더 이상 나아갈 수 없는, 거기서 하나 뿐인 생명을 내걸고 결판을 지어야 하는 최후의 단애다.

박태준의 의지가 순명 차원이라 함은 운명적으로 다가온 상황, 자기 의지에 관계없이 만들어진 그 극한 상황에서 그의 뜻은 굽힘이 없었다는 것이다. 그리고 그 뜻을 실현하기 위해서는 유일무이의 생명도 바칠 각오가 늘 되어 있었다는 뜻이다.

보통의 선비는 순명을 생각할 이유도 없고, 더구나 순명을 불사할 필요도 없다. 대개는 '순명'이라는 극한 상황에 아예 도달하지 않기 때문이다. 우리의 일상은 보통의 일상이고, 궁극까지는 언제나 거리가 먼 일상이다. 큰 위기에 직면하는 일도 드물고, 빠져나오기 어려운 궁지에 몰리는 일도 드물다. 그러나 박태준의 일상은 달랐다. 그의 일상은 '절망'의 일상이었다. 어느 곳에서도 희망의 싹이라고는 보이지 않는 모두가 체념하고 모두가 포기하는 일상이었다. 그것은 바로 절대적 '절망'이었다.

1950년대와 1960년대 한국은 바로 그 '절대적 절망'의 긴 터널을 지나고 있었다. 사정이 좀 나아지긴 했어도 1970년대도 별반 차이가 없었다. 그때의 한국은 '절대적 절망'과 함께 '절대적 불가능' 속에 있었다. 그 불가능은 절대로 해결할 수도, 극복할 수도 없는 불가능의 극치다. "우리는 아무 것도 할 수 없는 민족이다"라는 극도의 자기 부정이 머리로, 가슴으로, 심지어는 뼈와 살 속까지 가득 차 있었다.

이러한 상황에서 소위 '제철 보국(製鐵報國)'한다는 것, 그 자체가 불가능이었다. 일본 기업인이나 일본 정치인들은 그 '절대 불가능'에 대해 가장 정밀하게 알고 있었다. 일본의 산업화와 전후 일본의 번영기를 만들고 이끌어 온 그들 정 · 재계의 지도자들이 보는 한국의 '절대 불가능 상황'은 미국보다, 심지어는 세계 최고의 분석기관이라고 하는 IBRD(세계은행)보다 더 확고했다.

일본도, 미국도, IBRD도, KISA(대 한국제철차관단)도 하나같이 제철 산업의 절대 불가능성 주장했을 때 박태준은 말했다.

> "나는 해냅니다. 기어코 해냅니다. 그것이 내가 이 땅에 태어난 의미입니다."

이 말처럼 선비의 굳은 뜻, 굳센 의지를 드러낸 말은 아직까지 없었다. 그의 굳센 의지가 다른 이의 마음까지 감동시키기에 충분했다는 것은 일본 총리 후쿠다 다케오[福田超夫]의 회고담에서 잘 드러난다.

> "나는 그의 단호함에 너무 놀랐고, 그래서 당신이라면 가능할 지도 모른다고 생각했다. 마침내 그는 나의 예측을 비웃기라도 하듯 해냈다. 경이로운 일이 아닐 수 없다."

박태준의 굳은 뜻과 굳센 의지는 시간이 흘러도 누그러들거나 위축되지 않았다. 그 의지의 굳셈은 그가 생산해내는 강철과도 같았고 그 의지의 불꽃은 그가 불붙인 용광로 불꽃과 다름없었다. 마침내 일본 재계의 지도자 야스히로 도스구니[八尋俊邦]가 말했다.

"누를 수 없는 용광로 같은 뜨거운 조국애로 그는 대 사업을 이룩했다."

박태준은 누를 수 없는 굳센 의지를 가졌고, 그 의지는 용광로처럼 뜨거웠고, 그 뜨거움은 조국애의 발로였다.

박태준은 참으로 뜻의 선비였고 의지의 선비였다. 굳센 의지 없이는 도저히 성취할 수 없는 성취를 진실로 그는 성취했다. 선비는 의지만으로는 빛나지 않는다. 선비의 뜻과 의지가 성취로 이어질 때 비로소 선비 사상은 형성된다. 박태준 의지의 위대성이 거기에 있다.

◎

옳음의 선비

옳음은 '의(義)'이다. 선비는 '의이위질(義以爲質)'이라 했다. "옳음을 바탕으로 삼는다", "옳음이 선비 행위의 근본"이라는 뜻이다. 선비는 '의'를 근본으로 해서 예(禮)도 행하고 신(信)도 이룬다. '의'를 벗어난 선비는 없다. 선비가 '의'에서 벗어나는 순간 선비라는 이름은 사라진다.

〈맹자〉에 선비는 "곤궁하다 해서 의를 잃지 않고, 성공했다 해서 도를 벗어나지 않는다(窮不失義 達不離道)"라는 말이 있다. 오늘날은 가난한 선비도 드물고, 그보다 더 어려운 곤궁한 선비는 더 드물다. 그렇다 해서 선비가 부자로 살면 안된다는 얘기는 아니다. 다만 선비는 가난과 곤궁 때문에 '의'를 잃어서는 안 된다는 것이다. 오늘날에는 출세하는 선비도 적지 않다. 그러나 아무리 높은 지위, 큰 권세를 누려도, 적어도 선비라면 정도에서 벗어나서는 안 되고 인의(仁義)를 버리는 일이 있어서는 안 된다는 것이다.

박태준은 '의'의 선비다. 그의 '의'는 그의 투명성에서 잘 나타난다. 그의 행위가 투명하다는 것은 그의 행위가 떳떳하다는 것이다. 그 행위가 '옳음[義]'에서, '바름[正]'에서 벗어나지 않으면 아무 것도 감추는 것이 없게 된다. 그가 투명한 것은 옳음에서, 바름에서 벗어나지 않아서 한 점 부끄러움이 없는 덕분이다. 선비는 자기 집 대문을 훤히 열어놓듯 자신의 마음의 창문을 활짝 열어놓는다. 선비는 자기를 완전히 열어서 진정성을 보여주는 존재다.

그 행위가 옳음에서 벗어나고 바름에서 벗어나면, 사람들은 본능적으로 숨기려 든다. 두꺼운 벽을 쌓아 밀실을 만들고 그 밀실에서 모의를 하게 된다. 선비는 절대로 그런 짓을 하지 않는다.

미쓰비시 상사를 일본 제일의 기업으로 만든 우쓰미 기요시[內海淸] 회장이 박태준에 대해서 한 말은 박태준의 '의'와 투명성을 보여주는 절구(絶句)다.

> "박태준에게는 밀실이 없다. 밀실이 없으니 밀실 거래도 없다. 밝고 정직하고 곧은 인격을 가진 그에게 그런 것이 있을 수 없다."

기업을 하든 정치를 하든 도처에 밀실이 있다. 그 어느 곳에서도 투명성을 찾을 수 없다. "투명하고서 어찌 기업을 하는가, 투명하고서 어찌 행정을 하는가, 맑은 물에 고기가 놀지 않듯 투명하면 아무 것도 할 수 없다"라고 사람들은 말한다. 그런데 박태준은 어떻게 투명한가. 그가 '의'를 기본으로 하는 선비인 덕분에 가능하다.

1977년 여름, 놀라운 일이 벌어졌다. 엄청난 돈과 노동과 시간을 들여 만든 공사가 부실이라는 것을 안 순간, 그는 서슴없이 폭파 명령을 내렸다. 순식간에 공사장은 폭파되었다. 건설 과정에 들어간 예산과 인력과 공기(工期)를 생각하면 부실 공사라 해서 그렇게 쉽게 폭파할 수가 없다. 그냥 눈감고 넘어가는 것이 통례고, 그 시대 관행이었다.

그러나 그는 달랐다. 예외 중의 예외라 할 만큼 폭파 결단을 단행했다.

> 조국의 백년대계가 여기서 출발한다. 이것은 폭파가 아니라 나라의 운명을 좌우하는 기폭제다. 폭파하지 않고서는 진정한 우리의 꿈을 이룰 수 없다.

그 결단은 단지 부실 공사의 결과물만을 폭파하는 것이 아니라, 부실 둔감증을 폭파하는 것이고 부실 관행을 깨부수는 것이었다. 부실은 부정이고 불의다. '의'를 행위의 본으로 삼는 선비가 예산이며 공기를 구실로 부실을 용납할 수 있겠는가. 설혹 그 부실이 기업의 생명이라 일컫는 비용 절감이며 효율성 제고라 해도 받아들일 수 있었겠는가.

박태준은 선조들의 대의를 잊지 않았다.

> 포항제철은 대일 청구권 자금으로 이룩되는 민족 기업이다. 선조들의 핏

값으로 짓는 공장이 바로 이 포항제철이다. 이 기업에 실패하면 우리는 선조들에 죄인이 된다. 지금 현장사무소 오른쪽에 영일만이 있다. 우향우해서 모두 바다에 빠져 죽을 수밖에 없다.

'우향우'는 포철인(Posco-man)들의 가슴을 때리는 슬로건이고, 그들의 사명감을 불태우는 구호였다. 그것은 오직 대의를 위해 죽음도 사양하지 않는 '의' 그 자체였다.

박태준의 '의'는 소통의 원천이었다. 소통은 숨김이 없는 데서, 숨김없이 마음을 여는 데서, 그래서 모든 것이 투명해진 데서 더욱 활발해진다. 결국 '의'의 선비만이 최고의 소통인이 된다. 포항제철은 그 어느 기업보다 소통이 잘 되는, 그 원활함이 타의 추종을 불허하는 그런 공간이었다.

1980년대와 1990년대, 한국은 노사 분규의 시대, 학생 시위의 시대였다. 그런데 포항제철 공장에서는 노사 분규가 없었고 학교 포스텍(POSTECH, 포항공과대학교)에서는 학생 소요가 없었다. 레너드 홀슈 국제철강협회(IISI) 사무총장은 그 이유를 소통에서 찾았다.

분규가 있었다면 그것은 박태준의 인격에 문제가 있어서가 아니라 소통이 이뤄지지 않아서이다. 교육 이념이 훌륭하고 시설이 훌륭해도 설립자와 학생 간에 소통이 이뤄지지 않으면 분규는 일어난다.

◎

청렴결백의 선비

일반적으로 청렴 뒤에는 결백이라는 말을 붙는다. 청렴은 성품과 행동이 맑고 깨끗하고, 재물을 탐하거나 욕심내지 않는 것이다. 결백은 맑고 깨끗하면서 허물이 없는 것이다. 재물을 탐하지 않는 사람은 대개 성품이 맑고 깨끗하다. 그래서 동양적 전통에서는 예로부터 청렴결백이 선비의 가장 중요한 덕목이 되어 왔다.

청렴은 선비 중에서도 그냥 학식만 있고, 주경야독(晝耕夜讀)하는 농부 같은 선비에게는 해당되지 않는다. 아담 스미스의 말대로 보통 국민은 이기심으로 산다. 보통 사람들은 그런 재물에 대한 욕심, 그런 이기심이 있어서 자기의 재산을 늘리고, 결과적으로 나라의 부도 쌓는다.

청렴이 요구되는 사람들은 바로 공인(公人)이다. 공인은 나라를 위해 일하는 사람들이다. 그 대가로 국민들이 내는 세금에서 봉급을 받는다. 이런 공인이 사사로운 욕심을 부린다면 그가 종사하는 공적 세계가 어떻게 되겠는가. 그래서 공인들은 반드시 공심(公心)을 가져야 하고, 그 공심의 상징이 청렴이다. 사심(私心)을 갖지 않는 것, 바로 무사심(無私心)이다. 규정에 따라 주어진 자기 소득 외의 다른 욕심 - 그것이 물질이든 권력이든 지위든 -을 가져서는 안 되고 가지려고 해서도 안 되는 것, 그것이 공인의 청렴이다. 박태준은 전형적인 청렴의 선비다. 가장 청렴하고 그리고 가장 결백한 선비다. 그의 청렴과 결백은 먼저 자신의 신체를 깨끗이 하는 데서 시작된다. 그의 많은 어록에서 보듯 그는 선비로서의 몸가짐뿐만 아니라 몸 씻음을 먼저 하는, 그야말로 염결(廉潔)의 선비였다. 그는 자신만 그런 것이 아니라 포철 내의 다른 사람에게도 깨끗한 신체 가짐을 당부하는, 결벽심의 소지자다. 그 같은 몸 씻음과 몸 깨끗이 함의 강조가 내 몸 밖으로는 청렴이라는 사회 행동으로 이어졌다. 박태준의 청렴은 가장 눈에 잘 보이는 내 몸, 내 신체 부위에서 출발했다. 그만큼 그의 청렴은 구체적이고 실체적이었다.

박태준의 청렴은 포철 같은 공익 조직 내에서는 무사심이라는 절대명제를 체화(體化)하는 단초가 되었다. 그 무사심은 이익 추구라는 '절대 사익(絶代私益)'의 세계에서 "절대적 사익은 없다"는 명제를 실현시키는 무사심이었다.

그것이 어떻게 가능한가. 박태준의 그 무엇이 "절대적 사익은 없다"라는 그 엄청난 명제를 실현시켰는가. 그것이 바로 그의 廉-청렴이며 이 청렴의 현실적 작용이 바로 그의 무사심이었다.

좀더 구체적으로 이야기해보자. 우리는 지금 어디에 사는가. 더 이를 것도 없이 우리는 자본주의 시장 경제 속에 산다. 사상적으로, 제도적으로 자본주의 시장 경제는 '절대적 사익'을 추구하는 사회다. 그 추구는 누구에게나 허용돼 있고, 또 누구나 수용하는 보편적 행위다. 더구나 이 보편적 행위가 세계 어느 나라보다 강하게 지향되는 나라가 바로 한국이다. 한국인의 물질주의, 한국인의 절대적 사익 추구 행위는 미국의 세 배, 일본의 두 배로 조사되었다(2011년 1월 한국 갤럽).

세계의 그 어느 나라보다 가장 돈 집착의 사익 추구 열병을 앓고 있는 나라에서 '절대적 사익'의 추구가 아닌 "절대적 사익은 없다"라는 명제가 성립 가능한가. 그 해답의 실체는 바로 포스코이며 포스텍이다. 포스코와 포스텍은 "절대적 사익은 없다"라는 명제를 입증하는 증명서이고 그것의 실현을 밝히는 증거 자료이다. 이런 불가사의하기까지 한 가치 전환을 가져온 것인 바로 박태준의 청렴이며 무사심이다.

물론 절대적 사익 추구라는 보편성의 세계에서 오직 특수한 지도자 한 개인이 무사심을 갖는다는 것은 무척 힘든 일이다. 그렇다 해도 그 지도자가 누구냐에 따라 능히 실현 가능할 수는 있다. 문제는 그 지도자의 청렴, 그 지도자의 무사심이 그 많은 조직 성원의 가치 전환을 가져올 수 있느냐이다. 어떻게 그 많은 조직 성원도 지도자처럼 청렴하고 무사심을 갖게 되느냐이다.

지도자의 가치와 사상이 반드시 조직 성원의 그것이 될 수는 없다. 아무리 자기 가치, 자기 사상에 투철한 지도자도 자신의 가치와 사상을 조직 성원에게 고스란히 심기는 어렵다. 거기에는 반드시 그렇게 전수되고 그렇게 동화시킬 수 있는 연결고리가 있어야 한다. 지도자의 "절대적 사익은 없다"라는 가치와 사상이 조직 성원들의 가치와 사상이 되고, 보편적 가치인 '절대적 사익' 추구를 특수 가치인 '절대적 공익' 추구로 조직 성원들의 가치를 바꾸어 놓는 동력, 곧 마음을 열고 마음을 녹이는 그 어떤 힘이 있어야 한다.

그 힘, 그 동력은 박태준의 청렴결백과 무사심에 대한 조직 성원들의 감동과 신뢰와 소통, 그 중에서도 특히 신뢰라 할 수 있다. 박태준의 청렴과 무사심이 조직 성원에로 감정이입(感情移入)된 결과 조직 성원들이 하나같이 마음을 열고 마음을 움직이고, 진정으로, 목숨도 아까워하지 않고 열정을 불러일으키며 온 몸을 바쳐 일하게 된 것이다. 조직론에서 소위 말하는 엠퍼시(empathy) 상태다. 그것은 지도자의 무사심에 대한 감응이며 감화다.

"일은 통하는 마음으로 한다."

이 말은 일본 경영의 귀재 우쓰미 기요시[內海淸]가 포철 사람들을 두고 한 말이다. 그는 포철 사람들이 '감동적으로' 일한다고 생각했다.

> 의욕을 가지고 진심으로 박태준을 따르며 열심히 일하는 종업원들의 모습, 그 모습을 보며 참으로 기쁘고 감격적인 마음을 금할 수 없었다. 진심으로 최고 경영자를 따르는 분위기가 공장 전체를 휘감고 있었다.

포철을 방문하고 포철 사람들의 일에 임하는 태도며 분위기를 직접 체감한 일본 총리 후구다 다케오의 소감이다.

> 내가 가장 인상 깊게 느낀 것은 종업원들이 너나없이 마음으로부터 그를 따르고 있다는 것이다. 나는 도저히 표현할 수 없는 감명을 거기서 받았다.

이 연장선상에서 일본 통상 대신 재직 시 포스코를 방문했던 나카소네 야스히로[中曾根康弘] 총리가 말했다.

"어째서 부하 직원들이 그렇게 일사불란하게 그를 따르는가?!"

헬무트 하세크 오스트리아 국립은행 총재는 자문자답했다.

"사심 없는 그의 지도력 때문이다. 그 같은 무사심의 지도력이 없다면 그렇게 많은 사람이 그렇게 흔들림 없이 그를 따르지는 않을 것이다."

유럽 금융계의 제1인자인 그의 눈에는 부하 직원들의 깊은 신뢰가 먼저 보였다, 그리고 그 신뢰가 포스코의 기적을 가져 왔다고 생각했다.

많은 사람이 하나같이 그렇게 느끼고, 이구동성으로 그렇게 말하듯, 박태준은 전형적인 청렴의 선비다. 그 청렴이 무사심의 선비 사상을 몸으로 드러내고, 그 드러남이 구성원 모두를 하나로 묶는 '밧줄'을 만들어냈다. 그것은 바로 '신뢰'라는 묶음의 밧줄이었다. 선비나 다름없는 공인들이 아직도 적지 않다고 하지만, 박태준과 같은 무사심의 선비, 신뢰의 지도자는 미상불 오랜 세월 찾기 어려울 것이다.

◎

자애의 선비

자애는 사람들에게 베푸는 따스하고도 돈독한 사랑이다. 크게 보면 인간애다. 〈논어〉는 그 시작(학이편)에서부터 사람 사랑을 말한다. "널리 사람을 사랑하고 사람 사랑하는 사람과 두텁게 사귀고, 그러고도 힘이 남으면 공부를 한다(汎愛衆而親仁 行有餘力 則以學文)"라고. 선비는 학문을 익히는 사람인데, 그 학문보다 먼저 해야 하는 것이 '애(愛)', 사람 사랑하는 것이다.

선비는 앞서 말한 대로 뜻이 굳고 의지[志]가 굳은 사람이고, '의(義)'

를 행위의 바탕[本]으로 삼는 사람이고, 그리고 청렴[廉]해야 하는 사람이다. 그러나 이 선비가 아무리 의지와 '의(義)'와 청렴에 투철한 사람이라도 사람을 사랑하지 않으면 아무런 의미가 없다. 그런 의지와 그런 정의와 그런 청렴을 선비가 갖는 궁극적 목적은 사람들의 삶에 기여하기 위해서, 사람들 생활에 이로움을 주고, 사람들 마음에 위안을 주고, 사람들 행동에 신뢰를 주기 위해서이기 때문이다.

조선조 말 최고의 선비인 정다산의 『목민심서』에 이런 재미있는 구절이 있다.

> 상관이 아무리 탐욕스러워도 백성의 살 길은 열려 있다. 그러나 상관이 청렴하기만 하고 인정이 없으면 그날부터 백성의 살 길은 끊긴다.

백성에게 가장 무서운 것은 윗사람들의 부패가 아니라 윗사람의 비인간애(非人間愛)란 말이다. 윗사람이 깨끗하기만 하고 인간애가 없는 것, 다산은 그것을 '청이각(淸而刻)'이라 했다 청렴한데 인정머리가 없다는 말이다.

박태준은 愛-자애의 선비다. "일찍이 문학적 소질이 풍부했던 것만큼(신격호 롯데 회장)" 그의 내면에는 넓고 두터운 인간애가 자리 잡고 있었다. "그를 만날 때마다 마치 훈훈한 바람이 이는 것 같았다. 화기가 늘 감돌았다. 나만 그런 것이 아니고 다른 사람들도 똑같이 말했다(후쿠다 총리)." "그는 사람을 대할 때 편안함을 주는 묘한 매력이 있었다(데이비드 로데릭 미국 USX회장)." "업무에서는 그는 대단히 엄격하고 빈틈이 없다. 그런데 그렇게 감정이 풍부할 수가 없었다(야스히로 도스구니 회장).”

그의 지인들이 말하는 그의 ‘애(愛)’는 이루 다 인용할 수 없을 만큼 많다. 그는 노래도 좋아하고 잘 부르기도 했다. 도스구니 회장의 회고담에 의하면 그의 애창곡은 〈마른 억새풀〉이었다. 이는 고복수(高福壽)의 〈짝사랑〉과도 비슷한 옛날 가요인데, 누가 들어도 그 가사가 참 애처롭다.

> 마른 참 억새풀 / 너도 가련하고 / 나도 가련하다 / 네 신세나 내 신세나 / 똑 같구나.

“참으로 애수가 깃든 이 노래를 가수가 아니고는 그처럼 잘 부를 수가 없다”라고 도스구니 회장은 말했다. 그 정은 억새풀 같이 바람에 흔들리는 정이 아니라 사람에 흔들리는 정이었다.

박태준은 애(愛)의 선비인 것만큼이나 정(情)의 선비였다. 그러면서도 그는 포철 사람들에게 ‘효자동 주지’라는 말을 들을 만큼 자기에 대해서는 냉철했다. 자기에 대한 철저한 절제와 냉정이 남에 대해서는 온정으로 바뀌었다.

1977년 4월 24일 새벽, 제1제강공장에서 ‘엎질러진 쇳물’ 사건이 일어났다. 클레인 운전공이 졸면서 운전을 하다 100톤이나 되는 시뻘건 쇳물을 담은 쇳물바가지(ladle)을 천정으로 올려 전로(轉爐)로 옮기던 중 그만 공장 바닥에 쏟은 엄청난 사건이었다. 이 사고로 ‘공장의 신경계'라고 할 케이블의 70%가 불에 탔다. 다행히 인명 피해는 없었지만 회사가 짊어져야 하는 재정적 손실은 이루 말할 수 없이 컸다.

보통 회사라면 문제의 크레인 운전공은 파면은 말할 것도 없고, 검찰에 고발되어 감옥까지 가게 되었을 것이다. 필리핀을 방문하고 일본을 거쳐 급거 귀국한 박태준 회장은 자초지종을 다 들었다. 크레인 운전공이 혼자 힘으로 대 가족을 부양하기 위해 잠을 자야 하는 교대 시간에도 다른 일을 많이 했다는 것. 당연히 잠이 부족했다. 그것이 회장의 가슴을 울렸다. 크레인 운전공의 사표를 반려하고 그에게 더 많은 배려를 했다.

"이 일은 내가 책임진다. 대통령에게도 그렇게 보고한다. 너는 열심히 일만 하면 된다."

이야말로 정다산이 금기시 하는 '청이각(淸而刻)'이 아니라 '청이애(淸而愛)'다. 맑고 깨끗하면서도 한없이 자애로운 것이다.

포항제철의 복지 제도는 제도로서의 모범일 뿐 아니라, '복지' 그 자체로서 모범의 '실제'다. 어느 해 국회에서 말썽이 벌어졌다.

"회사를 세우기도 전에 사원 주택부터 짓는다는데, 도대체 무슨 짓이오. 국가 기간 산업을 시작도 못해보고 망치자는 거요. 대체 무슨 일을 어떻게 하자는 거요."

야당 국회의원들의 야단치는 소리가 당시 취재진을 놀라게 했다. 그러나 박태준은 태연했다. 아니 당당했다.

"양질의 노동력은 억지로 나오지 않습니다. 강요한다고 질 좋은 노동이 되는 것이 아닙니다. 최고의 노동은 최고의 처우에서 나옵니다."

당시 박태준의 나이는 젊디젊었다. 기백에 찬 젊은이는 자기 기백만큼 다른 사람의 노고를 강요하고 헌신을 요구하며 충성을 바란다. 그만큼 사람에 대한 처우, 인간에 대한 배려는 뒤로 밀린다. 먼저 "일부터 하자. 성과부터 내자. 공(功)부터 세워 놓자"라는 슬로건이 무엇에도 우선한다.

그러나 박태준은 달랐다. 젊은 기백에도 그는 인간이 앞서고 자애가 앞섰다. 제철업은 제조업 중에서도 순이익이 낮은 업종이다. 그런 포항제철이 공장도 건설하기 전에 사원 주택부터 짓는다는 것은, 100퍼센트 그를 신임하고 지지하던 당시 박정희 대통령도 수긍이 잘 되지 않았을 것이다. 하물며 일반 다른 대 기업들이야 더 말할 나위도 없었다. 그의 모범적 복지 사업을 따라가는 기업은 지금도 없다. 대 기업들이 그를 벤치마킹해서 그가 했던 것처럼 했더라면, 그 같은 강성 노조, 그 같은 극한 투쟁은 없었을 것이다. 지금 같은 외국 자본의 투자 기피 사태도 야기되지 않았을지 모른다.

그러나 아무나 그렇게 할 수 있는 일이 아니다. 자원도 없고 자본도 없고 기술도 없던 그 시절, 오로지 자원이라고는 놀고 있는 사람, 굶주려 힘도 쓸 수 없는 사람만 지천이던 바로 그 시절, 흔해빠진 그 실업자들을 보고 저 사람들이야말로 우리의 보물, 우리 자원이라고 생각한 사람이 몇이나 되었을까. 박태준처럼 사람에 대한 순수한 자애의 마음을 가진 사람이 아니고서는 그 누구도 흉내 낼 수도, 상상할 수도 없는 일이다. 그는 그토록 사람을 생각하고 사랑하는 자애의 선비였다.

나는 일찍이 『위대한 만남 서애 류성룡』(2007)이라는 책을 쓴 일이 있다. 임진왜란으로 모든 조신이 선조와 함께 의주로 피신해 있을 때 류성룡은 영의정의 몸으로 홀로 전쟁의 현장에서 최전선에 나와 백성들과 함께 뒷간의 풀 더미에서 잤다. 일인지하 만인지상(一人之下 萬人之上)이라는 영의정이 뒷간의 풀 더미에서 백성과 함께 잘 수 있는가. 위대한 '현장의 영의정'이 아니면 상상도 할 수 없는 일이다. 4백 년도 훨씬 더 지난 후의 박태준이 그런 '현장의 참사랑'을 베푸는 지도자였다.

사회과학을 하는 사람으로, 모든 것은 논리적이고 과학적으로 설명하려는 사람들에게 그 어떤 논리로도 풀 수 없는 수수께끼는 단 하나, 박태준에 대한 감동이었다. 어째서 그들은 그렇게 감동하는가? 그것은 박태준의 사람을 향한 순수한 참 사랑, 자애가 가져다주는 감동이었다. 그 감동은 내 몸에서 절로 우러나는 희열의 감동이었고, 내 몸을 바치면서 내가 하고 있는 일의 즐거움, 그 이상을 바라지 않는 감동, 그것이었다.

어떤 사람들은 묻는다. 박태준이 자애의 선비라면, 그는 어째서 어머니처럼 부드럽기보다 무사처럼 강해 보이는가. 노자는 이렇게 대답했다. "자애롭기 때문에 용감하고 자애롭기 때문에 강했다(慈故能勇)." 인자한 사랑과 자비가 있기 때문에 사랑은 용감해지고 사랑은 강해진다. 강함은 강한 데서 나오는 것이 아니라 부드럽고 온화한 사랑, 자애에서 나온다.

◎

새로운 유형의 선비

박태준은 선비였다. 우리 시대의 대표적 선비였다. 가장 빛나는 선비였다. 누가 어떻게 그의 그 무엇을 평하든, 결국은 그렇게 말할 수밖에 없는 그런 모범적 · 전형적 선비였다. 우리 시대의 그 어떤 선비도 선비로서의 그의 모델을 넘어설 수 없다.

나는 1950년대 이후 훌륭한 선비라고 칭해지던 많은 스승 밑에서 공부했다. 그러나 그 어느 스승도 박태준에 비견할 선비는 없었다. 나는 1960년대가 되기 전에 기자를 해서 학교 밖의 훌륭한 선비, 저명한 인사를 수없이 만나 배우고 인터뷰하고 취재했다. 그러나 박태준에 비견할 선비는 만날 수 없었다. 그 스승들, 그 저명 인사들은 모두 강당에 선 선비였고, 책 속의 선비였고 말 속의 선비들이었다. 현장의 선비는 아무도 없었다, 현실의 선비도 없었고, 내 시대 입버릇처럼 하던 말로 '자인(sein : 사실로서 존재하는 것)'을 아는 선비는 없었다. 자인은 존재이고 존재적 상황이다. 지금 어떤 상황인가, 그래서 무엇을 어떻게 할 것인가이다. 그것을 아는 우리 시대 선비는 없었다. 그저 쉼 없이 당위(當爲)만 부르짖는 선비들이었다. 당위는 마땅히 그렇게 해야 하고 그렇게 되어야 한다는 것이다. 독일어로 자인에 대비되는 졸렌(sollen : 마땅히 그래야 하거나, 마땅히 그렇게 행하여야 하는 것)이다. "임금이여 마땅히 그렇게 해야 합니다. 그렇게 되어야 합니다"라고 말하는 '졸렌', 그 원칙론은 조선조 임진왜란 전의 율곡(栗谷) 때부터 부르짖어오던 소리다. 내 스승님들, 내 시대의 선비들은 4백 년이 넘도록 부르짖던 그 원칙의 소리들을 말했다.

그러나 박태준은 다른 선비였다. 그는 분수령을 넘듯, 선비의 획을 그었다. 지(志)와 의(義), 그리고 염(廉)과 애(愛), 정도의 차이는 있지만 옛날 선비들도 이런 것들은 가지고 있었다. 그러나 그 어떤 선비도 실천으로서, 현장의 행동으로서, 행위 규범으로서 사람들과 함께 공유하는 사상을 갖고 있지는 못했다.

사상의 근본은 정신이고 생각이고 마음이다. 그것을 개념화하면 지식이다. 그것은 머리, 가슴 속에만 있는 것이 아니라 생활, 일, 행동 속에 뿌리내려 있어야 한다. 일 속으로 묻히지 않는 정신과 마음, 행동으로 옮겨지지 않는 생각과 지식, 그것은 허공에 떠 있는 구름이고 모래 위의 집이다.

나의 스승 함석헌

김동길 (연세대 · 단국대 명예교수)

망중한 함석헌

"이제까지의 역사는 쟁탈의 역사였으나, 인류가 망하기로 자취(自取)하지 않는 한, 이 앞으로의 역사는 도덕적 싸움의 역사일 수밖에 없다.... 도덕적으로 나은 자에게 높은 지위가 주어질 것이다. 그날에 다, 그날에는 한국이 하기만 하잔다면 할 일이 있지 않을까" 함석헌(『뜻으로 보는 한국역사』, 2003)에서

◎

내 나이도 이제 구십이 되니 이날까지 살아오면서 나에게 가장 큰 영향을 미친 이는 누군가 생각하게 된다. 초등학교나 중학교에 다닐 때 나에게 자존심을 심어주고 용기를 주신 선생도 여러분 계시고 대학에 들어와서는 이런 저런 교수들의 영향을 적지 않게 받으면서 성장하였다. 특히 백낙준 총장이나 최현배 · 정인보 두 어른의 가르침도 내가 일생의 방향을 정함에 있어 많은 도움을 주었다.

그러나 꼭 한 분 꿈에도 잊을 수 없는 스승이 있다면 그 분은 신천옹(信天翁) - '바보새' - 함석헌 선생이시다. 신의주 학생 사건으로 나는 이미 그 성함을 알고 있었는데, 함 선생과 교분이 두터웠던 연세대 영문과 고병려(高秉呂) 교수 덕분에 이 어른을 직접 만날 수 있었다. 내가 처음 뵀을 때 이 어른의 나이는 48세였다. 1901년생이어서 선생의 나이는 서력 기원과 함께 숫자를 더 하였기 때문에 기억하기 매우 쉬었다. 처음 뵙고 나는 당장에 이 어른의 매력에 빠졌다. 무궁무진한 학식, 탁월한 말솜씨, 의연하면서도 예술적인 용모 - 이 모든 것이 스물한 살의 젊은 나를 매료하였다.

그 무렵에 영문과 나와 같은 반에 송석중이라는 학생이 있었는데 경기중학을 졸업하고 연세대 들어온 학생들 중에도 매우 우수한 학생이었다. 그의 아버지가 송두용(宋斗用) 선생인데 일제강점기에 일본에 가서 농업대학에 수학하셨고 그 시절에는 오류동에서 농사를 짓고 계셨다. 도쿄 유학 중에 함석헌 선생과 함께 우치무라 간조[2] 선생의 영향을 많이 받아서 보통 기독교인과는 다른 면모를 지닌 분이었다. 그 분은 『성서조선』이라는 김교신 선생의 잡지를 일제강점기에 창간호부터 구독하여 모아 두셨다. 나는 그런 책자들을 내 친구 송석중이 많이 빌려다 주어 마음 놓고 읽을 수 있었다.

김교신 선생은[3] 일제강점기에 함석헌 선생과 더불어 젊은 층의 신망이 매우 두텁던 정신적 지도자였다. 두 분이 다 같이 도쿄고등사범학교를 다니면서 우치무라 간조의 영향 하에서 무교회주의 신앙에 심취하였다. 김교신은 박물학을 전공하여 경기중학의 박물교사도 지냈고 뒤에는 양정중학으로 옮겨 1936년 베를린 올림픽 마라톤에서 우승

---

2) 우치무라 간조[内村鑑三, 1861~1930]는 일본의 개신교 사상가. 서구적인 기독교가 아닌, 일본인들에게 말씀하시는 하나님의 가르침 즉, 일본적인 기독교를 찾고자 한 사상가로 평가받는다.

3) 김교신(金教臣, 1901~1945)은 무교회주의를 제창한 교육자 · 종교인. 도쿄고등사범학교에 유학하면서 당시 일본의 군국주의에 반대하고 일본 기독교의 자주성을 주장하면서, 무교회운동을 전개하던 우치무라의 사상에 깊은 영향을 받았다. 당시 한국인 유학생으로 이 강의에 참석했던 송두용 · 함석헌 등은 조선성서연구회를 조직하여 우리말 성경을 읽고 연구하였다. 이들은 졸업하고 귀국하여, 1927년 7월 월간 동인지 『성서조선(聖書朝鮮)』을 창간하였다. 이 잡지는 1942년 3월호의 권두언 '조와(弔蛙)'가 한국 민족의 영혼을 찬양했다는 이유로 불온 잡지로 지목되어 폐간 당했다. 그리고 그를 비롯하여 함석헌 · 송두용 · 유달영(柳達永) 등 열세 명은 검속되어 서대문형무소에서 1년간 옥고를 치렀는데 이것이 세칭 '성서조선사건'이다(출처: 한국민족문화대백과).

한 손기정 선수를 키워낸 체육부 지도교사이기도 했다.

그런데 김교신 선생의 별명은 면도칼이었다고 들었다. 그때만 해도 시골이던 정릉에 집을 짓고 자전거로 양정학교에 출퇴근하였는데 단 한 번도 지각한 일이 없었다고 하여 붙은 별명이다. 불행히도 해방을 얼마 앞두고 병환으로 흥남에서 세상을 떠났다고 들었다. 나의 스승 함석헌은 그 일을 못내 서러워하면서 말끝마다 "김교신이 살아 있었다면"을 되풀이하셨다.

일제강점기, 김교신은 학교 교사 노릇을 하면서 월간지 『성서조선』을 매달 제 때에 간행하였는데 그 잡지 속에 함석헌의 〈성서적 입장에서 본 조선 역사〉를 일경의 방해를 무릅쓰고 다달이 게재하였으니 진실로 그 성격이 '면도칼' 같은 분이었다고 할 수밖에 없다.

학생 시절에 나는, 함석헌 선생의 강연이 있다는 곳이면 어디나 빠짐없이 찾아가 말씀을 들었다. 정기적인 강연회는 주로 YMCA강당에서 매주 일요일 오후 두 시에 열렸다. 그때는 김교신 선생의 뒤를 이어 『성서 연구』라는 월간지를 발행하던 노평구 선생이 사회를 맡아 그 모임을 진행하였는데, 6·25전쟁이 터진 그날 오후에도 그 장소에서 선생의 강연회가 열렸다. 강연이 끝나고 몇몇 제자가 선생을 모시고 조그만 방에 모여 앉아 쾅쾅 울려오는 대포 소리가 앞으로 어떻게 될 것인가 염려하던 때의 광경이 지금도 내 눈에 선하다. 선생께서도 "이번은 심상치가 않아" 라고 하시어 우리 모두를 긴장하게 하였다.

그 무렵 나는 연희대학교 총학생회장(그 당시에는 학도대장이라고 불렀다)에 선출되어 몇몇 학생회 간부와 함께 밤을 새워가며 학교를 지키던 때였다. 그때 학교 노천극장에서 채플 시간에 '종교 시인 함석헌 강연회'를 세 차례 개최하기로 되어 있었다. 학생회장인 나는 사회를 맡아 선생과 함께 노천극장 무대에 앉아 있었다. 월요일이었던 그날 강연은 무사히 끝났지만 이미 인민군의 소련제 전투기 미그가 요란한 소리를 내며 강연장 상공을 날아가고 있었다. 연사이신 선생께서 "학생들 저런 것에 관심 갖지 말고 내 말을 들어요" 라고 하시던 말씀이 지금도 내 귀에 쟁쟁하다.

당시에는 채플 시간이 월 · 수 · 금 열한 시부터 열두 시까지로, 그 주 수요일에도 모여 함 선생께서 무대 위에 나타나셨다. 하지만 사방이 하도 소란하여 그날 강연은 도중에 끝낼 수밖에 없었다. 우리는 그날도, 그 다음날도 학교를 지킨다고 목총을 들고 학교 주변에서 왔다 갔다했다.

피란 간 부산에서 선생을 다시 뵌 것은 그로부터 여러 날 뒤의 일이었다. 그 당시에 함 선생께서는 김해에 있는 어느 친지 댁에 기거하고 계시면서 예전처럼 부산 YMCA에 정기적으로 나오셔서 강연을 하셨다. 우리 몇 사람은 시간을 놓치지 않고 그 강연에 꼭 참석하였다.

어느 날 선생은 목에 걸었던 은빛 십자가를 꺼내 우리에게 보이시면서 "내가 이 십자가를 목에 건 채로 어디서 죽으면 사람들은 나를 천주교 신자로 알겠지" 라고 말하셨다. 그 말씀과 함께 빙그레 웃던 선생의 모습이 생각난다. 그 말씀의 뜻은 사람들이 내용을 모르고 겉만 보고 판단하는 일이 많다고 우리에게 일러주시는 것이었다.

서울 수복 후 선생은, 장준하 동지가 경영하는 『사상계』라는 잡지에

꾸준히 투고하셨다. 그 잡지는 함 선생께서 쓰시는 글 덕분에 '낙양의 지가(紙價)'를 올릴 수 있었다. 그 후 『사상계』는 한때 10만 부가 팔릴 만큼 한국 학생과 지성인들 사이에 가장 인기 높은 잡지가 되었다. 그 중에서도 잊을 수 없는 선생의 글은 〈생각하는 백성이라야 산다〉라는 글이었다. 감히 누구도 못하는 정부에 대한 비판을 그 글에 담았던 것이다. 그때 우리는 저마다 앞을 다투어 『사상계』를 사서 읽었다. 그 이후 선생은 우리 시대의 가장 유명한 인물 중 한 분이 되신 것도 사실이다.

자유당 말기에는 부당하게 구속되시어 한동안 감옥에 갇히셨다. 그 기간 중에 머리와 수염을 빡빡 깎으시고 스님 같은 모습으로 출옥하신 일을 지금도 기억한다. 자유당은 드디어 3·15 부정 선거로 비틀비틀 하다가 마침내 4·19 학생 의거로 한방에 나가떨어졌다. 그러나 그 와중에도 이승만이라는 이름의 독립 투사, 애국자, 정치가가 있어서 짧은 시일 내에 그 난리가 수습이 되었다. 장면의 민주당 정권이 수립된 뒤에도 혼란이 거듭되어 일반 국민도 '이대로는 안 되지 않겠는가' 하는 생각을 하던 터에 박정희 소장의 5·16군사 쿠데타가 터졌다. '무능하다(helpless)'라는 말은 'hopeless' 즉 "희망이 없다"라는 말과 일맥상통한다. 혁명 주체라는 소수의 군인들이 박정희를 앞세워 군사 혁명을 시도한 것이었다. 그 일이 그렇게 쉽게 성공하리라고는 혁명 주체도 몰랐겠지만 이승만 없는 무능한 정계는 이를 수용할 수밖에 다른 도리가 없었다.

그때 분연히 일어난 사람은 나의 스승 함석헌이었다. 중국 고전에 능통한 선생은 '군(軍)'은 불상지기(不祥之器)라고 외치고 앞장서셨다.

"민주적 헌법이 존재하는 민주적 국가에서 어쩌자고 군인이 정권을 잡겠다는 것인가."

이것이 선생의 일관된 주장이었다. 국민의 신망이 두텁고 이미 나이 60이 넘은 한 시대의 이름 있는 어른을 군사 정권도 함부로 다룰 수는 없었다. 김종필이 나의 스승을 두고 "정신없는 늙은이"라고 비하했던 일이 기억난다. 함석헌은 『씨알의 소리』라는 얄팍한 잡지를 시작했는데 그 영어 제목은 'Voice of the People'이었고 함석헌, 김성식, 장준하, 천관우, 이태영, 계훈제, 안병무, 법정, 그리고 내가 그 편집에 참가했다. 당국의 감시와 간섭 때문에 한 달에 한 번씩 조그마한 잡지 하나를 내는 것도 여간 어려운 일이 아니었다. 그 잡지에 나도 스승의 글을 본받아 〈용감한 백성이라야 산다〉라는 글 한 편을 실었는데 천관우가 나를 만나 "이 백성을 향해 안중근처럼 되라고 하시니 참 어려운 일입니다"라고 한 마디했던 일을 지금도 기억한다.

함석헌이 중심이 되고 우리가 다 모여 '백만 인 개헌 서명 운동'을 전개했다. 그것이 군사 정권에 대한 우리의 정당한 항의라고 믿었기 때문이다. 그 서명 운동은 뜻밖에도 신속하게 진행되어 백만 인 서명이 눈앞에 다가온 듯하였다. 그런 때에 엄살을 부리면서 "왜 이렇게 서명들을 안 하나"라고 했어야 했는데 성급한 사람들이 "다 됐다"라고 떠들어대니 중앙정보부가 여러 집을 습격하여 서명한 책들을 몽땅 압수하였다. 그렇게 '백만 인 개헌 서명 운동'은 실패로 끝났다.

1973년의 어느 날, 지금은 한국전력이 차지하고 있는 대성빌딩에서 함 선생께서 주최하는 강연회가 있었다. 등단한 연사들은 함석헌, 천관우, 진철수 그리고 나였다. 강연이 다 끝나고 만당했던 사람들이 흩어져 함께 길거리로 나아가던 그때, 한 기관원이 내게 다가와 "잠시 드릴 말씀이 있습니다" 그러고는 가까이 세워두었던 짚차에 나를 태워 어디론가 향했다.

내가 간 곳은 서빙고에 있는 보안사령부 분실이었다. 거기서 나는 일주일 동안 조사를 받았다. 분실장을 비롯하여 나를 신문한 요원들은 내게 매우 친절하게 대했다.

"교수님이 무슨 죄가 있습니까? 아무 죄도 없습니다. 그런데 저 윗사람들이(아마도 청와대를 가리키는 것 같았다) 엮어서 잡아넣으라고 하니 우리도 답답합니다."

내가 그들에게 말했다.

"괜찮아요, 염려마세요."

오히려 그들을 위로하면서 나는 어느 날 밤에 서대문구치소에 수감되었다.

'나의 스승은 일제강점기는 물론 해방이 되고도 감옥 신세를 지셨는데 제자인 내가 이 정도의 고생을 마다하겠는가.'

이런 생각을 하면서 구치소에 들어섰다. 나는 몸집이 큰 사람이라 내게 맞는 죄수복이 당장 없어서 미국 군인이 잡혀올 때 주는 그런 옷을 가져다 입혔다. 서대문구치소 '9사상(舍上) 18방'. 어떤 억울한 사나이가 『샘터』라는 잡지에서 한 장 찢어서 밥풀로 벽에 붙여 놓은 글이 눈에 띄었다. 거기에는 도산 안창호의 이런 말이 적혀 있었다.

"진리는 반드시 따르는 자가 있고 정의는 반드시 이루는 날이 있다."

이 한 마디는 감방에 들어서서 희미한 전등불 밑에서 하루를 끝내야 하는 죄수의 가슴에는 여간 큰 격려가 아니었다.

"그렇지, 그렇고말고. 진리가 반드시 승리하는 것이고 어떤 불의한 세력도 정의를 이길 순 없어."

나도 그런 확신을 가지고 잠자리에 들었다.

아침에 밥을 나누어주는, 소매치기 출신의 몸집이 아주 작은 애가 하나 나타나 식구통으로 콩밥 한 그릇과 시래기국 한 사발을 넣어주었다. 거기서 살아남기 위해서 나는 그 밥과 그 국을 다 먹었다. 시래기국은 소금국으로 짜기만 했다. 그래서 교도소의 수인들은 '미원' 이라는 조미료를 한 봉지씩 가지고 다니는 것 같았다. 그 국과 밥을 먹고 나서 좀 앉아 있자니 그 소년이 밥그릇을 가지러 내 감방 앞에 왔다. 전날 밤에 수감된 중년의 사나이인 내가 두 그릇을 다 비운 것을 물끄러미 내려다보더니 요 소매치기 소년은 "처음이 아니시군만요" 라고 한 마디하고 그릇을 가지고 사라졌다. 나는 그 말을 듣고 웃으면서 "그렇다"라고 했지만 나에게는 그것이 인생에 처음 있는 감방 경험이었다.

1심 군사 재판에서 나는 15년 징역, 15년 자격정지를 선고받았다. 나는 최후 진술에서 재판장 유병현 장군을 향해 "나는 그런 중죄를 지었다고 생각하지 않는데 30년 동안 공권을 박탈당하게 됐습니다. 재판장이 선처를 하여 무죄 석방되어도 또 다시 붙잡혀올 것이 분명하기 때문에 항소를 포기하겠습니다"라고 말했다. 내가 이렇게 당당하게 한마디 할 수 있었던 것도 나의 스승 함석헌의 의연한 모습이 나와 함께 있었기 때문이다. 항소 포기로 형이 확정되고 나는 곧 안양교도소에 이감되었다.

나의 인생길에는 이와 같은 우여곡절이 있었지만 그 구비구비마다 나의 스승은 나를 지켜보고 계셨다. 사회가 혼란하여 이런저런 의견이 우리의 생활 현장을 어지럽게 만든 때, 유명한 인물 중의 한 분이신 함 선생을 찾아가서 내 험담을 하는 사람이 많았다고 들었다. 그런 자들이 그런 수작을 할 때마다 선생께서는 "그 사람 그런 사람 아니야"라고 단호하게 한 말씀하셨다는 말을 전해 듣고 나는 정말 감동하였다.

선생을 모시고 여기저기 강연을 다닌 적이 있었다. 한번은 천안의 어떤 교회에 모시고 가서 강연을 하게 되었다. 그 자리에서 선생은 이런 말씀을 하셨다.

"내가 38선을 넘어와 남한의 여러 대학에 강연을 다니면서 두 사람의 젊은이를 점찍어놓았어. 한 사람은 서울 법대의 진(陳) 모라는 청년이었는데 그는 6·25 사변 중에 북으로 납치되어 갔다는 소문을 들었어. 내가 또 한 사람 눈여겨본 젊은이가 있었는데 그때 연희대학의 학생이었어. 그가 오늘 여러분 앞에서 강연하는 김 박사야."

나는 그 말씀에 어리둥절하였다. 학생 시절에 선생을 흠모하여 따르기 시작한지 몇 십 년인가! 그런데 그동안 아무 말씀도 없으시다가 그날 불쑥 그런 말씀을 하셨다. 학생 때 나를 보고 이미 점을 찍어놓으셨다니 그런 영광이 어디 있겠는가. 나는 정말 몸 둘 바를 몰랐다. 그 오랜 세월 동안 단 한 마디도 나를 칭찬하신 적이 없었는데 왜 갑자기 이런 말씀을 하실까? 나는 정말 놀랐다.

선생께서 큰 병에 걸리셔 대 수술을 받고 서울대학병원에 입원해 계시다는 소식을 듣고 급히 미국에서 돌아와 선생의 병상을 찾았다. 그런데 선생의 병이 많이 호전되어 나는 하던 일을 계속하기 위하여 미국으로 돌아갔다. 그것이 1989년의 일인데 갑자기 또 병세가 악화되어 선생은 2월 4일 세상을 떠나셨다. 나는 장례식에 참석하기 위해 급히 귀국하여 2월 8일 사모님과 합장하여 장례식을 치렀다. 선생은 2006년 독립유공자로 인정되시어 대전 국립묘지로 이장되셨다.

끝으로 한 마디만 더 하고 싶다. 나의 스승 함석헌은 나에게 예수 그리스도의 참 모습을 보여주셨다. 이런 말씀을 하신 적이 있다.

"함석헌은 인도의 바가바트기타[4]를 비롯하여 노자 · 장자를 열심히 강의하니 그는 도대체 누구를 믿는 거야라며 나를 비난하는데 내가 누구의 이름으로 구원을 받았는가? 예수 그리스도의 이름 아닌가?"

어떤 날 이런 말씀도 하셨다.

"내가 오늘 이만큼 인생을 살아가는 건 사도 바울의 기도와 무관치 않을 거야."

그런 말씀을 통하여 젊은 내가 돈오(敦悟)의 경지를 경험할 수도 있었다.

---

4) 힌두교의 중요한 성전(聖典) 중 하나. 스리마드 바가바드기타(Śrīmad bhagavad gītā)', 또는 약칭하여 '기타'라고도 한다. 산스크리트어로 지고자(至高者), 또는 신의 노래라는 뜻이며, 기원전 2세기에서 기원후 5세기 사이에 성립된 것으로 추정된다(출처: 두산백과).

함석헌 선생보다 일 년을 더 살고 있는 오늘의 나는 스승께서 가르쳐주신 '영원(Eternity)'을 즐기면서 스승께서 가르쳐주신 '무한(Infinity)'을 가슴에 간직하고 생의 마지막을 향하여 돌진하고 있다. 내가 감사하는 마음으로 고개를 숙여, 마땅한 사람이 여럿 있는 중에도 영국 시인 테니슨이 읊은 대로[5] "하늘나라 그 항구에 다다랐을 때" 스승 함석헌을 만나 뵙게 될 것을 기대하니 오늘도 내 가슴은 감격으로 벅차다고 하겠다.

---

5) 테니슨(Alfred Tennyson, 1809~1892)은 1850년부터 죽는 날까지 영국의 계관시인(poet laureate) 자리를 지켰다. 캠브리지 대학 재학 시절부터 시를 쓰기 시작했으나 크게 인정받지는 못했다. 대기만성이라는 말이 있는데 세월이 가면서 그의 서정시들이 인구에 회자되기 시작하여 그는 영국 시단에 확고한 자리를 차지했다. 특히 그가 마지막으로 읊은 시 'Crossing the Bar(사주를 넘어서)'는 나 같은 사람의 일생을 좌우하는 위대한 시로 여겨진다. "해는 지고 저녁별 반짝이는데 / 날 부르는 맑은 음성 들려오누나 / 나 바다 향해 머나먼 길 떠날 적에는 / 속세의 신음소리 없기 바라네 / 움직여도 잠자는 듯 고요한 바다 / 소리 거품 일기에는 너무 그득해 / 끝없는 깊음에서 솟아난 물결 / 다시금 본향 찾아 돌아갈 적에 / 황혼에 들려오는 저녁 종소리 / 그 뒤에 밀려오는 어두움이여 / 떠나가는 내 배의 닻을 올릴 때 / 이별의 슬픔일랑 없기 바라네 / 시간과 공간의 한계를 넘어 / 파도는 나를 멀리 싣고 갈지니 / 나 주님 뵈오리 직접 뵈오리 / 하늘나라 그 항구에 다다랐을 때" 백조는 그 모습이 매우 아름답지만 노래는 전혀 못한다. 그러나 죽기 직전에는 노래를 한 마디 부른다고 한다. 그래서 시인의 마지막 노래를 '백조의 노래(Swan song)'라고 한다. 이 시를 읊조리며 나도 나의 주님의 품으로 돌아갈 것이다.

김수환 추기경
-너희와 모든 이를 위하여

봉두완 (천주교 한민족돕기회 회장)

추기경 추모, 2009년 2월

장례식장 주변에 걸려던 사진의 추기경을 어루만지는 신도의 손길에는 지극한 사랑과 존경이 느껴진다.

◎

한국 민주화를 이끌었던 추기경

내가 한국일보 워싱턴 특파원을 끝내고 귀국했던 때는 1968년 여름. 그해 5월 29일에 천주교 마산교구장이던 스테파노 김수환이 대주교로 서임되고 서울대교구장이 되었다. 이듬해인 1969년 4월 28일에 그는 추기경으로 서임되었다. 나도 같은 해 9월 1일자로 한국일보를 떠나 중앙일보 논설위원 겸 동양방송(TBC) 논평위원이 되었다. 거기서 TBC-TV 앵커맨으로 활동하기 시작했다.

내가 본격적으로 앵커 활동을 시작한 것은 1년 뒤인 1970년 초부터였다. 해서 김수환 추기경에 관련한 보도에 직접 관여한 적은 별로 없었다. 바로 그 즈음인 1971년에 박정희가 제7대 대통령이 되면서 매일처럼 그 관련 보도거리가 넘쳤다. 3선 개헌안이 통과되고 대통령이 비상 대권을 요구하면서 정국은 경색되었고 여기저기서 찬반 의견이 쏟아졌다. 그걸 취합하기도 벅찰 정도로 뉴스의 흐름은 폭발적이었다.

나는 'TBC 석간'이라는 밤 10시 종합 뉴스 앵커와 매일 아침 여덟 시부터 시작하는 TBC 라디오 시사정보 프로그램 '뉴스 전망대'의 진행을 맡고 있었다. 그래서 가끔 뉴스거리를 만들어내던 추기경의 말씀과 움직임에 자연 관심을 갖게 되었을 뿐이었다.

일이 터지고야 말았다.

추기경은 매년 명동성당에서 성탄 전야 미사를 집전했다. 1958년에 영세를 받은 가톨릭 신자였던 나는 KBS-TV 생중계 방송을 통해 대충 볼 때도 있었고, 안 볼 때도 있었다. 그런데 결국 일이 터지고 말았다. 1971년 성탄절 때 TV로 전국에 생중계 방송된 미사 강론에서 추기경은 옷소매에서 뭔가를 꺼내들었다. 그리고 박정희 대통령의 정권 연장 의도를 직설적으로 비판하기 시작했다.

정부 여당에 묻겠습니다. 비상 대권을 대통령에게 주는 것이 나라를 위해서 유익한 것입니까? 그렇지 않아도 막강한 권력이 있는데 그런 법을 또 만들면 오히려 국민과의 일치를 깨고 그렇게 되면 국가 안보에 위협을 주고 평화에 해를 줄 것입니다.……

추기경은 그날 밤 작심한 듯 말했다. 충격적인 발언이었다. 아기 예수의 탄생이나 이웃 사랑 실천 같은, 판에 박은 듯한 소리에만 익숙했던 많은 국민은 깜짝 놀라 잠자리에서 벌떡 일어났다.

청와대 역시 발칵 뒤집혔다. 마침 이 중계 방송을 보고 있던 박 대통령은 불같이 화를 내면서 KBS 방송을 당장 중지하라고 명령했다. 하지만 카메라 PD 등 제작 요원들은 별 생각 없이 성당 건너편 골목 술집에서 한잔 걸치고 있었던 터라 방송은 곧바로 끊기지 않았다. 결국 추기경이 하고 싶었던 말은 모두 전국에 생방송되고 말았다. 당시로서는 상상도 하기 힘든 일이 벌어지고 만 것이었다.

◎

문제의 비상 대권

추기경이 강하게 문제를 제기한 비상 대권이란 무엇인가? 쉽게 말하면 국회의 권한마저도 대통령이 다 가지겠다는 발상으로, 국회 동의 없이 긴급조치권을 발동할 수 있는 권한을 말한다. 사실, 그때는 이미 박정희가 법이었다. 3선 개헌안을 국민투표에 부쳐 관철시키고는 제7대 대통령으로 취임하여 장기 집권 체제를 공고히 다진 상태였다.

그런데 왜 김 추기경은 성탄의 기쁨을 노래하고 구세주의 탄생을 선포해야 할 자리에서 그처럼 엄청난 발언을 했을까? 그때는 그 누구도 그런 말을 할 수 없었기 때문이었다. KBS와 같은 공영 방송은 말할 것도 없거니와 내가 앵커를 맡았던 TBC와 같은 민영 방송조차 부분적으로 정부의 통제를 받고 있었다. 많은 사람이 그래도 눈치껏 몇 마디 내뱉는 TBC 뉴스 전망대 아침 여덟 시 라디오 프로그램에 귀 기울이며 뭔가를 기대했지만 '봉두완의 입'에서인들 무슨 신통한 소리가 나올 리가 없었다.

공교롭게도 추기경의 그 충격적 발언은 그날 아침 165명의 목숨을 앗아간 명동 대연각호텔 대형 화재에 묻혀버리고 말았다. 만약 그때 대연각 화재가 안 일어났다면 상황은 어떻게 달라졌을까? 물론 김 추기경 개인에게는 불행이 닥쳤겠지만 어쩌면 독재 정권에 균열이 가서 결국 부하의 총에 대통령이 비명횡사하는 불행은 사전에 면했을지 모를 일이었다.

추기경이 명동대성당 성탄 미사 강론에서 작심 발언을 한 크리스마스 날 아침 아홉 시 50분경 대연각호텔 1층 커피숍 주방 안에 세워둔 프로판 가스통이 폭발하였다. 불길은 순식간에 호텔 건물 전체에 번졌다. 박 대통령은 김 추기경에 대한 응징 조치를 협의하기 위해 거의 같은 시간에 관계 장관들을 청와대로 긴급 호출하려고 했었다. 그런데 그 계획을 일단 미룬 채 현장에 대통령 전용 헬리콥터를 투입하는 등 화재 진압에 전력투구하게 되었다.

◎

어색한 분위기 잠재울 중재안

어쩌면 그런 우연의 일치가 일어날 수 있을까? 정말 신비스럽기만 하다. 그런 일이 있은 뒤 대통령과 추기경 간의 어색한 분위기를 조금이나마 잠재우기 위해 '청와대의 야당'이라고 스스로 다짐했던 영부인 육영수 여사가 일종의 중재안을 냈다.

진해 해군사관학교 졸업식에 김 추기경을 함께 모시고 가는 방안이 바로 그것이었다. 대통령 특별 기동차로 무려 일곱 시간 동안 마주 앉아 달리는 동안 주로 박 대통령이 국정 전반에 관한 이야기를 줄기차게 말했고, 추기경은 줄곧 듣고만 있었다.

1998년, 김 추기경이 천주교 서울대교구장직에서 물러난 뒤 닷새쯤 되어 가톨릭 언론인들과 함께 한 자리가 있었다. 그 자리에서 당시의 숨은 에피소드를 털어놓았다.

지금 가만히 생각해보면 박 대통령은 나라를 꽤 사랑한 분이었어. 가난에서 벗어나려고 애쓴 지도자였고. 그래서 '우리도 하면 된다'라고 굳게 믿고 밀어붙였던 지도자였고 그 때문에 반발하는 양심 세력과는 늘 부딪쳤지. …… 우리가 서울역을 떠나 대전을 거쳐 경북 김천역을 막 지났을 때 대통령은 수행한 비서실장에게 철도청장이 여기 타고 있느냐고 느닷없이 물은 거야. 이후락 실장이 청장 대신 철도청 차장이 타고 있다고 하니까 좀 오라는 거야. 그래서 헐레벌떡 차장이 달려오자 "이봐, 임자, 조금 전에 지나친 역사 옆에 큰 나무 쓰러져 있는 걸 봤나?"라고 물었어. 당황한 철도청 차장이 "미처 못 봤습니다"라고 하니까 대통령이 그에게 "역장에게 연락해서 쓰러진 나무 잘 일으켜 세우라고 해!" 하는 거야 …… 그래서 나는 순간적으로 '아하, 이 사람이 너무 나라를 사랑하는 걸 보니까 잘못하면 독재하겠구나' 하는 생각이 번뜩 들었어 ……

특별 기동차가 줄기차게 달리는 동안 5백 미터 간격으로 경비 경찰이 '받들어 총!' 자세로 대통령 경호를 하는 걸 보고 추기경은 또 한 번 묘한 감정을 느끼지 않을 수 없었단다. 대통령이 나라를 사랑하고 아끼는 것까지는 이해하겠지만 이렇게 줄기차게 국가 발전에만 전력투구한 끝에 그늘진 곳이나 소외된 국민을 외면하거나 등한시하는 경우 나중에 더 큰 문제가 일어날 수 있겠구나 하는 생각을 떨칠 수가 없었다.

박 대통령은 심각한 표정으로 김 추기경에게 정치에 너무 개입하지 말라고 당부했다. 하지만 한국 가톨릭교회를 상징적으로 대표하는 추기경은 언제나 하느님의 뜻에 따라 정의로운 편에 섰다. 성직자의 현실 참여에 대해서는 긍 · 부정이 다 있을 수 있다. 하지만 어떤 종교든 세속의 일에 간여하지 않는다는 기본 입장을 갖고 있다 하여 세속을 떠난 종교가 성립할 수 있단 말인가?!

◎

죽음 앞에서

1979년 10월 26일, 박정희 대통령이 가장 아끼던 친구며 측근이던 김재규 중앙정보부장이 쏜 흉탄에 쓰러져 세상을 떠났다. 추기경은 천주교를 대표하여 대통령 죽음 앞에 섰다. 추도사를 읽으면서 "인간 박정희가 하느님 앞에 섰습니다"라며 하느님의 자비를 빌었다.

그리고 세상을 떠나기 전에 『평화신문』 기자에게 삶을 마감하기 앞서 당신도 한 마디 하고 싶다 했다.

> 가슴 아파 하지 말고 나누며 살다 가자. 많이 가진다고 행복한 것도 적게 가진다고 불행한 것도 아닌 세상살이, 죽을 때 가지고 가는 것은 마음 닦은 것과 복 지은 것 뿐. 누군가에게 감사하며 살아갈 날도 많지 않은데 사랑하

는 마음, 감사하는 마음으로 살다 가자.

당신이 태어났을 때 당신만이 울었고 당신 주위의 모든 사람이 미소를 지었다. 당신이 이 세상을 떠날 때엔 당신 혼자 미소 짓고 당신 주위의 모든 사람이 울도록!

그의 미소를 바라보며 사람들은 위로를 받았고 그의 응시 속에서 사람들은 미래를 발견했다. 약자와 강자의 불평등이 뚜렷했던 시기에 탁월한 선택이었다. 하지만 그분은 '민주화의 봄'이 찾아온 뒤 철저하게 국민 통합과 화해를 위한 행보로 전환했다. 정치는 철저히 정치인에게 맡길 때가 됐다고 본 것이다.

◎

가까이서 바라보니

김수환 추기경은 여러 종교 지도자 가운데서도 사회적 신망이 두터운 분이었다. 나는 지난 20년 동안 천주교 한민족돕기회 회장과 나환우촌 라자로돕기회 회장을 지내면서 명예 총재인 추기경을 새롭게 만나보는 기회를 가졌다.

김수환 스테파노! 그는 가장 인간적인 사람이었다. 그는 늘 고뇌하는 신앙인이었으며 천 년 미래의 후배들도 닮고 싶어 할 선배였다. 또한 그는 20세기 조국을 빛낸 자랑스러운 '한국인', '대한국인'이었다.

그는 민주화의 진통을 혹독하게 치르던 1970년대 말, 명동성당에 우뚝 선 저항의 선봉장이었다. 모든 국민이 그의 단호한 예언의 외침

속에서 안전 지대를 찾았다.

1975년 3월 1일, 이른바 3·1명동사건 등 김대중 구속 구명 운동에도 나섰고 오늘도 정치 현장에서 뛰고 있는 그 당시의 사형수들의 구명 운동에도 앞장섰다. 이렇게 봤을 때 나는 김 추기경의 현실 참여 방식이야말로 성직자로서 모범적 태도였다고 생각한다.

그런데 40년이 지난 오늘, 사회 일각에서 추기경의 발언이 당파적 이해나 정치적인 견해에 기초했다며 인터넷을 통해 매도하거나 공개적으로 비판하고 있다. 일부는 추기경을 '사회주의자 빨갱이'라고 매도하기도 한다. 참으로 딱하고 개탄스럽다. 그 분이 어떤 삶을 살아왔는지, 오늘의 민주화가 과연 누구 덕분에 가능했는지 알고나 있단 말인가?

◎

저항의 안전 지대

1987년 '6·10항쟁' 때 명동대성당 구역 안에서 농성 중인 시위대를 진압하기 위해 찾아온 이는 가톨릭 신자였던 이상연(李相淵, 1936~) 내무부 장관. 그때 김수환 추기경은 그에게 이렇게 말했다.

> 경찰이 들어오면 제일 먼저 나를 보게 될 것이고, 나를 쓰러뜨리고야 신부님들을 볼 것이고, 신부님들을 쓰러뜨리고야 수녀님들을 볼 수 있을 것이다. 농성 학생들은 그 다음에나 볼 수 있을 것이고……

공안 책임자인 이 장관은 고개를 숙이고 무릎을 꿇은 채 할 말을 잃었다. 그리고 전투 경찰 투입이 불가능함을 대통령에 보고했다. 그때 명동성당 외곽 경비 책임자는 나중에 국무총리도 역임했던 이완구(李完九, 1950~). 그는 명동성당 사제관에 들락거리며 데모 주동 학생들을 강제 연행하지 않아도 될 해결 방안이 없을까, 수석 사제 경갑실(景甲實, 1949?~) 신부와 수시로 머리를 맞대고 협의했다. 결국 경 신부는 쓰러진 학생들을 긴급 후송한다는 명분을 앞세워 성모병원 앰뷸런스를 불러들였다. 주교관 안에서 주동 학생들을 차에 태운 후 사이렌을 불며 경비 경찰 저지선을 뚫고 나갔다.

◎

성속(聖俗) 조화의 아름다움

나는 이 기회에 여러 종교 지도자 가운데서도 김수환 추기경에 대한 국민적 신망이 높은 까닭에 대해서도 말하고 싶다. 결코 내가 가톨릭 신자라서가 아니다.

성당이든 절이든 교회든, 모든 종교의 예배 공간이 성역으로서 치외법권적 성격을 띠고 있듯, 모든 종교의 성직자는 세속적 권력으로부터 자유롭다. 아니 자유로워야 한다. 하지만 모든 성직자가 이런 자유를 누리지도, 행사하지도 않는다. 개인적인 성품 탓도 있겠지만, 신앙행위 자체가 세속화되었기 때문이기도 하다. 불교계에서는 끊임없이 대형 불사를 벌이고 한국 개신교회는 세계 최대를 자랑하는 교회를 짓는다. 종교의 물적 토대가 이미 지나치게 세속에 의존하는 형편이다. 이래서는 눈치 볼 일이 너무 많아진다.

그런 점에서 가톨릭은 속세의 문제로부터 비교적 자유스럽다고 할 수 있다. 또한 모든 가톨릭교회는 로마 교황청의 우산 아래 있기 때문에 그 사제들은 특정 국가 권력으로부터 보호받을 수 있는 이점이 있다.

그러나 무엇보다도 중요한 건 종교와 정치 권력의 '거리두기'이다. 종교는 철저히 정치와 거리를 둬야만 종교다울 수 있고, 가장 종교적인 방식으로 현실에 참여할 수 있다. 이 모든 것을 종합해 봤을 때 김수환 추기경이야 말로 우리 시대가 필요로 하는 종교 지도자상에 가장 가까이 다가간 어른이 아닐까. 바로 이 점이 가톨릭 신자로서가 아닌, 사회 구성원의 한 사람으로서 내가 김 추기경을 좋아하는 까닭이다.

나환우 돕기 46년, 북한 주민을 돕는 천주교 한민족돕기회를 이끌어가면서 줄기차게 용기와 힘을 주던 총재, 천주교 평양교구장 서리를 겸했던 김 추기경은 북한 동포들이 저렇게 고통 받고 있는데도 기도 외에는 뭔가 뚜렷이 할 수 있는 일이 없다는 현실을 안타까워했다. 그 사이 '민족화해위원회' 활동을 추진했지만, 절벽 같은 공산 치하의 폐쇄 사회는 언제나 실망과 실의만을 안겨 줬다.

◎

어느 날 바티칸에서

2005년 4월, 바티칸에서 엄수된 교황 요한 바오로 2세 장례식에 우리 정부 공식 조문 사절로 내가 참석했을 때, 우리나라의 김 추기경이 나중에 베네딕트 16세 교황이 되신 당시 교황청 국무장관 라칭거(Joseph Ratzinger) 추기경과 둘이서 그 엄숙한 장례식을 처음부터 끝까지 함께 진행하는 것을 바로 옆에서 지켜보며 너무 감격스런 나머지 남몰래 눈물까지 흘렸다. 그 전날까지 김 추기경은 소화불량, 피로, 설사로 밤잠을 제대로 못자고 고생했다. 아침결에 찾아온 독일계 여의사가 농담을 했다.

"추기경님, 돌아가신 요한 바오로 2세 교황님하고는 절친한 사이 아닙니까? 뭐 좀 아프다고 저 같은 의사를 부르세요? 저 베드로 광장에서 울려퍼지는 함성 안 들리세요? 빨리 성인으로, 빨리 성인으로! 아마 지금쯤 요한 바오로 2세께서는 성인품에 올라가셨을 테니 친구 분인 그 교황님께 한 마디 부탁만 하시면 이런 별것도 아닌 병은 금방 치유되실 텐데……"

그 말에 김수환 추기경은 박장대소했다. 그날 장례 절차는 아주 엄숙하고 깔끔하게 잘 치러졌다. 온 세계는 생중계 방송된 행사를 빠짐없이 시청했다.

나는 우리 추기경이 그렇게 높은 분인 줄 몰랐다. 돌아가신 요한 바오로 2세 교황과 그렇게 가까운 사이인 줄도 모르고 있었다. 더욱이 나중에 교황 품을 계승한 베네딕트 16세와 함께 추기경 서열이 세계에서 가장 오래된 추기경 가운데서 두 번째인 것조차 모르고 있었다.

그 날 베드로 광장에 모인 수십만의 인파가 지켜보는 가운데 세계 추기경단이 입장했다. 나는 우리 김수환 추기경이 언제 입장하시나 하고 목이 빠져라 하고 기다리고 있었다. 그런데 그 중간쯤에 인도 출신의 전 주한 로마 교황청 대사 디아스(Ivan Diaz) 추기경이 날보고 반가워하더니 엄지손가락으로 뒤를 가리켰다. 김수환 추기경이 맨 뒤에 나오실 거라는 신호였다.

아닌 게 아니라 김수환 추기경은 맨 뒤에서 두 번째로 모습을 드러냈다. 나는 겅중겅중 뛰고 싶었다. "아, 추기경님이 나오시는구나, 아 그렇다면 밤새 아픔을 이겨내고 결국 우리 앞에 나타나시는구나"하고 혼자 기뻐하며 얼떨결에 옆에서 목을 빼고 서 있던 블레어 영국 총리에게[6] '느닷없이' 내뱉었다.

"이봐요, 저기 마지막에서 두 번째로 나오시는 분이 우리 스테파노 추기경이야!"

블레어 총리는 건성으로 웃으면서 "아 그렇군요, 참 훌륭하신 분인데……" 어쩌구하며 별로 알지도 못하면서 맞장구를 쳤다.

◎

추기경의 가정 환경

김수환 추기경은 1866년 병인박해 때 순교한 광산 김씨 보현(甫鉉)의 손자로 1922년 대구에서 났다. 5남 3녀 중 막내로 경북 군위에서 어린 시절을 보냈다. 여덟 살 때 아버지

---

6) 블레어(Tony Blair. 1953~)는 1997년 5월, 20세기 최연소 영국 총리가 되었다. 연속 집권한 뒤 2007년 6월, 재임 10년 만에 내각에서 물러난 뒤 성공회에서 가톨릭으로 개종했다. 집권 시에 눈총을 받았던 국내외 정치적 의혹 때문에 개인적 번민이 많았던 게 개종의 배경이 아니었을까 하는 짐작만 하고 있을 뿐이다. 나라의 수장(首長) 자리에서 물러난 뒤에 당하는 처신이 어려움은 우리만의 일이 아닌 듯싶다.

김영석 요셉(1866~1930)를 여의고 홀어머니 서중하 마르티나(1882~1954) 슬하에서 자랐다. 어머니의 권면으로 형 김동한(金東漢)[7]에 이어 1933년 성 유스티노 신학교 입학했고, 1941년 서울 동성상업학교를 졸업했다. 같은 해 도쿄 조치[上智]대학 철학과에 입학하였으나 제2차 세계대전으로 1944년에 중도 귀국해서 1951년 가톨릭대학 철학과를 졸업했다.

동성상업학교 재학 시절, "천황 폐하의 생신을 맞이하여 황국 신민으로서 소감을 쓰라"라는 윤리 시험 문제에 "나는 황국 신민이 아님. 그러므로 소감이 없음"이라고 썼다. 이에 당시 교장이던 장면(張勉, 1899~1966)은 노발대발하며 따귀를 때리기도 했다. 장면의 이런 반응은 아직 나이 어린 김수환 학생이 일본인과 일본 경찰에게 해코지와 탄압을 받을까봐 우려하여 보여주기 식으로 일부러 그런 것이었다. 결론만 따지면 장면이 적절하게 쇼맨십을 발휘하여 김수환의 목숨을 구해준 셈이었다. 장면은, 나중에 김수환이 일본 조치대학으로 유학 갈 때 추천서를 써주는 등 적극적으로 도와주기도 했다.

조치대학 문학부 철학과에서 수학하던 시절, 조선인이라는 이유로 차별받는 시대 분위기 속에서도 자신을 차별하지 않던 독일인 신부[8]

7) 김동한 가롤로(1919~1983) 신부. 김수환("어머니, 우리 어머니!", 『샘이깊은물』, 1984년 11월, 38~45쪽) 참조

8) 추기경의 은사 독일인 게페르트(Theodore Geppert, 1905~2002) 신부는 일본 도쿄의 조치대학 교수로 있다가 방한하여 이승만 대통령과의 면담 끝에 서강대학교를 설립하고 초대 이사장을 지냈다(출처: 두산백과).

에게 감명 받아 사제의 길을 걷기로 마음먹었다. 1951년에 사제로 서품된 뒤 대구대교구 안동본당 주임 등을 지냈고, 1956년부터 1963년 사이에 독일 유학을 마치고 『가톨릭시보사(현 가톨릭신문)』 사장이 되었다. 1966년 주교에 올라 마산교구장이, 1968년 대주교로 승품되어 서울대교구장이 되었다.

그리고 1969년 교황 바오로 6세에 의해 한국 최초의 추기경에 올랐다. 가톨릭 역사에서 드물게 보는 초고속 승진이었다. 말하자면 육군 대령에서 준장으로 승진하고 얼마 뒤 중장으로, 이듬해에 대장으로 정신없이 올라간 가톨릭 사상 초유의 사건 당사자였다.

그때 나돌았던 소문에 따르면, 개항 도시라 하지만 서울 쪽에서 바라보아 아득하게 먼 갯가 땅 마산의 '촌 동네' 교구장이었던 김 스테파노가 느닷없이 어느 하루 벼락치기로 서울교구장에 임명되자 서울 쪽 교권(敎權)의 냉대가 적지 않았다고 한다. 천주교 종교 조직도 세속적 차별의 관행에 예외가 아니었던 모양이다. 이런 기류를 감지한 바티칸 교황청이 오히려 그를 추기경 자리로 드높여 일거에 갈등을 가라앉혔다는 소문이었다.

◎

추기경의 고종명(考終命)

2008년 세밑, 나는 성라자로 마을에서 한센병 가족들과 성탄 전야 미사를 함께 지낸 뒤 미국으로 떠나기 앞서 아침결에 문병 겸 출국 인사를 드리려고 추기경을 찾았다. 그는 말기암임을 알고는 추가 치료를 사양한 채로 서울 성모병원에 입원하고 있었다.

때마침 비서 신부 집전으로 미사가 봉헌되고 있었다. 쇠약해질 대로 쇠약해진 몸이라 김 추기경은 병상 침대에 그냥 앉아서 참례하고 있었다. 그런데 미사가 한창 진행되던 중에 '성령 청원[9]'의 일치 기원을 청할 때였다. 병상의 추기경이 느닷없이 소리 내어 홀로 성가를 부르기 시작했다.

"장하다 순교자 주님의 용사여 높으신 영광에 불타는 넋이여……."[10]

그 자리에 함께 있던 모든 사람이 깜짝 놀랐다. 아직도 영성체 예식도 남았고 마침 예식도 있는데 난데없이 성가를 부르니 모두 어리둥절할 수밖에 없었다. 힘겨워하며 끝까지 노래를 이어가지 못하는 노(老)사제를 대신해 우리 부부와 간병인과 비서 수녀 등이 나머지 소절을 받아서 불렀다.

나는 흐르는 눈물을 억제하지 못하고 목이 메인 채 그냥 따라 불렀다.

"…… 칼 아래 스러져 백골은 없어도 푸르른 그 충절 찬란히 살았네

---

9) 교회에 봉헌된 예물이 그리스도의 몸과 피가 되게 해 달라고 하느님의 능력을 청하며 기원함.

10) "장하다 순교자 주님의 용사여, 높으신 영광에 불타는 넋이여! 칼 아래 스러져 백골은 없어도 푸르른 그 충절 찬란히 살았네! 무궁화 머리마다 영롱한 순교자여 승리에 빛난 보람 우리게 주옵소서." 이 가톨릭 성가 283번 '순교자 찬가'는 복자품에 올랐던 103인 순교자를 기리는 '복자 찬가'였다가 그분들이 1984년 5월에 모두 성인품에 오르게 되어 노래 제목이 '순교자 찬가'로 바뀌었다.

……"

나는 더 이상 소리 내어 노래를 부를 수가 없었다. 추기경도 노래를 중단한 채 눈감고 앉아 있었다. 추기경은 어찌하여 밑도 끝도 없이 느닷없이 순교자의 노래를 불렀을까? 나는 두려운 생각이 들었다. 혹시 추기경은 이 미사가 끝나면서 병인박해 때 순교하신 할아버지 김보현 요한을 따라 나서려는 게 아닌가? 병인박해로 아비를 잃고 유복자로 태어난 추기경의 아버지 김영석 그리고 군위에 정착하여 옹기장사를 하다가 만난 어머니 서중하의 넋을 따라 나선 게 아닌가? 갑자기 영화 〈사랑과 영혼〉[11]이 연상되었다. 지금 여기서 혹시 우리 추기경님이 느닷없이 선종한다면? 나는 순간적으로 별의별 생각을 다 하고 있었다. 다행히 미사가 끝나고 침대에 앉아 있던 추기경은 간병인 등의 도움을 받으며 그 자리에 누웠다.

30년 간 성인 같은 노사제를 옆에서 지켜봤지만 그렇게 느닷없이 홀로 성가를 부르시는 모습은 처음 봤다. 뭉클해진 가슴이 찢어지는 듯 했다. 모두들 소리 없이 울었다. 그 순간 추기경을 모시고 벨기에 반뇌 성모 발현 성지[12]에 갔을 때 성라자로마을 원장 김화태(金華泰,

---

11) 영어 제명이 〈유령(Ghost)〉인 1990년 미국 영화다. 여인을 사랑했던 청년이 갑자기 세상을 떠났는데도 여인에 대한 사랑이 지극했던 나머지 유령 인간이 되어서까지도 그녀를 돌본다는 줄거리이다. 주역 남우는 댄스 실력이 출중하다는 소문의 패트릭 스웨이지, 여우는 미모의 극성기에서 출연했던 데미 무어로 낭만주의 한국 영화팬의 호평을 받았다.

12) 반뇌(Banneux)는 벨기에의 작은 시골 마을로 성모가 1933년 1월 15일부터 3월 2일까지 총 여덟 번에 걸쳐 어린 소녀에게 발현했다는 곳이다.

1951~) 신부와 둘이서 이중창 하듯 소리 높여 부르던 성가 61번[13]을 그때 추기경이 따라 부르던 생각이 났다. 나도 갑자기 그 성가를 부르기 시작했다.

"주 예수 그리스도와 바꿀 수는 없네……"

추기경은 눈을 감은 채 속으로 그 노래를 따라 부르고 있음이 분명했다.

"주 예수 그리스도와 바꿀 수는 없네…… 세상 어떤 것과도……"

워낙 기운이 없는 데다가 오랜 단식 투쟁을 하는 사람처럼 식사를 전혀 안 하시고 처방된 약도 복용하지 않기 때문에 정신만 겨우 차리고 있을 뿐, 추기경은 차마 눈뜨고 보기에 민망할 만큼 쇠약해져 있었다.

정신 바짝 차리고 기운 내어 '순교자의 노래'를 부르는 추기경, 하루라도 빨리 이 세상을 떠나 하느님 나라로 가고 싶어 하는 노사제, 아, 이럴 때 나는 뭘 어떻게 해드려야 이 안타까운 추기경님의 마음을 편하게 거들어 드릴 수 있을까? 또 어떻게 해야 가시는 길 기쁘게 해 드릴 수 있단 말인가? 답답해서 울고 싶었다.

성인들이 가신 길을 따라나선 추기경은 병상에서도 늘 '죽음의 의미', '부활의 의미', '생명의 의미'를 되씹으며 마지막 생애의 심지를 불태우고 있었다. 나는 얼떨결에 준비도 안 된 말을 내뱉었다.

---

13) 제목은 "주 예수와 바꿀 수는 없네"로, "이 세상 부귀영화와 권세도 예수님과 바꿀 수 없다"는 내용이다.

"추기경님, 많은 사람이 하느님의 뜻대로 되시도록 기도를 많이 하고 있습니다."

그 말을 들은 노사제는 눈을 지그시 감은 채 나지막하게 말씀했다.

"고마워……."

그리고 죽음의 시간을 앞두고 이 시대의 성자(聖者) 김수환 스테파노 사제는 온 누리를 향해 마지막 말을 남겼다.

"감사합니다. 서로 사랑하세요!"

◎

명동성당의 기적

명동성당의 기적은 김수환 추기경이 보여준 삶이 성자처럼 숭고했기에 가능했다. 추기경은 1966년 처음 주교 자리에 오르면서 사목 표어를 '너희와 모든 이를 위하여'로 정했다. 예수님처럼 세상 사람들을 위해 나 자신을 온전히 내놓는 것이 바로 '신앙인의 삶'이란 확신에서 나온 표어였다.

추기경은 그 말 그대로 살았다. 그처럼 숭고한 삶을, 초지일관 흐트러짐 없이 아주 낮은 곳에서부터 실천했기에 40만 명 추모 인파가 엄동설한에 세 시간씩 줄을 서가며 명동성당에 생전의 모습대로 누워계신 추기경을 찾았다.

그 긴 줄에 성라자로마을 원장 김화태 신부도 일반 신자들 틈에서 두 시간이나 줄섰다가 겨우 뵈올 수 있었다. 너무 슬프고 섭섭한 나머지 이튿날도 찾아와 마을 명예 총재 추기경을 뵈었다 했다. 이 말을 듣고 보니 언젠가 김 신부에게 했던 추기경의 말씀이 기억났다. 김 신부가 병자가 아닌 보통 사람으로 나환우를 지극 정성으로 돌보는 충심(衷心)에 감동한 나머지 "나 김화태 신부 존경해!"하던 추기경의 말씀에 내가 깜짝 놀랐던 적이 있지 않았던가.

"아니, 이렇게 높은 양반이 저기 나환우 촌에 있는 신부를 존경하다니……" 나는 할 말이 없었다. 비슷한 교감이었던가. 교황 베네딕트 16세는 김수환 추기경의 선종에 애도의 뜻을 표하면서 장례식을 교황장으로 해줄 것을 정진석 추기경께 당부했다.

◎

말년의 추기경

말년의 추기경에게는 더 이상 보수도 없고 진보도 없었다. 오직 대한민국만 있었고, 대한국인만 있었다. 황 모 박사의 '줄기 세포 연출극'이 온 세계에 폭로되었을 때 그는 울었다. 명색이 고명하다는 교수가 자신을 속인 것에 그치지 않고, 그 연구성과로 병고에서 벗어날 수 있을 거라 기대하던 전 세계인을 속인 사실에 흘린 연민의 눈물이었다. 그게 바로 인간 김수환의 모습이었다.

나는 확신한다. 우리는 한 '위대한 인간'을 잃은 게 아니라 든든한 '수호천사'를 새로이 얻은 것이다. 그분은 지금 국민 통합을 넘어 민족의 통일과 대한민국의 무궁한 번영을 위해 저 하늘에서 빌고 계실 것이다.

추기경이 2009년 2월에 세상을 떠났을 때 나는 미국에 머물고 있었다. 바로 얼마 뒤 그 봄에 귀국하면서 먼저 용인 천주교 묘지부터 찾았다. 사제 묘소에는 서울대교구 교구장이던 김 추기경이 전임 교구장 노기남(盧基南, 1902~1984) 대주교 옆에 나란히 누워 계신다. 사순절 바로 전이었는데도 추기경의 묘소를 찾는 행렬이 하루 종일 이어졌다. 그리고 개인적으로나 단체로 몰려와 끊임없이 연도를 바치고 있었다.

나는 추기경 묘소 앞에 서서 귀국 보고를 했다. 그해 4월 5일 주님 수난 성지 주일에는 천주교 서울대교구장 정진석 추기경의 집전으로 추도 미사가 올려졌다. 많은 인파가 용인 천주교 묘역을 뒤덮었다. 명동성당에 줄기차게 찾아왔던 40만 명 사람 물결을 다시금 느끼게 해주는 장면이었다.

김수환 추기경이 우리 곁을 떠난 이제 여느 가톨릭 국가에서도 볼 수 없는 뜨거웠던 추모 열기는 '명동성당의 기적'이라고 이름 붙여도 전혀 어색하지 않을 정도다.

"돌아가시고 나니까 테레사 수녀와 같은 성자였다는 생각이 든다."

추기경을 기억하는 친소(親疎) 간 또는 근원(近遠) 간의 신자들이 한결같이 하던 말이 새삼 가슴에 와 닿았다.

◎

김수환 추기경의 인생 덕목

1. 말 : 말을 많이 하면 필요 없는 말이 나온다. 두 귀로 많이 들으며 입은 세 번 생각하고 열라.

2. 독서 : 수입의 1%를 책을 사는 데 투자하라. 옷이 헤지면 입을 수 없어 버리지만 책은 시간이 지나도 위대한 진가를 품고 있다.

3. 노점상 : 노점상에서 물건을 살 때 깎지 말라. 그냥 돈을 주면 나태함을 키우지만 부르는 대로 주고 사면 희망과 건강을 선물하는 것이다.

4. 웃음 : 웃는 연습을 생활화하라. 웃음은 만병의 예방약이며, 치료약이며, 노인을 젊게 하고, 젊은이를 동자로 만든다.

5. 텔레비전(바보상자) : 텔레비전과 많은 시간 동거하지 말라. 술에 취하면 정신을 잃고 마약에 취하면 이성을 잃지만 텔레비전에 취하면 모든 게 마비된 바보가 된다.

6. 성화 : 화내는 사람이 언제나 손해를 본다. 화내는 사람은 자기를 죽이고 남을 죽이며 아무도 가깝게 오지 않아서 외롭고 쓸쓸하다.

7. 기도 : 기도는 녹슨 쇳덩이도 녹이며 천 년 암흑 동굴의 어둠을 없애는 한줄기 빛이다. 주먹을 불끈 쥐기보다 두 손을 모으고 기도하는 자가 더 강하다. 기도는 자성을 찾게 하며 만생을 유익하게 하는 묘약이다.

8. 이웃 : 이웃과 절대로 등지지 말라. 이웃은 나의 모습을 비추어 보는 큰 거울이다. 이웃이 나를 마주할 때 외면하거나 미소를 보내지 않으면, 목욕하고 바르게 앉아 자신을 곰곰이 되돌아 봐야 한다.

9. 사랑 : 머리와 입으로 하는 사랑에는 향기가 없다. 진정한 사랑은 이해, 관용, 포용, 동화, 자기 낮춤이 선행되어야 한다.

"사랑이 머리에서 가슴으로 내려오는 데 70년이 걸렸다!"

문화 독립 운동가 전형필

이성낙 (간송미술문화재단 이사)

도자기를 끼고 앉은 문화독립운동가

문화재를 "알고 사랑하고 즐겼던" 간송은 최순우, 김원용 등 나중에 국립박물관장을 역임한 후배들과 어울린 자리에서 취흥이 도도해지면 깊숙이 간직해둔 고려청자 잔도 꺼냈다.

"역사는 소멸되는 시간을 증명해주는 목격자이다."

(마커스 키케로, 기원전106~43)

◎

무겁기만 한 붓방아

우리 사회의 큰 문화 자산인 간송미술관을 개창한 간송 전형필(澗松 全鎣弼, 1906~1962)은 내 어린 시절부터 늘 범접하기 어려운, 너무나 드높은 산과 같은 어른이었다. 그에 대해 어찌 감히 글줄을 늘어놓을 것인가. 자칫 대인(大人)에게 누를 끼칠까 조심스러운 마음이 앞선다.

더구나 간송은 이미 오래전부터 우리나라의 존경받는 큰 인물로 널리 알려져 왔다. 내가 그분에 대해 무슨 이야기를 보탤 수 있단 말인가. 그럼에도 오늘의 우리 사회가 이른바 '역사 의식 결핍 증후군'에 시달리고 있음 또한 외면할 수 없었다. 함량 미달의 그 역사 인식마저 많이 '오염'되어 있음도 안타까웠다. 이 연장으로 간송은 일제 강점이라는 민족 수난기에 문화로서 우리나라의 혼을 어떻게 지켜내려 했는지, 그 고난의 발자취를 살펴 전하는 데 작은 힘이나마 보태야겠다는 책임감은 차마 외면할 수 없었다. 그래서 나름대로 그분의 삶을 재조명해보려 한다.

◎

교주 간송

삼일절 기념 행사 때면 오늘날의 재단 이사장 격인 교주(校主) 간송은 서울 성북동으로 넘어가는 들머리에 자리한 보성중고의 전교생이 모인 학교 강당 높은 연단에서 독립선언문을 낭독하곤 했다.

> 오등(吾等)은 자(玆)에 아(我) 조선(朝鮮)의 독립국(獨立國)임과 조선인(朝鮮人)의 자주민(自主民)임을 선언(宣言)하노라. 차(此)로써 세계 만방(世界萬邦)에 고(告)하야 인류 평등(人類平等)의 대의(大義)를 극명(克明)하며, 차(此)로써 자손 만대(子孫萬代)에 고(誥)하야 민족 자존(民族自存)의 정권(正權)을 영유(永有)케 하노라…….

그렇게 나는 1950년대 중반에 삼일절 기념식을 거행하는 학교 강당에서 교주 간송을 처음 뵈었다. 당시의 모습을 돌이켜보면 몇 가지 잔상이 아직도 뚜렷하게 남아 있다. 간송은 웅변적인 '제스처'와는 거리가 아주 먼 소박한 모습의 신사였다.

그분은 독립선언문을 낮은 목소리로 차분하게 읽어나갔다. 그것도 오디오 시스템을 전혀 설치하지 않은 대 강당에서 오로지 육성만으로였다. 그러니 독립선언문의 첫 구절만 지나면 벌써 학생들은 주의가 산만해지기 십상이었다. 게다가 서울을 수복한 직후 피란처 부산에서 올라와 되찾은 학교 시설은 열악하기 그지없었다. 당연히 대 강당은 난방이 전혀 되지 않았다. 우리는 3월 초 늦겨울의 매서운 추위에 발을 동동 구르며 몸을 떨었다. 그 상황에서 교주의 독립선언문 낭독을 듣자니, 여간 고역이 아니었다. 기념사가 조금이라도 빨리 끝나기만을 학수고대했다. 다소 부끄러운 추억인데도, 지금 생각하면 역설적으로 '그 시절, 그 모습'이 아련한 울림으로 다가온다. 간송이 그런 훈시를 통해 우리 학생에게 전하고자 했던 간절한 마음을 충분히 느낄 수 있었기 때문이었다.

간송은 왜 삼일절 기념식 행사 때마다 직접 독립선언문을 낭독했을까? 간송이 보성고보(보성중 · 고등학교의 전신)를 인수했던 것은 1940년이었다. 보성보통고등학교(普成普通高等學校)는 1906년에 개교한 이래, 1910년 일제강점기의 시작과 더불어 여러 차례 학교 운영권이 바뀌었다. 그러던 중 천도교에서 운영하던 학교가 경영난에 빠져 큰 곤경에 처해 있었다.

그때 간송이 교육 사업에 관심을 갖게 된 것은 '나라 사랑'이라는 큰 줄기와 맥(脈)이 닿아 있었다. 일제는 1940년에 이르러 이른바 우민 정책(愚民政策)을 강하게 펼치기 시작했다. 그렇게 일제가 조선의 문화를 말살하고 영원히 식민지화하려는 야욕을 노골화하자 이에 대한 무언의 항거로 막대한 출혈을 감내하면서까지 민족 학교인 보성고보를 인수함으로써 육영 사업에 능동적으로 참여했던 것이다.

그해 2월 11일에는 창씨개명(創氏改名)이라는 인류 역사상 전무했던 종족 개조 정책을 강행하며 소위 내선일체(內鮮一體)를 표방하는 황국 신민화(皇國

臣民化) 교육을 강요하게 된다. 우리 민족을 영원히 노예로 만들려는 교육 정책을 강하게 밀어붙였다. 이에 간송은 항거하며 우리 민족에게 고등 교육을 시키겠다는 것이 목적이었다. 그 이면에는 그렇게 해서 우리 전통 문화를 계승할 인재를 양성하겠다는 원대한 포부가 숨어 있었다. (중략) 간송이 나서서 이를 인수해 재단을 반석 위에 올려놓았으니 교육 사업에서도 당당히 일제를 제압하며 민족적 항일 의지를 분명히 표출하는 쾌거를 이루어냈던 것이다(『간송문화, 2014』, 272쪽의 재구성).

간송은 막대한 재정적 부담을 안고 인수한 학교임에도 재단 운영과 학교 운영을 명확하게 구분했다. 요컨대 교주임에도 학교 행정에 전혀 관여하지 않았다. 학교의 교육 · 행정 운영을 서원출(徐元出) 교장에게 전적으로 맡겼다. 오늘날 사립학교 재단이 학교 운영에 관여하면서 생겨난 각종 비리 사건이 세상을 시끄럽게 한다. 이런 사건들을 볼 때마다 간송의 높은 선견지명을 새삼 존경하지 않을 수 없다.

◎

유독 독립선언문 낭독만은

간송은 이처럼 재단 운영과 학교 운영을 엄격하게 구분했다. 하지만 학교 행사인 삼일절 기념식에는 반드시 참석해 자신이 직접 독립선언문을 낭독했다. 간송은 공사(公私)를 막론하고 어떤 모임에서든 남 앞에 나서는 걸 멀리한 것으로 유명했다. 그런 성품임에도 유독 삼일절 독립선언문 낭독만큼은 마다하지 않고 직접 했으니 그 깊은 속내를 미루어 짐작할 수 있다.

이를 증명이라도 하듯 간송의 유품 중에는 친필로 쓴 독립선언문도 있다. 이 독립선언문을 보노라면 그의 민족 사랑과 민중의 뜨거운 함성이 들리는 듯하다. 아울러 삼일절 행사 때마다 학생들 앞에서 절절한 음성으로 독립선언서를 낭독하던 간송의 뜻이 조용한 여운(餘韻)으로 전해온다.

또한 일제강점기에 간송이 느꼈던 굴욕적인 민족적 한(恨)이 얼마나 컸을지도 함께 느낄 수 있었다. 그리고 그가 일제강점기에 가산(家産)을 기울여, 아니 탕진하다시피 하면서까지 우리 문화 예술품을 '보전 보호'하는 데 모든 것을 건 이유를 짐작케 하는 대목이기도 하다.

◎

대지주의 사손(嗣孫)으로 나서

간송이 큰 지주의 자손으로 태어났다는 것은 널리 잘 알려진 사실이다. 내가 보성학교 재학 시절에 들었던 소문에 따르면 간송은, "동대문 밖에서 백 리 길을 자기 땅을 밟으며 걸어가는 부자", "종로 거리의 수많은 점포 건물의 주인", "경기도와 황해도에 넓고 넓은 농지를 소유한 대 지주"였다. 이런 소문의 진실 여부를 떠나 우리는 간송이 엄청난 갑부의 자손이라는 걸 틀림없는 사실로 잘 알고 있었다.

지금 개념으로 보면 국내 으뜸 '지주 재벌(地主財閥)'이었던 셈이다. 간송이 1906년, 명문 갑부의 아들로 태어났다. 하지만 그가 태어나면서부터 운명적으로 마주친 부(富)의 축적 과정과 이후 행적은 하늘의 섭리와도 같았던 것이 아니었을까. 이 점이, 여느 부자와 달리, 우리 문화 예술품을 사랑한 그분의 바탕이 되었음이 분명했다. 집안의 문건이 내력을 간단히 적었다.

간송은 정선 전씨(旌善全氏) 채미헌공파(採薇軒公派)로 고려 말 한림학사(翰林學士)로서 형부상서(刑部尙書, 오늘날의 법무부장관) 벼슬을 지낸 분의 자손이다. 특히 목은(牧隱) 이색(李穡, 1326~1396)과 포은(圃隱) 정몽주(鄭夢周, 1337~1397)가 증시(贈詩)를 지어 보낼 만큼 학행이 뛰어났던 학자 가문의 전통이 깃든 집안이다.

특이 사항은 고려조에 이어 조선조에 걸쳐서도 간송의 선조들은 다양한 벼슬을 지내면서 가세(家勢)을 계속 지탱했다는 점이다. 그러던 중 조선 후기에 간송의 증조부 전계훈(全啓勳, 1812~1897)에 이르러 서울 배오개(梨峴, 오늘날의 종로 4가)에서 일어난 재운(財運)이 왕십리 · 답십리 · 청량리 · 송파 · 가락동 · 창동 일대로 퍼졌고, 나아가서 기호 지방을 넘어 황해도 연안, 충청도 공주와 서산 등지의 농지를 구득함으로써 수만 석의 추수를 하는 대 지주로 크게 발돋움했다.

간송이 부친 전영기(全泳基, 1865~1929)와 모친 밀양 박씨(密陽朴氏, 1862~1943) 사이에서 2남 4녀 중 늦둥이 막내아들로 난 것은 1906년 7월 29일이었다. 막대한 가산을 가졌음에도 불구하고 손이 귀한 집안이었다. 그래서 갓 태어난 간송은 곧 숙부의 양자로 입양되었다. 오늘날의 시각에선 다소 생소하지만, 그때는 입양된 아들의 경우 생부모와 양부모 양가(兩家)의 부모 슬하에서 성장하는 것이 드물지 않았다.

간송이 열 살이 되던 해인 1915년, 생가의 조부가 여든다섯의 수로, 그 다음 해에는 양가의 조모가 일흔아홉 고령으로 타계했다. 얼마 후 양가의 조부가 여든을 일기로, 그로부터 두 달 후인 1918년에는 생가 조모가 여든일곱의 고령으로 별세했다. 1919년에는 양부(원래 숙부) 두남 전명기(斗南 全命基, 1870~1919)가 쉰을 일기로 세상을 떠났다.

게다가 생가의 계승자이자 간송의 유일한 친형인 전형설(全鎣卨, 1892~1919)마저 스물여덟의 젊디젊은 나이에 후사를 두지 못한 채 세상을 떠났다. 이 무렵의 어의동 공립보통학교 13회 졸업 사진(1921년)을 보면 '흰 모자에 흰옷(白帽白衣)'인 상복 차림의 앳된 간송의 모습이 보인다. 바로 화불단행(禍不單行 : 재앙을 홀로 다니지 않는다)의 거듭된 가화(家禍)을 말해주고 있음이었다.

그렇게 간송은 생가와 양가 모두에서 유일한 적손이 되었다. 갑작스레 두 가문의 모든 재산을 물려받아 10만 석 거부로 우뚝 올라섰다. 이 엄청난 재산은 간송이 훗날 문화 독립 운동가로 발돋움하는 데 아주 유효한 밑천이 되었다.

◎

간송의 전통 문화 사랑

그런 연속의 슬픔 속에서도 생가 부모와 양어머니가 생존해 있어 간송이 직접 집안일을 챙겨야 할 상황은 아니었다. 그나마 천만다행이었다. 가족적 파란 속에서도 어의동 보통학교를 졸업한 간송은 오늘의 휘문중 · 고교인 휘문고등보통학교에 진학할 수 있었다. 거기서 이 땅에 밀려오는 신학문을 접하게 되었다. 간송은 이를 무척 적극적으로 받아들였다.

입학하자마자 야구부에 들어가 선수로 이름을 떨치며 모교에 여러 차례 우승의 영광을 안겼다. 4학년 때인 1924년에는 야구부장으로서 휘문고보 팀을 이끌고 강점국 일본으로 건너가 오사카 중학교 팀을 격파하기도 했다. 한 · 일 간 대결이라면 오늘날까지도 아주 독특한 민족 감정을 표출하는 우리네 정서를 감안하면 당시 얼마나 기뻤을지 상상하고도 남는다.

간송은 야구 선수로 적극 활동하면서도 학업에 충실했음은 물론 음악과 미술 감상을 즐기는 등 '인문학적 그릇'도 키워나갔다. 당시 야구부장 간송, 미술부장 이마동(李馬銅, 1906~1981)[14] 그리고 축구부장 박정휘(朴廷徽, 1909~1985)[15]는 '삼총사'라는 별명이 붙을 정도로 가깝게 지냈다. 간송이 학생 시절부터 '인간 관계의 폭'이 얼마나 컸는지 짐작케 하는 대목이다.

한편, 간송은 어려서부터 책 읽기를 남달리 즐겼다. 특히 여러 서점을 순례하며 고서(古書)를 수집하는 데 남다른 열정을 보였다. 부친이

---

14) 일본 도쿄미술학교 출신의 서양화가로 홍익대 교수였다.

15) 경성제대 출신으로 대한축구협회 부회장 등을 역임했다. 대한민국 축구 국가대표팀 감독도 맡았던 한국 축구의 지도자였다.

암묵적으로 재정적 뒷받침을 해주었기에 가능한 일이었는데, 훗날 간송이 국보급 서적을 수집하는 안목을 구축하는 데 큰 도움이 되었다.

간송은 휘문고보를 졸업할 무렵 일본 유학의 뜻을 굳혔다. 일본의 심장부에 들어가 그들이 어떻게 조선을 강점했고, 조선은 또 어떻게 일본국에 힘없이 병합되었는지 몸소 체득하고 싶었다. 마침내 와세다[早稲田]대학 법학과에 합격했다.

그러나 당시 많은 일본 유학생이 그러했듯, 청년 간송도 희망보다는 좌절감에 시달리곤 했다. 조선이 처한 현실과 미래가 막막했기 때문이었다. 그런 가운데서도 자긍심이 남달랐던 간송은 일본인들을 굴복시킬 수 있는 방법과 수단을 고민했다. 특히 방학이 되어 서울에 오면 모교인 휘문고보에서 미술 교사로 재직하던 춘곡 고희동(春谷 高羲東, 1886~1965)[16]을 자주 찾았다.

춘곡은 우리나라의 첫 서양화가로 일본 유학을 마친 후 휘문고보에서 교편을 잡고 있었다. 당시 간송은 스승 춘곡에게서 조선의 문화와 미술에 대해 많은 가르침을 받았고, 춘곡 역시 오래전부터 남달리 눈여겨본 제자 간송을 각별하게 대해주었다.

특히 춘곡은 젊은 간송을 3·1운동의 발기인 중 한 사람인이자 고미술계에서 최고의 학덕과 안목을 갖춘 위창 오세창(葦滄 吳世昌, 1864~1953)에게 소개해주었다. 이는 훗날 간송이 우리나라 고미술 문화재에

16) 한말의 관비 유학생으로 우에노[上野]라 알려진 도쿄미술학교 서양화과를 1915년 한국인 최초로 졸업했다. 1945년 이후는 대한민국 미술협회 회장, 예술원 회장 등을 지냈다.

깊은 관심을 기울이게 되는 결정적 계기였다는 점에서 큰 의미를 갖는 만남이었다.

◎

우리 문화재 보호 · 보존에 뛰어들다

우리 문화재 수집과 관련해 간송의 특별한 점은 일차적으로 일제강점기 이래 국외로, 특히 일본으로 반출하려는 고미술품을 공격적으로 구입하는 일이었다. 아울러, 이보다 더 우선 과제로 일본에 이미 반출된 우리 고미술품을 되사들이기에도 애썼다. 요컨대 그의 문화재 수집은 '문화재 지킴'과 다르지 않았다.

예나 지금이나 고미술품을 구입할 때 가장 큰 어려움은 진위 판별이다. 그런데 25세의 젊은 간송은 위창 같은 노련한 전문가의 큰 도움을 받는 행운을 누릴 수 있었다. 특히 위창은 이순황(李淳璜)[17]이라는 정직하고도 뛰어난 전문성을 갖춘 거간(居間)을 젊은 간송에게 붙여주는 등 세심한 배려를 마다하지 않았다. 이순황이 고미술품을 모아놓으면 위창이 먼저 선별해서 구입할 것을 정했으니 젊은 간송에게는 더없이 소중한 인연이었다.

---

17) 문방구류 조선 백자를 집중으로 수집한 뒤 만년에 국립중앙박물관에 일괄 기증했던 의사 박병래(朴秉來, 1903~1974)의 회고록(『도자여적』, 1974)에서 이순황에 대해 이렇게 적었다. "눈을 약간 아래로 내려 뜨는 듯하면서 상대방의 마음속을 명경지수처럼 떠보는 재주와 능란한 언변으로 해서 한동안 장안의 서화를 주무르다시피 한 것이다. 결국 이순황을 통해서 간송 소장의 서화가 차곡차곡 쌓여가게 됐다는 것은 그때 사정을 아는 이면 대개 짐작할 수 있다."

내가 보성고교 학생 시절에 이훈종(李勳鐘, 1918~2005)[18] 국어 교사에게서 들었던 바로, 간송은 호리다시[掘出]꾼들이 어쩌다 진품이 아닌 것을 가져와도 그 값을 후하게 쳐주었다 했다. 만약 '정품'이 아니라고 호리다시들을 나무라면 그들이 진품마저 가져오지 않을 뿐더러 간송과의 인연도 끊을까 우려했기 때문이었다.[19] 이는 고미술품의 원주인이 그 가치를 모르고 싼값을 부르더라도 두 배, 세 배 또는 열 배로 제값을 쳐줬다는 훈훈한 이야기와도 일맥상통한 일화였다.

간송에 대한 이런 입소문이 고미술품계에서 전설처럼 퍼져나간 것은 당연했다. 아울러 간송의 푸근하고 진솔한 인간미를 느낄 수 있는 대목이기도 했다. 이런 소문 덕분에 그때 중요 골동품이 매물로 시중에 나왔다 하면 먼저 간송에게 '몰려오는' 현상으로 이어졌다. 마치 보이지 않은 그물망을 쳐놓은 것과 같았다.

간송은 위창과 논의해 그간 고서를 많이 수장해온 고서점 한남서림(翰南書林)을 1만170원이라는 거금을 주고 인수했다. 그리고 이곳을 고서 및 서화류 등 우리 문화재를 수집하는 창구로 활용하면서 본격적인 고미술품 수집가로 두각을 나타내기 시작했다. 이 한남서림을 통해 수많은 문화재가 간송의 수장고로 들어간 사실을 살펴보건대 그의 탁월한 선견지명을 엿볼 수 있었다. 당시 간송은 29세의 젊은 청년이었으

18) 경성사범학교를 졸업한 뒤 초중고 교사를 거쳐 건국대 국문학과 교수 등을 지냈다.

19) 진위가 분명치 않은 골동을 만나 의심이 가면서도 물건을 사주면, 여기에 감읍한 호리다시들은 다음에 언젠가 한번은 진품을, 때론 극품(極品)을 가져온다는 게 골동계의 알려진 비밀이라 했다.

니 그 남다른 식견이 감탄스럽기만 하다.

이때 간송은 거간 이순황의 도움을 받아 조선 후기의 거장 현재 심사정(玄齋 沈師正, 1707~1769)의 생애 마지막 작품이기도 한 역작이자, 폭 58센티미터, 길이 8미터가 넘는 대작 〈촉잔도권(蜀棧圖卷)〉을 거금 5천 원에 구입했다. 그리고 이를 일본 교토로 보내 수리하고 표구를 다시 했는데 그 비용이 자그마치 6천 원에 달했다. 결국 1만1천 원이 든 셈이었다. 당시 수십 간[20] 기와집 한 채 값이 1천 원 내외였다고 하니 얼마나 큰 돈인지 능히 짐작할 만했다.[21]

그리고 간송은 많은 고미술품이 이미 일본인들 손에 들어갔다는 사실을 감안해서 일본인 골동품상을 거래인으로 활용했다. 그중 온고당(溫故堂) 주인인 일본인을 전속 중개 의뢰인으로 삼았다. 그는 특히 간송의 인품에 매료하여 큰 도움을 주며 중요한 거래를 성사시키곤 했다. 그런 방식으로 1935년에는 일본인에게서 거금 2만 원에 고려청자 청자상감운학문매병(青瓷象嵌雲鶴文梅瓶, 국보 68호)을 넘겨받았다. 그리고 다음 해 1936년에는 경성미술구락부 전시 경매에서 백자청화철채동채초충난국문병(白瓷青畵鐵彩銅彩草蟲蘭菊文瓶, 국보 294호)을 놓고 일본인 대 수장가와 불꽃 튀는 경합을 벌인 끝에 거금 1만4580원을 주고 사들였다. 그 밖에도 간송은 국내와 일본 각지에서 열린 경매장에

20) 1간(間)은 1.6~1.8평. 1평은 3.3m^2.

21) 간송이 이렇게 수집한 심사정의 작품은 2014년 동대문 DDP빌딩 개관에 즈음해 열린 '간송문화전' 때 많은 관람객의 큰 사랑을 받았다.

서 우리 고미술품을 끊임없이 사들였으니, 그 수를 헤아릴 수 없을 정도였다.

이 무렵 또 하나의 기적과도 같은 행운이 다가왔다. 도쿄에 살면서 고려청자만을 수십 년간 고집스럽게 수집해온 영국 변호사 개스비(John Gadsby)가 동북아시아에 몰려오는 전운(戰雲) 때문에 일본을 떠나 귀국하려 하자 간송이 그의 수장품을 모두 인수한 것이다. 1937년에 인수한 품목 중에는 훗날 국보로 지정된 것이 네 종, 보물로 지정된 것이 세 종에 달했다. 그 밖에 접시, 대접, 사발, 유병(油餠), 향합(香盒) 등 다양한 기종(器種)이 있었으니 영국 변호사의 안목이 절로 감탄스러웠다.

그런 그가 그토록 열정적으로 수집한 애장품의 우선 인수자로 간송을 꼽았다는 것 역시 참으로 예사스럽지 않았다. 그때 간송의 명성이 그만큼 높았으며, 믿을 수 있는 문화 애호가로 우뚝 섰다는 말이었다. 특히 훗날 국보 270호로 지정된 청자모자원형연적(青瓷母子猿形硯滴)을 비롯한 문화재 몇 점은 1905년 을사늑약을 주도한 일본 주한전권공사가 예전에 소장했던 내력이 있어 간송의 구매는 더욱 더 의미가 컸다.

또한 간송은 이미 일본인 부상(富商)의 수중에 들어간 혜원 신윤복(蕙園 申潤福, 1758~?)의 풍속화첩인 〈혜원전신첩(蕙園傳神帖, 국보 135호)〉을 여러 해에 걸쳐 공들인 끝에 1934년에 일본인 수장가로부터 되찾기도 했다. 간송은 이때 직접 오사카로 건너가 일본의 수장가이자 골동품 상인과 힘겨운 협상을 벌였다. 그 밖에 오사카 경매장에서 '3층 석탑'(서울시 유형문화재 28호), '고려 3층 석탑' 등 여러 점을 낙찰

받아 국내로 반입했다.

그 무렵 간송은 문인화가인 영운 김용진(穎雲 金容鎭, 1878~1968)으로부터 추사 김정희(秋史 金正喜, 1786~1856)의 수많은 서예 작품과 함께 혜원 신윤복의 〈미인도(美人圖)〉를 넘겨받는 큰 행운을 누렸다. 이는 간송과 영운의 오랜 믿음이 있었기에 가능한 일이었다. 당시 영운은 보화각(葆華閣)이라는 국내 초유의 사립 박물관을 건립하려는 간송의 계획을 보고 우리 문화에 대한 그의 집념과 사랑에 깊은 감명을 받았다 했다. 나는 수 년 전 보화각에서 전시한 혜원의 〈미인도〉를 보기 위해 두 시간 넘게 비를 맞으며 기다린 적이 있었다. 간송과 영운이 이 시대 미술 애호가들의 마음을 그때 이미 헤아렸을 것을 생각하니 더욱 더 큰 감동이 밀려왔다.

간송은 또한 겸재 정선(謙齋 鄭敾, 1676~1759)이 72세의 무르익은 필력으로 남긴, 진경산수화(眞景山水畵)의 〈진수 금강내산(金剛內山)〉이 포함된 『해악전신첩(海嶽傳神帖)』을 수장했다. 전해지는 말로 이 작품은 친일파인 송병준(宋秉畯, 1858~1925)의 집안에서 하마터면 '불쏘시개'로 없어질 뻔했던 것을 겨우 '구출'한 것이라고 했다.

이렇게 간송의 집요한 집념 덕분에 되찾거나 보존된 우리 문화재는 그 수를 헤아릴 수 없을 정도로 많다. 이를 반영하듯 간송미술관에서는 보화각에 수장된 고예술품만으로 1971년부터 매년 봄과 가을에 한 번도 거르지 않고 40년 넘게 특별전을 열고 있다. 아울러 전시회 때마다 1년에 두 차례 발간하는 『간송문화(澗松文華)』는 우리나라 고미술 연구의 가장 값진 사료집으로 알려졌다. 또한 지난 1971년 가을 전시회 이후 보화각 전시를 찾는 관람객은 연인원 2백50만 명을 넘었고, 2014년 3월 DDP(동대문 디자인 프라자) 빌딩의 개관과 함께 전시해온 〈간송문화전〉을 찾은 방문객은 무려 70만 명에 이른다 했다. 간송이 우리에게 전하고자 한 문화(文華), 곧 "문화로 나라를 지키고 꽃 피우겠다"라는 깊은 뜻을 후손들이 온전히 되새기고 있는 것이었다.

간송은 이 모든 것을 일제강점기라는 어려운 상황에서 이뤄냈으니 기울어가는 국운의 불씨를 지핀 거대한 징표(徵表)가 아닐 수 없었다. 그는 자신이 수집한 귀한 문화재를 장기적으로 안전하게 보존하며 연구하기 위해 반듯한 수장고와 전시 공간이 필요하다는 것을 절감했다. 그 결정체가 바로 보화각(葆華閣)이었다.

보화각은 1938년, 우리나라 최초의 사립 박물관이라는 역사적 획을 그으며 개관했다. 일제강점기에 우리의 문화적 토양이 척박하기 그지없던 시절, 보화각의 출현은 아마도 시름에 빠져 희망을 잃어가고 있던 우리 민족에게 더없는 긍지를 심어주었을 것이다.

나는 1950년대 후반, 종종 혜화동에서 성북동으로 넘어가는 고개에서, 또는 학교 뒷산 성곽 위에서 보화각을 바라보며 '우리 교주의 박물관'이라는 흐뭇한 감상에 잠기곤 했다. 외벽을 흰색으로 단장한 보화각 건물이, 주변에 드문드문 있을 뿐이었던 한옥에 비해 상대적으로 크고 눈부셨던 기억이 지금도 선명하게 남아 있다.

◎

6·25전쟁의 파국을 넘어

1936년부터 해방이 된 1945년까지 약 10년 간이 간송의 우리나라 문화재 수집기(蒐集期)라고 한다면, 광복 이후는 또 다른 차원의 보호 및 보존을 지켜나간 시기라고 할 수 있다. 특히 6·25전쟁이라는 대 격변기의 와중에 보화각 수장품이 큰 파손이나 손실 없이 위기를 넘길 수 있었던 것은 기적과도 같은 일이었다.

전쟁이 발발한 지 며칠 만에 서울은 공산 치하에 들어갔다. 이때 보화각이 있는 북단장(北壇莊) 일대를 인민군 기마 부대가 점령했다. 역설적이게도 이 덕분에 보화각 소장품은 사람들의 손길로부터 보호를 받을 수 있었다.

아울러 전쟁 초기엔 북한군이 엄격한 규율 아래 의도적으로 문화재를 지켰을 것으로 짐작한다. 그러나 전세(戰勢)가 바뀌자 북한군은 간송 수장품을 북으로 가져가기 위한 준비 작업을 서둘렀다. 이때 고미술품을 포장하는 데 차출된 인물이 소전 손재형(素筌 孫在馨, 1902~1981)과[22] 혜곡 최순우(兮谷 崔淳雨, 1916~1984)[23]였다.

두 문화재 전문가는 귀한 문화재를 정성 들여 포장해야 한다며 의도

22) 서예가, 추사의 '세한도'를 일본에서 되찾아온 공로자.

23) 간송의 각별한 고임을 받았던 미술사학자로 국립중앙박물관장 역임했다. 그의 아호 혜곡도 간송이 지었다.

적으로 '시간 끌기' 작전을 펼쳤다. 그런데 그토록 독촉하던 북한 파견 요원들이 어느 날 아침 자취를 감추었다. 바로 유엔군의 인천상륙작전이 성공한 날이었다. 이렇게 간송의 수장품은 북송 또는 파손의 길목에서 아슬아슬하게 살아남는 기적과도 같은 천운을 누렸다.

간송 또한 6·25전쟁 초기에 북한군 내무서로 연행되어갔다. 많은 인사가 납북되던 때였는데, 마침 담당 내무서원이 교주 간송을 알아보고는 귀가 조치하며 당부했다.

"다시 발각되지 않게 꼭꼭 숨어 지내십시오!"

이렇게 간송은 일생일대의 큰 고비를 넘길 수 있었다.

드라마와도 같은 이 짧은 에피소드에서 우리는 평소 간송이 견지해온 소박한 인품이 새삼 진하게 느껴졌다. 요컨대 간송의 천성적인 소박한 친화력이 소장 문화재를 무사히 지켜낼 수 있었다는 점이었다. 이미 이전에 넉넉한 인덕이 있어 천하명품을 모을 수 있었다는 소문도 자자했다.

보화각 수장품은 이렇게 6·25전쟁의 큰 위기를 넘겼다. 그러나 중공군의 참전으로 1951년 1월 4일 서울이 다시금 적의 수중에 들어갔다. 간송은 추사 · 겸재 · 단원의 작품과 고려 자기 · 조선 자기 등의 보화각의 대표적 수장품을 부산으로 옮기기로 결심했다. 그래도 피란길이라는 물리적 여건 때문에 모든 것을 옮길 수 없었다. '사지(死地)'에 엄청난 양의 애장품을 두고 떠나야 하는 간송의 비통함이 어떠했을지 짐작하고도 남음이 있다. 그리고 3년 후, 서울로 돌아온 간송은 상당수 중국 서화와 중국 자기 등이 흔적도 없이 사라진 참화(慘禍)를 목격해야 했다.

◎

〈훈민정음〉 원본을 지키다

대한민국 정부는 1948년 7월 17일 헌법을 선포하면서 삼일절 · 광복절 · 제헌절 · 개천절 · 한글날을 국경일로 정했다. 이처럼 일제의 오랜 강점에서 해방되어 극도로 혼란한 와중에 '한글날'도 국경일로 정했다는 데서 우리는 한글, 곧 우리말과 독립 정신의 관계를 엿볼 수 있다.

일제는 1930년대부터 '내선일체(內鮮一體)'를 내세우며 조선어 교육과 한글 사용을 금지하고, 공공 기관에서 일본어만을 사용하도록 했다. 거기에 창씨개명(創氏改名)까지 강압적으로 추진했다. 여기서 '내(內)'란 일본을 말하고, '선(鮮)'은 조선을 말했다. 요컨대 조선과 일본은 하나(일체)이니 조선인을 일왕(日王)의 신민(臣民)으로 만들겠다는 저의가 담겨 있었다. 말과 글을 빼앗긴 우리 선대들이 이런 황민화(皇民化) 정책에 얼마나 뼈아픈 굴욕감을 느꼈는지는 이루 말할 수 없다.

세종대왕이 한글, 곧 〈훈민정음〉을 창제하여 1446년 음력 9월 10일에 반포했다는 사실은 이전에도 아는 사람은 알고 있었다. 하지만 우리의 자랑 〈훈민정음〉 원본은 놀랍게도 1940년까지 행방이 묘연했다.

〈훈민정음〉은 크게 예의(例儀)와 해례(解例)로 나뉜다. 예의는 세종이 직접 지은 글로, 한글을 창제한 이유와 사용법을 간략하게 설명한 부분이다. 반면, 해례는 당시 집현전 학사들이 한글의 자음과 모음을 만든 원리와 용례를 설명한 책자다. 그런데 예의 부분은 간략하게나마 『세종실록』과 『월인석보(月印釋譜)』에 실려 전해왔지만, 해례는 세상에 알려지지 않았다. 그런데 1940년 예의와 해례가 모두 실려 있는 〈훈민정음〉 정본이 발견되었다. 바로 『훈민정음 해례본』이다.

간송은 영원히 사라질 뻔했던 이런 〈훈민정음〉 원본을 1940년에 겨우 찾아내 수장했다. 해례본을 소유하고 있다는 것만으로도 목숨이 위험한 상황에서 간송은 한글학자 홍기문(洪起文, 1903~1992)[24]과 방종현(方鍾鉉, 1905~1952)[25]에게 이를 비밀리 공개하고 필사하도록 했다.

이와 관련해 조선일보는 일제에 의해 강제 폐간 직전인 1940년 7월 30일, "1446년(세종 28년) 간행 이래 자취가 드러나지 않았던 훈민정음(訓民正音) 해례본(解例本)이 494년 만에 실체를 드러냈다"라는 특종 기사를 실었다. 당시는 일제가 어용학자를 앞세워 한글을 폄훼하기 위해 몽골 파스파(八思巴) 문자설, 일본 고대 문자설 등을 주장하던 시절이었다.[26] 아울러 1942년에는 조선어학회 사건을 일으켜 한국어사전을 편찬하던 학자 33인을 검거하고 수십 명을 심문하는 등 한글 탄압 정책을 노골화하고 있던 시절이기도 했다.

간송이 해례본을 수장하기까지의 일화는 감동적인 드라마와 같다.

---

24) 『임꺽정』 소설로 유명한 홍명희(洪命憙)의 아들로 북한의 국어학자였다.

25) 한글학자로 서울대 교수였다.

26) 김슬옹(『훈민정음 해례본-한글의 탄생과 역사』, 2015) 참조

1940년 여름, 한남서림에서 우연히 한 거간을 만난 간송은 훈민정음 원본이 경상도 안동에 있다는 얘기를 들었다. 그걸 사려면 1천 원은 족히 들어야 한다고 했다. 1천 원은 당시 큰 기와집 한 채 값에 해당하는 큰 돈이었다. 하지만 간송은 지체 없이 1만1천 원을 주며 〈훈민정음〉 원본을 구해달라고 했다. 1천 원은 '수고비'라면서. 문화 독립 운동가로서 간송의 큰 역할에 머리 숙여 경의를 표하지 않을 수 없는 대목이다.

1945년 광복을 맞이하자 간송은 해례본의 실물을 공개했다. 그 자리에 참석한 한글학회 학자들이 놀라움과 기쁨의 환성을 지른 것은 당연했다. 이를 지켜본 간송 또한 그 무엇과도 비교할 수 없는 긍지를 느꼈으리라. 6·25전쟁 당시 미군 헌병의 보호 아래 보화각의 수장품을 부산으로 옮길 때도 간송은 해례본만큼은 몸소 챙겼다고 한다. 이후 간송의 『훈민정음 해례본』은 1962년 12월 국보 제70호, 1997년 10월 유네스코 세계기록유산으로 등재되었다.

그런 의미에서 간송이 오래전 『훈민정음 해례본』을 구입해 일제의 강취로부터 보호하고, 전란 속에서도 지혜롭게 보호 · 보전해준 것이 더없이 고맙고 자랑스럽기만 하다. 이것이 바로 우리가 문화 독립 운동가로서 간송의 참모습을 우러러보는 이유다.

◎

간송이 '지주 재벌'로 남았다면

앞서 말했듯, 간송은 20대의 나이에

일약 국내 최대의 '지주 재벌'로 올라섰다. 아울러 오세창 같은 민족 문화인을 만났고, 이종사촌이자 유명 역사소설가 월탄 박종화(月灘 朴鍾和, 1901~1981)로부터 큰 정신적 성원을 얻었다. 그와 함께 선대에게 물려받은 큰 재력을 바탕으로 우리 문화재를 수집하고 보존하는 데 전념했다.

만약 간송이 물려받은 재산을 늘리기 위해 더 많은 땅이나 사들이고 '대 지주 역할'에 만족했거나, 아니면 당시 열풍이 몰아치던 금광업(金鑛業)에 투자했다면 어떻게 됐을까. 아마도 남북 분단과 1950년 5월 22일 발표된 초유의 토지 개혁으로 소유 농지가 크게 축소되는 과정을 피할 수 없었을 것이었다.

그러나 간송에겐 그 큰 재산을 문화재 보호 · 보존에 과감하게 투입하는 혜안(慧眼)과 선견지명이 있었다. 그만큼 뛰어난 인물이었다.

◎

유업을 잇는 자손들

2013년 간송의 자손들이 부친의 문화 유업을 계승하기로 뜻을 모았다. 보화각이 수장한 문화재 관리의 공공성을 더욱 높이기 위해 간송미술문화재단 설립의 용단을 내렸던 것.

자손 일가는 간송이 그러했듯 검소한 생활에 길들여 있다. 근래 여론에 비치는 재벌 2세, 3세의 삶과는 달라도 너무나 다르다. 간송이 1962년, 수많은 문화 유산을 남기고 갑자기 타계했을 때, 문화재 말고는 직계 후손들이 현금화할 만한 유산은 아주 제한적이었다. 하지만 후손들은 선친의 소장품 가운데 지금까지 한 점도 고미술품 시장에 내놓은 적 없었다. 현금화하려 했다면 당장 하나같이 세상의 손가락질 받기 십상인 유명 문화재만을 유산으로 물려받았다는 말이다.

큰아들 전성우(全晟雨, 1934~)와 둘째아들 전영우(全暎雨, 1942~)는 부친이 남긴 큰 문화 자산의 관리를 놓고 고심한 끝에 공익성을 확보하는 쪽을 선택했다. 재단법인을 설립해 모든 소장 문화재를 재단 관리 아래 두기로 결정했다. 이는 실로 큰 용단이 아닐 수 없었다. 실질적으로 무형의 '개인 소유권'은 스스로들 포기하고 '국가에 헌납'하는 방향으로 내린 결정이기 때문이었다.

『훈민정음 해례본』을 비롯해 수많은 문화 유산의 가치를 생각하면, 이는 국내는 물론 국제적으로도 유래를 찾기 힘든 큰 기부(寄附)에 해당했다. 아울러 자손들이 간송의 유지인 문화 사상(文華思想)을 충실히 받들고 있다는 반증이며, 작금의 우리 사회에 던지는 조용하면서도 강력한 메시지가 아닐 수 없었다.

여기서 재단 이사로서 나도 한 마디 보태고 싶다. 앞서 여러 번 말했듯, (재)간송미술문화재단 소장의 문화재에는 국보급 고려 자기와 조선 자기 그리고 『훈민정음 해례본』을 비롯해 겸제 정선 · 단원 김홍도 · 혜원 신윤복 · 추사 김정희 등의 극품 서화가 즐비하다. 그런데 해례본을 비롯한 많은 서화는 종이(紙)라는 태생적 한계를 가지고 있다. 요컨대 항온항습(恒溫恒濕) 아래 철저한 유지 관리가 절실하다. 그래서 정부가 여기에 재정적 지원을 아끼지 않음으로써 우리 문화재 보존에 적극 나서주길 바라는 마음 간절할 뿐이다. 오백 년, 천 년 후에도 우리 후손들이 〈훈민정음〉 원본을 보며 자랑스럽게 생각할 수 있도록 해야 하는 것이 이 시대 우리의 책무가 아닐까.

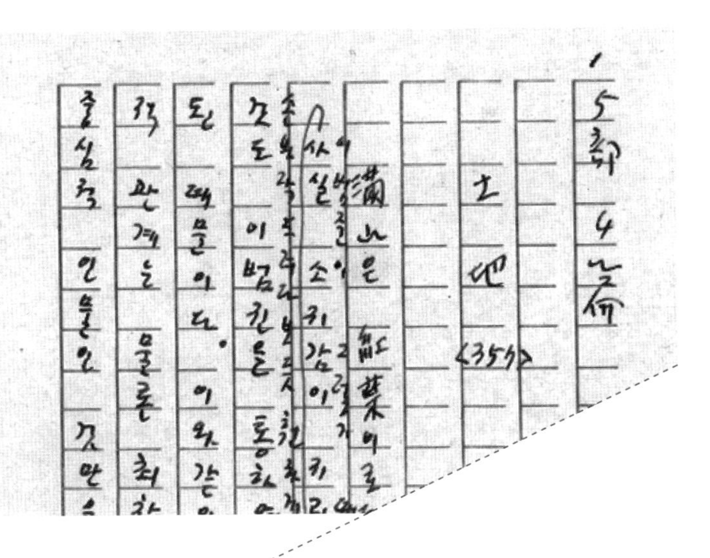

박경리,
포한이 원력이던 소설 문학

김형국 (서울대학교 명예교수)

〈토지〉 원고, 1994년

원고부분은 토지 제 5부 제 4편 1장의 시작부분. 장 제목 "만산(滿山)은 홍엽(紅葉)이로되"는 그대로인데 나중에 완성된 소설과는 이야기 전개가 다소 다르다. 그만큼 교정을 거듭했음을 말해주는 물증이다.

◎

오봉 산자락 토지문화관

토지문화관은 원주시 흥업면 매지리 오봉(五峰) 아래 있다. 꽤 가파른 산기슭에 높다라니 한 일(一)자로, 소설가 박경리의 사저(私邸)와 나란히 자리 잡고 있다. 일대의 이름은 회촌마을. 예술인들 집필 공간으로 마련된 '작가의 집' 문화관은 1999년에 개관했다. 3천 평 땅에 연건평 8백 평인 4층 건물 두 동이 지어졌다. 그 아래 신작로를 지나는 아낙네들 눈길이 깊은 두메산골에 뜬금없이 들어선 신식 건물과 마주치면 두 손을 모아 절을 올린다.

"큰 절로 보이는 모양이야!"

슬쩍 말을 흘리던 박경리 작가의 얼굴은 싫지 않다는 표정이었다.

필시 정식 이름은 있을 터이지만 오봉은 산세를 보고 박경리가 붙인 이름이다. 듣고 보면 과연 봉우리 다섯이 연속으로 산 능선을 아름답게 드러낸다. 동양 쪽 믿음에서는 오봉 또는 오악(五嶽)이 오행(五行)의 지리적 구현이라며 신성시해왔다. 임금 자리 뒤에 일월오악도(日月五嶽圖) 병풍이 놓였던 것도 그 때문이라던가. 산비탈 땅은 한국토지공사(지금의 한국토지주택공사, 이하 토공) 직원이 구해주었다. 풍수적으로

"인연이 없으면 구할 수 없는 땅"이라고 무척이나 좋아했다.

박경리가 서울에서 치악산이 멀리 바라보이는 원주 단구동(742-9번지, 대지 705평)으로 이사한 것은 1980년. 『토지』3부까지를 끝낸 뒤였다. 여기로 옮겨 살게 된 한 점 혈육 딸 김영주(金英珠, 1946~)의 가족과 가까이 있자 해서였다. 그리고 새 거처의 일신된 분위기로 붓을 잡기 시작한 지 무려 25년 만에 마침내 5부 구성의 대하소설을 완성한 것이, 해방 그날의 광경 묘사로 끝나는 소설 줄거리처럼, 1994년 광복절이었다.

◎

한민족 생존사를 담은 대하소설

『토지』의 문학성은 이미 사계에서 정평 나 있다. 1995년에 해방 50주년 기념으로 『문예중앙』 월간지의 평론가 대상 설문조사에서 『토지』를 금자탑으로 꼽았다.[1)]

소설이라면 재미가 있어야 한다. 재미 하나로 따지면 1부가 단연 압권이다. 지리산 자락 경남 지방의 토속적 분위기 속에서 부잣집 재물을 탐낸 동네 건달의 탐욕에 치정(癡情)이 보태져, 사람의 성악설도 결코 부인할 수 없다는 듯, 살인극으로 치닫는다. 그의 출세작 『김약국의 딸들』에도 등장했던 사람들의 마성(魔性)이, 그리고 당연히 이를 뛰

1) 해방 30년을 기념해서 『한국일보』가 현대 한국 문학의 최고봉으로 그때 3부까지만 완성된 『토지』를 꼽았다.

어넘는 순애보[2]가 이야기로 펼쳐진다.

『토지』의 미덕은 또 있다. 19세기말 이래 한국 근대를 살아온 우리 할아버지 · 아버지 대(代)의 삶을 실감할 수 있는 스토리텔링이다. 소설의 막이 오르는 것은 동학혁명 즈음이고, 막이 내린 시점은 일제 패망기이다. 동학당 접주에게 당해 불륜의 씨를 가졌던 『토지』1부의 한 주역 윤씨 부인이 태어난 1843년부터 따지면 1945년 일제 패망까지 백 년이고, 우리 근대화 역사를 동학혁명(1894)을 기점으로 삼는다면 『토지』 집필이 끝난 1994년까지도 백 년이다. 그만큼 『토지』에는 격동의 지난 백 년을 살아낸 한민족의 생존 역정이 고스란히 담겨 있다.

"세계의 역사는 위인들의 전기"라는 말도 있다. 그처럼 큰 사건의 줄거리, 그리고 사건의 전면에 있었던 위정자의 역할만을 적기 일쑤인 통상의 역사책으론 그 시대를 살았던 민초들의 애환은 실감하기 어렵다. 이 부족을 채워주었음도 『토지』의 큰 미덕이었다. 문학의 특장이 그러하듯, 장면 장면마다 그때 거기에 등장하는 인물이 어려운 시대를 살아내는 주인공으로 역할하기 때문이다. 한편으로 우리 사회의 역사적 파고를 짚어가는 '큰 이야기', 또 한편으로 그 삼각 파도를 타고 넘으며 살아남으려고 안간힘인 민초들의 '작은 이야기'가 마치 씨줄 날

---

2) 『토지』 애독자들이 하나같이 아릿한 마음으로 만나는 여주인공은 월선(月仙)이다. 어머니가 무당 딸이라고 반대해서 인연을 맺지 못한 용(龍)의 첫사랑 월선이 하릴없이 늙은이와 혼인했다가 헤어지곤 평사리 고향 가까운 읍내 장터에서 국밥집을 꾸려간다. 용이 장터에 나오는 것은 그녀를 만나본다는 뜻이 크다. 둘은 "서로 떨어져 있었지만 만나는 순간마다 새롭고, 전부였고, 더 바랄 것이 없을 것 같고, 기다리는 동안의 몸서리치던 고통은 아주 쉽게 잊어버리고 마는" 눈물겨운 사랑을 나눈다.

줄처럼 얽히면서 줄거리가 큰 강[大河]처럼 흘러간다.[3)]

◎

대하소설 애독자가 되어

내가 박경리 문하로 오래 출입하게 된 인연은 소설가와 애독자 사이의 만남이었다. 30대까지도 나의 독서가 줄곧 학위 공부 중심의 좁은 범위에서 헤어나지 못하다가 1980년 봄인가 우연히 아내가 읽다가 쌓아둔, 그때 3부까지 나왔던 『토지』를 집어 들었다. 들자마자 푹 빠져 단번에 읽었다. 이처럼 재미있는 소설의 줄거리를 원용하면 유익하나 이해하기가 쉽지 않은 내 전공 도시계획 이론 하나를 풀어 설명할 수 있겠다 싶었다. 그래서 소설 속의 사건 전개와 주인공들 행적의 연대기(年代期)를 문맥을 통해 파악하려고 거듭 읽었다.

그러는 사이 작품이 더욱 좋아졌음은, 우리가 사투리라고 낮게 치는 지방 말이 이렇게 문학이 되는구나, 그런 깨달음 때문이었다. 『토지』 주인공들은 통영, 하동, 진주 등 경남 남단 해안가의 말을 구사한다. 내 고향이 그 언저리다. 과연 타지 사람들이 『토지』의 언어를 제대로 실감할까 하는 염려 반(半), 거꾸로 나만은 행간(行間)의 내밀한 의미를

3) 작가를 따랐던 역사학자 이인호(李仁浩, 1936~)도 같은 말이었다. "역사는 시간과 장소만 사실이지 그 얼개는 역사가의 구성이기 쉬운데 견주어 소설(『토지』)은 시공(時空)은 아니지만 그 얼개는 진실"이라 했다. 1995년 광복절, 지인들이 서울에서 가졌던 『토지』 완간 1주년 기념 식사 자리의 인사말이었다.

간파할 수 있다는 자랑 반으로 『토지』를 읽어냈다. 솔직히 우리 근대 문학 김유정(金裕貞, 1908~1937)을 좋아해도 강원도 옛 지방 말을 제대로 느끼지 못해 단편을 읽고서도 절반밖에 즐기지 못했다. 나와 동시대 사람인 『관촌수필』의 이문구(李文求, 1941~2003)의 경우도 마찬가지였다. 서산 반도 쪽 그 이 말 역시 반밖에 실감하지 못했다. 이런 안타까움을 지녔던 한 독자가 제 입에 딱 붙어 있는 사투리 말투로 적은 큰 문학을 만날 때의 감회는 짐작할 만하지 않겠는가.

보름 만에 세 번 독파했다. 그걸 토대로 적어낸 '소설 『토지』의 인물들과 오늘의 도시 생활'이란 글이 강제 폐간되던 시점의 월간지 『뿌리깊은나무』 마지막 합병호(1980년 5·6월)에 실렸다. 이 일의 연장으로 원주 나들이에 나섰다. 사람기피증이 있다는 소문을 들은 바 있기에 박경리 작가와 문통(文通)을 이어왔던 잡지 편집장[4]에게 동행을 청했다.

그렇게 작가를 직접 처음 만난 것이 1983년 봄이었다. 사회과학적 풀이를 보탰던 글이 좋았다며 아주 반겨주었다. 급히 점심상도 차려냈다. "어느 대학 교수 평론가가 적은 『토지』 평문을 보았다. 읽지 않고 쓴 글이었다"라며 내가 사랑의 마음으로 치밀하게 읽어주었음을 치사했다.[5]

---

4) 『문학사상』을 거쳐 『뿌리깊은나무』 편집장이었다가 잡지가 폐간된 뒤로 여성의 사회의식용 월간지 『샘이깊은물』의 편집장이었고, 이후 당신 이름의 편집회사를 경영하고 있는 김형윤(金熒允, 1946~)이 그이다.

5) 얼마 뒤 작가는 당신의 단편 석 점도 들어간 단편선집 하나(『우리 시대의 한국 문학6』, 계몽

그렇다. 필자들은 안다. 자신의 글을 읽고 쓴 것인지 마지못해 직업적 몸짓으로 대충 훑어보고 쓴 글인지 직감으로 눈치 챈다. 작가의 지적을 듣다 보니 대학에 있었을 적에 바쁘다는 핑계로 석 · 박사 논문을 제대로 읽지 않은 채 더러 심사 자리에 나갔던 과거의 태만이 생각나서 나 스스로 얼굴이 화끈했다.

◎

문학에도 완공식이 필요하다

한 장 적자면 파지 넉 장이 나오는 2백자 원고지로 장장 3만1천여 장[6], 책으로 무려 20권 분량이다. 1971년에 유방암 수술을 받고 붕대로 수술 자리를 동여매고도 집필을 멈추지 않았던, 등장 인물만 8백여 명인 '문학의 만리장성'이 완성되자 각계의 찬사가 잇따랐다.

현대 한국에서 대형 건물, 중화학 공장, 고속도로 등의 건설 · 완공 준공식은 흔했지만, 문학 작품의 완간 기념식은 전례 없던 거사였다.

사, 1986)가 문학평론가의 작품 해설에 이어 작가에 대한 애독자의 인물 스케치가 실리는 구성의 책이라며 거기에 나더러 당신을 소묘해달라고 말해왔다. 대가의 청에 감격해서 서둘러 적어 거기에 기고했던 것이 "소설 농사와 밭농사가 합일하는 문화 현상"이란 글이었다. 그의 또 다른 대표작 『김약국의 딸들』이 재출간될 때도 나름의 작가론("변방에서 진실을 기리는 작가 박경리," 나남, 1993)을 적었다.

6) 소설가의 글쓰기는 원고지 한 장 완성에 넉 장이 파지(破紙)로 나오는 식이라 했다. 만년필로 글을 적던 작가에게 1980년대 후반인가 일본 출장길에 독일제 펠리칸(Pelican) 고급 만년필을 구해다 선물한 적 있었다. 대하소설 완간 즈음에 그 만년필을 살펴보니 촉의 절반이 닳아진 상태였다. 작가의 땀이 피보다 진했음이었다.

예술 분야에서 한 완성을 기리는 잔치는 아마 동서고금에 유례가 무척 드물지 싶었다. 그런데 『토지』 완간에 즈음하여 "중화학 공장 수 백 개 지은 것보다 더 값지다!"라는 조해일(趙海一, 1941~) 소설가의 한 마디 찬사가 대하소설의 완공식이 백번 지당함을 압축적으로 확인해주었다. 필시 조해일도 그랬겠지만 그때 꿈이 많았던 문학청년들이 1부가 『현대문학』에 처음 연재될 때 흥미진진한 줄거리가 장차 어떻게 전개되는지 무척이나 궁금한 나머지, 월간지가 하마 나왔을까 하고 동네 책방을 하릴없이 들락거렸단다.

대하소설은 19세기 말 경상도 땅 하동 평사리에서 벌어지는 추석 잔치 마당을 정경으로 막이 오른다. "시작은 끝을 예감한다"라는 말대로 1994년 10월 8일 역시 청명한 가을날, 작가의 단구동 집에서 대하소설 완성을 경축하는 잔치 마당이 올려졌다.

한국의 문화 시장에서 가장 외진 곳 중 하나인 원주에서 밭농사 그리고 『토지』 소설 농사를 일구어온 집념의 작가를 좋아해온 사람들이 정오경부터 속속 몰려들었다. 평토(平土) 작업을 마친 5백 평쯤 되는 배추밭에 잔치 상도 이미 가득 차려졌다. 1부의 주 무대 경남 하동군 악양면에서 면장과 함께 거기 평사리 주민도 여럿 왔다. 많고 많은 농촌 마을 가운데서 그 시골이 소설을 통해 전국적으로 일약 유명해진 데 대한 보은(報恩)의 참례였다.[7]

---

7) 작가는 『토지』 1부의 무대인 경남 하동군 악양면 평사리를 소설을 마칠 때까지 한 번도 가본 적 없었다. 집필에 착수할 즈음인데 단지 불화(佛畵) 연구차 전국 사찰을 다니던 딸을 따라 평사리 근처를 차를 타고 지난 적만 있었다. 차창에서 내다 본 넓은 들이 펴져 있는 넉

잔치판에 나타난 이색 하객은 단연 현대그룹 정주영(鄭周永, 1915~2001) 회장이었다. 1992년 대선 때 보여준 건강은 아니었으나 남의 부축은 사양한 채 잔치판에 걸어 들어왔다. 모처럼의 발걸음은 『토지』 5부가 현대그룹 연고의 『문화일보』 연재로 끝났던 인연에다 틈틈이 생활 방식 하나로 문학을 사랑해온 취향의 발동이었지 싶었다.

◎

푸른 하늘에 실구름이

정 회장이 대선 후보로 나선다는 소문이 났을 때 작가는 반대했다. 한국 산업화에 기념비적 업적을 세운 그가 또 다른 사회 봉사를 한다면 그건 정치판이 아닌 환경 문제일 것이란 소견도 보탰다. 환경 파괴가 산업화의 후유증이라면 후자의 기수가 바로 환경 보전에 앞장선다면 얼마나 뜻있는 일이겠는가가 아쉬웠다고 했다. 하지만, 거부(巨富)인데도 촌부(村夫)의 소박함을 간직하고

넉한 지형을 기억해서 그런 곳이면 벼슬깨나 했고, 큰 땅마지기를 지닌 떡 벌어진 부자가 있을 법하다고 여겨 소설 무대로 삼았을 뿐이었다. 그런데 소설이 널리 읽히기 시작하자 평사리 현지 사정에 밝은 사람들이 바로 거기에 큰 기와집이 있음은 물론, 동네 정경도 소설과 비슷하다고 알려왔다. 작가의 지극한 상상력이 현장을 직접 가보지 못했던 『토지』 무대와 근사해지는 결과를 만났던 것. 그 평사리에서 2001년부터 매년 10월에 '토지문학제'를 개최하고 있다. 광복 60주년(2005) 기념의 SBS 특집드라마로 『토지』를 제작했을 때 지었던 토지 오픈 세트장, 평사리 문학관 등지에서 군민 시낭송 대회, 토지 백일장 등이 열린다. 한편, 작가의 딸은 나중에 불화 연구서(김영주, 『한국의 불교미술사』, 솔출판사, 1996)를 펴냈다.

있음이 진솔하기 그지없다며 작가는 여간 반기지 않았다.[8)]

상에 그득 놓인 음식과 함께 잔치판은 막이 올랐다. 여러분이 축사를 했다. 여태껏 보아왔던 '거품 같은 잔치'와는 달리 작가의 인간적 · 문학적 성취가 맑고 그윽한 향기가 되어 문학판 바깥 사람에게까지도 위로가 되는 경지가 그 아닌가 싶어 새삼 감격했다는 말이었다.

축사는 유머가 담겨야 오히려 무게가 있는 법. 소설가 최일남(崔一男, 1932~)의 경우가 특히 그랬다. "외로움이 장엄한 밑천"인 작가가 호흡이 긴 글쓰기를 통해 소설 쓰는 맛을 보여준 것이 거인다움이라 말하고는 인기 유행가를 인용해서 "앞에 서면 무섭고, 뒤에 서면 기가 죽는다"라고 치하했다. 이어서 "문학의 이름으로, 이 작은 덩치가 아니라면[9)], 선생을 한번 업어 드리고 싶다"라며 정감나게 말했다.

마침내 이날의 주인공 작가가 답사할 차례.

---

8) 정 회장의 반생을 기리는 문집(『아산 정주영과 나 : 백인문집』, 1997)에 작가도 한 꼭지 글을 기고했다. 작가가 남을 개인적으로 기렸던 글은 이것이 처음이자 마지막이었다고 나는 알고 있다.

9) 소설가의 생업은 오랫동안 문화 담당 언론인이었다. 나폴레옹을 좋아한 까닭이 같은 단신(短身)이기 때문이었다는 우스개도 즐기는 최일남이 『동아일보』 문화부장일 때 박경리가 신문사에 부탁할 일로 찾아갔다. "바로 저쪽에 부장이 있다"라는 답을 듣고 그곳으로 바라보았지만 사람이 보이질 않더라는 것. 책상에 산더미같이 쌓였던 책 무더기 때문에 작은 키의 주인공이 보이질 않았다고 박경리는 아주 드물게 우스개 한 마디를 했다. 그와 함께, 나도 동석했던 자리, 최일남 면전에서 '작은 거인'이라고 덕담을 건네기도 했다. 사람기피증이 있던 박경리의 언론사 대담은 신뢰의 인연에 따라 성사되었는데 월간지를 위해 최일남과 나눈 아주 긴 대담이 두 차례(『신동아』, 1982년 10월 ; 1994년 10월) 있었다. "그는 알려진 것보다 훨씬 더 크고 훌륭한 작가"라는 말대로 어휘사전(민충환, 『최일남 소설어 사전』, 조율, 2015)도 출간되었다.

끝났다는 생각이 안 든다. 글은 내가 살아온 자취일 뿐이고 살아가듯이 글을 썼을 뿐인데 이처럼 축하받을 일인가 싶어 당황스럽다. 잔치 상을 받고 보니 벌 받을 것 같다는 기분도 든다. 이 행사를 당초 반대한 처지에서 마땅히 청해야 할 사람도 챙기지 못했다. 이름도 없이 간단히 "선생님 고맙습니다"라고만 엽서에 적어 부담을 주지 않으려던 애독자들에게 답장 한번 제대로 하지 못한 것이 슬프다. 모두가 어쩐지 슬프다.

잔치판 하객들은 하나같이 이처럼 기쁜 날이 없다고 하는데 작가는 슬프다 했다. '희비쌍곡'이란 말도 이 경우를 예비한 것인지 모르겠으나, "삶의 본질에 대한 원력이라면 슬픔과 외로움 아니겠나?"라고 소설(『토지』 5부)에서 뿐만 아니라 작가가 여기저기에서 여러 번 토로한 적 있었다.

잔치판은 판소리, 사물놀이 등의 풍악 연주에 이어 노래판으로 이어졌다. 작가도 국내에서 활동할 적에 고향 통영의 가락을 따와 지었다던 세계적 작곡가 윤이상(尹伊桑, 1917~1995)의 동요 한마디를 불렀다.

참으로 희한한 잔치 한마당이었다. 맑은 가을 하늘 아래서 지복이 넘치는 오후였다. "푸른 하늘에는 실구름이 흐르고 있었다"라는 『토지』 맨 마지막 문장 말고는 더 보탤 말이 없던 그런 오후였다.

◎

사람 아우성이 참을 수 없지

『토지』 완간 낙성식이 있은 지 얼마

뒤 그 마무리로 행사 경과를 말하려고 원주를 찾았더니만 집 인근에 측량 폴(pole)대가 꽂혀 있었다. 기념 행사 얼마 전인가에 작가의 사위 김지하(金芝河, 1941~) 시인이 "일대에 택지 개발 사업이 있을 것이라는데, 작가의 집을 함부로 허물어서는 안 되는 법인데, 사위가 되다보니 직접 나서는 것도 무엇하고. 어쩌면 좋겠느냐?"라며 나에게 하소연했던 것이 기억났다. 그 몇 달 전 6월에 토공이 택지 개발 사업을 할 것이라며 집을 팔도록 직원이 작가를 찾아왔다 했다. 바로 그때 원주 시장이 토공 쪽에다 '국민 작가'의 집은 보존해야 한다고 강력하게 건의했다는 말도 들은 바 있었기에 측량 작업은 작가의 집 바로 앞인 논밭을 택지로 바꾸려는 토지 구획 정리 사업이겠지 하고 무심히 넘겼다.

그게 아니었다. 일대에 불도저 소리도 낭자했다. "소음이 여간 성가시지 않겠다!" 했더니 그제야 작가의 집도 철거 예정이라 했다. 당신의 낙담성 푸념도 뒤섞였다. "기계 소리는 견딜만한데 사람 아우성이 참을 수 없을 뿐이지……"하고 말을 흐렸다.

소설 제목을 어찌 '토지'라고 지극히 평범한 말로 지었는가, 주위에서 물을 때마다 작가가 들려준 변이 있었다. 자연 그 자체였던 대지(大地)의 땅을 놓고 사람이 소유권의 금을 긋기 시작하면서 그만 '토지'가 되고 말았다는 것. 사람 삶을 속박해온 그 원죄에 착안했다던데, '사람들의 아우성'이란 작가 말은 필시 토지 수용 가격 산정에서 '갑(甲)질' 하려는 현장 요원의 위악(僞惡) 몸짓에 마음이 상했음을 에둘러 말함이라 싶었다.

철거 전제의 수용 소식에 "그래선 안 되는데……"하며 원주, 춘천, 강릉 등지의 문인들의 항의성 목소리도 이어졌다. 수용이 임박했던 시점에서 작가가 그 비감을 직접 토로하기도 했다.[10)]

> 나 역시 이곳에 있어야 할지 떠나야 할지, 뿌리 뽑힌 잡초처럼 아무 것도 손에 잡히지 않는다. 유랑민, 실향민, 이민, 민족의 대이동, 그런 말들이 있었다. 그것은 서사시 치고도 가장 아픈 부분이다. 터전을 잃는다는 것은 생존을 거부당하는 거나 다름없다. 과연 영토 개념은 달라졌는가. 달라진 것이 아니다. 생명의 생존은 터전에서 시작되고 터전에서 끝이 나는 이상, 생명이 생명인 한 영토 개념은 달라질 수 없다.

◎

소설 산실 이상으로 생명력이 살아 있던 곳

원주로 옮겨간 것은, 유일 혈육 가족과 가까이 있으려는 욕심 못지않게, 텃밭이 있는 집에서 살고 싶다는 소망이 작용했다. 거기에 더 깊은 숨은 뜻도 있었다. 소설 『토지』에 생명력을 더욱 불어넣자 함이었다. 소설의 주인공들은 거개가 농경 시대를 살아가던 민초들이었다. 이들의 애환을 그리자면 직접 작은 텃밭이나마 농사일의 보람과 고초를 체험해보는 것 이상으로 더 좋은 배움이 없을 것이라는 작심이었다.

---

10) 박경리("달맞이꽃과 백로," 『동아일보』, 1995월 8월 20일)

농사일은 자연에 대한 순응이다. 때문에 굳이 도가(道家)의 책을 읽지 않아도 텃밭이 세상을 사는 순리나, 자연의 법도를 감수성이 특출한 작가가 직접 체득할 수 있었던 맞춤한 현장이었다.

텃밭을 바라보고 있자니 소유욕 같은 욕심의 난무는 자연계 생명 현상도 예외가 아니었다. 그 한 귀퉁이에 자리한 잔디의 생태가 바로 그랬다. 가뭄이 들자 잔디밭의 웅덩이 쪽은 계속 푸른 데 견주어 바로 그 가장자리는 어느 곳보다 더 누렇게 바싹 말랐다. "아흔아홉 개 가진 사람이 하나 가진 사람의 것을 마저 빼어 백 개를 채우려는" 인간살이의 이기심과 다름없었다. 어느 듯 비가 내리자 물기를 많이 누리던 웅덩이 쪽 잔디가 오히려 먼저 썩어나갔다. 그 무서운 자연의 섭리가 인간살이도 다를 바 없음이었다.

텃밭의 자연은 작가의 휴식 공간이기도 했다. 밭일의 반복성이 매순간 새로움을 모색하는 창작가에겐 휴식인 것은 다른 예술가의 경우와 다르지 않았다. "과민하고 상처받기 쉬운 내 영혼을 언제 이토록 실하게 치유해 주었을까"하는 독백이 절로 나올 만 했다.

그러는 사이, 자연과 합일하려는 몸짓의 작가에게 알 만한 사람들이 위로를 받았던 것 또한 자연스러웠다. 찾아온 사람들 중에는 세상에서 좋은 일 한다고 소문난 수퍼우먼도 적잖았을 터였다. 그럼에도 그들 또한 성장사, 생활사에서 남들에게 "앓앓이 말 못하는" 트라우마 곧 '마음의 외상(外傷)' 없는 사람도 없었을 것이다. 1980년대 말, 생때 같은 외아들을 갑자기 잃고 삶의 의욕을 잃어버렸다던 작가 박완서(朴婉緖, 1931~2011)도 주위의 권유로 원주에 다녀가면서 차츰 기력을 차리기 시작했다지 않던가.

위로 받은 것 못지않게 작가와 인연이 있는 사람 치고 원주에서 밥 한 끼 얻어먹지 않은 사람도 없었다. 혼자서 꾸려가는 생활에서 언제부터인가 하루에 두 끼 밖에 먹지 않았다. 그러나 약속된 내방객이 도착하면 때맞추어 식사를 준비한다. 신식 요리를 배운 솜씨는 아니었다. 서울 사람들이 겉절이라 부르는 배추 생김치나, 마당에 지천으로 자란 것을 거두어 담아 푹 곰삭힌 꼬들빼기 김치, 그리고 된장국 맛이 내 입맛에 범상하지 않았다. 식사 수발을 거드는 사람이 없는데도 굳이 식사를 준비하는 것은 우리 전통 시대의 미덕에 대한 애착이 그처럼 깊다는 말이었다.

작가의 집을 나서는 사람에겐 텃밭의 소출을 꼭 쥐어준다. 고추나 배추 또는 대추를 얻지 않은 사람도 없었다. 요즘 시장에 나도는 유기농법 작물도 신뢰도가 들쑥날쑥이라지만, 작가가 가꾼 것은 "자식을 기르는" 정성의 산물이었다. 지력을 많이 소모한다며 고추 농사에 퇴비를 얼마나 부었는지 고추의 육질은 튼실하고 그 맛은 맵싸하면서도 달았다.

아무리 지력이 강해도 배추밭에 배추벌레가 사각사각 소리 내며 자라는 것은 자연의 법칙이다. 작가는 돋보기 안경을 쓰고서 그걸 일일이 잡아냈다. 길을 나서는 내객에게 그런 배추 한 포기 쑥 뽑아다가 쌈싸 먹으라고 건네준다. 대추 철에는 소창 포목을 찢어 주머니를 직접 만들어 담아주었다.

원주를 찾은 날이면 종종 텃밭에서 김을 매는 작가를 만나곤 했다.

제초제를 사용하지 않으니 잡초가 많이 자람은 당연했다. "김을 매는 손은 기어가는데, 잡초는 날아간다"라고 푸념하고 있었다.

김을 매는 작가의 손은 섬섬옥수와는 거리가 멀었다. 작가에 대한 흠모의 마음으로 찾아온 사람들 가운데는 만년필만 붙들고 살아왔을 손이 왜 저렇게 험하냐고 눈치 없는 말을 불쑥 흘릴 만도 했다. 여자 팔자 타령 가운데 "손 끝에 물 한 방울도 튕기지 않았다"라는 속물 근성의 너스레가 일상에서 난무함을 가장 싫어했던 작가에겐 '험한' 손이야 말로 오히려 당신의 훈장이고 자랑이었다.

◎

그냥 있을 수 없었다

그런 텃밭이었던 만큼 작가 집은 헐어서는 안 된다는 게 세간의 목소리였지만 당국이 들을 리 만무했다. 난감하기는 나도 마찬가지였다. 하지만 그냥 듣고만 있을 수는 없었다. 바로 얼마 전에 『토지』 완간 기념식의 준비위원장을 맡았던 전력에 걸맞게 한번 꿈틀이라도 해보아야 했다.

서울로 돌아온 즉시 토공 사장도 지냈던 무정 김수학(茂庭 金壽鶴, 1927~2011)에게 연락했다. 무정은 일제 말에 경주군청 사환으로 시작해서 겨우 초등학교 졸업 학력으로 마침내 지방 행정의 최일선 경북 도지사에 올랐고, 도시락을 싸다닌다고 소문났던 청백리로 국세청장도 지냈던 우리 정부 행정 역사에서 손꼽히는 입지전적 인물이었다. 대학 교직에 있을 때 내 전공 분야와 연고가 많아 가까이 지내온 인연을 앞세워 하소연이나 해보고 싶었다. 그러면서도 바로 그 얼마 전인가 전주 이씨 직계 왕손으로 국회의장을 지낸 이의 경기도 종가집도 철거 수용되고 말았다는 기사를 읽은 적 있었기에 큰 기대는 하지 않았다.

답전(答電)이 왔다. 전례가 없었지만 세상은 바뀌고 있지 않은가, 그러한즉 토공의 앞날을 위해서라도 후배에게 새 계책(計策)을 제안해볼 참이니 자리에 동석하자 했다. 무정이 말한 후배는 예전 조사부장에서 그때 부사장에 올라 있었다. 그 자리에서 유머 감각이 많았던 무정의 말인즉 "박경리는 『토지』 작가 아니냐! 잘못 처리하다간 토지개발공사가 바로 그 『토지』 때문에 큰 변을 당할지 모른다. 그리고 그 사위는 좀 독하냐!"라고. 부사장은 말이 통하는 분이었다. 금방 사태를 수습해 볼 궁리를 찾아보겠다고 응답했다.

마침내 토공도 계획을 고쳐 작가의 집을 보존하는 쪽으로 결판이 났다. 이후 부사장은 사장으로 올라 한결 수습책이 가닥을 잡혔다.[11] "토공의 사업 추진 관행으로 수용은 불가피하다. 하지만 작가의 집이 보존될 수 있도록 그 인근 땅을 합해 시민공원으로 만들겠다"라는 취지였다.[12]

11) 김윤기(金允起, 1942~)는 나중에 국토부 장관에도 올랐다.

12) 약속대로 토공은 작가의 옛집을 '박경리 문학공원'으로 조성해서 원주시에 주었고, 옛집 옆에 '박경리 문학의 집'이 따로 세워져 문화 행사가 많이 열리고 있다.

◎

동업 '토지' 업자들의 상생

토공이 현장을 문화적으로 보존하겠다는 약속을 듣고 단구동의 보상비로 찾아낸 새 터전이 바로 오봉 산자락이었다. 수용 절차를 밟는다고 관료티를 냈던 그 직원이 수고했다. 직무상 거동으로 처음 언짢게 만난 사이였지만, 사람은 미워할 수 없음이 아니었던가. 그 사이, 직원도 작가의 인품에 감복했던 터라 첫아이 여식을 얻자 작명을 간청했다. 지금 서울시청 앞 플라자 호텔 뒤에 자리했던 1960년대 그 시절에 박경리 등 작가들의 출입이 잦았던 다방의 이름이 참 좋았다며 거기서 한 자를 따와 '가영(嘉英)'이라 지어주었다고 나에게 자랑했다.

매지리로 옮겨온 다음 해 1996년은 정부가 정한 '문학의 해'였다. 토공은 그 사이 작가와 맺은 인연을 더 선용할 방도를 궁리하고 있었다. 이를테면 작가의 이름을 딴 문학상이나 구미(歐美)에서 흔히 볼 수 있는 '작가의 집'을 지어줄 뜻이 있다며 그런 일로 작가를 만나고 싶다고 자리 주선을 나에게 부탁해왔다.

용건을 미리 전해 듣고는 "우리 사회에는 문학상이 지천이니, 대신 신진 또는 재충전을 바라는 기성 작가들을 위한 창작 공간이 새로이 생겨나야 한다"라는 게 작가의 반응이었다. 그럼에도 그런 회동은 영 내키지 않다는 기색이었다.

막상 만나자 말문을 연 부사장의 한 마디에 단구동 집 수용 과정에서 생겼던 감정의 앙금도 눈 녹듯 사라졌다. "말 한마디로 천량 빚을 갚는다"라는 말이 이런 상황을 두고 했음이던가. 부사장의 말이었다.
"선생과 공사는 동업자입니다. 선생은 소설 『토지』로 먹고 살고, 우리 공사는 대지 조성 사업으로 살아갑니다"라고 에둘러 말하자, 작가도 당장 수긍하는 눈빛이었다.

말의 위력이 그와 같았다. 마침내 토지문화관 건설의 얼개가 정해졌다. 땅은 이미 작가가 받았던 단구동 집 보상비로 마련되었고, 토공이 건축비 40억 원을 출연하기로 했다. 공사 진행상 토지공사와 접촉하는 연결고리가 필요하다해서 내가 건축위원장을 맡았다.

◎

집짓는 해는 죽은 해

개인이 집짓기에 나서면 만나게 될 어려움이 얼마나 자심한지 "그 해는 죽은 해!"라는 말도 생겼다던데, 문화관은 더욱 그랬다. 1998년 연초에 공사를 시작할 계획이었는데 무엇보다 바로 그 직전 1997년 말에 외환 위기 사태가 터졌기 때문이었다. 건설 자재 값 폭등 등으로 기업체 가운데 건설사들이 제일 먼저 도산하는 사태가 줄을 이었다. 그래서 '대마불사(大馬不死)'라는 바둑판 말대로 이 나라 최대 건설업체 현대건설이 맡아주면 좋겠다 싶어 여러 인맥을 동원해서 참여를 끌어냈다. 부자들 가정집 한 채 값도 못 되는 공사이지만 대형 건설사의 오랜 노하우를 동원해서 "비는 새지 않을" 정도의 집으로 지어보겠다는 언질을 받았다.

공사판이 당신 집 바로 이웃이니 작가가 바로 공사 감독 격이었다.

작가의 부지런함으로 말하자면 서울 정릉에 살 때 "멀쩡한 블로크 벽채를 허물고 다시 짓던 어머니"라고 그 외딸이 회고할 정도였다. 그러니 문화관 공사에 대한 당신의 집념은 묻지 않아도 알만 했다. 나는 어쩌다 현장을 찾았다. 이번엔 얼마나 지어졌나, 구경하는 것이 고작이었다.

현장을 찾았던 어느 하루, 공사가 허투루라는 작가의 역성에 나는 몸 둘 바를 몰랐다. 당신 개인 거처 앞에다 한 그루 90만 원을 주고 20년생 정도 소나무를 심었는데, 그런 크기를 문화관 앞에도 조경용으로 심고 있기에 지나가는 말로 얼마짜리냐고 물었더니 110만 원이라 했다. "이게 도대체 될 법이나 하냐?"라고 언성을 높였다.

그게 아니다 싶어 따졌더니 현장소장은 딱하다는 듯 나를 물끄러미 바라보았다. 그리고 시큰둥하게 한마디 뱉었다. "개인은 부가가치세를 안 내고도 나무를 살 수 있다. 하지만 기업은 10% 세금을 물지 않으면 안 된다"라며 물정 모르는 사람을 또 만난 듯 한심하다는 표정이었다.

◎

원주시민 노릇

집짓기로 심화(心火)가 많았지만 대하소설이 완성되고 토지문화관을 짓던 시점 이후는 작가 일신에서 가장 당신의 사람 무게를 실감하던 나날이 이어졌다. 무엇보다 소설 완성까지 두문불출이던 박경리가 "한반도의 으뜸 고을"이란 뜻의 원주 지명이 예사롭지 않다는 말도 앞세우면서 원주시민으로 행세하기 시작했다.

문학가의 싹은 도시의 콘크리트 바닥이 아니라 자연이 살아있는 땅에서 자란다며 1995년 봄부터 연세대 원주분교에 출강해서 국문학도를 향해 열심히 강의했고[13], 바로 그 즈음 환경주의자로서 현안에도 손을 썼다. 캠퍼스 바로 앞 농업용수용 호수는, 원근(遠近) 산들이 어우러진 주변의 아름다운 경관도 경관이지만, 겨울 철새들이 지나는 길목이라 철새 도래지로 지정된 곳인데, 그 한 가운데에다 누군가 수상(水上) 골프장[14]을 만든다는 소문이 파다했기 때문이었다.

작가가 그 호수 지키기에 앞장선 직접적 계기는 철새가 도래할 때의 정경을 대학 수위로부터 전해 듣고였다. 겨울 한밤중에 호수 주변이 갑작스럽게 요란해질 때가 있다. 물이 얼지 않아야 물속에서 먹이를 구할 수 있기에, 기온이 크게 내려갈 양이면 깊은 밤에도 철새들이 생존본능으로 얼기 시작한 얼음 표면을 깨려고 일제히 날개 짓을 한다는 것이다. 그런데 그 날개 짓이 얼마나 격렬하고 처절한지 천둥소리 같다 했다.

철새의 생존 몸짓에 작가는 깊은 연민을 느낀 나머지 격정적으로 호수 보호에 앞장섰다. 작가의 필명은 위력이 있었다. 그 즈음의 중앙 언론 어디든 작가 글은 무엇이든 환영할 지면이 준비되어 있었다. 한 꼭

13) 강의록은 단행본(『문학을 지망하는 젊은이를 위하여』, 현대문학, 1995)으로 꾸며졌다.

14) 골프를 즐기는 사람에게 물어도 금시초문이라 했다. 짐작컨대 저수지 가장자리에서 치면 연습 골프공이 그 한 가운데로 떨어지게 만든 방식이라던데 공유 수면을 사익으로 활용하려는 편법이지 싶었다.

지 신문 기고는 주효했다.

원주의 환경 문제만이 아니라 서울 청계천의 복원 필요성도 앞서 말했다. 2000년 9월, 토지문화관에서 '청계천살리기연구회'와 함께한 심포지엄에서 말했던 것. 서울 도심의 계천 위로 지나는 거대한 콘크리트 고가도로가 이미 서울의 교통 환경으로 굳어졌던 상황에서 청계천 복원 제안은 그저 이상주의자들의 꿈이거나 메아리 같은 것으로 치부되기 십상이었다. 그런데 서울시장으로 출마한 이명박(李明博, 1941~) 후보가 선거 공약으로 내걸었고 당선 직후인 2003년 6월에 착공해서 2005년에 냇물이 흐르는 청계천으로 복원해 놓았다. 이 눈부신 '환경 기념비' 덕분에 그가 대통령에 당선되었다는 관측이 정설로 굳어졌다.[15)]

◎

생명은 한(恨)인 것

박경리의 환경주의는 한 마디로 생명주의였다. 생명에 대한 경외가 그의 삶과 문학을 하나로 관류했다. 모든 생명체가 그렇듯 태어난 순간부터 죽음이 예정되어 있다. 이의

---

15) 2005년 11월 29일, 사위가 베푼 작가의 팔순 생일 잔치가 서울에서 있었다. 거기서 청계천 복원의 정당성을 말해준 공덕을 기려 서울특별시장의 감사패 전달도 있었다. 작가는 음력 10월 28일생이다. 그 자리에서 김지하는 "사위로서 구실을 못했고 한 번도 마음을 편하게 못해 드렸다. 대신 오늘은 아들 둘이 할머니 옆에 앉아 있게 한 것이 내가 해드린 대접의 전부다"라고 말했다.

자각에서 사람들에게 슬픔이 생기고 한(恨)이 응어리지는 포한(抱恨)이 쌓인다 했다. 그래서 사람은 아픔이나 슬픔이나 부족을 타개하려 하는데, 이를테면 "못 배운 게 포한이 져서 자식은 꼭 공부시킨다"라고 나섬이 보통 사람의 포한 발산이라면, 박경리는 그걸 문학으로 승화시킨 경우였다.

초년 고생이란 말도 있듯, 박경리는 어린 나이부터 포한이 많았다. 10대 중반에 맺어진 결혼인데도 어머니는 그 초년에 그만 딴 살림을 차린 아버지로부터 신혼 소박을 맞았다. 요즘과는 달리, 부부 인연은 쉽게 돌아서는 법이 아니던 시절의 사람답게 어머니는 어떻거나 아버지 마음을 되돌리려고 부심 또 부심했다. 그 고리로 외딸도 앞세우는 바람에 어린 나이부터 결손 가정이 괴로웠던 박경리였다.

여학교에 진학한 뒤로는 마음 아픔의 탈출구는 문학 읽기였다. 문학 탐닉이 단지 생활 환경의 영향만은 아니었다. 핏줄로 이어진 천품(天稟)이기도 했다. 글을 깨치지 못했음에도 친할머니는 〈충렬전〉, 〈옥루몽〉, 〈숙영낭자전〉 등 웬만한 책을 사 모아 놓고는 유식한 이웃을 불러다가 가족들 앞에서 낭독회를 열었던 고담(古談) 마니아였다. 어머니 또한 "까막눈이었지만 고담 마니아임은 물론 책 내용을 줄줄 외는 녹음기"였다.

성년이 된 뒤로도 박경리에겐 화불단행(禍不單行 : 재앙은 홀로 오지 않는다)이라는 옛말도 약과로 풍파가 줄로 이어지는 삶이 기다리고 있었다. 우리의 서민 생활에서 큰 믿음이 되어온, 사람의 생년월일시를 갖고 인생의 길흉을 점치는 당사주(唐四柱)라는 게 있지 않은가. 열두 가지 운수 가운데 하는 일마다 깨진다는 천파(天破)라는 게 있고, 이 운수와 유관하게 외로움이 겹겹이 쌓인다는 천고(天孤)라는 게 있다던데 모두 "팔자 사납다"라는 호랑이띠(1926년생) 박경리를 두고 생겨난 낱말이 아니었던가 싶었다.

◎

홀어머니의 외딸

1945년에 진주고등여학교(오늘의 진주여고)를 졸업한 이듬해 결혼해서 1남1녀를 얻었고 친정어머니도 끼고 살다가 6·25전쟁을 만났다. 전쟁 통에 남편도 잃었던 그 시절을 살아낸 당신의 이야기가 줄거리가 된 소설이 『시장과 전장』인데[16], 그 즈음의 당신 신상은 자전 서사시에 다시 비감하게 압축해놓았다.[17]

당시 우리는 흑석동에 살았다 / 한강 다리가 끊어지던 밤 / 날이 새자 어머니는 옆집 가게에서 / 피란에 필요한 부식 같은 것을 사고 / 그간에 밀린 외상값도 갚고 / 관악산을 향해 우리는 떠났다 / 이내 인민군은 마을을 점령했고 / 남진을 계속하는 상황 / 우리는 피란 짐을 챙겨 집으로 돌아왔다 / 세상은 완전히 바뀌어 있었다 / 반동을 색출하는 무시무시한 분위기가 / 마음

16) 1956년 아들이 사고로 숨졌다. 이를 소재로 한 자전적 단편소설 〈불신시대〉로 1957년에 제3회 현대문학 신인문학상을 받았다.

17) 박경리, "이야기꾼," 『버리고 갈 것만 남아서 참 홀가분하다』, 마로니에 북스, 2008

을 내리누르고 / 옆집 가게는 반장 집이기도 했기에 / 아저씨는 진작부터 피신했으며 / 나머지 식구들은 / 무섭고 긴 여름 동안 / 수월찮이 협박을 받았다 / 그러나 가을바람과 함께 / 사태는 반전됐다 / 국군의 입성은 / 또 한 번 세상을 바꾸어 놓고 말았다 / 빨갱이는 씨를 말려야 한다는 / 구호가 충천했고 / 사람들은 눈에 빛발을 세우며 / 부역자들을 잡아서 국군에 넘겼다 / 무리 중에 가장 파격하고 앞장선 사람은 / 반장네 식구들이었다 / 우리 사정은 그들과 반대였다 / 직장으로 내려간 남편은 좌익이라 하여 인천서 체포되었고 / 빨갱이 가족인 우리가 / 무사하지 못할 것은 / 불을 보듯 뻔한 일이었다 / 집은 적산으로 지목되어 / 가재도구 일체를 봉인했고 / 국군이 총대를 디밀고 / 집을 비우라 했다 / 속절없이 거리로 내쫓길 판국에 / 반장네 식구들이 달려왔다 / 이 집은 확실치 않으니 다른 데로 가자 / 하여 우리는 위기를 넘겼다 / 좌익에 대한 증오심이 / 골수에 사무친 반장네 식구들 / 그러나 그들은 우리를 보호해 주었다 / 난리가 나니까 모두 달겨들어 / 가게 물건을 약탈해 가는데 / 외상값 갚고 피란 간 사람은 / 영주네 밖에 없었다 하여 / 시민증도 내어 주었고 / 일사후퇴 때에는 / 남편이 어느 곳으로 이감될지 몰라 / 우리는 피란길에 나서지 못하고 있었는데 / 반장네는 전화 속에 남은 우리를 위해 / 많은 식량을 건네주고 떠났다.

난관이 닥쳤을 때 사람됨이 드러난다더니 난리 통에도 "외상값 갚고 피란간 사람"이었던 점은 모녀의 올곧은 성정 그대로였다. 바로 그 곧은 성정이 피붙이 사이에선 불꽃이 튀기 십상이었다. 결손 가정의 한 원인자로 여겨질 때는 미움의 대상이었다가 결손 가정의 희생자로

다가올 때는 연민의 대상이었던 어머니는 "생활에 발 묻고 사셨"던 이였다. 견주어 작가는 "꿈으로 살려했"다. 문학이 작가 자신의 내밀한 마음의 말을 듣는 노릇이라 혼자이고 싶어 하는 딸에게 툭하면 "너는 토란 뿌리처럼 혼자 살아라!"라고 반응하는 등 서로 갈등을 빚을 소지였다. 그럴 때마다 중재자는 작가의 딸이었단다.

◎

문학에서 살 길을 찾아

6·25전쟁 직후인가 살아남으려고 리어카도 끌어보았다는 박경리가 붓을 잡은 것도 얼추 그 즈음이었다. 문학으로 포한을 이기려는 결행(決行)이었다. 처음 시작(詩作)에 몰두하고 있음을 엿본, 한때 문학 지망생이었던 진주여고 동기가 김동리(金東里, 1913~95) 소설가 집에 세들어 살고 있었다. 그 인연으로 박경리의 습작들을[18] 당대 예술 권력에게 보여주자 오히려 소설에 특장이 있을 거라고 훈수했다.

이 말에 이어 학생 시절에 썼던 단편 〈불안시대〉가 김동리의 추천을 받아 〈계산〉이란 제목으로 그리고 본인도 모르는 사이 '경리(景利)'란 필명으로『현대문학』(1955년 8월)에 실렸다. 이듬해 8월, 단편소설 〈흑흑백백(黑黑白白)〉이 추천되어 문학 활동을 본격으로 시작했다. 김동

18) 작가는 1954년에 한국상업은행(오늘의 우리은행)에서 사보 편집 일을 했을 적에 그 사보에 〈바다와 하늘〉를 기고했다. "영웅의 호연지기를 남성적인 장쾌한 언어로 그린 작품"이라 누군가가 독후감으로 적었다던데, 김동리도 같은 생각이었던 것일까.

리 또한 처음 시로 출발했다가 이내 소설로 돌아섰던 전력 덕분이었던가, 아무튼 사람을 알아본 지인지감(知人之鑑)의 비상함이 그와 같았다.

◎

잘 나가던 길에도 돌뿌리가

가까이 자리할 경우, 대성한 사람들의 입에서 나올 법한 세상 염려의 '큰 소리(big talk)' 대신, 바람이 스쳐가듯 '작은 소리(small talk)' 신변담을 곧잘 털어놓던 박경리였다. 당신은 타고나기를 부지런한 사람이라 했다.『토지』속의 주인공 한 사람의 독백은 바로 작가 자신의 말이었다.

> 바느질쟁이 삯일 놓고 있으믄, 또 도부꾼이 도붓길에 나서지 않으믄 여기저기 삭신이 쑤시고 아파서 못 견디는 법이라, 번걸증이 나고, 그기이 다 일에 넋이 들어서 그런 기다.

작가로 성공하지 못했다 해도 "입에 풀칠"은 거뜬했을 거라는 말도 했다. 입고 있는 옷도 야문 손끝으로 직접 지었다 했다. 1971년에 유방암 수술을 받아 한쪽 가슴이 완전 절제된 체형에 맞추어 지었던 솜씨는 여성의 입성에 대한 안목이 없는 내가 보기도 참 좋았다.[19)]

그런데 문단 일원 노릇이 쉽지 않았다. 그 세계의 야박함으로 말하

---

19) 김영주("어머니,"『수정의 메아리 : 곁에서 본 토지』, 솔, 1994)

자면 유방암의 고통은 약과였다. 딸이 증언했다.

지금도 잊지 못하는 기억은 오래전 어느 연말 송년의 어수선함 속에서 고적했던 밤의 통곡이다. 마음 바닥으로부터 치밀어 오르는, 마치 창자가 끊어질 듯, 가슴이 터져버릴 듯 통곡하시던 그 음산한 밤을 나는 잊지 못한다. 그 무렵 어머니는 작가로서 별처럼 반짝이며 떠오르고 있었고, 그것이 질시의 표적이 되었던 것으로 기억하는데, 말로 표현하기 어려운 험한 말을 들으셨던 것이다. …… 지금 생각해보면 그 상처, 아픔들이 어머니의 스승이었다. 마치 부서져버릴 듯 통곡하시고 난 다음 어머니는 단정하게 앉아 모질게 원고지 앞에서 펜을 들고 계시곤 했다.

살아내야 하는 시국은 더욱 첩첩산중이었다. 말년에 서사시로 직정(直情)을 가감없이 털어 놓았다.

박정희 군사정권 시대 / 사위는 서대문 형무소에 있었고 / 우리 식구는 기피 인물로 / 유배지 같은 정릉에 살았다 / 천지 간에 의지할 곳이 없이 살았다 / 수수께끼는 / 우리가 좌익과 우익의 압박을 / 동시에 받았다는 사실이다 / 그리고 인간이 / 얼마만큼 추악해질 수 있는가를 / 뼈가 으스러지게 / 눈앞에서 보아야 했던 세월 / 태평양 전쟁 육이오를 겪었지만 / 그런 세상은 처음이었다 / 악은 강렬했고 천하무적이었다.[20]

---

20) 이런 환경을 헤치고 살아가려다보니 자신을 지키려는 심리 기제가 특히 발달했고 그만큼

그랬다. 작가의 정릉 시대는 노모와 옥바라지 하던 '생과부' 외동딸을 거느린 독신이었으니 말하자면 '3대 청상(靑孀)'이 살아가는 기구한 가족 구성이었다. 실제로 내가 이미지로나마 맨 먼저 만난 작가의 모습은 첫 손주를 포대기로 등에 업고 나온 사진이었다.

◎

그 말하고 살끼다

고생 · 고투의 정릉 시대를 기억한다면 토지문화관을 짓고 난 뒤의 박경리 나날은 『토지』 주인공들의 경남 지방 말투대로 "그(어려웠던 그 시절) 말하고 살끼라!"라던 인생 역전이었다. 1994년엔 이화여대가 주는 명예 문학박사 학위를, 1996년엔 칠레 정부가 주는 미스트랄[21] 문학 기념 메달을 받았다. 팍팍했던 삶에 불어왔던 한 점 솔바람이었다.

박경리의 만년은, 오래 직접 거두었던 외손주들이 남들처럼 대학 들기를 고대하며 애태우는 일 말고는, 토지문화관 꾸리기[22]가 생활의 전

경계심도 피해 의식도 늘어났지 싶었다. 유방암이 완치되고 나자 의사가 당초 병을 오진한 게 아니었나, 작가는 그런 의구심을 떨치지 못했다. 미국 등지에서 유방암의 공격적 치료 방법으로 가슴을 완전 절제하는 방식이 유행했다던데 그래서 완치 환자들이 나중에 과잉 수술이었다고 의사를 고발하는 사례도 나타났다 했다.

21) 가브리엘라 미스트랄(Gabriela Mistral, 1889~1957) 시인이 1945년에 라틴아메리카 최초로 노벨문학상을 받았음을 기념하는 문학상이다.

22) 2001년부터 운영 중인 창작실에서는 문학 · 미술 · 연극 · 영화 · 음악 등 다양한 분야 국내외 예술인들이 머물며 창작 활동을 하고 있다. 입주 작가로 선정되면 한 달에서 3개월까지 창작 공간과 식사, 편의 시설 등을 무료로 제공받는다. 정부의 문화예술위원회로부터

부였다. 특히 입주 작가들을 먹이는 일에 골몰했다. 텃밭에서 일군 소채로 입주 작가들의 먹성 대기에 바쁘다며 "하숙집 주인 신세가 되었다"라고 했다. 그 말 사이로 '애살'[23] 많은 선생의 흡족함이 얼굴에 완연했고, 한때 입주 작가였던 박완서도 맞장구였다.[24]

"제가 단골로 쓰던 토지문화관 삼층 끝 방에서는 선생님의 텃밭이 빤히 내려다보였습니다. 아침 일찍 텃밭을 기다시피 엎드려 김매고 거두시는 선생님을 뵐 때마다 철이 난 것처럼 흙에서 나는 모든 것이 얼마나 소중한 우리의 생명줄인지를 깨우쳐갔지요."

이후 두 동의 창작 공간이 더 만들어졌다. 2003년에 완공된 '매지사(梅芝舍)'는 소설이 세 번째로 드라마로 꾸며질 적에 SBS방송에서 받았던 원작료로, 그리고 2006년에 완공된 '귀래관(貴來館)'은 재단 기금, 기실 작가의 쌈지 돈으로 세웠다.

◎

죽음을 미리 생각함

2007년 8월에 대학에서 정년 퇴직한 나는 인사차 그 10월초 원주를 찾았다. 그때 선생은 귀래관 입구의 돌

문학 창작 공간 지원금을 받는 창작실 또는 '문인의 방(房)'은 2017년 현재 전국에 다섯 곳이 있다.

23) "무언가 잘해보려 하는 마음씨 또는 자세"를 일컫는 경상도 사투리.

24) 박경리의 장례위원장 추모사("박완서가 회고한 고 박경리 선생의 추억," 『현대문학』, 2008년 6월)

담을 쌓는다며 맨손으로 시멘트 반죽을 주무르고 있었다. 생전에 마지막 본 모습도 그처럼 집념의 일상이었다. 나중에 알았지만, 그 조금 전인 7월에 남은 날이 많지 않다는 판정받고도 전혀 내색하지 않았다.

2008년 4월초, 중환으로 서울에서 입원했다는 소식은 한 마디로 놀라웠다. 항상 그렇게 머무를 줄 알았던 언덕이 무너져 내리는 기분이었다. 어린이날, 방송을 통해 장서(長逝) 소식을 들었다. 나중에 들은 바로 과잉 치료를 거부한 채 세상을 떠나기 앞서 남긴다는 사세구(辭世句) 성격의 서사시집 원고는 이미 딸에게 맡겼으니 오복 가운데 마지막 복록(福祿)인 고종명(考終命)을 제대로 누린 일대였다.

이튿날, 토지문화관 건설의 중요 물꼬를 터준 김수학 전 토공사장과 함께 문상을 갔다. 김지하 시인과 작가의 둘째 손주가 문상객을 맞고 있었다. 시인이 손주에게 문상을 마친 나를 소개했다. "할머니하고 친구였다!"라고.

아니, 내 보기엔 장모-사위가 더없는 동지였다. "사위 사랑은 장모"라는 시정 상식과 달리 작가는 당신 딸을 고생시켰다고 말할 때는 사위가 땡감 맛이었고, 사위는 사위대로 그런 장모가 '보리깔깔'이었다지만 결국 두 분은 문학 노선이 같은 생명주의였다는 점에서 죽이 맞았던 도반(道伴)이었다.

5월 9일, 고향에서 열렸던 장례식은 국상(國喪)이 따로 없었다. 작가가 졸업했던 통영초등학교 학생들이 애도의 뜻을 담은 원고지 모양의 플래카드를 들고서 장례 행렬 길목에 늘어섰고, 통영시 산양면 미륵산 기슭으로 가는 길엔 여중고생들이 흰 수건을 들고 도열해 있었다.

장지는 이순신의 승첩지 하나인 당포(唐浦) 바다가 저 멀리 보이는 위치였다. 통영시청이 특별히 마련했는데, 말하자면 통영의 문화 저력을 기념하는 시립묘역이었다.

당신의 시 〈내 모습〉은 "내세에는 / 꽃으로 태어날까 / 나비로 태어날까"로 끝맺는다. 이 시구를 기억했음인지 하관할 때 나비 축제로 유명한 전남 함평군에서 보내온 나비가 든 플라스틱 상자를 일제히 열었다. 나도 하나 들고 나비를 날렸다.

그 입구에 2010년에 들어선 '박경리기념관'을 지나 묘소를 다시 찾았다. 이전에 무덤 앞 상석(床石)에 당신 필체로 '朴景利(박경리)'라고 성명 석 자만 비석삼아 달랑 새겼다던데, 나중에 다시 가족이 당신 이름도 빼고 그냥 민짜 상석을 놓아 달라했단다. 고사(古事)로 치면 아무 글자도 새기지 않는 백비(白碑)[25]를 말함이었다. 더 할 말이 없다는 뜻이었다. "천지 간을 혼자 걷는다"라는 건곤독보(乾坤獨步)라고, 이 세상을 치열하게 살아냈던 뒤끝이라 남겨놓은 문학 글 말고는 이제 다시 더 이를 말이 없다는 뜻이 그 아니었던가. 남은 가족의 작가에 대한 받듦도 그처럼 도저(到底)했다.

25) 무자비(無字碑)라고도 한다. 중국 천하를 통일했던 한무제의 백비가 유명하고 우리나라에도 전남 장성군의 청백리를 기리는 백비 등이 있다.

김동길(金東吉)

1928년 평남 맹산 출생. 연희대 영문과를 졸업하고 미국 애반스빌 대학교 역사학과를 거쳐 보스턴 대학교에서 링컨 연구로 박사학위를 받았다. 연세대학교 교수, 부총장, 조선일보 논설고문, 14대 국회의원, 신민당 대표최고위원을 거쳐, 현재는 단국대학교 명예교수, 사단법인 태평양시대위원회 명예 이사장이다. 『링컨의 일생』 등 80여 권의 저서를 냈다.

김성훈(金成勳)

1939년 전남 목포 출생. 서울대학교 농대를 졸업했고, 하와이 대학교 대학원에서 박사학위를 받았다. 중앙대학교 부총장, 제50대 농림부 장관, 상지대학교 총장 등을 역임했다. 나라 안에서 경제정의실천시민연합(경실련)의 공동대표를, 나라 밖에서 UN/FAO(태국, 방콕)의 아태농업금융기구 사무총장을 지냈다. 현재 중앙대학교 명예교수이다.

김형국(金炯國)

1942년 경남 마산 출생. 서울대학교 사회학과와 행정대학원을 졸업했고, 미국 캘리포니아 대학교(버클리)에서 도시계획학(박사)을 공부했다. 한때 조선일보 비상임 논설위원이었고, 서울대학교 환경대학원 교수로 정년 퇴임했다. 이후 대통령 직속 녹색성장위원회 위원장을 지냈으며 현재 가나문화재단 이사장, 서울대학교 명예교수이다.

봉두완(奉斗玩)

1935년 황해도 수안 출생. 연세대학교 영문학과를 졸업했고 아메리칸 대학교에서 신문학 석사학위를 받았다. 이후 동화통신 기자, 중앙일보 논설위원 겸 동양방송 논평위원을 역임했고 정계에 투신하여 11대 · 12대 국회의원을 지냈다. 2002년 바른사회를 위한 시민회의 공동 대표를 역임했고, 현재 천주교 한민족돕기회 회장이다.

송복(宋復)

1938년 경남 김해 출생. 서울대학교 정치학과를 졸업하고, 『사상계』 기자로 있다가 하와이 대학교에서 사회학 석사학위를 받았다. 이후 서울대학교에서 박사학위를 받았고, 연세대학교 사회학과 교수로 정년 퇴임했다. 류성룡과 이순신의 인연을 적은 『위대한 만남』, 노블리스 오블리주를 강조한 『특혜와 책임』이 시중의 화제가 되었던 저술이다. 현재 연세대학교 명예교수이다.

안경환(安京煥)

1948년 경남 밀양 출생. 서울대학교 법대를 졸업하고 펜실베이니아 법학대학원을 거쳐 산타클라라 대학교에서 법학 박사학위를 받았다. 서울대학교 법대 교수로 있었고 재직 중에 법대 학장과 국가인권위원회 위원장을 역임했다. 현재 서울대학교 명예교수이다.

이성낙(李成洛)

1938년 서울 출생. 서울 보성고와 독일 마르부르크 의과대학을 졸업했다. 프랑크푸르트 대학교 피부과 교수, 연세대학교 의대 교수, 아주대학교 의무부총장, 가천대학교 총장을 역임했다. 퇴임 후 명지대학교에서 미술사학 박사학위를 받았고 현재 간송미술문화재단 이사, 현봉학 박사를 추모하는 모임 회장이다.

장석흥(張錫興)

1956년 충남 공주 출생. 국민대학교 국사학과를 나와 동 대학원에서 박사학위를 받았다. 한국근현대사학회장 등을 지내고 현재 모교 국사학과 교수이자 독립기념관 한국독립운동사연구소장이다. 『안중근의 생애와 구국운동』, 『6·10만세운동』 등의 저서를 냈다.

최명(崔明)

1940년 경기도 시흥 출생. 서울대학교 법대를 졸업하고 미국 일리노이 대학교에서 정치학 박사학위를 받았다. 서울대학교 정치학과 교수로 정년 퇴임했다. 『춘추시대의 정치사상』, 『소설이 아닌 삼국지』, 『소설이 아닌 임꺽정』을 펴냈다. 현재 서울대학교 명예교수이다.

최정호(崔禎鎬)

1933년 전북 전주 출생. 서울대학교 철학과를 졸업했고 베를린자유대학교에서 철학 박사학위를 받았다. 한국일보 기자를 시작으로 동아 · 조선 · 중앙 등의 중앙 언론에서 논설위원을 지냈고, 성균관대학교와 연세대학교에서 교수로 역임했다. 제2대 한국미래학회 학회장을 지냈고 2006년 독일 십자공로 훈장을 받았다. 인문학, 언론학 계통의 수많은 저서를 냈다. 현재 울산대학교 석좌교수이다.

한국인 자존심을 지켜준

이 나라에 이런 사람들이

1판 1쇄 발행_ 2017년 10월 2일
1판 2쇄 인쇄_ 2017년 12월 26일

지은이_ 김동길 외 9인
펴낸이_ 안병훈

펴낸곳_ 도서출판 기파랑
등록_ 2004. 12. 27 | 제 300-2004-204호
주소_ 서울시 종로구 대학로8가길 56(동숭동 1-49 동숭빌딩) 301호
전화_ 02-763-8996(편집부) 02-3288-0077(영업마케팅부)
팩스_ 02-763-8936
이메일_ info@guiparang.com
홈페이지_ www.guiparang.com

ⓒ 김동길 외 9인, 2017

ISBN_ 978-89-6523-680-1 03990